U0906691

山西经济普查年鉴

Shanxi Economic Census Yearbook

2013

综合卷

山西省第三次全国经济普查领导小组办公室　编

中国统计出版社
China Statistics Press

图书在版编目（CIP）数据

山西经济普查年鉴. 2013 / 山西省第三次全国经济普查领导小组办公室编 -- 北京 ： 中国统计出版社, 2015.10

ISBN 978-7-5037-7657-1

Ⅰ. ①山… Ⅱ. ①山… ②山… Ⅲ. ①经济－普查－山西省－2013－年鉴 Ⅳ. ①F127.25-54

中国版本图书馆 CIP 数据核字（2015）第 227113 号

山西经济普查年鉴—2013/综合卷

作　　者/山西省第三次全国经济普查领导小组办公室
责任编辑/赵淑焕　尹　伊
封面设计/黄俊杰　李雪燕
出版发行/中国统计出版社
通信地址/北京市丰台区西三环南路甲 6 号　邮政编码/100073
电　　话/邮购（010）63376909　书店（010）68783171
网　　址/http://www.zgtjcbs.com/
印　　刷/河北天普润印刷厂
经　　销/新华书店
开　　本/880mm×1230mm　1/16
字　　数/820 千字
印　　张/26.25
版　　别/2015 年 11 月第 1 版
版　　次/2015 年 11 月第 1 次印刷
定　　价/880.00 元(全四册附光盘)

本书附同版本 CD-ROM 一张，光盘内容以书面文字为准。
如有印装差错，由本社发行部调换。

《山西经济普查年鉴-2013》编辑机构名单

编辑委员会

主　　任：翟振新

副 主 任：荆红社　张建华　卢永良　张晓东　赵占明

委　　员：王德才　卫永杰　穆永梅　董晓玲　窦志达

剡建国　焦有梅　刘文斌　白日成　张树秋

侯晓远　秦建华　耿爱莲　杨志刚　蔚崇通

闫立铭　张明峰　郝增国　黄云枫　马　忠

郝玉成　陈培文　韩亚彪　李俊鹏

编辑工作人员

总 编 辑：卢永良

副总编辑：闫立铭　张明峰　马　忠

编辑人员：（以姓氏笔画为序）

马　聪　文明佳　邓　娜　史美荣　刘香元　闫新江　阮冰晶

杨　健　陈烨松　宋　欣　吴丹宁　赵　晨　武鹏程　郭搴擘

张淑虹　张艳芳　张艳君　郝志军　康秀芳　徐永库　高雪梅

高彤彤　童　超　雷士伟

执行编辑：黄云枫　赵淑焕　尹　伊

数据处理：侯少林　梁卫华

编者说明

《山西经济普查年鉴—2013》是一部全面反映山西省第三次全国经济普查成果的大型资料工具书。该书系根据山西省第三次全国经济普查结果，按照国家统计分类标准，对普查数据进行各种分组、加工汇总形成的综合资料。

一、本资料的调查年度为2013年，调查时点为2013年12月31日。

二、本资料的汇总范围为山西省境内从事第二、第三产业活动的全部法人单位、产业活动单位和个体工商户。

三、全书共三卷四册，即综合卷、第二产业卷（上、下册）和第三产业卷。

综合卷共三篇。第一篇为单位基本情况，第二篇为小微企业情况，第三篇为文化及相关产业情况。

第二卷分为上、下两册，上册三篇，下册两篇，共五篇。第一篇为工业企业生产经营及财务状况，第二篇为主要工业产品产量，第三篇为工业企业用水及能源生产、消费情况，第四篇为规模以上工业企业科技情况，第五篇为建筑业企业生产经营及财务状况。

第三产业卷共五篇。第一篇为批发和零售业经营及财务状况，第二篇为住宿和餐饮业经营及财务状况，第三篇为房地产业生产经营及财务状况，第四篇为其他服务业企业财务状况，第五篇为行政事业、社团及其他单位财务状况。

四、每卷后附有该卷的汇总口径和主要指标解释。

五、表中空格表示该项统计指标数值为零、数据不详或无该项数据。

六、表中的合计数和部分计算数据因小数取舍而产生的误差，均未作机械调整。

第三次全国经济普查成果资料十分丰富，受时间、技术和水平所限，本资料尚不能涵盖普查成果的全部内容。目前，山西经济普查办公室正在组织力量进行课题开发应用，力争有更多的普查资料成果公诸于世。

综合卷 目录

第一篇 单位基本情况

第二篇 小微企业情况

第三篇 文化及相关产业情况

第1篇

单位基本情况

资料整理校对： 张淑虹 马 聪

1-1-1 按地区、行业(门类)分组的法人单位数

地区	法人单位数(个)	农、林、牧、渔业	采矿业	制造业	电力、热力、燃气及水生产和供应业	建筑业	批发和零售业	交通运输、仓储和邮政业	住宿和餐饮业	信息传输、软件和信息技术服务业
全省	**205135**	**5022**	**5567**	**21612**	**1211**	**6192**	**45404**	**5205**	**3411**	**1744**
太原市	38774	135	385	3516	106	2354	12720	793	930	1042
大同市	15182	187	313	1082	72	447	3412	321	347	66
阳泉市	7633	99	158	945	68	233	1670	155	150	41
长治市	21207	658	505	1844	152	510	4562	422	270	90
晋城市	16105	428	313	1529	139	458	4006	351	252	85
朔州市	10514	312	214	707	71	246	2157	359	169	68
晋中市	18236	502	650	2589	131	502	3343	599	312	59
运城市	20614	956	364	3604	111	425	3799	671	257	75
忻州市	19868	577	891	1758	133	323	3227	518	238	53
临汾市	21471	775	920	1993	119	460	4424	592	319	100
吕梁市	15531	393	854	2045	109	234	2084	424	167	65

1-1-1 续表

地区	房地产业	租赁和商务服务业	科学研究和技术服务业	水利、环境和公共设施管理业	居民服务、修理和其他服务业	教育	卫生和社会工作	文化、体育和娱乐业	公共管理、社会保障和社会组织
全省	**6747**	**12053**	**6911**	**2583**	**2801**	**10068**	**5321**	**5601**	**57682**
太原市	1921	3861	2129	339	780	1487	731	1002	4543
大同市	516	1025	545	207	213	832	481	401	4715
阳泉市	237	403	222	84	118	345	177	256	2272
长治市	630	1007	737	327	220	1049	646	647	6931
晋城市	514	1064	466	276	314	710	316	387	4497
朔州市	306	435	303	128	132	506	286	257	3858
晋中市	533	856	516	253	244	989	435	588	5135
运城市	687	808	444	244	183	1096	610	657	5623
忻州市	394	745	518	264	194	876	507	456	8196
临汾市	586	1345	660	253	265	1207	695	580	6178
吕梁市	423	504	371	208	138	971	437	370	5734

1-1-2　按地区分组的法人单位数及从业人员数

地　区	法人单位				
	单位数（个）			从业人员数（人）	
		单产业法人	多产业法人		女性
全　省	**205135**	**182855**	**22280**	**7357586**	**2400887**
太原市	38774	36827	1947	1505571	523072
大同市	15182	13917	1265	637575	185220
阳泉市	7633	6558	1075	363474	114913
长治市	21207	18042	3165	672622	217712
晋城市	16105	13353	2752	583381	202247
朔州市	10514	9832	682	357119	118066
晋中市	18236	16530	1706	678499	208482
运城市	20614	18269	2345	767886	265266
忻州市	19868	18050	1818	484041	147860
临汾市	21471	17387	4084	663782	227754
吕梁市	15531	14090	1441	643636	190295

1-1-3 按地区、开业(成立)

地 区	法人单位数(个)	1949年及以前	1950-1977年	1978-1991年	1992-1995年	1996年	1997年	1998年	1999年	2000年
全 省	**205135**	**5292**	**21139**	**25761**	**5121**	**1530**	**1758**	**3063**	**2552**	**3625**
太原市	38774	166	1247	2166	1158	430	479	1019	787	915
大同市	15182	299	2081	1985	370	131	122	281	211	297
阳泉市	7633	150	430	1501	253	57	98	119	93	176
长治市	21207	566	2001	4016	493	124	141	234	203	343
晋城市	16105	380	1287	2131	362	115	134	194	186	261
朔州市	10514	393	1693	971	288	86	75	136	125	136
晋中市	18236	794	1781	2107	381	128	165	231	205	291
运城市	20614	486	2145	2886	503	153	171	225	227	338
忻州市	19868	1207	4636	2197	456	94	103	162	151	224
临汾市	21471	271	1560	3848	502	122	183	300	230	402
吕梁市	15531	580	2278	1953	355	90	87	162	134	242

注：本表按开业(成立)年份分组中不包含筹建单位。

1-1-4 按地区、开业(成立)

地 区	从业人员数(人)	1949年及以前	1950-1977年	1978-1991年	1992-1995年	1996年	1997年	1998年	1999年	2000年
全 省	**7357586**	**377495**	**1146963**	**940655**	**326159**	**93244**	**111250**	**200965**	**198462**	**227612**
太原市	1505571	75840	248913	208078	77845	18434	38534	42325	46332	30357
大同市	637575	139724	86016	86728	15392	10425	8617	14141	12136	17727
阳泉市	363474	9194	134667	50319	13614	4701	3081	10658	13409	4825
长治市	672622	40272	78806	97151	36446	6764	4202	13756	9323	65320
晋城市	583381	9786	65267	65928	17110	6834	5967	24248	42032	14859
朔州市	357119	5582	47222	61346	15639	2765	4308	8364	4143	5763
晋中市	678499	22674	90897	79525	39963	13035	10430	11554	10777	27644
运城市	767886	21389	111001	76279	42634	13314	17777	21706	27286	24544
忻州市	484041	18415	96069	57658	19975	3415	3198	9573	6757	5959
临汾市	663782	16629	119883	90508	20327	6156	6935	27595	17117	14182
吕梁市	643636	17990	68222	67135	27214	7401	8201	17045	9150	16432

注：本表按开业(成立)年份分组中不包含筹建单位。

时间分组的法人单位数

2001年	2002年	2003年	2004年	2005年	2006年	2007年	2008年	2009年	2010年	2011年	2012年	2013年
4612	**6322**	**6012**	**6522**	**7291**	**8331**	**8591**	**9523**	**11419**	**13351**	**15992**	**18230**	**17979**
1049	1400	1463	1611	1745	2079	1968	2093	2416	2893	3549	4037	4057
412	493	406	440	504	583	480	619	791	842	1129	1250	1416
244	193	211	268	317	296	283	298	408	453	545	610	612
469	574	585	629	738	836	808	952	1048	1240	1585	1696	1300
218	369	490	490	475	540	690	714	935	1168	1394	1639	1863
238	262	292	284	348	428	446	500	619	700	749	898	832
408	652	505	639	697	734	871	927	1135	1183	1411	1560	1386
510	639	619	677	710	807	871	984	1078	1365	1526	1832	1825
261	420	417	479	534	639	706	769	965	1076	1420	1535	1348
466	685	649	566	717	829	833	964	1224	1486	1625	1932	2043
337	635	375	439	506	560	635	703	800	945	1059	1241	1297

时间分组的法人单位从业人员数

2001年	2002年	2003年	2004年	2005年	2006年	2007年	2008年	2009年	2010年	2011年	2012年	2013年
243329	**355817**	**296641**	**256966**	**256982**	**292922**	**272415**	**272755**	**306409**	**299363**	**317635**	**305173**	**223278**
44600	74817	49816	43583	61907	88524	50177	60955	45471	57004	52127	48638	39799
15641	19351	23557	13304	17106	18951	13986	18026	22001	17898	22792	20788	16711
7767	5964	8025	7813	6669	7380	12568	10097	15152	8734	10129	10432	7776
17928	20245	30855	20003	18111	29712	37748	17233	30639	28007	21638	22674	13302
19575	49845	41314	18175	12832	16458	21597	18192	23473	29318	27455	30302	19483
11476	13888	8628	13185	9575	13292	11575	23239	22155	18085	17250	23708	15237
36894	25072	27241	38586	32575	25544	24588	27243	31218	27440	29908	24474	19994
21208	41419	33329	30634	27920	29688	31076	28148	33717	33740	38248	33747	28058
19625	30864	16086	18095	13604	15916	21407	17902	21402	19890	26403	23270	17201
25625	31862	36529	17187	22124	20218	20718	23238	27686	30327	33166	30699	24031
22990	42490	21261	36401	34559	27239	26975	28482	33495	28920	38519	36441	21686

1-1-5 按地区、登记注册类型

地区	法人单位数(个)	内资	国有	集体	股份合作	联营	国有联营
全省	**205135**	**204691**	**43323**	**5147**	**329**	**240**	**89**
太原市	38774	38623	5341	931	85	23	4
大同市	15182	15145	3931	459	10	11	2
阳泉市	7633	7616	1852	362	19	8	2
长治市	21207	21171	5382	626	13	10	2
晋城市	16105	16073	3061	584	15	10	2
朔州市	10514	10501	2698	159	13	4	1
晋中市	18236	18179	3383	374	28	20	1
运城市	20614	20576	3661	394	49	19	3
忻州市	19868	19860	5388	429	39	87	54
临汾市	21471	21442	4785	504	38	24	8
吕梁市	15531	15505	3841	325	20	24	10

1-1-5 续表

地区	私营合伙	私营有限责任公司	私营股份有限公司	其他	港澳台商投资	与港澳台商合资经营
全省	**1920**	**65797**	**2324**	**48471**	**179**	**97**
太原市	393	20251	538	3624	61	31
大同市	87	4829	92	3618	13	3
阳泉市	74	1292	75	1552	7	3
长治市	104	7148	284	5493	16	10
晋城市	167	5559	112	3582	9	2
朔州市	106	2664	213	3180	3	1
晋中市	173	6362	207	4766	28	18
运城市	222	4907	293	5754	12	8
忻州市	265	4165	217	6624	6	5
临汾市	187	5418	112	5371	15	14
吕梁市	142	3202	181	4907	9	2

分组的法人单位数

集体联营	国有与集体联营	其他联营	有限责任公司	国有独资公司	其他有限责任公司	股份有限公司	私营	私营独资
95	**17**	**39**	**16884**	**540**	**16344**	**1521**	**88776**	**18735**
9	4	6	4443	162	4281	375	23801	2619
5	1	3	1195	35	1160	36	5885	877
2	1	3	1398	20	1378	114	2311	870
5	1	2	1113	62	1051	63	8471	935
6	1	1	1168	32	1136	75	7578	1740
1		2	640	20	620	63	3744	761
14	1	4	579	56	523	165	8864	2122
11	1	4	1790	31	1759	217	8692	3270
31		2	988	33	955	119	6186	1539
7	2	7	2173	56	2117	147	8400	2683
4	5	5	1397	33	1364	147	4844	1319

与港澳台商合作经营	港澳台商独资	港澳台商投资股份有限公司	其他港澳台投资	外商投资	中外合资经营	中外合作经营	外资企业	外商投资股份有限公司	其他外商投资
4	**65**	**8**	**5**	**265**	**148**	**18**	**69**	**12**	**18**
	24	2	4	90	51	4	28	4	3
	9	1		24	14	4	5	1	
	4			10	7	1	1	1	
3	2	1		20	12	2	6		
	6	1		23	11	3	7		2
	1		1	10	6		4		
	8	2		29	18	3	3	3	2
	4			26	11	1	9	1	4
	1			2	2				
	1			14	5		2	2	5
1	5	1		17	11		4		2

1-1-6 按地区、登记注册类型

地区	从业人员数（人）	内资	国有	集体	股份合作	联营	国有联营
全省	**7357586**	**7137510**	**1954632**	**208809**	**13065**	**11350**	**6329**
太原市	1505571	1417474	345157	37147	2680	725	71
大同市	637575	623849	177898	39234	429	314	141
阳泉市	363474	358886	79596	11338	781	33	7
长治市	672622	660866	186493	14878	751	278	62
晋城市	583381	538839	113702	17713	622	515	83
朔州市	357119	350895	111444	8781	1467	792	750
晋中市	678499	660598	160273	16324	625	482	20
运城市	767886	758189	200189	13755	2196	912	90
忻州市	484041	483597	192040	15242	1160	4289	3405
临汾市	663782	657844	211903	10630	1836	2177	1318
吕梁市	643636	626473	175937	23767	518	833	382

1-1-6 续表

地区	私营合伙	私营有限责任公司	私营股份有限公司	其他	港澳台商投资	与港澳台商合资经营
全省	**32458**	**1779180**	**89630**	**490403**	**110972**	**55257**
太原市	4366	416746	26470	47857	45851	41106
大同市	1090	107865	3545	35040	3149	769
阳泉市	733	43711	2028	18256	1330	446
长治市	2045	138997	9489	48147	1952	1637
晋城市	2593	130255	3065	37767	32403	687
朔州市	1995	87308	6789	36312	1532	93
晋中市	3368	224755	7894	40985	9568	3670
运城市	4862	217781	10176	62488	5421	3153
忻州市	4988	104505	3927	46560	424	390
临汾市	3376	155096	9161	59787	3151	3122
吕梁市	3042	152161	7086	57204	6191	184

分组的法人单位从业人员数

集体联营	国有与集体联营	其他联营	有限责任公司	国有独资公司	其他有限责任公司	股份有限公司	私营	私营独资
2964	**407**	**1650**	**2025861**	**318459**	**1707402**	**250415**	**2182975**	**281707**
333	195	126	477721	100610	377111	33574	472613	25031
76	28	69	244658	4954	239704	3493	122783	10283
8	2	16	179324	2224	177100	13171	56387	9915
147	7	62	219342	74827	144515	29882	161095	10564
345	15	72	165096	4911	160185	44965	158459	22546
14		28	65616	5084	60532	19486	106997	10905
284	41	137	155951	25527	130424	16134	269824	33807
127	3	692	127910	25584	102326	38442	312297	79478
829		55	79795	9985	69810	10403	134108	20688
632	5	222	142694	34810	107884	22422	206395	38762
169	111	171	167754	29943	137811	18443	182017	19728

与港澳台商合作经营	港澳台商独资	港澳台商投资股份有限公司	其他港澳台投资	外商投资	中外合资经营	中外合作经营	外资企业	外商投资股份有限公司	其他外商投资
1955	**46413**	**5932**	**1415**	**109104**	**54115**	**7541**	**38784**	**4341**	**4323**
	4555	174	16	42246	7716	245	30944	526	2815
	2366	14		10577	8621	341	602	1013	
	884			3258	2658	30	2	568	
245	57	13		9804	5741	2687	1376		
	30781	935		12139	6293	3825	1928		93
	40		1399	4692	4465		227		
	2521	3377		8333	6330	328	655	1015	5
	2268			4276	3024	85	1093	8	66
	34			20	20				
	29			2787	582		777	1211	217
1710	2878	1419		10972	8665		1180		1127

1-1-7 按行业、开业(成立)

行业	法人单位数(个)	1949年及以前	1950-1977年	1978-1991年
总计	**205135**	**5292**	**21139**	**25761**
农、林、牧、渔业	**5022**	**3**	**51**	**58**
农业	15			1
谷物种植	5			1
豆类、油料和薯类种植	1			
蔬菜、食用菌及园艺作物种植	8			
其他农业	1			
林业	7		2	1
林木育种和育苗	2			
森林经营和管护	5		2	1
畜牧业	11			
牲畜饲养	6			
家禽饲养	1			
其他畜牧业	4			
渔业	1			
水产养殖	1			
农、林、牧、渔服务业	4988	3	49	56
农业服务业	4622	3	34	37
林业服务业	149		12	12
畜牧服务业	205		3	7
渔业服务业	12			
采矿业	**5567**	**6**	**75**	**181**
煤炭开采和洗选业	2937	4	62	147
烟煤和无烟煤开采洗选	2838	4	61	146
褐煤开采洗选	35			
其他煤炭采选	64		1	1
石油和天然气开采业	34			
天然气开采	34			
黑色金属矿采选业	957		3	13
铁矿采选	928		2	13
锰矿、铬矿采选	23		1	
其他黑色金属矿采选	6			
有色金属矿采选业	191		1	7
常用有色金属矿采选	157			6
贵金属矿采选	29		1	1
稀有稀土金属矿采选	5			
非金属矿采选业	1326	2	8	12
土砂石开采	1226		6	10
化学矿开采	13	2	2	
石棉及其他非金属矿采选	87			2
开采辅助活动	80			2
煤炭开采和洗选辅助活动	58			2
石油和天然气开采辅助活动	8			
其他开采辅助活动	14			
其他采矿业	42		1	
其他采矿业	42		1	
制造业	**21612**	**21**	**434**	**797**
农副食品加工业	1616	1	35	39
谷物磨制	442	1	9	6

注：本表按开业(成立)年份分组中不包含筹建单位。

时间分组的法人单位数

1992-1995年	1996年	1997年	1998年	1999年	2000年	2001年	2002年
5121	**1530**	**1758**	**3063**	**2552**	**3625**	**4612**	**6322**
10	**3**	**7**	**16**	**6**	**27**	**25**	**28**
			1	1			1
			1	1			
							1
					3		
					1		
					2		
						1	1
						1	1
10	3	7	15	5	24	24	26
9	2	6	13	4	20	20	19
	1	1	1	1	1	1	2
1					3	3	4
			1				1
153	**33**	**36**	**68**	**68**	**97**	**140**	**141**
117	26	29	51	53	71	99	82
115	26	28	51	52	70	96	78
1		1		1		1	2
1					1	2	2
9	1	1	6	6	11	23	35
9	1	1	6	5	10	20	33
				1	1	2	1
						1	1
7	2	2	2	3	5		7
4	2		1	2	4		7
3		2		1	1		
			1				
16	4	4	8	5	10	15	15
15	4	4	7	5	8	12	14
1			1		2	3	1
3			1	1		3	2
3			1	1		2	2
						1	
1							
1							
715	**237**	**256**	**458**	**407**	**535**	**623**	**732**
23	13	16	28	25	40	38	55
8	3	1	9	7	13	15	11

1-1-7 续表 1

行业	法人单位数(个)			
		1949年及以前	1950-1977年	1978-1991年
饲料加工	191			7
植物油加工	94		3	2
制糖业	7			
屠宰及肉类加工	249		15	13
水产品加工	1			1
蔬菜、水果和坚果加工	296		1	4
其他农副食品加工	336		7	6
食品制造业	946	1	12	25
焙烤食品制造	225		7	6
糖果、巧克力及蜜饯制造	156	1	1	3
方便食品制造	132		1	1
乳制品制造	43			2
罐头食品制造	53			1
调味品、发酵制品制造	203		2	7
其他食品制造	134		1	5
酒、饮料和精制茶制造业	573	3	7	20
酒的制造	227	3	6	15
饮料制造	336		1	5
精制茶加工	10			
烟草制品业	2	1		
卷烟制造	2	1		
纺织业	272		17	12
棉纺织及印染精加工	127		8	7
毛纺织及染整精加工	19			
麻纺织及染整精加工	4		1	
丝绢纺织及印染精加工	7			
化纤织造及印染精加工	11			
针织或钩针编织物及其制品制造	27		3	2
家用纺织制成品制造	43		3	2
非家用纺织制成品制造	34		2	1
纺织服装、服饰业	218	1	15	20
机织服装制造	148		9	15
针织或钩针编织服装制造	14		1	2
服饰制造	56	1	5	3
皮革、毛皮、羽毛及其制品和制鞋业	63	1	10	3
皮革鞣制加工	2			
皮革制品制造	17	1	3	
毛皮鞣制及制品加工	12		2	
羽毛(绒)加工及制品制造	1			
制鞋业	31		5	3
木材加工和木、竹、藤、棕、草制品业	233	1	3	6
木材加工	93	1	1	3
人造板制造	40			1
木制品制造	87		2	2
竹、藤、棕、草等制品制造	13			
家具制造业	198		1	6
木质家具制造	151		1	5
竹、藤家具制造	1			
金属家具制造	26			
塑料家具制造	7			
其他家具制造	13			1

1992-1995年	1996年	1997年	1998年	1999年	2000年	2001年	2002年
2	6		3	6	4	6	11
1		3	1	2	6	4	
9	3	12	4	7	5	2	10
2			6	2	5	9	10
1	1		5	1	7	2	13
25	10	14	28	24	16	26	34
9	4		9	3		1	3
1		2	1	5	3	3	5
1		1	4	2	4	6	6
3		2	2	1	3	4	2
4	1	1	3	1		2	2
5	3	6	3	8	3	5	10
2	2	2	6	4	3	5	6
10	5	14	14	17	21	10	25
7	2	12	7	6	9	4	14
3	3	2	7	11	11	6	10
					1		1
9	5	1	5	4	6	9	10
2	2		3	1	3	4	8
2			1			1	
	1				1		
2	1		1				
1				1		2	
		1			2	1	2
2	1			2		1	
4	2	5	8	4	4	7	6
3	1	4	5	4	3	5	4
	1	1			1		
1			3			2	2
1	2		2	3			
	1		2				
				1			
1	1			2			
7	1		4	2	3	3	6
1	1		1		1	2	2
				1			2
6			2	1	2	1	2
			1				
6	4	4	5	6	4	4	4
4	3	3	5	5	4	4	3
1	1						1
1		1		1			

1-1-7 续表 2

行业	法人单位数（个）			
		1949年及以前	1950-1977年	1978-1991年
造纸和纸制品业	315		3	23
造纸	92		2	4
纸制品制造	223		1	19
印刷和记录媒介复制业	696	2	32	68
印刷	596	2	30	61
装订及印刷相关服务	99		2	7
记录媒介复制	1			
文教、工美、体育和娱乐用品制造业	349	1	8	15
文教办公用品制造	18		1	3
乐器制造	6		1	
工艺美术品制造	295	1	5	9
体育用品制造	26		1	2
玩具制造	3			1
游艺器材及娱乐用品制造	1			
石油加工及炼焦	293		1	11
化学原料和化学制品制造业	1281		19	44
基础化学原料制造	375		3	12
肥料制造	251		6	6
农药制造	46			6
涂料、油墨、颜料及类似产品制造	149		2	4
合成材料制造	62		3	4
专用化学产品制造	312		1	8
炸药、火工及焰火产品制造	26		4	2
日用化学产品制造	60			2
医药制造业	280		5	14
化学药品原料药制造	26			2
化学药品制剂制造	57			3
中药饮片加工	29		1	1
中成药生产	50		4	3
兽用药品制造	62			1
生物药品制造	29			
卫生材料及医药用品制造	27			4
化学纤维制造业	25		1	
纤维素纤维原料及纤维制造	4		1	
合成纤维制造	21			
橡胶和塑料制品业	648		16	35
橡胶制品业	164		8	8
塑料制品业	484		8	27
非金属矿物制品业	5212	3	60	151
水泥、石灰和石膏制造	571	1	16	13
石膏、水泥制品及类似制品制造	754		9	25
砖瓦、石材等建筑材料制造	2418		12	56
玻璃制造	44			6
玻璃制品制造	167		1	3
玻璃纤维和玻璃纤维增强塑料制品制造	32		1	1
陶瓷制品制造	145	1	9	6
耐火材料制品制造	739	1	11	27
石墨及其他非金属矿物制品制造	342		1	14

1992-1995年	1996年	1997年	1998年	1999年	2000年	2001年	2002年
18	6	5	6	6	12	14	11
8	2	3	2	3	5	8	4
10	4	2	4	3	7	6	7
46	12	10	21	18	24	26	38
42	10	8	17	16	22	22	34
4	2	2	4	2	2	4	4
4	4	3	6	2	6	2	7
1	1		1				
3	2	3	3		4	1	6
	1		2	2	2	1	1
22	5	4	15	7	17	19	18
50	18	18	32	29	42	54	50
14	5	6	8	7	15	20	17
8	1	1	12	2	8	7	8
4	2	1	2	3	3	1	2
6	5	5	3	3	3	12	9
1		1		2		1	
9	4	3	6	7	12	11	11
2				2		2	1
6	1	1	1	3	1		2
20	6	3	11	13	12	20	22
1	1		1	1		4	3
3	1	1	2	3	7	4	2
			1	1	2	1	4
11		1	1	3	1	4	2
2	4		5	2	1	5	6
3		1	1	2	1	1	4
				1		1	1
1			1		2	1	1
1			1		2	1	1
28	13	7	15	11	28	16	22
10	2	1	1	3	7	2	3
18	11	6	14	8	21	14	19
128	40	50	66	57	107	103	103
21	6	5	12	6	13	9	11
22	3	6	6	5	12	6	15
30	17	15	23	23	43	36	22
4	2		1	1		1	1
8	1	3	3	7	6	6	9
1		2			1		1
4	1	2	4		5	6	6
28	6	12	11	10	16	28	22
10	4	5	6	5	11	11	16

1-1-7 续表 3

行业	法人单位数(个)			
		1949年及以前	1950-1977年	1978-1991年
黑色金属冶炼和压延加工业	1037	2	14	44
炼铁	174			1
炼钢	42		2	1
黑色金属铸造	621		9	35
钢压延加工	130	2	3	2
铁合金冶炼	70			5
有色金属冶炼和压延加工业	354		1	7
常用有色金属冶炼	170		1	3
贵金属冶炼	6			
稀有稀土金属冶炼	20			2
有色金属合金制造	36			1
有色金属铸造	27			1
有色金属压延加工	95			
金属制品业	1726		33	58
结构性金属制品制造	549		10	16
金属工具制造	146		5	17
集装箱及金属包装容器制造	21		1	
金属丝绳及其制品制造	54		4	3
建筑、安全用金属制品制造	203		2	8
金属表面处理及热处理加工	45		1	2
搪瓷制品制造	9			
金属制日用品制造	39		2	1
其他金属制品制造	660		8	11
通用设备制造业	2212	1	45	86
锅炉及原动设备制造	205		2	7
金属加工机械制造	378		11	19
物料搬运设备制造	107		2	2
泵、阀门、压缩机及类似机械制造	334	1	9	9
轴承、齿轮和传动部件制造	64		4	4
烘炉、风机、衡器、包装等设备制造	102		4	4
文化、办公用机械制造	4			1
通用零部件制造	891		13	37
其他通用设备制造业	127			3
专用设备制造业	1236	1	41	43
采矿、冶金、建筑专用设备制造	629		17	22
化工、木材、非金属加工专用设备制造	120		6	6
食品、饮料、烟草及饲料生产专用设备制造	17		1	1
印刷、制药、日化及日用品生产专用设备制造	32		1	
纺织、服装和皮革加工专用设备制造	104		1	4
电子和电工机械专用设备制造	64		1	1
农、林、牧、渔专用机械制造	63	1	5	5
医疗仪器设备及器械制造	60		1	1
环保、社会公共服务及其他专用设备制造	147		8	3
汽车制造业	169	1	8	2
汽车整车制造	7			
改装汽车制造	18		1	
低速载货汽车制造	1		1	
电车制造	7			
汽车车身、挂车制造	20			
汽车零部件及配件制造	116	1	6	2

1992-1995年	1996年	1997年	1998年	1999年	2000年	2001年	2002年
55	12	21	26	20	31	31	49
8	2	4	5	2	2	5	11
3		1	1	2	2	2	2
36	6	13	17	11	18	18	24
4	2	2	2	2	6	3	8
4	2	1	1	3	3	3	4
13	5	3	9	4	10	17	22
5	2	2	6	1	6	9	13
					1	1	1
1	1		1			1	1
	1				1	1	3
			1	3		2	
7	1	1	1		2	3	4
59	18	17	24	37	48	61	79
11	3	5	5	8	10	6	21
10		1	2	3	2	9	3
5		3		1		1	1
	1			2		1	1
9	5	3	2	8	6	8	8
3					3	2	
				1		1	
1	2		1			2	
20	7	5	14	14	27	31	45
76	29	30	59	53	45	71	87
14	3	7	7	12	5	14	3
14	8	3	5	6	9	12	14
1	1	1	2	1	1	1	3
11	4	7	7	6	6	10	20
4	1		1	1		3	4
4		1	3	2	4	3	1
			1	1			
24	11	11	31	23	17	23	37
4	1		2	1	3	5	5
37	13	17	34	27	22	46	44
18	7	8	18	11	10	19	22
4	1	1	1	3		9	6
						2	2
3		1					1
2	2	1	4	3	5	6	3
3	1	2	1	6	2	2	5
2	1	2	3		3	2	
			2	2		1	3
5	1	2	5	2	2	5	2
4	2	2	3	3		4	5
			1				
1				1		1	
3	2	2	2	2		3	5

1-1-7 续表 4

行业	法人单位数(个)	1949年及以前	1950-1977年	1978-1991年
铁路、船舶、航空航天和其他运输设备制造业	97	1	4	9
铁路运输设备制造	79	1	3	8
船舶及相关装置制造	1			
航空、航天器及设备制造	4			
摩托车制造	5			
潜水救捞及其他未列明运输设备制造	8		1	1
电气机械和器材制造业	497		24	16
电机制造	40		6	1
输配电及控制设备制造	208		10	8
电线、电缆、光缆及电工器材制造	94		2	6
电池制造	22		1	1
家用电力器具制造	26			
非电力家用器具制造	24			
照明器具制造	45		2	
其他电气机械及器材制造	38		3	
计算机、通信和其他电子设备制造业	114		3	3
计算机制造	9			
通信设备制造	11		1	1
广播电视设备制造	7			
视听设备制造	3			1
电子器件制造	22		2	
电子元件制造	40			1
其他电子设备制造	22			
仪器仪表制造业	115		4	4
通用仪器仪表制造	55		2	2
专用仪器仪表制造	29		1	
钟表与计时仪器制造	1			
光学仪器及眼镜制造	10			1
其他仪器仪表制造业	20		1	1
其他制造业	377		3	7
废弃资源综合利用业	119		3	4
金属废料和碎屑加工处理	47		1	2
非金属废料和碎屑加工处理	72		2	2
金属制品、机械和设备修理业	339		6	22
金属制品修理	10			
通用设备修理	55		1	4
专用设备修理	86		2	9
铁路、船舶、航空航天等运输设备修理	8			
电气设备修理	53			3
仪器仪表修理	3			
其他机械和设备修理业	124		3	6
电力、热力、燃气及水生产和供应业	**1211**	**5**	**66**	**100**
电力、热力生产和供应业	567	1	20	47
电力生产	350		20	36
电力供应	24	1		5
热力生产和供应	193			6

1992-1995年	1996年	1997年	1998年	1999年	2000年	2001年	2002年
9	1		3	3	2	4	5
8	1		2	2	2	4	3
							1
1				1			
			1				1
24	6	6	14	7	12	12	13
1			1		1	1	1
8	2	5	5	3	4	8	4
8	3	1	4	3	4	2	3
2				1			2
3			2			1	1
					1		
2							
	1		2		2		2
3	2	3	5	4	2	4	5
		1	1			1	1
1			1	1			1
1	1					2	
			1				
1		1	2	3	2	1	3
	1	1					
5	1		4	8	7	6	4
4	1		2	6	3	3	1
			1	2	1	2	1
							1
			1		1		
1					2	1	1
11	1	1	2	5	6	7	4
3			2	1		4	
			2	1		3	
3						1	
14	1	2	6	7	6	4	3
1	1				1		
		1	1		1	2	
5			2	2	1		1
2							
1			1	3	3		1
1							1
4		1	2	2		2	
31	**9**	**5**	**14**	**18**	**20**	**19**	**35**
17	5	1	10	6	9	10	16
14	3	1	4	5	5	4	10
			3			1	
3	2		3	1	4	5	6

1-1-7 续表 5

行业	法人单位数（个）	1949年及以前	1950-1977年	1978-1991年
燃气生产和供应业	212			5
燃气生产和供应业	212			5
水的生产和供应业	432	4	46	48
自来水生产和供应	283	4	46	47
污水处理及其再生利用	115			
其他水的处理、利用与分配	34			1
建筑业	**6192**	**4**	**118**	**222**
房屋建筑业	1076	2	65	104
房屋建筑业	1076	2	65	104
土木工程建筑业	1352	1	45	73
铁路、道路、隧道和桥梁工程建筑	487		7	28
水利和内河港口工程建筑	116		15	10
工矿工程建筑	124	1	7	10
架线和管道工程建筑	247		4	20
其他土木工程建筑	378		12	5
建筑安装业	1073	1	4	23
电气安装	255			8
管道和设备安装	433		4	10
其他建筑安装业	385	1		5
建筑装饰和其他建筑业	2691		4	22
建筑装饰业	1949			12
工程准备活动	376		2	2
提供施工设备服务	118			1
其他未列明建筑业	248		2	7
批发和零售业	**45404**	**111**	**990**	**1094**
批发业	23339	13	364	537
农、林、牧产品批发	1366	1	69	52
食品、饮料及烟草制品批发	2198	5	86	73
纺织、服装及家庭用品批发	963		14	32
文化、体育用品及器材批发	498	1	8	8
医药及医疗器材批发	556		27	16
矿产品、建材及化工产品批发	9239	5	104	249
机械设备、五金产品及电子产品批发	6518	1	30	45
贸易经纪与代理	437		8	8
其他批发业	1564		18	54
零售业	22065	98	626	557
综合零售	2627	52	402	270
食品、饮料及烟草制品专门零售	2185	3	73	75
纺织、服装及日用品专门零售	1785	4	26	42
文化、体育用品及器材专门零售	1336	36	42	32
医药及医疗器材专门零售	1512	1	32	19
汽车、摩托车、燃料及零配件专门零售	3811	1	5	34
家用电器及电子产品专门零售	3066		2	12
五金、家具及室内装饰材料专门零售	3320		19	37
货摊、无店铺及其他零售业	2423	1	25	36
交通运输、仓储和邮政业	**5205**	**10**	**204**	**156**
道路运输业	3747	4	104	77
城市公共交通运输	332		6	9
公路旅客运输	195	1	10	8
道路货物运输	2747	1	15	24
道路运输辅助活动	473	2	73	36

1992-1995年	1996年	1997年	1998年	1999年	2000年	2001年	2002年
6		1	1	4	1	5	5
6		1	1	4	1	5	5
8	4	3	3	8	10	4	14
7	4	3	3	5	7	4	8
				3	1		4
1					2		2
177	**80**	**92**	**162**	**186**	**153**	**153**	**236**
65	15	16	33	44	43	42	67
65	15	16	33	44	43	42	67
45	16	16	39	32	25	28	48
20	10	9	19	14	8	12	28
1	1	1	3	1	2		5
8		2	6	1	3	2	4
10	4	3	7	11	6	9	5
6	1	1	4	5	6	5	6
25	20	23	27	40	24	28	42
5	3	7	3	8	6	7	6
14	11	14	13	18	13	13	22
6	6	2	11	14	5	8	14
42	29	37	63	70	61	55	79
35	25	32	50	47	50	39	55
4	1	2	7	10	5	8	9
			1	3	2	4	5
3	3	3	5	10	4	4	10
770	**309**	**378**	**643**	**620**	**707**	**854**	**989**
400	159	187	340	320	365	438	505
21	6	7	15	18	12	16	21
55	18	29	39	27	34	36	41
17	8	5	17	14	19	20	25
10	5	6	7	2	7	6	8
8	4	3	13	8	11	17	13
160	66	66	137	128	159	197	220
75	43	57	81	96	91	97	140
11	1	3	8	7	9	13	9
43	8	11	23	20	23	36	28
370	150	191	303	300	342	416	484
59	24	26	35	42	37	53	41
33	13	18	31	24	24	29	41
21	20	22	25	35	36	37	36
19	9	8	20	27	20	30	38
13	7	7	18	8	13	27	47
117	36	58	70	70	95	104	112
24	14	16	41	41	51	53	68
48	13	21	41	19	38	53	64
36	14	15	22	34	28	30	37
81	**34**	**43**	**82**	**59**	**66**	**89**	**95**
47	31	34	50	37	51	70	74
12	17	14	14	9	14	11	17
2	1	1	7	3	2	14	9
22	6	10	10	15	27	31	40
11	7	9	19	10	8	14	8

1-1-7 续表 6

行　业	法人单位数(个)			
		1949年及以前	1950-1977年	1978-1991年
水上运输业	9			
水上旅客运输	2			
水上货物运输	5			
水上运输辅助活动	2			
航空运输业	20			
航空客货运输	6			
通用航空服务	4			
航空运输辅助活动	10			
管道运输业	6			
管道运输业	6			
装卸搬运和运输代理业	622	2	9	26
装卸搬运	339	2	9	20
运输代理业	283			6
仓储业	604	3	91	53
谷物、棉花等农产品仓储	346	3	79	43
其他仓储业	258		12	10
邮政业	197	1		
邮政基本服务	18	1		
快递服务	179			
住宿和餐饮业	**3411**	**1**	**70**	**148**
住宿业	1520	1	39	110
旅游饭店	387		16	22
一般旅馆	912	1	21	77
其他住宿业	221		2	11
餐饮业	1891		31	38
正餐服务	1627		25	32
快餐服务	108			
饮料及冷饮服务	37		1	
其他餐饮业	119		5	6
信息传输、软件和信息技术服务业	**1744**		**17**	**26**
电信、广播电视和卫星传输服务	256		13	16
电信	131		3	2
广播电视传输服务	119		10	13
卫星传输服务	6			1
互联网和相关服务	148		1	2
互联网接入及相关服务	45		1	
互联网信息服务	86			2
其他互联网服务	17			
软件和信息技术服务业	1340		3	8
软件开发	722			2
信息系统集成服务	267		1	2
信息技术咨询服务	192		2	4
数据处理和存储服务	39			
集成电路设计	10			
其他信息技术服务业	110			
房地产业	**6747**	**6**	**113**	**208**
房地产业	6747	6	113	208
房地产开发经营	3101		2	66

1992-1995年	1996年	1997年	1998年	1999年	2000年	2001年	2002年
			1	1		1	
			1			1	
				1			
					2	1	1
					1	1	1
					1		
							1
							1
15	1	2	12	6	4	7	8
8	1		6	2	1	3	4
7		2	6	4	3	4	4
19	2	6	11	11	9	10	10
14	1	4	10	7	6	4	8
5	1	2	1	4	3	6	2
		1	8	4			1
		1	8	4			
							1
77	**33**	**41**	**60**	**57**	**63**	**81**	**91**
53	20	32	44	34	23	42	44
18	7	11	16	8	6	19	14
30	11	13	23	20	13	21	27
5	2	8	5	6	4	2	3
24	13	9	16	23	40	39	47
23	13	8	14	20	37	35	44
			1	1		1	1
				1	1	1	
1		1	1	1	2	2	2
29	**5**	**18**	**22**	**21**	**35**	**54**	**53**
11		4	6	10	12	26	23
2			2	5	3	18	18
9		4	4	5	9	8	5
	1			1		6	7
				1		1	
	1					5	7
18	4	14	16	10	23	22	23
4	1	6	3	7	9	13	14
3	1	6	7	2	7	2	6
4	2	1	3	1	1	3	3
3					1	2	
1			1				
3		1	2		5	2	
136	**33**	**60**	**109**	**113**	**167**	**179**	**203**
136	33	60	109	113	167	179	203
62	12	20	68	54	99	80	109

1-1-7 续表 7

行业	法人单位数(个)	1949年及以前	1950-1977年	1978-1991年
物业管理	2409		5	8
房地产中介服务	499			7
自有房地产经营活动	542	6	96	110
其他房地产业	196		10	17
租赁和商务服务业	**12053**	**32**	**183**	**456**
租赁业	909		6	8
机械设备租赁	894		6	8
文化及日用品出租	15			
商务服务业	11144	32	177	448
企业管理服务	2227	29	151	124
法律服务	746		1	142
咨询与调查	2384		1	44
广告业	2100			6
知识产权服务	46			3
人力资源服务	761		2	69
旅行社及相关服务	860			6
安全保护服务	210	1	1	13
其他商务服务业	1810	2	21	41
科学研究和技术服务业	**6911**	**17**	**555**	**749**
研究和试验发展	748	5	44	113
自然科学研究和试验发展	49		2	6
工程和技术研究和试验发展	260		6	10
农业科学研究和试验发展	209	4	26	31
医学研究和试验发展	97		3	6
社会人文科学研究	133	1	7	60
专业技术服务业	4539	9	399	405
气象服务	164		104	11
地震服务	136		14	47
海洋服务	5			1
测绘服务	178		5	6
质检技术服务	629		28	54
环境与生态监测	203	2	8	50
地质勘查	164	1	27	22
工程技术	1556		35	103
其他专业技术服务业	1504	6	178	111
科技推广和应用服务业	1624	3	112	231
技术推广服务	1379	3	99	197
科技中介服务	96		5	14
其他科技推广和应用服务业	149		8	20
水利、环境和公共设施管理业	**2583**	**10**	**230**	**312**
水利管理业	843	6	165	190
防洪除涝设施管理	110		26	16
水资源管理	306	2	53	98
天然水收集与分配	135	2	51	27
水文服务	38		5	5
其他水利管理业	254	2	30	44
生态保护和环境治理业	203	2	17	16
生态保护	93	1	17	12
环境治理业	110	1		4

1992–1995年	1996年	1997年	1998年	1999年	2000年	2001年	2002年
21	8	13	14	37	35	45	51
3	2	5	2	7	11	24	17
32	11	18	22	11	16	27	13
18		4	3	4	6	3	13
289	**97**	**99**	**170**	**187**	**289**	**234**	**295**
11	3	2	6	10	10	14	11
11	3	2	6	10	10	14	11
278	94	97	164	177	279	220	284
75	33	34	32	33	40	40	63
47	14	4	23	26	30	43	39
29	11	16	22	32	103	26	37
24	18	9	29	19	32	27	40
1	1						3
37	4	13	13	11	6	6	18
7	2	5	17	23	38	37	35
5	1		2	4	3	5	3
53	10	16	26	29	27	36	46
244	**57**	**62**	**125**	**118**	**137**	**137**	**220**
19	4	5	11	13	11	15	6
1				4	2		
6	2	1	3	3	5	5	3
4	2	2	3	1	2	7	2
3		2	1	3	1	1	
5			4	2	1	2	1
174	39	42	84	90	103	110	173
6	3	4	2	1	3	1	2
8	1	1	4	3		2	2
1							
6	2	1	3	2	6	5	9
25	2	2	11	8	10	15	19
12	2	4	2	4	5	4	7
11	2	4	3	4	1	2	4
71	14	12	38	43	46	55	85
34	13	14	21	25	32	26	45
51	14	15	30	15	23	12	41
42	12	14	24	12	14	10	36
6		1	5	2	3	1	1
3	2		1	1	6	1	4
136	**28**	**40**	**39**	**40**	**38**	**46**	**71**
81	15	21	18	20	16	13	24
10	1	4	2	1	2	3	4
24	3	5	5	4	3	5	12
10	2	5	3	3	2	2	1
7				3	3		2
30	9	7	8	9	6	3	5
6	1	3	1		3	3	9
4	1				1	2	3
2		3	1		2	1	6

1-1-7 续表 8

行业	法人单位数(个)	1949年及以前	1950-1977年	1978-1991年
公共设施管理业	1537	2	48	106
市政设施管理	170		19	28
环境卫生管理	231	1	10	33
城乡市容管理	64			9
绿化管理	577		10	16
公园和游览景区管理	495	1	9	20
居民服务、修理和其他服务业	**2801**		**43**	**75**
居民服务业	1074		31	31
家庭服务	179			
托儿所服务	2			
洗染服务	43		1	
理发及美容服务	157		4	1
洗浴服务	157		1	4
保健服务	70			2
婚姻服务	129			1
殡葬服务	90		18	7
其他居民服务业	247		7	16
机动车、电子产品和日用产品修理业	1228		8	31
汽车、摩托车修理与维护	1034		6	29
计算机和办公设备维修	86			1
家用电器修理	65		1	1
其他日用产品修理业	43		1	
其他服务业	499		4	13
清洁服务	291			4
其他未列明服务业	208		4	9
教育	**10068**	**377**	**2218**	**1586**
教育	10068	377	2218	1586
学前教育	1851	7	100	136
初等教育	2598	261	1011	399
中等教育	2475	72	782	653
高等教育	237	10	65	78
特殊教育	83	2	10	10
技能培训、教育辅助及其他教育	2824	25	250	310
卫生和社会工作	**5321**	**127**	**1609**	**716**
卫生	4263	121	1565	535
医院	1092	76	186	180
社区医疗与卫生院	2027	35	1212	113
门诊部(所)	341	3	55	30
计划生育技术服务活动	303	4	10	130
妇幼保健院(所、站)	137	1	59	47
专科疾病防治院(所、站)	54		1	5
疾病预防控制中心	156		30	14
其他卫生活动	153	2	12	16
社会工作	1058	6	44	181
提供住宿社会工作	806	5	35	141
不提供住宿社会工作	252	1	9	40
文化、体育和娱乐业	**5601**	**69**	**356**	**502**
新闻和出版业	338	7	22	71
新闻业	135	2	15	23
出版业	203	5	7	48

1992-1995年	1996年	1997年	1998年	1999年	2000年	2001年	2002年
49	12	16	20	20	19	30	38
14	3	2	2	7	3	2	3
10	1	2	5	5	4	4	7
3	2	2	2	1	1	4	2
9	2	5	5	5	2	8	11
13	4	5	6	2	9	12	15
61	**18**	**32**	**38**	**38**	**52**	**67**	**55**
20	7	13	15	11	26	31	22
			3		1	2	
2			2	1	2		2
2	2	3	3	2	1	4	5
2	1	6	3	3	5	8	3
1		1		2		3	1
2		1	1		1	1	3
6	3		2	2	1		3
5	1	2	1	1	15	13	5
33	9	17	20	21	23	28	28
32	9	11	18	15	19	24	25
1		3		6	1	3	1
		2	1		2	1	2
		1	1		1		
8	2	2	3	6	3	8	5
1		1	1	3	3	3	3
7	2	1	2	3		5	2
391	**110**	**120**	**160**	**141**	**225**	**218**	**284**
391	110	120	160	141	225	218	284
75	21	31	44	45	70	49	81
112	23	20	27	24	43	51	50
99	28	35	38	44	62	50	54
11	1	4	1	1	4	4	6
8	1	1	1	1		3	3
86	36	29	49	26	46	61	90
144	**34**	**42**	**88**	**56**	**74**	**76**	**140**
110	25	25	61	41	63	59	108
37	6	10	23	8	16	14	23
18	7	9	17	22	23	25	25
14	4	2	7	2	8	5	4
32	5	4	5	6	11	8	32
1			2		2		3
1			2			1	3
2			2	1		2	10
5	3		3	2	3	4	8
34	9	17	27	15	11	17	32
23	7	10	15	8	7	11	15
11	2	7	12	7	4	6	17
109	**31**	**19**	**48**	**26**	**64**	**117**	**191**
28	9	4	6	4	9	6	10
9	3	2	1	2	3	1	7
19	6	2	5	2	6	5	3

1-1-7 续表 9

行 业	法人单位数(个)	1949年及以前	1950-1977年	1978-1991年
广播、电视、电影和影视录音制作业	422	5	89	64
广播	47	1	11	8
电视	122	1	30	21
电影和影视节目制作	68		2	3
电影和影视节目发行	10		4	2
电影放映	171	3	42	30
录音制作	4			
文化艺术业	1745	57	233	337
文艺创作与表演	400	15	42	24
艺术表演场馆	58	6	19	7
图书馆与档案馆	236	3	69	133
文物及非物质文化遗产保护	274	2	9	59
博物馆	112		10	43
烈士陵园、纪念馆	66	8	20	10
群众文化活动	292	23	54	33
其他文化艺术业	307		10	28
体育	352		11	19
体育组织	134		8	6
体育场馆	39		2	7
休闲健身活动	143			5
其他体育	36		1	1
娱乐业	2744		1	11
室内娱乐活动	2608		1	5
游乐园	24			
彩票活动	10			5
文化、娱乐、体育经纪代理	57			
其他娱乐业	45			1
公共管理、社会保障和社会组织	**57682**	**4493**	**13807**	**18375**
中国共产党机关	1704	224	334	541
中国共产党机关	1704	224	334	541
国家机构	16590	579	2687	3730
国家权力机构	180	9	28	103
国家行政机构	15920	551	2508	3488
人民法院和人民检察院	302	18	136	101
其他国家机构	188	1	15	38
人民政协、民主党派	349	18	45	159
人民政协	170	12	32	91
民主党派	179	6	13	68
社会保障	826	3	8	141
社会保障	826	3	8	141
群众团体、社会团体和其他成员组织	8013	225	398	1020
群众团体	1287	137	264	267
社会团体	5723	19	103	624
基金会	45			
宗教组织	958	69	31	129
基层群众自治组织	30200	3444	10335	12784
社区自治组织	2086	32	72	103
村民自治组织	28114	3412	10263	12681

1992-1995年	1996年	1997年	1998年	1999年	2000年	2001年	2002年
18	1	1	6	3	8	10	6
6					3		1
8	1	1	4	2	3	8	3
3			1		1	1	1
1			1	1	1	1	1
43	18	12	24	12	17	23	29
5	2	4	4		7	4	5
2			1		1		
8	2		4	1	1		1
12	5	5	4	4	3	9	9
3	4	1	2	1	2	2	2
1			2			1	1
5	4	2	7	4	1	4	5
7	1			2	2	3	6
7	2	2	4	2	6	10	6
4	2	1	2		4	1	2
1		1	1	1	2	1	1
1			1	1		8	2
1							1
13	1		8	5	24	68	140
7	1		7	4	23	65	138
1				1		1	
4						1	
1					1		
			1			1	2
1568	**379**	**408**	**761**	**391**	**876**	**1500**	**2463**
55	11	7	66	13	36	68	132
55	11	7	66	13	36	68	132
923	205	253	434	199	309	587	1041
1			4	1	2	2	3
904	199	248	420	196	302	576	1020
6	4	1	5	1	2	1	3
12	2	4	5	1	3	8	15
12	2	6	7	1	8	14	13
2		1	4		1	3	2
10	2	5	3	1	7	11	11
98	9	6	13	5	26	25	81
98	9	6	13	5	26	25	81
385	122	93	122	117	131	155	214
52	10	12	37	11	11	19	36
254	49	56	66	84	90	113	156
3	1					1	
76	62	25	19	22	30	22	22
95	30	43	119	56	366	651	982
37	19	16	31	46	152	289	454
58	11	27	88	10	214	362	528

1-1-7 续表 10

行 业	2003年	2004年	2005年	2006年
总 计	**6012**	**6522**	**7291**	**8331**
农、林、牧、渔业	**30**	**25**	**47**	**114**
农业		1		
谷物种植				
豆类、油料和薯类种植				
蔬菜、食用菌及园艺作物种植		1		
其他农业				
林业	1			
林木育种和育苗	1			
森林经营和管护				
畜牧业				1
牲畜饲养				1
家禽饲养				
其他畜牧业				
渔业				
水产养殖				
农、林、牧、渔服务业	29	24	47	113
农业服务业	26	21	39	96
林业服务业	1	3	3	6
畜牧服务业	2		4	11
渔业服务业			1	
采矿业	**265**	**415**	**458**	**395**
煤炭开采和洗选业	165	265	303	225
烟煤和无烟煤开采洗选	161	261	294	221
褐煤开采洗选		3	5	
其他煤炭采选	4	1	4	4
石油和天然气开采业	2			4
天然气开采	2			4
黑色金属矿采选业	60	82	83	67
铁矿采选	57	76	83	64
锰矿、铬矿采选	3	6		3
其他黑色金属矿采选				
有色金属矿采选业	1	4	10	26
常用有色金属矿采选	1	3	6	23
贵金属矿采选		1	3	3
稀有稀土金属矿采选			1	
非金属矿采选业	30	60	56	64
土砂石开采	28	54	53	52
化学矿开采		1		1
石棉及其他非金属矿采选	2	5	3	11
开采辅助活动	5	4	4	7
煤炭开采和洗选辅助活动	3	4	4	7
石油和天然气开采辅助活动	1			
其他开采辅助活动	1			
其他采矿业	2		2	2
其他采矿业	2		2	2
制造业	**1012**	**1145**	**1169**	**1350**
农副食品加工业	65	64	91	111
谷物磨制	13	19	27	24

2007年	2008年	2009年	2010年	2011年	2012年	2013年
8591	**9523**	**11419**	**13351**	**15992**	**18230**	**17979**
241	**387**	**619**	**677**	**812**	**946**	**864**
	1		1	4	2	2
	1		1			
				1		
				3	2	2
3	2	1		1	1	
1	1	1		1	1	
	1					
2						
		1				
		1				
238	384	617	676	807	943	862
226	351	569	631	764	886	822
6	8	10	22	18	22	17
6	23	37	21	23	33	23
	2	1	2	2	2	
344	**389**	**444**	**467**	**487**	**459**	**337**
182	158	178	162	173	217	100
180	150	173	157	161	197	89
	4	1	2	7	4	3
2	4	4	3	5	16	8
	4	3	5	4	5	3
	4	3	5	4	5	3
57	79	71	84	107	73	77
54	79	70	84	105	72	75
3				1		1
		1		1	1	1
19	11	13	10	20	17	20
16	11	11	9	17	13	17
2		2	1	3	4	1
1						2
83	129	162	196	171	136	120
76	127	151	183	159	125	114
2			2	1	2	
5	2	11	11	11	9	6
1	4	10	3	6	7	14
1	3	6	1	3	7	6
	1	1		1		2
		3	2	2		6
2	4	7	7	6	4	3
2	4	7	7	6	4	3
1412	**1586**	**1632**	**1587**	**1823**	**1955**	**1528**
150	128	135	88	139	181	141
36	40	36	28	38	69	28

1-1-7 续表 11

行 业				
	2003年	2004年	2005年	2006年
饲料加工	9	15	11	21
植物油加工	3	7	5	3
制糖业				2
屠宰及肉类加工	13	5	14	12
水产品加工				
蔬菜、水果和坚果加工	13	8	9	24
其他农副食品加工	14	10	25	25
食品制造业	54	47	36	55
焙烤食品制造	9	10	9	10
糖果、巧克力及蜜饯制造	7	10	5	10
方便食品制造	4	4	7	8
乳制品制造	6	3	3	5
罐头食品制造	2	4	2	2
调味品、发酵制品制造	21	9	6	8
其他食品制造	5	7	4	12
酒、饮料和精制茶制造业	18	25	30	31
酒的制造	6	15	11	15
饮料制造	12	8	19	15
精制茶加工		2		1
烟草制品业				
卷烟制造				
纺织业	16	11	14	11
棉纺织及印染精加工	11	5	11	7
毛纺织及染整精加工				
麻纺织及染整精加工				
丝绢纺织及印染精加工		2		
化纤织造及印染精加工			1	
针织或钩针编织物及其制品制造	4	1		
家用纺织制成品制造			1	2
非家用纺织制成品制造	1	3	1	2
纺织服装、服饰业	7	4	5	5
机织服装制造	5	3	5	5
针织或钩针编织服装制造				
服饰制造	2	1		
皮革、毛皮、羽毛及其制品和制鞋业	3	1	2	1
皮革鞣制加工				
皮革制品制造			1	
毛皮鞣制及制品加工			1	1
羽毛(绒)加工及制品制造				
制鞋业	3	1		
木材加工和木、竹、藤、棕、草制品业	6	7	7	12
木材加工	2	2	2	3
人造板制造	1			4
木制品制造	3	4	4	5
竹、藤、棕、草等制品制造		1	1	
家具制造业	6	9	6	9
木质家具制造	4	7	5	6
竹、藤家具制造				
金属家具制造	2	1	1	2
塑料家具制造				
其他家具制造		1		1

2007年	2008年	2009年	2010年	2011年	2012年	2013年
17	10	13	10	13	13	13
4	10	6	5	11	10	7
1		2	1			1
16	11	15	11	22	25	23
27	30	33	18	27	27	39
49	27	30	15	28	37	30
72	72	60	41	86	102	95
13	17	15	10	29	30	30
27	23	6	8	12	12	11
4	10	10	5	16	14	23
2		2				2
7	4	2	3	4	3	4
14	12	16	8	16	25	11
5	6	9	7	9	18	14
41	39	33	34	49	67	48
9	17	9	11	19	20	5
31	21	24	23	30	45	42
1	1				2	1
			1			
			1			
14	21	18	18	22	23	25
5	8	9	9	9	4	10
		1	1	6	6	1
	1					
3	1	1				
1		1			1	3
1	4	1		2	2	3
4	5	5	5	2	5	3
	2		3	3	5	5
7	12	9	14	24	25	28
5	10	7	11	13	16	14
	1	1		1	1	4
2	1	1	3	10	8	10
3	3	4	5	4	7	8
		1	1			
	1		1	3	3	1
1	2	1	2			1
						1
2		2	1	1	4	5
20	20	23	27	24	26	20
6	9	12	10	9	10	13
5	5	7	3	4	3	2
9	5	4	8	11	11	4
	1		6		2	1
13	16	14	16	19	24	20
9	10	12	13	11	19	16
					1	
	3	1	2	7	2	2
1	1				1	1
3	2	1	1	1	1	1

1-1-7 续表 12

行业	2003年	2004年	2005年	2006年
造纸和纸制品业	23	20	16	18
造纸	7	8	4	4
纸制品制造	16	12	12	14
印刷和记录媒介复制业	38	33	27	42
印刷	29	28	26	35
装订及印刷相关服务	9	5	1	7
记录媒介复制				
文教、工美、体育和娱乐用品制造业	9	7	12	15
文教办公用品制造				2
乐器制造				
工艺美术品制造	6	5	10	12
体育用品制造	3	2	2	1
玩具制造				
游艺器材及娱乐用品制造				
石油加工及炼焦	39	37	19	14
化学原料和化学制品制造业	85	72	88	80
基础化学原料制造	27	28	31	28
肥料制造	9	12	16	10
农药制造	1	2	2	3
涂料、油墨、颜料及类似产品制造	15	8	11	8
合成材料制造	5	3	2	2
专用化学产品制造	24	17	21	24
炸药、火工及焰火产品制造	1		1	1
日用化学产品制造	3	2	4	4
医药制造业	29	21	10	13
化学药品原料药制造	2	2		1
化学药品制剂制造	10	7	3	
中药饮片加工	1	4		1
中成药生产	7	2	1	1
兽用药品制造	5	2	4	8
生物药品制造	1	2		1
卫生材料及医药用品制造	3	2	2	1
化学纤维制造业	1	1	1	1
纤维素纤维原料及纤维制造				
合成纤维制造	1	1	1	1
橡胶和塑料制品业	33	32	29	45
橡胶制品业	13	12	6	14
塑料制品业	20	20	23	31
非金属矿物制品业	207	267	238	288
水泥、石灰和石膏制造	36	29	27	43
石膏、水泥制品及类似制品制造	21	21	26	35
砖瓦、石材等建筑材料制造	72	89	100	139
玻璃制造	1	1	2	1
玻璃制品制造	10	8	15	11
玻璃纤维和玻璃纤维增强塑料制品制造	2	1	1	1
陶瓷制品制造	9	12	2	6
耐火材料制品制造	37	87	50	37
石墨及其他非金属矿物制品制造	19	19	15	15

2007年	2008年	2009年	2010年	2011年	2012年	2013年
16	12	16	16	26	25	22
3	4	5	4	4	6	2
13	8	11	12	22	19	20
19	27	33	40	49	47	40
18	25	29	38	40	34	28
1	2	4	2	9	13	11
						1
16	30	25	32	48	54	37
	1	1	2	2	2	1
	1			1	3	
16	26	22	30	45	46	34
	2	1			3	
		1				1
						1
14	11	13	6	9	3	5
92	64	74	76	85	110	74
26	19	20	20	24	21	15
15	11	18	20	21	32	20
1	2	2	1	3	2	3
7	8	4	7	8	12	6
7	1	4	4	3	12	7
30	18	19	21	19	26	17
	1	2	2	2	2	1
6	4	5	1	5	3	5
8	10	15	11	14	18	5
4	1	1		2		
	2	4	1	2	1	1
1	1	2	1	2	4	1
	1		4	2	2	
1	2	4	1	3	5	1
	3	2	2	2	3	
2		2	2	1	3	2
1		2	1	2	5	2
		1			1	1
1		1	1	2	4	1
27	35	33	47	65	59	45
5	5	12	12	14	19	5
22	30	21	35	51	40	40
390	529	547	468	434	480	428
25	40	65	65	48	39	37
47	68	55	66	101	103	86
244	332	304	216	175	223	211
2	2	3	1	2	7	4
11	10	11	8	12	7	14
2	2	4		4	5	3
5	6	12	15	7	17	9
39	48	72	57	48	48	42
15	21	21	40	37	31	22

1-1-7 续表 13

行　业	2003年	2004年	2005年	2006年
黑色金属冶炼和压延加工业	76	75	85	75
炼铁	20	15	12	10
炼钢	3	2	3	4
黑色金属铸造	33	43	56	47
钢压延加工	12	8	8	9
铁合金冶炼	8	7	6	5
有色金属冶炼和压延加工业	15	15	20	28
常用有色金属冶炼	8	6	14	16
贵金属冶炼			1	
稀有稀土金属冶炼	2	2	1	1
有色金属合金制造	1	2	2	3
有色金属铸造	1	2		3
有色金属压延加工	3	3	2	5
金属制品业	54	89	125	121
结构性金属制品制造	6	30	26	42
金属工具制造	3	5	11	11
集装箱及金属包装容器制造	1	2	1	2
金属丝绳及其制品制造	3	1	5	3
建筑、安全用金属制品制造	7	8	15	15
金属表面处理及热处理加工	3	2	1	5
搪瓷制品制造				
金属制日用品制造	1	1	3	1
其他金属制品制造	30	40	63	42
通用设备制造业	91	141	141	166
锅炉及原动设备制造	4	11	11	15
金属加工机械制造	15	22	26	42
物料搬运设备制造	3	10	8	3
泵、阀门、压缩机及类似机械制造	19	29	23	25
轴承、齿轮和传动部件制造	5	8	5	4
烘炉、风机、衡器、包装等设备制造	8	9	7	5
文化、办公用机械制造				
通用零部件制造	34	46	57	65
其他通用设备制造业	3	6	4	7
专用设备制造业	52	56	71	103
采矿、冶金、建筑专用设备制造	29	29	34	54
化工、木材、非金属加工专用设备制造	6	6	7	9
食品、饮料、烟草及饲料生产专用设备制造			4	1
印刷、制药、日化及日用品生产专用设备制造		3	2	3
纺织、服装和皮革加工专用设备制造	7	8	11	12
电子和电工机械专用设备制造	1	1	2	5
农、林、牧、渔专用机械制造	1	1	2	3
医疗仪器设备及器械制造	3	4	2	5
环保、社会公共服务及其他专用设备制造	5	4	7	11
汽车制造业	10	14	5	9
汽车整车制造				1
改装汽车制造		2		
低速载货汽车制造				
电车制造				
汽车车身、挂车制造		3	1	1
汽车零部件及配件制造	10	9	4	7

2007年	2008年	2009年	2010年	2011年	2012年	2013年
68	60	69	65	64	54	40
17	11	19	13	9	5	3
2	2	2	1	1	4	2
38	37	37	38	42	36	27
7	5	11	10	8	7	8
4	5		3	4	2	
21	37	25	31	24	17	26
12	16	9	15	6	7	11
	1					1
	1		2	1	1	1
2	5	3	3	5	1	1
	3	4	1	3	2	1
7	11	9	10	9	6	11
133	124	114	132	134	143	116
37	44	39	47	59	64	57
7	10	6	13	10	12	4
1				1		1
3	5	3	7	4	8	
9	10	22	14	14	15	14
4	5	2	3	3	3	3
2	2	1		1		
1	3	3	4	4	5	4
69	45	38	44	38	36	33
130	166	143	171	215	176	84
17	12	10	16	18	16	1
25	24	25	30	21	28	16
2	13	11	8	17	10	7
14	26	17	25	29	26	11
3	5	2	2	3	1	4
5	3	8	8	9	10	3
		1				
60	71	58	65	102	68	37
4	12	11	17	16	17	5
66	63	99	98	98	111	88
39	38	47	49	56	56	42
4	1	9	9	11	11	10
			1	1	1	3
1		2	3	1	5	5
5	7	5	2	3	9	4
3	3	9	7	3	5	1
3	2	6	6	5	8	2
1	3	4	5	6	8	8
10	9	17	16	12	8	13
10	14	17	13	18	14	7
		3		2		1
1	1		3	5	4	
		1	2		2	1
2	2	3	2	1	1	1
7	11	10	6	10	7	4

1-1-7 续表 14

行 业	2003年	2004年	2005年	2006年
铁路、船舶、航空航天和其他运输设备制造业	7	4	5	6
铁路运输设备制造	6	4	4	5
船舶及相关装置制造				
航空、航天器及设备制造				
摩托车制造				
潜水救捞及其他未列明运输设备制造	1		1	1
电气机械和器材制造业	28	30	30	29
电机制造	2	4	2	1
输配电及控制设备制造	13	17	10	17
电线、电缆、光缆及电工器材制造	8	4	10	2
电池制造	1		1	1
家用电力器具制造	1	2	3	
非电力家用器具制造		2	1	1
照明器具制造	3		2	3
其他电气机械及器材制造		1	1	4
计算机、通信和其他电子设备制造业	6	8	6	6
计算机制造				
通信设备制造				1
广播电视设备制造	1		1	1
视听设备制造				1
电子器件制造	1	3		
电子元件制造	3	2	2	3
其他电子设备制造	1	3	3	
仪器仪表制造业	9	4	6	9
通用仪器仪表制造	5	2	4	4
专用仪器仪表制造	4	1	1	2
钟表与计时仪器制造				
光学仪器及眼镜制造		1		1
其他仪器仪表制造业			1	2
其他制造业	10	27	21	25
废弃资源综合利用业	3	6	6	5
金属废料和碎屑加工处理	3	5	2	1
非金属废料和碎屑加工处理		1	4	4
金属制品、机械和设备修理业	12	18	17	17
金属制品修理	1	1		
通用设备修理	2	1	3	4
专用设备修理	3	4	2	2
铁路、船舶、航空航天等运输设备修理		2		
电气设备修理	1	5	5	4
仪器仪表修理		1		
其他机械和设备修理业	5	4	7	7
电力、热力、燃气及水生产和供应业	**49**	**53**	**52**	**42**
电力、热力生产和供应业	28	19	31	22
电力生产	16	13	19	15
电力供应	3	2		1
热力生产和供应	9	4	12	6

2007年	2008年	2009年	2010年	2011年	2012年	2013年
10	4	1	5	5	2	7
9	3	1	5	4		4
	1					
				1	1	1
1					1	1
						1
21	28	31	37	48	51	23
1	4	1		4	8	1
7	14	14	16	17	15	11
4	2	4	5	6	6	5
	1	4	1	1	2	1
2	3	1	1	5	1	
1	1	4	1	6	5	
2	1	2	9	6	8	3
4	2	1	4	3	6	2
6	3	5	7	14	12	6
		1	1	2	1	
				3		1
		1				
3	1	1		4	5	
1	2	1	3	2	5	2
2		1	3	3	1	3
6	11	3	7	5	6	6
2	6	1	2	1	2	2
1	5		1		3	3
		1	2	2		
3		1	2	2	1	1
17	23	35	45	45	48	33
7	5	15	5	18	18	13
4	2	3	2	8	5	3
3	3	12	3	10	13	10
14	19	21	30	36	47	36
	2			1	1	1
2		2	9	5	7	10
4	4	6	5	11	15	8
				3		1
4		3	4	2	8	5
4	13	10	12	14	16	11
75	**103**	**88**	**91**	**93**	**110**	**101**
40	42	38	41	43	47	53
22	19	19	26	21	23	35
1	1	2	1	3		
17	22	17	14	19	24	18

1-1-7 续表 15

行　业				
	2003年	2004年	2005年	2006年
燃气生产和供应业	8	10	6	6
燃气生产和供应业	8	10	6	6
水的生产和供应业	13	24	15	14
自来水生产和供应	6	13	9	10
污水处理及其再生利用	7	9	4	4
其他水的处理、利用与分配		2	2	
建筑业	**210**	**250**	**299**	**315**
房屋建筑业	37	24	37	44
房屋建筑业	37	24	37	44
土木工程建筑业	39	60	68	89
铁路、道路、隧道和桥梁工程建筑	13	23	28	38
水利和内河港口工程建筑	5	5	3	4
工矿工程建筑	3	3	7	4
架线和管道工程建筑	6	14	14	23
其他土木工程建筑	12	15	16	20
建筑安装业	38	57	73	68
电气安装	7	21	25	13
管道和设备安装	19	24	28	23
其他建筑安装业	12	12	20	32
建筑装饰和其他建筑业	96	109	121	114
建筑装饰业	69	71	78	88
工程准备活动	9	16	13	8
提供施工设备服务	6	5	9	5
其他未列明建筑业	12	17	21	13
批发和零售业	**1381**	**1522**	**1706**	**2174**
批发业	685	807	875	1084
农、林、牧产品批发	21	21	33	67
食品、饮料及烟草制品批发	39	48	50	80
纺织、服装及家庭用品批发	27	22	32	39
文化、体育用品及器材批发	10	33	14	15
医药及医疗器材批发	25	28	31	37
矿产品、建材及化工产品批发	304	351	403	472
机械设备、五金产品及电子产品批发	208	245	235	284
贸易经纪与代理	10	14	14	19
其他批发业	41	45	63	71
零售业	696	715	831	1090
综合零售	47	61	58	82
食品、饮料及烟草制品专门零售	42	48	57	96
纺织、服装及日用品专门零售	67	76	66	87
文化、体育用品及器材专门零售	38	35	42	46
医药及医疗器材专门零售	102	88	102	108
汽车、摩托车、燃料及零配件专门零售	154	143	173	225
家用电器及电子产品专门零售	107	90	126	168
五金、家具及室内装饰材料专门零售	70	90	135	155
货摊、无店铺及其他零售业	69	84	72	123
交通运输、仓储和邮政业	**135**	**172**	**194**	**209**
道路运输业	97	136	146	156
城市公共交通运输	15	31	36	17
公路旅客运输	14	6	10	16
道路货物运输	55	71	82	105
道路运输辅助活动	13	28	18	18

2007年	2008年	2009年	2010年	2011年	2012年	2013年
14	26	18	17	17	26	31
14	26	18	17	17	26	31
21	35	32	33	33	37	17
11	14	15	12	21	20	10
6	18	13	17	9	13	6
4	3	4	4	3	4	1
317	**292**	**409**	**486**	**627**	**698**	**670**
52	40	60	65	75	64	76
52	40	60	65	75	64	76
67	71	85	104	136	143	116
22	26	31	25	39	47	37
3	5	6	6	26	8	6
5	7	14	14	10	7	6
20	15	18	21	10	18	8
17	18	16	38	51	63	59
65	59	53	83	90	122	101
19	14	8	23	22	27	21
22	28	14	31	28	39	43
24	17	31	29	40	56	37
133	122	211	234	326	369	377
92	71	134	160	252	278	299
18	28	41	45	43	51	49
9	10	15	9	9	16	9
14	13	21	20	22	24	20
2185	**2583**	**3447**	**4224**	**5622**	**6349**	**6454**
1188	1337	1819	2193	2916	3357	3268
109	99	128	138	156	155	193
98	107	156	195	271	345	349
53	43	75	91	110	147	145
25	18	26	45	118	61	64
17	30	42	46	48	70	61
493	568	755	859	1089	1257	1101
324	353	495	634	892	1004	1047
10	18	28	21	45	77	97
59	101	114	164	187	241	211
997	1246	1628	2031	2706	2992	3186
65	99	115	145	242	296	362
116	118	162	192	291	340	349
98	104	139	151	220	220	243
45	55	86	106	182	181	233
74	104	141	140	153	162	145
195	250	307	394	412	423	412
133	204	250	336	414	448	457
146	166	226	339	476	560	584
125	146	202	228	316	362	401
246	**327**	**393**	**572**	**630**	**619**	**745**
175	244	305	415	461	464	537
12	17	17	10	17	20	16
8	16	13	19	17	7	11
126	190	246	357	397	412	477
29	21	29	29	30	25	33

1-1-7 续表 16

行　业	2003年	2004年	2005年	2006年
水上运输业				1
水上旅客运输				1
水上货物运输				
水上运输辅助活动				
航空运输业	1		1	2
航空客货运输				
通用航空服务				
航空运输辅助活动	1		1	2
管道运输业				
管道运输业				
装卸搬运和运输代理业	17	19	24	25
装卸搬运	10	11	5	8
运输代理业	7	8	19	17
仓储业	19	16	21	24
谷物、棉花等农产品仓储	12	6	8	15
其他仓储业	7	10	13	9
邮政业	1	1	2	1
邮政基本服务				
快递服务	1	1	2	1
住宿和餐饮业	**90**	**117**	**128**	**183**
住宿业	45	54	43	79
旅游饭店	14	20	13	25
一般旅馆	25	29	21	42
其他住宿业	6	5	9	12
餐饮业	45	63	85	104
正餐服务	40	59	77	89
快餐服务	4	1	5	7
饮料及冷饮服务		1	1	5
其他餐饮业	1	2	2	3
信息传输、软件和信息技术服务业	**55**	**69**	**69**	**95**
电信、广播电视和卫星传输服务	12	4	7	9
电信	9	2	1	7
广播电视传输服务	3	2	4	2
卫星传输服务			2	
互联网和相关服务	9	8	6	11
互联网接入及相关服务	3	3	3	5
互联网信息服务	4	5	3	5
其他互联网服务	2			1
软件和信息技术服务业	34	57	56	75
软件开发	16	31	33	41
信息系统集成服务	7	12	11	15
信息技术咨询服务	5	9	7	11
数据处理和存储服务		2	3	1
集成电路设计		1		1
其他信息技术服务业	6	2	2	6
房地产业	**272**	**289**	**370**	**459**
房地产业	272	289	370	459
房地产开发经营	140	157	215	275

2007年	2008年	2009年	2010年	2011年	2012年	2013年
1	2	1				1
		1				
1	1					1
	1					
2	1	1	1	3	2	2
	1		1		1	
		1		1	1	1
2				2		1
1	2		1			1
1	2		1			1
36	44	38	46	80	75	122
24	20	25	19	41	45	73
12	24	13	27	39	30	49
28	29	35	44	44	52	59
13	15	16	22	20	21	19
15	14	19	22	24	31	40
3	5	13	65	42	26	23
			1	1	2	
3	5	13	64	41	24	23
219	**200**	**242**	**292**	**297**	**454**	**447**
98	79	96	112	113	186	163
31	20	20	29	25	21	31
55	47	64	67	73	126	100
12	12	12	16	15	39	32
121	121	146	180	184	268	284
103	99	133	153	156	224	233
10	5	8	14	12	16	22
1	5		3	2	8	7
7	12	5	10	14	20	22
96	**132**	**98**	**148**	**191**	**199**	**307**
8	28	11	13	14	10	19
5	21	6	3	6	4	14
3	7	4	9	8	5	5
		1	1		1	
12	17	3	13	8	15	28
3	5		4	1	5	10
7	10	3	7	6	7	14
2	2		2	1	3	4
76	87	84	122	169	174	260
38	49	53	63	89	96	152
16	16	14	33	32	31	43
10	10	12	12	23	29	39
1	2	1	3	7	2	11
		1	2	1	1	1
11	10	3	9	17	15	14
483	**379**	**461**	**557**	**642**	**678**	**773**
483	379	461	557	642	678	773
279	170	218	279	303	228	247

1-1-7 续表 17

行业	2003年	2004年	2005年	2006年
物业管理	75	82	106	129
房地产中介服务	26	23	23	29
自有房地产经营活动	21	21	21	18
其他房地产业	10	6	5	8
租赁和商务服务业	**354**	**365**	**474**	**497**
租赁业	15	17	32	26
机械设备租赁	15	16	32	24
文化及日用品出租		1		2
商务服务业	339	348	442	471
企业管理服务	55	50	79	73
法律服务	36	30	33	40
咨询与调查	49	53	96	90
广告业	65	73	70	97
知识产权服务	1	1	2	3
人力资源服务	23	14	26	24
旅行社及相关服务	61	54	68	65
安全保护服务	5	17	13	8
其他商务服务业	44	56	55	71
科学研究和技术服务业	**224**	**244**	**286**	**290**
研究和试验发展	18	26	16	21
自然科学研究和试验发展	1	3		1
工程和技术研究和试验发展	6	11	7	10
农业科学研究和试验发展	3	5	5	4
医学研究和试验发展	5	6	1	4
社会人文科学研究	3	1	3	2
专业技术服务业	173	181	228	205
气象服务	3	4	1	3
地震服务	1	2	17	11
海洋服务	1			
测绘服务	11	11	11	8
质检技术服务	18	21	26	35
环境与生态监测	5	7	3	2
地质勘查	5	6	8	10
工程技术	74	87	112	73
其他专业技术服务业	55	43	50	63
科技推广和应用服务业	33	37	42	64
技术推广服务	29	28	34	56
科技中介服务	1	4	5	3
其他科技推广和应用服务业	3	5	3	5
水利、环境和公共设施管理业	**95**	**96**	**77**	**93**
水利管理业	29	25	10	21
防洪除涝设施管理	4	6	1	2
水资源管理	15	4	2	7
天然水收集与分配	2	3	1	3
水文服务	1	2		
其他水利管理业	7	10	6	9
生态保护和环境治理业	9	8	5	7
生态保护	5	6		3
环境治理业	4	2	5	4

2007年	2008年	2009年	2010年	2011年	2012年	2013年
146	168	190	235	257	359	389
30	22	29	30	46	64	99
21	12	17	5	16	15	12
7	7	7	8	20	12	26
515	**574**	**794**	**998**	**1273**	**1699**	**2132**
23	50	59	104	128	162	206
22	48	59	102	124	161	204
1	2		2	4	1	2
492	524	735	894	1145	1537	1926
67	81	147	159	210	284	360
37	24	26	63	32	36	20
116	115	131	183	264	367	589
106	91	157	180	305	359	390
1	4	2	3	4	8	9
23	56	48	65	73	120	108
45	53	57	65	56	81	75
13	8	18	25	16	20	27
84	92	149	151	185	262	348
298	**344**	**370**	**495**	**542**	**707**	**660**
39	30	40	56	74	91	85
1	6	1	5	4	5	6
22	9	17	26	32	45	28
8	5	13	16	13	23	28
5	10	5	6	16	9	10
3		4	3	9	9	13
207	245	253	311	339	370	381
1		3	4	7	1	
3	4	1	4	7	3	1
		1				1
15	10	8	4	16	22	16
30	43	55	64	49	56	54
16	4	8	15	13	20	10
9	2	7	5	8	12	11
73	65	80	109	125	122	127
60	117	90	106	114	134	161
52	69	77	128	129	246	194
46	59	64	104	107	222	163
2	4	3	13	3	10	10
4	6	10	11	19	14	21
110	**141**	**164**	**162**	**194**	**213**	**213**
16	28	29	28	38	24	25
2	2	3	7	6	4	4
3	13	11	9	11	11	6
3	2	4	3	4		1
	3	1	3	2	1	
8	8	10	6	15	8	14
11	23	16	17	12	19	13
4	7	5	4	4	10	3
7	16	11	13	8	9	10

1-1-7 续表 18

行业	2003年	2004年	2005年	2006年
公共设施管理业	57	63	62	65
市政设施管理	8	9	10	7
环境卫生管理	12	5	8	1
城乡市容管理	4	1	1	2
绿化管理	15	15	24	19
公园和游览景区管理	18	33	19	36
居民服务、修理和其他服务业	**92**	**118**	**120**	**133**
居民服务业	36	52	56	45
家庭服务		3	4	4
托儿所服务				
洗染服务	3	2	4	3
理发及美容服务	4	7	16	13
洗浴服务	7	13	15	7
保健服务	2	8	3	6
婚姻服务		8	5	2
殡葬服务	1	3	3	1
其他居民服务业	19	8	6	9
机动车、电子产品和日用产品修理业	43	48	51	72
汽车、摩托车修理与维护	39	40	43	57
计算机和办公设备维修	2	4	4	8
家用电器修理	1	3	4	7
其他日用产品修理业	1	1		
其他服务业	13	18	13	16
清洁服务	4	11	7	7
其他未列明服务业	9	7	6	9
教育	**264**	**308**	**366**	**380**
教育	264	308	366	380
学前教育	70	71	73	78
初等教育	56	86	49	49
中等教育	61	62	58	55
高等教育	5	6	7	8
特殊教育	2	4	1	4
技能培训、教育辅助及其他教育	70	79	178	186
卫生和社会工作	**126**	**144**	**163**	**174**
卫生	97	114	123	136
医院	23	41	45	41
社区医疗与卫生院	29	27	32	50
门诊部(所)	7	13	15	19
计划生育技术服务活动	4	7	4	5
妇幼保健院(所、站)		2	4	3
专科疾病防治院(所、站)	6	2	2	4
疾病预防控制中心	20	17	13	9
其他卫生活动	8	5	8	5
社会工作	29	30	40	38
提供住宿社会工作	22	25	30	29
不提供住宿社会工作	7	5	10	9
文化、体育和娱乐业	**226**	**283**	**286**	**439**
新闻和出版业	8	15	11	22
新闻业	4	8	7	11
出版业	4	7	4	11

2007年	2008年	2009年	2010年	2011年	2012年	2013年
83	90	119	117	144	170	175
9	3	4	10	9	8	10
10	14	18	17	19	19	20
3	6	5	1	10	2	3
37	37	51	58	55	98	89
24	30	41	31	51	43	53
144	**189**	**172**	**238**	**286**	**427**	**397**
53	85	59	86	90	145	157
7	3	12	21	29	45	45
		1			1	
6	2	1	1	2	6	3
6	13	8	16	11	21	15
12	11	6	14	11	9	15
4	6	4	5	7	7	8
8	7	6	12	14	28	29
1	2	7	6	4	6	13
9	41	14	11	12	22	29
58	79	72	113	141	183	149
47	68	59	95	120	154	124
3	5	7	3	12	9	13
5	2	2	7	6	13	5
3	4	4	8	3	7	7
33	25	41	39	55	99	91
17	15	30	23	31	62	63
16	10	11	16	24	37	28
312	**333**	**392**	**409**	**471**	**477**	**521**
312	333	392	409	471	477	521
73	101	122	137	136	138	192
45	37	40	29	55	64	66
60	45	40	42	51	42	42
1	2	4	7	5	5	2
2	2	3	3	7	5	9
131	146	183	191	217	223	210
222	**245**	**213**	**205**	**216**	**251**	**236**
176	153	157	115	141	179	154
36	47	46	52	58	55	66
76	65	60	30	43	58	50
25	18	17	18	17	40	17
8	3	7	2	7	5	4
1	2	2	1	1	5	1
	5	4	3	5	7	3
19	4	7	3	2	1	
11	9	14	6	8	8	13
46	92	56	90	75	72	82
33	75	48	69	58	64	63
13	17	8	21	17	8	19
332	**282**	**369**	**419**	**388**	**532**	**499**
15	11	11	15	12	22	20
9	6	2	8	6	4	2
6	5	9	7	6	18	18

1-1-7 续表 19

行业	2003年	2004年	2005年	2006年
广播、电视、电影和影视录音制作业	5	7	5	6
广播	1	1		
电视	2		4	1
电影和影视节目制作	2	5	1	2
电影和影视节目发行				
电影放映				2
录音制作		1		1
文化艺术业	22	36	44	30
文艺创作与表演	3	6	8	7
艺术表演场馆	1	1	1	1
图书馆与档案馆	1		1	1
文物及非物质文化遗产保护	8	12	13	6
博物馆	3	1	2	
烈士陵园、纪念馆	1		4	2
群众文化活动	4	10	10	6
其他文化艺术业	1	6	5	7
体育	11	10	17	17
体育组织	4	4	4	7
体育场馆	1	1	2	3
休闲健身活动	4	4	10	5
其他体育	2	1	1	2
娱乐业	180	215	209	364
室内娱乐活动	178	212	208	360
游乐园			1	2
彩票活动				
文化、娱乐、体育经纪代理	1	1		2
其他娱乐业	1	2		
公共管理、社会保障和社会组织	**1132**	**907**	**1027**	**989**
中国共产党机关	21	18	38	12
中国共产党机关	21	18	38	12
国家机构	468	455	538	467
国家权力机构		3	2	2
国家行政机构	463	445	525	453
人民法院和人民检察院	2	3	1	3
其他国家机构	3	4	10	9
人民政协、民主党派	7	7	2	6
人民政协		1		2
民主党派	7	6	2	4
社会保障	82	32	51	55
社会保障	82	32	51	55
群众团体、社会团体和其他成员组织	245	262	293	390
群众团体	28	23	34	26
社会团体	177	197	234	256
基金会		1	3	5
宗教组织	40	41	22	103
基层群众自治组织	309	133	105	59
社区自治组织	133	98	66	44
村民自治组织	176	35	39	15

2007年	2008年	2009年	2010年	2011年	2012年	2013年
8	17	29	25	43	38	28
1	1	4	2	4	1	2
1	4	8	7	6	3	4
4	7	3	5	6	12	9
	1	1	1	1		
2	4	13	9	26	21	13
			1		1	
51	45	69	105	157	182	190
13	9	21	29	68	60	61
3		2	4	4	3	2
1	1	1	2	3	2	1
14	15	11	15	18	17	23
2	1	5	2	5	9	12
2	2	3		3	2	2
9	9	15	27	16	23	21
7	8	11	26	40	66	68
23	22	23	44	31	35	49
6	14	5	14	13	10	23
3	2	2	3	2	2	1
11	5	14	19	10	19	23
3	1	2	8	6	4	2
235	187	237	230	145	255	212
228	184	222	222	128	224	189
3		5	2	2	4	2
1	2	5	3	8	18	14
3	1	5	3	7	9	7
1040	**1037**	**1112**	**1324**	**1398**	**1457**	**1095**
25	14	13	10	22	12	9
25	14	13	10	22	12	9
512	477	556	668	570	489	330
1	2	2	2	5	3	2
509	465	548	649	551	472	320
	1		9		2	1
2	9	6	8	14	12	7
4	5	4	3	8	8	5
1	2	2		4	3	3
3	3	2	3	4	5	2
50	35	18	23	22	35	8
50	35	18	23	22	35	8
401	428	448	561	624	740	637
31	41	49	50	45	52	52
272	360	374	476	551	650	561
2	3	2	7	2	10	5
96	24	23	28	26	28	19
48	78	73	59	152	173	106
37	65	41	49	104	103	95
11	13	32	10	48	70	11

1-1-8 按行业、开业(成立)

行　业	从业人员数(人)			
		1949年及以前	1950-1977年	1978-1991年
总　计	**7357586**	**377495**	**1146963**	**940655**
农、林、牧、渔业	**60412**	**16**	**1784**	**724**
农业	1416			22
谷物种植	714			22
豆类、油料和薯类种植	15			
蔬菜、食用菌及园艺作物种植	682			
其他农业	5			
林业	185		55	48
林木育种和育苗	19			
森林经营和管护	166		55	48
畜牧业	707			
牲畜饲养	549			
家禽饲养	6			
其他畜牧业	152			
渔业	43			
水产养殖	43			
农、林、牧、渔服务业	58061	16	1729	654
农业服务业	53375	16	1367	400
林业服务业	1990		318	122
畜牧服务业	2582		44	132
渔业服务业	114			
采矿业	**1265945**	**135848**	**298333**	**120936**
煤炭开采和洗选业	1170295	135802	297633	118523
烟煤和无烟煤开采洗选	1164267	135802	296783	118520
褐煤开采洗选	928			
其他煤炭采选	5100		850	3
石油和天然气开采业	5033			
天然气开采	5033			
黑色金属矿采选业	52273		281	679
铁矿采选	49970		255	679
锰矿、铬矿采选	2215		26	
其他黑色金属矿采选	88			
有色金属矿采选业	6343		5	1493
常用有色金属矿采选	4298			1463
贵金属矿采选	1961		5	30
稀有稀土金属矿采选	84			
非金属矿采选业	24272	46	282	216
土砂石开采	22400		246	160
化学矿开采	286	46	36	
石棉及其他非金属矿采选	1586			56
开采辅助活动	6924			25
煤炭开采和洗选辅助活动	6284			25
石油和天然气开采辅助活动	379			
其他开采辅助活动	261			
其他采矿业	805		132	
其他采矿业	805		132	
制造业	**1542714**	**55178**	**120996**	**82151**
农副食品加工业	64919	231	786	1556
谷物磨制	8970	231	189	96
饲料加工	11647			285

注：本表按开业(成立)年份分组中不包含筹建单位。

时间分组的法人单位从业人员数

1992-1995年	1996年	1997年	1998年	1999年	2000年	2001年	2002年
326159	**93244**	**111250**	**200965**	**198462**	**227612**	**243329**	**355817**
236	**16**	**60**	**482**	**331**	**665**	**271**	**622**
			248	138			5
			248	138			
							5
					78		
					15		
					63		
						63	7
						63	7
236	16	60	234	193	587	208	610
129	7	59	175	189	577	200	464
	9	1	54	4	2	4	75
107					8	4	55
			5				16
30458	**7737**	**5097**	**35148**	**19697**	**66493**	**38315**	**54312**
29010	7407	4963	33440	18510	65276	35071	51920
28923	7407	4960	33440	18508	65269	34987	51858
85		3		2		11	28
2					7	73	34
378	143	10	1075	439	711	2392	1697
378	143	10	1075	438	502	2359	1641
				1	209	26	55
						7	1
137	90	31	315	656	138		60
34	90		299	25	128		60
103		31		631	10		
			16				
839	97	93	93	91	368	66	609
838	97	93	91	91	226	52	599
1			2		142	14	10
91			225	1		786	26
91			225	1		760	26
						26	
3							
3							
106479	**34036**	**33296**	**51923**	**61946**	**47928**	**46297**	**128027**
1568	592	6946	5767	1183	1961	1620	3430
175	22	3	265	214	128	602	486
104	219		4855	197	317	444	323

1-1-8 续表 1

行业	从业人员数（人）	1949年及以前	1950-1977年	1978-1991年
植物油加工	5185		6	156
制糖业	762			
屠宰及肉类加工	16444		373	615
水产品加工	25			25
蔬菜、水果和坚果加工	10727		1	332
其他农副食品加工	11159		217	47
食品制造业	44534	184	360	971
焙烤食品制造	10630		146	234
糖果、巧克力及蜜饯制造	8516	184	50	58
方便食品制造	4813		2	9
乳制品制造	5098			101
罐头食品制造	2952			4
调味品、发酵制品制造	8861		146	288
其他食品制造	3664		16	277
酒、饮料和精制茶制造业	37856	138	1329	1609
酒的制造	24922	138	1223	1395
饮料制造	12419		106	214
精制茶加工	515			
烟草制品业	1014	1004		
卷烟制造	1014	1004		
纺织业	20639		4914	1577
棉纺织及印染精加工	13683		2917	1469
毛纺织及染整精加工	397			
麻纺织及染整精加工	1773		1398	
丝绢纺织及印染精加工	604			
化纤织造及印染精加工	744			
针织或钩针编织物及其制品制造	854		454	34
家用纺织制成品制造	1638		97	39
非家用纺织制成品制造	946		48	35
纺织服装、服饰业	14235	58	3140	1524
机织服装制造	11473		2402	1050
针织或钩针编织服装制造	736		4	164
服饰制造	2026	58	734	310
皮革、毛皮、羽毛及其制品和制鞋业	3637	2	282	261
皮革鞣制加工	470			
皮革制品制造	1241	2	220	
毛皮鞣制及制品加工	507		11	
羽毛(绒)加工及制品制造	8			
制鞋业	1411		51	261
木材加工和木、竹、藤、棕、草制品业	6690	14	84	109
木材加工	1751	14	75	96
人造板制造	2263			3
木制品制造	2429		9	10
竹、藤、棕、草等制品制造	247			
家具制造业	4966		35	45
木质家具制造	3919		35	44
竹、藤家具制造	15			
金属家具制造	825			
塑料家具制造	103			
其他家具制造	104			1

1992-1995年	1996年	1997年	1998年	1999年	2000年	2001年	2002年
38		1666	14	29	762	109	
904	163	5277	199	518	418	30	692
310			203	14	270	391	1301
37	188		231	211	66	44	628
1899	864	2577	1489	1310	1807	1241	2250
364	358		739	68		40	103
30		502	30	161	274	69	241
15		82	48	103	17	72	1029
357		854	148	6	758	561	366
49	28	819	443	130		225	61
994	468	314	40	685	648	59	359
90	10	6	41	157	110	215	91
1432	277	933	745	539	1691	766	11940
191	50	908	362	327	792	132	11687
1241	227	25	383	212	664	634	246
					235		7
328	1009	102	151	287	549	1221	1331
23	399		48	260	302	1176	1159
163			5			5	
	236				89		
31	368		98				
10				2		29	
		102			158	1	172
101	6			25		10	
188	454	412	478	1545	102	193	885
148	40	411	358	1545	72	140	823
	414	1			30		
40			120			53	62
2	109		15	78			
	14		15				
				5			
2	95			73			
63	9		293	152	33	140	420
20	9		2		8	138	9
				22			270
43			266	130	25	2	141
			25				
181	82	98	78	444	119	105	64
175	49	85	78	439	119	105	61
1	33						3
5		13		5			

1-1-8 续表 2

行业	从业人员数（人）	1949年及以前	1950-1977年	1978-1991年
造纸和纸制品业	10971		197	805
造纸	3934		109	74
纸制品制造	7037		88	731
印刷和记录媒介复制业	16784	29	2205	2027
印刷	15712	29	2194	1905
装订及印刷相关服务	1047		11	122
记录媒介复制	25			
文教、工美、体育和娱乐用品制造业	13287	1	435	1118
文教办公用品制造	340		60	20
乐器制造	73		23	
工艺美术品制造	11124	1	88	396
体育用品制造	1731		264	701
玩具制造	11			1
游艺器材及娱乐用品制造	8			
石油加工及炼焦	132160		7181	4644
化学原料和化学制品制造业	134713		10034	13520
基础化学原料制造	35622		62	1360
肥料制造	40668		732	7932
农药制造	1436			255
涂料、油墨、颜料及类似产品制造	6069		950	97
合成材料制造	11551		3050	2917
专用化学产品制造	17673		43	305
炸药、火工及焰火产品制造	15326		5197	629
日用化学产品制造	6368			25
医药制造业	41551		1745	3549
化学药品原料药制造	9089			487
化学药品制剂制造	15114			1025
中药饮片加工	1242		2	98
中成药生产	8558		1743	413
兽用药品制造	2526			35
生物药品制造	2590			
卫生材料及医药用品制造	2432			1491
化学纤维制造业	4402		3153	
纤维素纤维原料及纤维制造	3171		3153	
合成纤维制造	1231			
橡胶和塑料制品业	27396		903	1608
橡胶制品业	8381		337	506
塑料制品业	19015		566	1102
非金属矿物制品业	237064	1666	4782	7495
水泥、石灰和石膏制造	39178	1482	1930	1192
石膏、水泥制品及类似制品制造	28322		553	1020
砖瓦、石材等建筑材料制造	72913		710	1956
玻璃制造	6462			85
玻璃制品制造	26295		10	427
玻璃纤维和玻璃纤维增强塑料制品制造	662		1	14
陶瓷制品制造	20205	164	521	366
耐火材料制品制造	23249	20	1056	1830
石墨及其他非金属矿物制品制造	19778		1	605

1992-1995年	1996年	1997年	1998年	1999年	2000年	2001年	2002年
772	332	281	552	135	877	376	258
428	61	252	135	14	707	253	115
344	271	29	417	121	170	123	143
1344	503	341	316	373	847	601	631
1264	499	310	271	321	832	578	588
80	4	31	45	52	15	23	43
71	515	392	191	104	238	31	626
1	5		4				
70	460	392	112		63	30	546
	50		75	104	175	1	80
22787	5195	2371	6516	3953	3458	4819	11888
14179	8015	1472	10762	2176	3157	7091	4670
5543	694	819	422	496	1628	688	2676
777	1	30	9450	810	991	4760	817
90	104	28	30	153	47	3	44
570	824	488	300	12	62	204	232
5		23		22		28	
211	1313	64	462	446	427	956	869
6961				208		452	1
22	5079	20	98	29	2		31
6458	363	862	1377	4585	1417	2977	7135
41	136		479	9		1969	5241
2080	75	261	538	3917	849	625	874
			25	100	386	20	55
3495		150	40	400	15	153	256
73	152		115	114	30	120	464
769		451	180	43	137	80	178
				2		10	67
22			187		106	2	115
22			187		106	2	115
1929	715	154	1475	881	913	1204	1181
1391	11	20	392	529	88	22	91
538	704	134	1083	352	825	1182	1090
14720	5285	2114	5395	5674	9859	6341	6188
2231	262	350	1911	839	798	339	635
790	14	184	107	78	602	328	596
1072	447	395	608	3094	1327	735	844
2328	2421		1	1		20	19
3945	1500	47	437	1237	4604	377	1586
15		9			52		6
787	1	57	765		621	1948	573
2403	126	696	461	349	599	911	443
1149	514	376	1105	76	1256	1683	1486

1-1-8 续表 3

行业	从业人员数（人）	1949年及以前	1950-1977年	1978-1991年
黑色金属冶炼和压延加工业	225048	46844	8221	10848
炼铁	28099			835
炼钢	22780		147	5278
黑色金属铸造	40465		2710	1563
钢压延加工	117396	46844	5364	29
铁合金冶炼	16308			3143
有色金属冶炼和压延加工业	68354		12430	1322
常用有色金属冶炼	57838		12430	1058
贵金属冶炼	822			
稀有稀土金属冶炼	1744			262
有色金属合金制造	2060			1
有色金属铸造	604			1
有色金属压延加工	5286			
金属制品业	61327		6705	4968
结构性金属制品制造	14586		582	1795
金属工具制造	4836		768	750
集装箱及金属包装容器制造	829		8	
金属丝绳及其制品制造	2753		476	588
建筑、安全用金属制品制造	14007		670	857
金属表面处理及热处理加工	1201		6	25
搪瓷制品制造	212			
金属制日用品制造	845		43	9
其他金属制品制造	22058		4152	944
通用设备制造业	74595	511	9700	7231
锅炉及原动设备制造	9332		576	206
金属加工机械制造	12370		1556	1307
物料搬运设备制造	3840		766	243
泵、阀门、压缩机及类似机械制造	14538	511	3844	416
轴承、齿轮和传动部件制造	3132		659	269
烘炉、风机、衡器、包装等设备制造	5791		352	770
文化、办公用机械制造	190			9
通用零部件制造	22369		1947	3877
其他通用设备制造业	3033			134
专用设备制造业	92953	534	29155	8737
采矿、冶金、建筑专用设备制造	65836		26142	7790
化工、木材、非金属加工专用设备制造	3872		393	97
食品、饮料、烟草及饲料生产专用设备制造	276		20	15
印刷、制药、日化及日用品生产专用设备制造	1350		7	
纺织、服装和皮革加工专用设备制造	9061		58	198
电子和电工机械专用设备制造	2683		8	377
农、林、牧、渔专用机械制造	3690	534	966	128
医疗仪器设备及器械制造	1040		83	30
环保、社会公共服务及其他专用设备制造	5145		1478	102
汽车制造业	24078	10	2564	146
汽车整车制造	2188			
改装汽车制造	4612		386	
低速载货汽车制造	56		56	
电车制造	144			
汽车车身、挂车制造	907			
汽车零部件及配件制造	16171	10	2122	146

1992-1995年	1996年	1997年	1998年	1999年	2000年	2001年	2002年
24858	1860	5099	5187	869	8707	5851	23751
800	1510	1141	1190	58	699	785	4870
63		113	1881	248	245	16	51
1471	211	1407	793	411	1535	2307	2416
22279	44	33	94	14	5695	2423	13307
245	95	2405	1229	138	533	320	3107
2060	83	130	2599	163	4121	1138	14132
1638	40	38	2504	2	3480	855	13660
					383	1	219
173	1		31			138	60
	2				114	1	43
			4	161		65	
249	40	92	60		144	78	150
2841	504	713	1262	1434	1966	3303	2783
678	53	38	255	91	561	227	426
385		18	15	96	290	306	174
462		27		108		8	2
	65			105		126	13
790	262	490	216	505	500	1132	516
59					221	30	
				2		1	
14	14		12			25	
453	110	140	764	527	394	1448	1652
2086	925	2770	2783	1992	1556	1881	6423
190	105	2301	138	596	299	502	2454
277	285	230	411	117	99	237	862
78	60	6	165	32	4	6	29
925	131	90	687	154	423	332	443
67	141		38	47		142	89
177		7	225	152	285	32	180
			51	5			
323	106	136	1004	859	364	480	2195
49	97		64	30	82	150	171
2066	5374	1942	2884	1870	1358	1932	1525
1033	1432	593	2303	473	528	1197	770
64	9	6	1	827		85	75
						12	13
72		42					30
575	3333	988	47	85	509	139	221
87	10	142	305	412	106	58	302
50	580	41	72		187	272	
			30	67		18	68
185	10	130	126	6	28	151	46
1325	81	2425	217	80		1006	382
			125				
84				30		90	
1241	81	2425	92	50		916	382

1-1-8 续表 4

行业	从业人员数（人）			
		1949年及以前	1950-1977年	1978-1991年
铁路、船舶、航空航天和其他运输设备制造业	19523	3952	600	2998
铁路运输设备制造	18305	3952	502	2644
船舶及相关装置制造	62			
航空、航天器及设备制造	469			
摩托车制造	104			
潜水救捞及其他未列明运输设备制造	583		98	354
电气机械和器材制造业	29078		7780	1288
电机制造	8121		5782	681
输配电及控制设备制造	10202		1320	259
电线、电缆、光缆及电工器材制造	3954		382	326
电池制造	1926		1	22
家用电力器具制造	934			
非电力家用器具制造	745			
照明器具制造	1918		14	
其他电气机械及器材制造	1278		281	
计算机、通信和其他电子设备制造业	102976		824	228
计算机制造	2160			
通信设备制造	93194		640	123
广播电视设备制造	839			
视听设备制造	115			27
电子器件制造	1627		184	
电子元件制造	3372			78
其他电子设备制造	1669			
仪器仪表制造业	5788		71	265
通用仪器仪表制造	2791		56	66
专用仪器仪表制造	1740		13	
钟表与计时仪器制造	5			
光学仪器及眼镜制造	923			192
其他仪器仪表制造业	329		2	7
其他制造业	8027		914	102
废弃资源综合利用业	3341		270	109
金属废料和碎屑加工处理	1426		69	21
非金属废料和碎屑加工处理	1915		201	88
金属制品、机械和设备修理业	10808		197	1491
金属制品修理	126			
通用设备修理	710		50	58
专用设备修理	2494		45	1013
铁路、船舶、航空航天等运输设备修理	1111			
电气设备修理	3031			269
仪器仪表修理	62			
其他机械和设备修理业	3274		102	151
电力、热力、燃气及水生产和供应业	**115215**	**5439**	**9365**	**19382**
电力、热力生产和供应业	79508	398	4275	13773
电力生产	51231		4275	8517
电力供应	6294	398		290
热力生产和供应	21983			4966
燃气生产和供应业	11979			1659
燃气生产和供应业	11979			1659

1992-1995年	1996年	1997年	1998年	1999年	2000年	2001年	2002年
573	414		218	175	140	394	1059
521	414		197	163	140	394	654
							400
52				12			
			21				5
598	260	174	697	370	571	602	257
13			65		50	73	9
301	45	140	96	38	174	365	64
100	203	34	171	290	202	145	110
117				42			17
57			3			19	41
					120		
10							
	12		362		25		16
59	57	958	126	30502	113	1100	24433
		5	10			42	1998
50			10	30366			22334
4	25					743	
			17				
5		824	89	136	113	315	101
	32	129					
201	7		89	508	1631	96	148
198	7		46	253	644	76	102
			23	255	355	8	6
							5
			20		597		
3					35	12	35
174	132	10	10	197	47	58	92
420			14	30		182	
			14	30		181	
420						1	
1275	20	20	50	337	584	26	30
22	20				3		
		1	1		1	9	
164			25	45	2		3
910							
3			6	112	578		12
7							15
169		19	18	180		17	
7871	**3126**	**919**	**1449**	**2891**	**3735**	**1181**	**2378**
7410	3048	817	1339	1151	2083	1064	1743
6404	2867	817	565	1122	1183	681	693
			256			118	
1006	181		518	29	900	265	1050
143		4	22	1016	40	47	92
143		4	22	1016	40	47	92

1-1-8 续表 5

行业	从业人员数(人)			
		1949年及以前	1950-1977年	1978-1991年
水的生产和供应业	23728	5041	5090	3950
自来水生产和供应	19292	5041	5090	3899
污水处理及其再生利用	3785			
其他水的处理、利用与分配	651			51
建筑业	**717886**	**5200**	**105808**	**134997**
房屋建筑业	279210	3717	53204	39653
房屋建筑业	279210	3717	53204	39653
土木工程建筑业	303454	1480	48214	88791
铁路、道路、隧道和桥梁工程建筑	152742		17879	56813
水利和内河港口工程建筑	13939		6796	1440
工矿工程建筑	84772	1480	20434	20779
架线和管道工程建筑	35455		2693	9288
其他土木工程建筑	16546		412	471
建筑安装业	59637	3	3085	4781
电气安装	17063			1267
管道和设备安装	24898		3085	756
其他建筑安装业	17676	3		2758
建筑装饰和其他建筑业	75585		1305	1772
建筑装饰业	33699			535
工程准备活动	11790		1073	988
提供施工设备服务	9914			20
其他未列明建筑业	20182		232	229
批发和零售业	**691946**	**4319**	**28256**	**73437**
批发业	342876	776	12363	55250
农、林、牧产品批发	21834	2	1105	1029
食品、饮料及烟草制品批发	41930	444	2153	8942
纺织、服装及家庭用品批发	13081		390	1087
文化、体育用品及器材批发	4813	8	190	313
医药及医疗器材批发	12852		1795	392
矿产品、建材及化工产品批发	170942	257	5090	40541
机械设备、五金产品及电子产品批发	55530	65	1088	1390
贸易经纪与代理	3451		205	231
其他批发业	18443		347	1325
零售业	349070	3543	15893	18187
综合零售	92169	1451	8739	7291
食品、饮料及烟草制品专门零售	24348	90	1437	1980
纺织、服装及日用品专门零售	32782	557	899	1004
文化、体育用品及器材专门零售	14579	1390	1177	1385
医药及医疗器材专门零售	21212	24	1152	223
汽车、摩托车、燃料及零配件专门零售	77449	26	1041	966
家用电器及电子产品专门零售	27842		165	126
五金、家具及室内装饰材料专门零售	27732		486	906
货摊、无店铺及其他零售业	30957	5	797	4306
交通运输、仓储和邮政业	**205192**	**3494**	**24511**	**13768**
道路运输业	149234	3042	21483	11555
城市公共交通运输	21991		8922	1108
公路旅客运输	18806	607	3078	6620
道路货物运输	74710	1045	1949	1967
道路运输辅助活动	33727	1390	7534	1860

1992-1995年	1996年	1997年	1998年	1999年	2000年	2001年	2002年
318	78	98	88	724	1612	70	543
293	78	98	88	700	1453	70	179
				24	64		283
25					95		81
47726	**7916**	**14246**	**31767**	**33710**	**22369**	**34186**	**41302**
24268	3384	6209	11721	17127	11395	16048	13312
24268	3384	6209	11721	17127	11395	16048	13312
18438	2727	2749	13569	7627	7077	13899	20489
12319	2183	1575	10776	4232	3283	7141	10062
9	42	67	337	59	11		1882
4154		410	1700	1821	199	4559	7491
995	500	577	596	1427	2338	2077	612
961	2	120	160	88	1246	122	442
1766	930	3013	2074	5615	2257	1635	5302
727	146	1743	434	480	709	238	1517
587	542	877	1201	3741	1276	1122	2332
452	242	393	439	1394	272	275	1453
3254	875	2275	4403	3341	1640	2604	2199
2469	714	1338	3225	1729	1137	1187	1483
494		133	964	914	293	425	327
			43	22	122	303	141
291	161	804	171	676	88	689	248
20722	**13945**	**20430**	**16403**	**13459**	**24387**	**22254**	**20889**
10785	2644	4170	8053	5851	8634	8964	9239
349	142	109	401	335	3041	113	618
1352	403	771	760	921	538	629	1962
194	175	126	455	233	555	447	276
133	84	46	63	22	127	23	72
441	25	104	273	535	154	312	276
5287	1009	2149	4611	2200	3202	5178	3832
888	662	709	1051	1075	720	1045	1561
191	10	14	102	130	78	107	65
1950	134	142	337	400	219	1110	577
9937	11301	16260	8350	7608	15753	13290	11650
3555	8833	12157	1346	1962	3102	7277	2249
726	160	1080	635	280	432	615	639
841	664	291	420	424	562	561	1171
443	147	107	271	407	134	263	508
634	62	130	1133	67	606	732	1508
2119	615	1522	2605	1477	9578	1991	3289
434	463	537	1151	565	528	671	1184
508	163	330	522	135	288	890	672
677	194	106	267	2291	523	290	430
3655	**707**	**4740**	**17211**	**10163**	**3831**	**4770**	**5015**
1770	629	2277	6179	1646	3527	3857	4352
406	189	451	387	268	433	1084	733
37		20	2506	616	46	552	209
978	48	1497	469	550	724	566	2748
349	392	309	2817	212	2324	1655	662

1-1-8 续表 6

行 业	从业人员数（人）			
		1949年及以前	1950-1977年	1978-1991年
水上运输业	80			
水上旅客运输	9			
水上货物运输	56			
水上运输辅助活动	15			
航空运输业	3790			
航空客货运输	366			
通用航空服务	147			
航空运输辅助活动	3277			
管道运输业	401			
管道运输业	401			
装卸搬运和运输代理业	13663	389	316	738
装卸搬运	8701	389	316	555
运输代理业	4962			183
仓储业	14099	54	2712	1475
谷物、棉花等农产品仓储	8528	54	1888	1124
其他仓储业	5571		824	351
邮政业	23925	9		
邮政基本服务	19933	9		
快递服务	3992			
住宿和餐饮业	**173948**	**123**	**5398**	**7214**
住宿业	72154	123	3822	5250
旅游饭店	39555		2918	2189
一般旅馆	26701	123	881	2704
其他住宿业	5898		23	357
餐饮业	101794		1576	1964
正餐服务	89222		1478	1794
快餐服务	9120			
饮料及冷饮服务	644		2	
其他餐饮业	2808		96	170
信息传输、软件和信息技术服务业	**76837**		**1569**	**753**
电信、广播电视和卫星传输服务	55411		1275	516
电信	47817		178	15
广播电视传输服务	7492		1097	489
卫星传输服务	102			12
互联网和相关服务	1830		77	34
互联网接入及相关服务	927		77	
互联网信息服务	777			34
其他互联网服务	126			
软件和信息技术服务业	19596		217	203
软件开发	9669			166
信息系统集成服务	5863		210	18
信息技术咨询服务	2024		7	19
数据处理和存储服务	581			
集成电路设计	165			
其他信息技术服务业	1294			
房地产业	**159051**	**523**	**3423**	**7318**
房地产业	159051	523	3423	7318
房地产开发经营	69806		67	2857
物业管理	67341		170	237
房地产中介服务	5733			375
自有房地产经营活动	12518	523	2944	3383
其他房地产业	3653		242	466

1992-1995年	1996年	1997年	1998年	1999年	2000年	2001年	2002年
			30	10		1	
			30			1	
				10			
					38	321	20
					18	321	20
					20		
							140
							140
978	10	19	356	167	78	214	97
610	10		183	136	10	136	47
368		19	173	31	68	78	50
907	68	540	613	380	188	377	386
834	61	471	609	215	131	233	297
73	7	69	4	165	57	144	89
		1904	10033	7960			20
		1904	10033	7960			
							20
5456	**4360**	**1951**	**3586**	**9159**	**4143**	**7973**	**5474**
3585	1331	1733	2208	1827	1111	4115	2134
2212	836	937	1096	1149	559	3561	1089
1110	461	654	999	467	458	538	905
263	34	142	113	211	94	16	140
1871	3029	218	1378	7332	3032	3858	3340
1821	3029	211	1179	1233	2903	3761	3152
			191	6032		15	113
				59	80	7	
50		7	8	8	49	75	75
807	**378**	**1054**	**981**	**7241**	**4668**	**16640**	**12384**
363		195	38	7044	3589	16094	11467
77			4	6683	2437	15515	11209
286		195	34	361	1152	579	258
	20			5		24	57
				5		6	
	20					18	57
444	358	859	943	192	1079	522	860
87	308	117	12	116	643	394	676
157	15	647	796	55	354	24	56
75	35	5	25	21	2	31	128
44					15	25	
13			50				
68		90	60		65	48	
3878	**1139**	**2157**	**3810**	**3738**	**3567**	**5058**	**6406**
3878	1139	2157	3810	3738	3567	5058	6406
1671	380	536	2640	1288	2185	2584	3665
1036	509	1024	421	1920	1014	1790	1536
19	93	71	13	276	150	237	516
491	157	445	599	206	137	419	168
661		81	137	48	81	28	521

1-1-8 续表 7

行　业	从业人员数（人）			
		1949年及以前	1950-1977年	1978-1991年
租赁和商务服务业	**204560**	**675**	**4506**	**20999**
租赁业	9671		197	973
机械设备租赁	9578		197	973
文化及日用品出租	93			
商务服务业	194889	675	4309	20026
企业管理服务	73331	641	3374	6252
法律服务	7129		1	1012
咨询与调查	20109		3	379
广告业	13759			114
知识产权服务	298			30
人力资源服务	19486		43	3067
旅行社及相关服务	9148			137
安全保护服务	26694	3	10	7171
其他商务服务业	24935	31	878	1864
科学研究和技术服务业	**139325**	**916**	**24872**	**17779**
研究和试验发展	16906	607	2704	3332
自然科学研究和试验发展	1725		671	124
工程和技术研究和试验发展	4882		465	877
农业科学研究和试验发展	4915	549	1357	1060
医学研究和试验发展	3422		91	167
社会人文科学研究	1962	58	120	1104
专业技术服务业	101824	264	20284	11473
气象服务	2293		1524	235
地震服务	1612		592	519
海洋服务	69			30
测绘服务	3819		727	271
质检技术服务	11436		672	1171
环境与生态监测	4036	95	465	1341
地质勘查	12182	83	6287	1666
工程技术	48353		7697	4366
其他专业技术服务业	18024	86	2320	1874
科技推广和应用服务业	20595	45	1884	2974
技术推广服务	17495	45	1567	2687
科技中介服务	1214		35	151
其他科技推广和应用服务业	1886		282	136
水利、环境和公共设施管理业	**98590**	**2179**	**11911**	**19074**
水利管理业	18506	635	4982	4471
防洪除涝设施管理	2801		1417	355
水资源管理	7012	327	1294	2671
天然水收集与分配	4142	167	1461	687
水文服务	755		117	76
其他水利管理业	3796	141	693	682
生态保护和环境治理业	4758	61	625	453
生态保护	2408	23	625	372
环境治理业	2350	38		81

1992–1995年	1996年	1997年	1998年	1999年	2000年	2001年	2002年
9301	**2049**	**3026**	**5086**	**4232**	**6131**	**9774**	**3942**
283	43	27	37	59	723	110	250
283	43	27	37	59	723	110	250
9018	2006	2999	5049	4173	5408	9664	3692
3692	1256	1183	3069	1331	1167	5659	1126
574	182	25	143	222	292	351	316
579	172	159	363	665	1767	418	435
181	137	195	276	143	273	218	327
24	4						20
567	18	592	93	106	39	66	189
126	8	127	266	415	379	442	450
1719	12		155	684	885	1814	44
1556	217	718	684	607	606	696	785
8798	**1351**	**1542**	**3454**	**3601**	**3319**	**3336**	**4984**
364	39	130	92	189	285	201	50
37				44	56		
206	23	30	38	58	144	22	25
35	16	66	19	13	72	148	18
20		34	9	64	6	7	
66			26	10	7	24	7
7602	1199	1257	3019	3068	2560	3042	4598
96	44	34	14	2	37	31	30
100	7	10	56	26		15	8
16							
149	39	8	58	34	116	81	204
524	36	20	253	216	197	279	523
273	54	78	45	99	69	52	140
1044	52	63	93	276	11	16	378
4799	736	866	1913	2135	1724	2381	2651
601	231	178	587	280	406	187	664
832	113	155	343	344	474	93	336
624	102	154	316	335	282	83	314
179		1	25	8	27	6	3
29	11		2	1	165	4	19
3825	**1601**	**2171**	**3209**	**1236**	**2509**	**2666**	**4845**
1408	225	322	314	253	197	204	295
152	23	59	32	1	21	31	23
588	63	108	92	67	40	30	165
192	12	53	112	30	16	110	12
59				27	21		31
417	127	102	78	128	99	33	64
115	7	126	10		18	170	275
109	7				8	50	108
6		126	10		10	120	167

1-1-8 续表 8

行业	从业人员数(人)			
		1949年及以前	1950-1977年	1978-1991年
公共设施管理业	75326	1483	6304	14150
市政设施管理	6454		2595	930
环境卫生管理	31207	1386	2198	9394
城乡市容管理	5113			1308
绿化管理	17206		932	1669
公园和游览景区管理	15346	97	579	849
居民服务、修理和其他服务业	**51948**		**1119**	**2805**
居民服务业	17046		480	1008
家庭服务	3642			
托儿所服务	11			
洗染服务	310		33	
理发及美容服务	1193		55	4
洗浴服务	3681		7	60
保健服务	1194			18
婚姻服务	688			6
殡葬服务	1223		327	66
其他居民服务业	5104		58	854
机动车、电子产品和日用产品修理业	22125		540	885
汽车、摩托车修理与维护	13737		534	876
计算机和办公设备维修	7520			3
家用电器修理	453		3	6
其他日用产品修理业	415		3	
其他服务业	12777		99	912
清洁服务	8977			860
其他未列明服务业	3800		99	52
教育	**595525**	**43545**	**178869**	**112073**
教育	595525	43545	178869	112073
学前教育	44978	442	5184	5082
初等教育	172172	14836	66499	28110
中等教育	248024	16266	74678	60721
高等教育	57258	9740	18921	7252
特殊教育	2445	428	722	350
技能培训、教育辅助及其他教育	70648	1833	12865	10558
卫生和社会工作	**226273**	**40426**	**89356**	**33020**
卫生	214543	40235	87691	31496
医院	143195	38911	49246	22792
社区医疗与卫生院	46730	1191	33200	2388
门诊部(所)	2708	32	546	218
计划生育技术服务活动	3215	34	55	1731
妇幼保健院(所、站)	6954	17	2410	3339
专科疾病防治院(所、站)	1140		170	87
疾病预防控制中心	5643		1093	278
其他卫生活动	4958	50	971	663
社会工作	11730	191	1665	1524
提供住宿社会工作	9990	187	1431	1261
不提供住宿社会工作	1740	4	234	263
文化、体育和娱乐业	**79939**	**2832**	**9814**	**11343**
新闻和出版业	11382	1302	1167	2320
新闻业	1708	14	164	347
出版业	9674	1288	1003	1973

1992-1995年	1996年	1997年	1998年	1999年	2000年	2001年	2002年
2302	1369	1723	2885	983	2294	2292	4275
473	52	22	46	331	67	22	62
985	163	72	1996	502	110	1245	451
129	906	36	376	25	27	221	219
251	37	93	315	94	1867	141	3015
464	211	1500	152	31	223	663	528
802	**290**	**847**	**505**	**7205**	**768**	**953**	**1054**
318	110	227	271	209	342	307	467
			8		2	5	
12			20	5	14		11
14	26	24	28	13	15	29	24
115	28	137	116	87	90	102	334
6		52		13		53	8
14		4	10		2	10	8
104	36		86	86	40		31
53	20	10	3	5	179	108	51
406	156	282	191	6820	359	433	344
396	156	184	184	201	317	419	333
10		17		6619	3	10	1
		71	2		27	4	10
		10	5		12		
78	24	338	43	176	67	213	243
		327	38	157	67	51	206
78	24	11	5	19		162	37
19660	**5843**	**9767**	**8613**	**9354**	**13240**	**14885**	**16370**
19660	5843	9767	8613	9354	13240	14885	16370
2107	736	837	836	1327	1511	1048	2020
5584	1456	1269	2568	1354	2465	4337	3827
8608	2545	3149	3792	4826	6806	5568	6489
448	5	3933	31	1418	1283	1932	1545
193	6	19	6	20		100	49
2720	1095	560	1380	409	1175	1900	2440
3457	**995**	**997**	**1906**	**2135**	**1392**	**1958**	**3210**
3181	844	877	1692	1997	1303	1554	2930
1856	540	673	1069	1317	631	673	1366
529	45	176	228	304	335	503	299
56	52	4	14	6	41	13	20
275	37	24	26	94	87	42	348
46			153		106		104
106			8			25	11
30			53	4		267	639
283	170		141	272	103	31	143
276	151	120	214	138	89	404	280
211	141	100	124	86	65	351	171
65	10	20	90	52	24	53	109
3459	**392**	**556**	**763**	**468**	**1151**	**1718**	**3008**
1723	91	21	91	33	388	102	121
135	27	10	4	13	119	8	85
1588	64	11	87	20	269	94	36

1-1-8 续表 9

行　　业	从业人员数(人)			
		1949年及以前	1950-1977年	1978-1991年
广播、电视、电影和影视录音制作业	16160	97	3420	2804
广播	2534	9	524	355
电视	7780	21	2082	1678
电影和影视节目制作	1673		74	55
电影和影视节目发行	194		61	87
电影放映	3941	67	679	629
录音制作	38			
文化艺术业	32483	1433	4932	5777
文艺创作与表演	11892	772	1565	918
艺术表演场馆	2046	73	467	102
图书馆与档案馆	3126	99	1002	1640
文物及非物质文化遗产保护	4165	17	188	947
博物馆	2641		249	1263
烈士陵园、纪念馆	1015	81	301	82
群众文化活动	3899	391	1005	480
其他文化艺术业	3699		155	345
体育	4557		291	328
体育组织	1302		133	105
体育场馆	614		63	130
休闲健身活动	2279			70
其他体育	362		95	23
娱乐业	15357		4	114
室内娱乐活动	13008		4	22
游乐园	859			
彩票活动	286			89
文化、娱乐、体育经纪代理	323			
其他娱乐业	881			3
公共管理、社会保障和社会组织	**952280**	**76782**	**227073**	**262882**
中国共产党机关	29079	4812	6771	10099
中国共产党机关	29079	4812	6771	10099
国家机构	593372	47782	153504	145812
国家权力机构	4489	153	712	2759
国家行政机构	559154	45703	139133	134209
人民法院和人民检察院	24406	1916	12096	7374
其他国家机构	5323	10	1563	1470
人民政协、民主党派	4900	366	930	2075
人民政协	3291	322	828	1562
民主党派	1609	44	102	513
社会保障	11204	29	300	2122
社会保障	11204	29	300	2122
群众团体、社会团体和其他成员组织	108873	2795	4792	14053
群众团体	22506	1817	3429	5447
社会团体	73730	452	1101	5663
基金会	334			
宗教组织	12303	526	262	2943
基层群众自治组织	204852	20998	60776	88721
社区自治组织	22599	475	1028	889
村民自治组织	182253	20523	59748	87832

1992-1995年	1996年	1997年	1998年	1999年	2000年	2001年	2002年
719	44	128	186	168	291	430	1764
333					85		26
300	44	128	129	166	197	398	750
68			7		5	12	981
18			50	2	4	20	7
703	224	387	216	141	331	367	428
211	31	78	29		140	90	88
33			5		13		
50	11		43	8	7		7
177	46	289	13	69	28	192	183
111	86	2	14	9	92	14	37
13			20			7	3
79	45	18	92	37	9	47	49
29	5			18	42	17	61
66	28	20	94	86	43	513	102
36	28	7	67		33	9	36
12		13	25	73	10	2	38
9			2	13		502	16
9							12
248	5		176	40	98	306	593
32	5		166	39	85	273	551
18				1		12	
196						1	
2					13		
			10			20	42
49569	**7363**	**8394**	**14669**	**7896**	**17316**	**31094**	**41595**
593	419	76	718	112	829	808	1330
593	419	76	718	112	829	808	1330
40443	5471	6387	11472	4427	10901	21758	28439
109			92	8	114	130	99
39740	4914	6359	10837	4395	10496	21523	27548
460	520	7	439	9	266	13	433
134	37	21	104	15	25	92	359
182	15	74	96	15	73	243	61
43		4	70		35	168	15
139	15	70	26	15	38	75	46
1264	78	45	127	71	402	440	1102
1264	78	45	127	71	402	440	1102
6127	909	1300	1220	2827	1757	2145	1878
1391	48	434	474	35	66	216	310
2298	328	521	599	2437	1326	1744	1421
25	4					8	
2413	529	345	147	355	365	177	147
960	471	512	1036	444	3354	5700	8785
324	409	131	229	378	1849	2966	4856
636	62	381	807	66	1505	2734	3929

1-1-8 续表 10

行业	2003年	2004年	2005年	2006年
总 计	**296641**	**256966**	**256982**	**292922**
农、林、牧、渔业	**430**	**841**	**633**	**1398**
农业		310		
谷物种植				
豆类、油料和薯类种植				
蔬菜、食用菌及园艺作物种植		310		
其他农业				
林业	4			
林木育种和育苗	4			
森林经营和管护				
畜牧业				16
牲畜饲养				16
家禽饲养				
其他畜牧业				
渔业				
水产养殖				
农、林、牧、渔服务业	426	531	633	1382
农业服务业	406	500	575	1235
林业服务业	3	31	28	40
畜牧服务业	17		18	107
渔业服务业			12	
采矿业	**50927**	**50892**	**36647**	**42052**
煤炭开采和洗选业	38722	44626	27931	36663
烟煤和无烟煤开采洗选	38662	44504	27813	36537
褐煤开采洗选		119	40	
其他煤炭采选	60	3	78	126
石油和天然气开采业	2405			1165
天然气开采	2405			1165
黑色金属矿采选业	8970	5126	6890	2562
铁矿采选	8143	4346	6890	2338
锰矿、铬矿采选	827	780		224
其他黑色金属矿采选				
有色金属矿采选业	4	188	896	406
常用有色金属矿采选	4	180	123	224
贵金属矿采选		8	725	182
稀有稀土金属矿采选			48	
非金属矿采选业	431	915	857	1164
土砂石开采	404	834	823	932
化学矿开采		2		24
石棉及其他非金属矿采选	27	79	34	208
开采辅助活动	371	37	69	85
煤炭开采和洗选辅助活动	92	37	69	85
石油和天然气开采辅助活动	204			
其他开采辅助活动	75			
其他采矿业	24		4	7
其他采矿业	24		4	7
制造业	**101564**	**69616**	**65932**	**105811**
农副食品加工业	4252	2950	3428	4633
谷物磨制	310	677	638	508
饲料加工	255	571	249	478

2007年	2008年	2009年	2010年	2011年	2012年	2013年
272415	**272755**	**306409**	**299363**	**317635**	**305173**	**223278**
2702	**4981**	**7191**	**7201**	**9204**	**10867**	**9553**
	76		230	201	164	22
	76		230			
				15		
				186	164	22
112	20	16		471	2	
30	14	16		471	2	
	6					
82						
		43				
		43				
2590	4885	7132	6971	8532	10701	9531
2446	4580	6488	6500	7861	10000	9015
101	109	94	286	342	229	123
43	176	529	177	318	451	393
	20	21	8	11	21	
38338	**25628**	**43453**	**41866**	**50520**	**46983**	**14772**
34029	20318	34413	33160	42158	40473	9426
33998	20234	34319	33115	41683	37562	8916
	35	8	12	204	185	196
31	49	86	33	271	2726	314
	423	311	158	282	134	112
	423	311	158	282	134	112
2065	2418	4950	3580	4234	1871	1684
2046	2418	4934	3580	4187	1832	1658
19				45		3
		16		2	39	23
169	295	108	280	422	451	161
147	295	100	257	358	327	146
12		8	23	64	124	5
10						10
2047	1787	2715	4517	2586	2449	1715
1847	1780	2298	4290	2435	2379	1628
158			17	1	2	
42	7	417	210	150	68	87
12	329	828	23	759	1452	1651
12	257	783	2	727	1452	1499
	72	10		15		39
		35	21	17		113
16	58	128	148	79	153	23
16	58	128	148	79	153	23
73156	**64875**	**73228**	**60589**	**64002**	**54767**	**34251**
4103	3545	2594	3425	4252	2846	3115
694	831	416	598	700	816	364
675	186	674	352	281	399	758

1-1-8 续表 11

行业				
	2003年	2004年	2005年	2006年
植物油加工	188	443	114	374
制糖业				585
屠宰及肉类加工	257	112	1024	292
水产品加工				
蔬菜、水果和坚果加工	371	565	336	1530
其他农副食品加工	2871	582	1067	866
食品制造业	2766	2458	1432	4117
焙烤食品制造	560	699	223	1035
糖果、巧克力及蜜饯制造	613	867	377	964
方便食品制造	223	72	289	274
乳制品制造	539	189	263	752
罐头食品制造	30	114	141	35
调味品、发酵制品制造	743	377	77	389
其他食品制造	58	140	62	668
酒、饮料和精制茶制造业	757	1848	1884	1968
酒的制造	279	1227	322	821
饮料制造	478	508	1562	1142
精制茶加工		113		5
烟草制品业				
卷烟制造				
纺织业	574	877	981	777
棉纺织及印染精加工	409	311	771	664
毛纺织及染整精加工				
麻纺织及染整精加工				
丝绢纺织及印染精加工		370		
化纤织造及印染精加工			80	
针织或钩针编织物及其制品制造	160	19		
家用纺织制成品制造			65	48
非家用纺织制成品制造	5	177	65	65
纺织服装、服饰业	110	269	115	144
机织服装制造	103	257	115	144
针织或钩针编织服装制造				
服饰制造	7	12		
皮革、毛皮、羽毛及其制品和制鞋业	118	16	567	10
皮革鞣制加工				
皮革制品制造			564	
毛皮鞣制及制品加工			3	10
羽毛(绒)加工及制品制造				
制鞋业	118	16		
木材加工和木、竹、藤、棕、草制品业	310	228	185	886
木材加工	33	31	30	14
人造板制造	215			450
木制品制造	62	67	153	422
竹、藤、棕、草等制品制造		130	2	
家具制造业	46	157	80	188
木质家具制造	19	149	79	85
竹、藤家具制造				
金属家具制造	27	6	1	92
塑料家具制造				
其他家具制造		2		11

2007年	2008年	2009年	2010年	2011年	2012年	2013年
30	659	40	125	140	222	50
10		57	100			10
769	369	408	1169	1755	435	616
1076	887	617	486	686	528	794
849	613	382	595	690	446	523
4340	1714	3417	989	2909	2439	2442
2322	410	1101	298	906	587	431
916	656	138	381	872	679	454
110	156	435	51	539	246	1038
20		146				23
543	96	75	40	67	21	25
344	245	1264	137	360	441	359
85	151	258	82	165	465	112
1456	2622	868	1567	1799	989	469
527	1606	417	949	1016	335	65
866	954	451	618	783	628	400
63	62				26	4
			10			
			10			
316	779	1736	1274	718	824	309
106	403	1462	1166	539	29	65
		20	5	80	111	8
	50					
89	135	10				
3		106			3	55
17	65	10		33	7	14
101	93	128	45	18	531	40
	33		58	48	143	127
1175	399	240	560	979	846	408
1145	380	203	527	791	640	171
	18	30		10	16	49
30	1	7	33	178	190	188
60	88	659	508	269	259	334
		320	150			
	1		1	249	170	5
20	87	33	337			1
						8
40		306	20	20	89	320
764	366	852	313	643	364	352
214	105	351	85	108	103	276
253	122	463	44	264	89	38
297	129	38	126	271	152	36
	10		58		20	2
320	676	331	347	676	402	464
278	294	317	302	464	335	379
					15	
	323	10	35	199	43	52
6	50				5	19
36	9	4	10	13	4	14

1-1-8 续表 12

行业	2003年	2004年	2005年	2006年
造纸和纸制品业	1303	578	228	491
造纸	595	228	62	116
纸制品制造	708	350	166	375
印刷和记录媒介复制业	698	772	1643	714
印刷	558	728	1636	661
装订及印刷相关服务	140	44	7	53
记录媒介复制				
文教、工美、体育和娱乐用品制造业	391	292	877	781
文教办公用品制造				108
乐器制造				
工艺美术品制造	378	244	873	657
体育用品制造	13	48	4	16
玩具制造				
游艺器材及娱乐用品制造				
石油加工及炼焦	14450	14850	4664	1930
化学原料和化学制品制造业	9898	5708	6385	6812
基础化学原料制造	1516	1733	2809	4765
肥料制造	4290	1342	1463	991
农药制造	13	64	111	86
涂料、油墨、颜料及类似产品制造	589	70	119	145
合成材料制造	210	1450	205	8
专用化学产品制造	2027	1035	1443	734
炸药、火工及焰火产品制造	1207		19	15
日用化学产品制造	46	14	216	68
医药制造业	2602	2224	923	501
化学药品原料药制造	198	157		85
化学药品制剂制造	1125	1402	818	
中药饮片加工	8	165		5
中成药生产	861	232	2	89
兽用药品制造	176	82	72	308
生物药品制造	5	164		6
卫生材料及医药用品制造	229	22	31	8
化学纤维制造业	51	4	20	7
纤维素纤维原料及纤维制造				
合成纤维制造	51	4	20	7
橡胶和塑料制品业	1737	2170	1655	1156
橡胶制品业	404	1613	373	325
塑料制品业	1333	557	1282	831
非金属矿物制品业	12436	11132	9852	12742
水泥、石灰和石膏制造	3328	1489	1051	3154
石膏、水泥制品及类似制品制造	928	406	1276	1615
砖瓦、石材等建筑材料制造	1664	2742	3616	4490
玻璃制造	36	400	2	11
玻璃制品制造	1212	947	1703	1094
玻璃纤维和玻璃纤维增强塑料制品制造	15	4	10	5
陶瓷制品制造	1424	1964	57	614
耐火材料制品制造	1246	2361	1224	1131
石墨及其他非金属矿物制品制造	2583	819	913	628

2007年	2008年	2009年	2010年	2011年	2012年	2013年
662	368	745	516	712	501	272
146	109	202	48	89	182	9
516	259	543	468	623	319	263
201	597	522	627	758	553	397
198	586	481	607	715	381	307
3	11	41	20	43	172	65
						25
415	1363	656	1359	1186	1186	997
	5	17	56	12	32	20
	8			8	34	
415	1201	608	1303	1166	1095	964
	149	26			25	
		5				5
						8
6012	3908	4402	2488	3585	1948	169
5965	4377	5677	3886	3635	4737	1701
1539	1849	1566	1118	1905	1618	548
695	1560	1458	440	671	862	514
1	104	108	1	117	17	60
419	74	66	165	235	353	60
989	6	1719	225	59	474	161
2138	696	666	1760	454	942	215
	16	16	157	35	400	13
184	72	78	20	159	71	130
247	384	1856	1159	451	660	76
215	1	18		53		
	175	1233	71	40	3	3
8	70	16	24	170	80	10
	2		586	89	32	
15	7	325	160	55	173	50
	129	39	280	29	100	
9		225	38	15	272	13
15		37	30	460	182	9
		8			3	7
15		29	30	460	179	2
773	1896	929	1545	1487	1310	1309
100	905	202	272	286	376	133
673	991	727	1273	1201	934	1176
18634	20422	21223	16285	14580	17124	10930
2875	2772	3912	3408	2381	1586	1098
2252	2650	2402	2598	4322	3116	2007
8663	9244	9312	5313	4793	6464	4689
115	33	604	43	20	130	122
1392	730	950	625	793	1158	912
18	13	131		96	139	134
885	2219	1447	2359	261	2400	762
1442	1598	1607	1016	845	1297	554
992	1163	858	923	1069	834	652

1-1-8 续表 13

行业				
	2003年	2004年	2005年	2006年
黑色金属冶炼和压延加工业	25710	5172	8644	6319
炼铁	4162	1864	661	462
炼钢	4517	50	3098	1251
黑色金属铸造	1546	1844	3525	3367
钢压延加工	14546	207	334	838
铁合金冶炼	939	1207	1026	401
有色金属冶炼和压延加工业	5775	1325	6528	4303
常用有色金属冶炼	5051	766	6131	3267
贵金属冶炼			201	
稀有稀土金属冶炼	450	371	6	5
有色金属合金制造	180	26	5	805
有色金属铸造	2	124		23
有色金属压延加工	92	38	185	203
金属制品业	2278	2936	3702	3886
结构性金属制品制造	704	635	429	1527
金属工具制造	81	174	320	229
集装箱及金属包装容器制造	1	70	17	51
金属丝绳及其制品制造	100	30	133	58
建筑、安全用金属制品制造	213	356	1490	625
金属表面处理及热处理加工	61	23	2	240
搪瓷制品制造				
金属制日用品制造	18	2	123	3
其他金属制品制造	1100	1646	1188	1153
通用设备制造业	3578	3356	3746	4842
锅炉及原动设备制造	125	349	115	210
金属加工机械制造	937	374	787	1668
物料搬运设备制造	59	277	491	150
泵、阀门、压缩机及类似机械制造	1035	539	507	630
轴承、齿轮和传动部件制造	73	653	101	55
烘炉、风机、衡器、包装等设备制造	279	320	407	672
文化、办公用机械制造				
通用零部件制造	1024	549	1259	1308
其他通用设备制造业	46	295	79	149
专用设备制造业	2143	3904	3271	6046
采矿、冶金、建筑专用设备制造	1471	3214	2135	3921
化工、木材、非金属加工专用设备制造	104	259	134	289
食品、饮料、烟草及饲料生产专用设备制造			106	10
印刷、制药、日化及日用品生产专用设备制造		53	35	283
纺织、服装和皮革加工专用设备制造	213	219	428	383
电子和电工机械专用设备制造	40	49	37	99
农、林、牧、渔专用机械制造	110	18	4	90
医疗仪器设备及器械制造	49	53	35	83
环保、社会公共服务及其他专用设备制造	156	39	357	888
汽车制造业	2397	2169	535	910
汽车整车制造				376
改装汽车制造		1134		
低速载货汽车制造				
电车制造				
汽车车身、挂车制造		337	10	120
汽车零部件及配件制造	2397	698	525	414

2007年	2008年	2009年	2010年	2011年	2012年	2013年
9843	4677	9183	3390	5539	2703	1772
3700	1524	2113	1023	523	113	66
38	19	3311	40	2300	103	11
2999	2080	3412	1562	2200	2025	1081
3014	391	347	559	173	246	614
92	663		206	343	216	
1788	1931	1015	3443	1768	1541	584
1359	1044	80	2395	542	1273	182
	10					8
	85		23	30	4	25
98	236	123	67	267	30	10
	46	32	21	29	76	20
331	510	780	937	900	158	339
3003	3286	4109	3964	2343	3408	1837
592	920	915	816	933	1733	657
234	439	91	134	148	111	66
20				30		25
57	105	106	417	101	273	
273	424	1861	1203	348	561	660
62	228	30	31	118	37	28
48	39	102		5		
4	58	162	124	136	38	60
1713	1073	842	1239	524	655	341
2154	3400	2849	5030	3986	2402	1355
367	239	95	183	134	136	12
276	634	358	846	425	395	276
128	550	200	154	168	192	82
354	703	370	803	1155	398	88
79	95	14	293	177	3	137
54	44	334	948	248	218	82
		125				
866	839	1104	1420	1348	758	593
30	296	249	383	331	302	85
3476	3531	2567	2072	4204	2086	2140
3069	2285	1302	1167	2824	1166	984
48	20	90	256	707	134	274
			4	69	7	20
55		186	63	21	165	263
32	887	197	24	20	125	380
25	73	355	102	45	50	1
79	31	102	129	122	149	26
30	70	38	25	139	103	95
138	165	297	302	257	187	97
3481	1721	1200	1085	1341	122	693
		702		508		602
2682	4		15	248	18	
		10	36		65	13
17	33	77	46	60	1	2
782	1684	411	988	525	38	76

1-1-8 续表 14

行　业	2003年	2004年	2005年	2006年
铁路、船舶、航空航天和其他运输设备制造业	5000	847	181	516
铁路运输设备制造	4944	847	151	500
船舶及相关装置制造				
航空、航天器及设备制造				
摩托车制造				
潜水救捞及其他未列明运输设备制造	56		30	16
电气机械和器材制造业	741	1696	1423	1279
电机制造	19	445	13	5
输配电及控制设备制造	321	804	341	953
电线、电缆、光缆及电工器材制造	296	204	476	78
电池制造	1		290	5
家用电力器具制造	26	147	169	
非电力家用器具制造		91	5	58
照明器具制造	78		51	123
其他电气机械及器材制造		5	78	57
计算机、通信和其他电子设备制造业	334	647	197	38367
计算机制造				
通信设备制造				38190
广播电视设备制造	7		40	20
视听设备制造				2
电子器件制造	3	295		
电子元件制造	194	326	92	155
其他电子设备制造	130	26	65	
仪器仪表制造业	859	61	196	505
通用仪器仪表制造	627	22	175	214
专用仪器仪表制造	232	9	15	190
钟表与计时仪器制造				
光学仪器及眼镜制造		30		3
其他仪器仪表制造业			6	98
其他制造业	57	482	214	432
废弃资源综合利用业	27	219	22	16
金属废料和碎屑加工处理	27	203	9	1
非金属废料和碎屑加工处理		16	13	15
金属制品、机械和设备修理业	166	269	2354	533
金属制品修理	3	20		
通用设备修理	102	7	29	33
专用设备修理	15	58	53	100
铁路、船舶、航空航天等运输设备修理		53		
电气设备修理	6	64	1400	298
仪器仪表修理		40		
其他机械和设备修理业	40	27	872	102
电力、热力、燃气及水生产和供应业	**6623**	**4368**	**7420**	**2949**
电力、热力生产和供应业	2905	3167	6944	2488
电力生产	1791	2444	5243	1508
电力供应	152	276		137
热力生产和供应	962	447	1701	843
燃气生产和供应业	3425	485	97	219
燃气生产和供应业	3425	485	97	219

2007年	2008年	2009年	2010年	2011年	2012年	2013年
1109	181	10	883	84	69	120
1104	119	10	883	63		103
	62					
				21	39	9
5					30	5
						3
935	1134	2818	1997	1301	2236	684
20	128	5		150	660	3
621	527	1981	692	476	383	301
97	272	110	116	119	85	102
	20	618	256	110	177	120
48	125	14	196	46	43	
29	26	61	10	152	136	
16	7	23	639	227	579	137
104	29	6	88	21	173	21
414	82	1249	582	1877	623	154
		13	50	32	10	
				1476		5
		86				
341	71	80		71	515	
7	11	70	403	250	97	106
66		1000	129	48	1	43
146	497	95	121	33	192	67
29	111	31	61	3	34	36
70	386		22		128	28
		60	8	13		
47		4	30	17	30	3
984	363	272	539	1449	918	526
99	36	539	117	420	601	219
71	10	239	70	225	192	64
28	26	300	47	195	409	155
266	532	578	478	558	696	347
	23			20	10	5
11		125	156	32	61	34
44	148	276	140	143	143	77
				144		4
22		15	44	35	91	76
189	361	162	138	184	391	151
4467	**9791**	**5184**	**3536**	**2574**	**7119**	**2868**
3798	8184	3728	2783	1572	4892	1508
2036	2034	1838	1387	569	3774	1109
44	4239	303	28	53		
1718	1911	1587	1368	950	1118	399
357	821	772	339	459	923	982
357	821	772	339	459	923	982

1-1-8 续表 15

行业	2003年	2004年	2005年	2006年
水的生产和供应业	293	716	379	242
自来水生产和供应	123	276	229	152
污水处理及其再生利用	170	428	133	90
其他水的处理、利用与分配		12	17	
建筑业	**23484**	**26503**	**32934**	**23470**
房屋建筑业	10762	12653	9329	8678
房屋建筑业	10762	12653	9329	8678
土木工程建筑业	6666	4451	10718	6638
铁路、道路、隧道和桥梁工程建筑	1671	3018	4206	2991
水利和内河港口工程建筑	159	85	60	57
工矿工程建筑	4175	163	3043	338
架线和管道工程建筑	372	862	2910	2273
其他土木工程建筑	289	323	499	979
建筑安装业	2213	3378	4172	4992
电气安装	497	960	2312	946
管道和设备安装	1094	1601	852	1435
其他建筑安装业	622	817	1008	2611
建筑装饰和其他建筑业	3843	6021	8715	3162
建筑装饰业	2003	1459	2642	1368
工程准备活动	455	258	648	172
提供施工设备服务	109	146	629	169
其他未列明建筑业	1276	4158	4796	1453
批发和零售业	**31294**	**23882**	**24356**	**30710**
批发业	14766	9749	11286	14197
农、林、牧产品批发	241	371	331	821
食品、饮料及烟草制品批发	714	827	551	1232
纺织、服装及家庭用品批发	1096	159	553	412
文化、体育用品及器材批发	850	164	140	131
医药及医疗器材批发	1560	1031	591	734
矿产品、建材及化工产品批发	7589	4215	6729	7652
机械设备、五金产品及电子产品批发	2156	2291	1778	2419
贸易经纪与代理	87	181	98	128
其他批发业	473	510	515	668
零售业	16528	14133	13070	16513
综合零售	2773	4183	1655	2209
食品、饮料及烟草制品专门零售	661	620	787	1038
纺织、服装及日用品专门零售	1513	965	1513	1876
文化、体育用品及器材专门零售	321	363	417	434
医药及医疗器材专门零售	2023	945	2055	1296
汽车、摩托车、燃料及零配件专门零售	5065	3569	3338	4510
家用电器及电子产品专门零售	1359	1317	1101	1838
五金、家具及室内装饰材料专门零售	860	790	1456	1202
货摊、无店铺及其他零售业	1953	1381	748	2110
交通运输、仓储和邮政业	**10155**	**7727**	**5748**	**6407**
道路运输业	7142	6958	4779	5776
城市公共交通运输	464	1004	941	585
公路旅客运输	905	148	318	498
道路货物运输	4425	3255	2163	3440
道路运输辅助活动	1348	2551	1357	1253

2007年	2008年	2009年	2010年	2011年	2012年	2013年
312	786	684	414	543	1304	378
108	141	283	109	287	245	310
122	604	328	289	123	1044	63
82	41	73	16	133	15	5
29328	**26078**	**20882**	**16872**	**19859**	**11186**	**7557**
7006	7175	5540	6820	7567	1890	1543
7006	7175	5540	6820	7567	1890	1543
9405	12937	10011	5401	7175	3554	1343
2373	2308	3686	2268	2090	1349	452
50	183	517	72	1783	240	90
101	7816	3207	1074	1573	196	59
906	2199	2301	879	680	867	89
5975	431	300	1108	1049	902	653
3579	2497	1572	2089	2086	1689	866
1800	924	243	667	779	407	261
965	888	404	783	590	426	318
814	685	925	639	717	856	287
9338	3469	3759	2562	3031	4053	3805
1639	1277	2037	1583	2015	1843	1922
616	926	576	632	443	656	732
6426	1007	310	117	82	169	99
657	259	836	230	491	1385	1052
28192	**33748**	**49286**	**51285**	**56208**	**54785**	**47576**
14770	18428	26960	24302	28423	27644	24239
1274	1069	1793	2144	2148	2160	2207
1340	1299	2804	3857	3460	3340	3477
1020	1500	693	651	992	979	915
181	198	144	232	845	401	443
305	568	628	636	444	1347	696
6960	9597	14536	9318	12686	10030	7501
2974	2617	5110	5931	6303	6522	6963
104	100	224	123	206	419	628
612	1480	1028	1410	1339	2446	1409
13422	15320	22326	26983	27785	27141	23337
1767	2341	2806	2712	4115	4994	4479
1047	1043	1646	1498	2744	2882	2254
1618	2028	2089	5898	2690	3314	1841
310	586	1102	651	1502	1274	1346
574	721	1040	1083	1988	1245	1969
3279	3786	7500	7596	6062	4459	2912
2237	1782	2208	2429	2696	2481	2495
1142	1210	2158	3335	3414	3718	3450
1448	1823	1777	1781	2574	2774	2591
8502	**11526**	**12664**	**14743**	**12164**	**11963**	**11390**
5763	9083	10331	10752	9644	9986	8466
782	528	812	633	394	1063	802
292	521	171	1034	299	212	117
3453	7412	6740	8048	8544	7311	7152
1236	622	2608	1037	407	1400	395

1-1-8 续表 16

行　业	2003年	2004年	2005年	2006年
水上运输业				3
水上旅客运输				3
水上货物运输				
水上运输辅助活动				
航空运输业	2182		216	15
航空客货运输				
通用航空服务				
航空运输辅助活动	2182		216	15
管道运输业				
管道运输业				
装卸搬运和运输代理业	386	342	300	152
装卸搬运	300	293	184	33
运输代理业	86	49	116	119
仓储业	439	424	371	451
谷物、棉花等农产品仓储	229	247	138	278
其他仓储业	210	177	233	173
邮政业	6	3	82	10
邮政基本服务				
快递服务	6	3	82	10
住宿和餐饮业	**4948**	**6707**	**7290**	**11243**
住宿业	2464	3288	2839	4420
旅游饭店	1345	2091	1494	3056
一般旅馆	923	1015	744	1156
其他住宿业	196	182	601	208
餐饮业	2484	3419	4451	6823
正餐服务	2034	3363	4279	6508
快餐服务	403	10	68	215
饮料及冷饮服务		20	8	36
其他餐饮业	47	26	96	64
信息传输、软件和信息技术服务业	**2083**	**1492**	**1108**	**1626**
电信、广播电视和卫星传输服务	881	577	126	337
电信	329	188	6	129
广播电视传输服务	552	389	79	208
卫星传输服务			41	
互联网和相关服务	448	86	50	101
互联网接入及相关服务	415	40	34	11
互联网信息服务	18	46	16	81
其他互联网服务	15			9
软件和信息技术服务业	754	829	932	1188
软件开发	281	487	582	586
信息系统集成服务	277	184	284	409
信息技术咨询服务	23	66	39	101
数据处理和存储服务		39	21	5
集成电路设计		20		26
其他信息技术服务业	173	33	6	61
房地产业	**8092**	**8246**	**9676**	**11684**
房地产业	8092	8246	9676	11684
房地产开发经营	3408	3165	4925	6419
物业管理	3550	4377	4173	4501
房地产中介服务	209	170	262	365
自有房地产经营活动	762	294	265	303
其他房地产业	163	240	51	96

2007年	2008年	2009年	2010年	2011年	2012年	2013年
8	7	6				15
		6				
8	2					15
	5					
837	3	5	2	30	8	113
	3		2		2	
		5		28	6	108
837				2		5
166	55		5			35
166	55		5			35
1022	1714	1174	961	1306	840	2041
900	530	1010	368	811	629	1248
122	1184	164	593	495	211	793
674	584	830	718	714	605	551
150	194	234	392	319	219	211
524	390	596	326	395	386	340
32	80	318	2305	470	524	169
			6	5	16	
32	80	318	2299	465	508	169
12208	**12645**	**12389**	**14745**	**10176**	**14412**	**12123**
6099	4513	4989	4867	3028	4485	3790
4260	2582	2364	2478	1185	987	1164
1543	1630	2341	1985	1425	2664	1865
296	301	284	404	418	834	761
6109	8132	7400	9878	7148	9927	8333
5560	7631	7199	9430	6585	8602	7378
399	137	103	303	295	521	315
30	69		49	35	86	163
120	295	98	96	233	718	477
1236	**11699**	**1701**	**2484**	**1970**	**2419**	**2516**
234	10262	768	591	567	108	379
190	9847	503	136	23	24	324
44	415	253	422	544	80	55
		12	33		4	
77	133	27	84	67	295	245
15	15		11	10	236	52
55	93	27	65	52	49	146
7	25		8	5	10	47
925	1304	906	1809	1336	2016	1892
603	646	521	606	715	1097	1020
131	276	208	928	239	256	339
110	141	114	183	260	226	398
7	14	25	19	33	274	60
		15	13	10	15	3
74	227	23	60	79	148	72
12846	**12205**	**11830**	**11757**	**10982**	**11332**	**8760**
12846	12205	11830	11757	10982	11332	8760
6865	3822	5070	5364	5380	3894	3288
5182	8051	5805	5998	4875	6593	4319
483	200	304	209	370	539	872
271	70	559	47	167	205	102
45	62	92	139	190	101	179

1-1-8 续表 17

行　业	2003年	2004年	2005年	2006年
租赁和商务服务业	**9095**	**8960**	**12759**	**6947**
租赁业	130	418	576	179
机械设备租赁	130	412	576	173
文化及日用品出租		6		6
商务服务业	8965	8542	12183	6768
企业管理服务	4409	2436	4222	2481
法律服务	346	298	267	595
咨询与调查	696	458	854	826
广告业	545	559	553	708
知识产权服务	2	2	6	8
人力资源服务	348	238	1864	367
旅行社及相关服务	1134	825	767	589
安全保护服务	663	3094	2210	407
其他商务服务业	822	632	1440	787
科学研究和技术服务业	**4137**	**4270**	**4878**	**4937**
研究和试验发展	198	323	166	570
自然科学研究和试验发展	3	32		10
工程和技术研究和试验发展	98	205	113	343
农业科学研究和试验发展	54	59	31	21
医学研究和试验发展	27	20	2	152
社会人文科学研究	16	7	20	44
专业技术服务业	3532	3555	4431	3572
气象服务	23	64	4	68
地震服务	5	12	107	66
海洋服务	5			
测绘服务	210	109	232	139
质检技术服务	441	354	743	495
环境与生态监测	35	133	66	27
地质勘查	94	166	332	201
工程技术	1882	2157	2408	1903
其他专业技术服务业	837	560	539	673
科技推广和应用服务业	407	392	281	795
技术推广服务	315	347	223	696
科技中介服务	5	11	40	65
其他科技推广和应用服务业	87	34	18	34
水利、环境和公共设施管理业	**3844**	**2810**	**2721**	**2475**
水利管理业	396	723	104	480
防洪除涝设施管理	46	158	20	24
水资源管理	257	106	13	48
天然水收集与分配	12	38	3	15
水文服务	11	347		
其他水利管理业	70	74	68	393
生态保护和环境治理业	198	326	37	453
生态保护	136	267		59
环境治理业	62	59	37	394

2007年	2008年	2009年	2010年	2011年	2012年	2013年
9908	**10618**	**13144**	**17008**	**12012**	**17636**	**16315**
251	384	423	974	1029	1197	1390
236	364	423	970	1009	1190	1375
15	20		4	20	7	15
9657	10234	12721	16034	10983	16439	14925
1869	5198	4661	8619	2739	4610	3311
319	226	142	1019	241	424	134
1433	1146	1032	1254	1698	2247	3493
807	655	999	1220	1896	1914	2028
4	22	10	30	37	67	32
255	1378	3243	1138	1157	3673	1039
441	496	651	514	350	536	418
3325	65	536	706	944	747	1282
1204	1048	1447	1534	1921	2221	3188
5332	**5140**	**6264**	**6280**	**8694**	**7454**	**7055**
479	529	621	731	2741	1116	926
3	48	12	52	47	107	23
354	97	281	425	268	504	284
52	227	111	217	100	245	410
33	157	52	23	2277	163	118
37		165	14	49	97	91
4393	3684	4716	4106	3708	3271	4223
10		15	27	31	4	
18	21	1	14	21	11	3
		15				3
128	130	629	30	172	164	182
606	1115	873	1054	687	609	501
168	46	88	181	358	174	49
154	5	810	168	61	153	69
2702	1053	1437	1737	1412	1036	1296
607	1314	848	895	966	1120	2120
460	927	927	1443	2245	3067	1906
408	536	854	1206	2045	2778	1447
32	314	13	137	31	51	80
20	77	60	100	169	238	379
4032	**3486**	**3989**	**2798**	**9358**	**3302**	**4237**
1029	300	689	371	605	250	233
41	59	57	118	109	20	35
109	153	219	196	264	137	65
722	12	347	14	92		15
	17	5	24	8	12	
157	59	61	19	132	81	118
141	454	312	358	175	323	90
27	89	141	56	53	239	24
114	365	171	302	122	84	66

1-1-8 续表 18

行 业	2003年	2004年	2005年	2006年
公共设施管理业	3250	1761	2580	1542
市政设施管理	390	124	236	115
环境卫生管理	1839	491	767	1
城乡市容管理	248	19	171	18
绿化管理	351	346	736	605
公园和游览景区管理	422	781	670	803
居民服务、修理和其他服务业	**1384**	**1851**	**4258**	**1810**
居民服务业	539	629	1149	639
家庭服务		49	52	45
托儿所服务				
洗染服务	22	7	14	9
理发及美容服务	14	59	160	89
洗浴服务	194	208	646	210
保健服务	12	78	63	115
婚姻服务		54	31	4
殡葬服务	20	94	28	6
其他居民服务业	277	80	155	161
机动车、电子产品和日用产品修理业	707	793	820	849
汽车、摩托车修理与维护	661	576	557	757
计算机和办公设备维修	35	206	253	58
家用电器修理	8	9	10	34
其他日用产品修理业	3	2		
其他服务业	138	429	2289	322
清洁服务	35	380	2218	214
其他未列明服务业	103	49	71	108
教育	**17383**	**18525**	**14450**	**19419**
教育	17383	18525	14450	19419
学前教育	1885	1686	1736	1623
初等教育	4664	5615	3490	3122
中等教育	6572	7796	4702	6304
高等教育	1653	2199	832	3808
特殊教育	19	79	4	35
技能培训、教育辅助及其他教育	2590	1150	3686	4527
卫生和社会工作	**3659**	**3760**	**5382**	**3727**
卫生	3209	3519	4993	3247
医院	1745	1939	3505	1675
社区医疗与卫生院	339	320	309	791
门诊部(所)	30	379	40	62
计划生育技术服务活动	13	20	60	16
妇幼保健院(所、站)		120	175	96
专科疾病防治院(所、站)	135	7	20	208
疾病预防控制中心	799	609	410	341
其他卫生活动	148	125	474	58
社会工作	450	241	389	480
提供住宿社会工作	399	202	337	449
不提供住宿社会工作	51	39	52	31
文化、体育和娱乐业	**2152**	**2218**	**2731**	**2700**
新闻和出版业	541	280	102	334
新闻业	23	65	79	97
出版业	518	215	23	237

2007年	2008年	2009年	2010年	2011年	2012年	2013年
2862	2732	2988	2069	8578	2729	3914
175	63	143	90	100	114	304
500	844	658	651	5485	377	1053
90	206	335	8	381	8	382
876	576	825	936	741	1448	1304
1221	1043	1027	384	1871	782	871
3206	**3528**	**2891**	**4020**	**3251**	**4826**	**4547**
700	1301	759	2172	1156	2174	2078
100	10	309	1077	371	977	637
		1			10	
28	40	3	2	8	47	35
36	73	57	100	67	124	182
291	164	84	171	254	175	203
45	70	116	83	211	69	182
59	33	24	57	47	165	160
12	10	101	40	28	44	62
129	901	64	642	170	563	617
743	1345	928	1162	1323	1685	1349
656	1250	827	1045	1190	1488	1130
8	34	53	17	89	49	55
41	15	14	52	27	95	25
38	46	34	48	17	53	139
1763	882	1204	686	772	967	1120
370	609	1034	418	438	566	977
1393	273	170	268	334	401	143
15734	**11784**	**12669**	**12007**	**14161**	**13427**	**13583**
15734	11784	12669	12007	14161	13427	13583
1618	1692	2219	2538	2639	2599	3587
3521	2553	2990	2131	3829	4307	3640
7540	4105	2874	3577	4478	3262	3366
5	29	540	1254	75	52	303
27	32	54	35	93	70	99
3023	3373	3992	2472	3047	3137	2588
4122	**4788**	**4756**	**3797**	**4390**	**5130**	**3765**
3667	3983	4009	3173	3784	4430	2685
1473	2005	2342	2050	2476	3127	1750
1178	1037	867	577	893	697	522
140	169	97	256	94	245	186
25	7	55	22	98	100	46
24	156	27	43	25	53	60
	97	81	19	57	91	18
602	76	270	109	55	8	
225	436	270	97	86	109	103
455	805	747	624	606	700	1080
385	734	702	532	452	638	938
70	71	45	92	154	62	142
2647	**2000**	**4966**	**5532**	**6556**	**6163**	**6552**
279	80	400	518	215	476	798
55	44	37	180	66	105	31
224	36	363	338	149	371	767

1-1-8 续表 19

行　　业				
	2003年	2004年	2005年	2006年
广播、电视、电影和影视录音制作业	101	50	748	73
广播	30	15		
电视	54		688	15
电影和影视节目制作	17	32	60	3
电影和影视节目发行				
电影放映				25
录音制作		3		30
文化艺术业	432	951	814	484
文艺创作与表演	121	159	138	171
艺术表演场馆	20	6	8	9
图书馆与档案馆	14		12	5
文物及非物质文化遗产保护	130	319	143	51
博物馆	100	289	31	
烈士陵园、纪念馆	4		361	7
群众文化活动	33	146	86	168
其他文化艺术业	10	32	35	73
体育	100	74	138	258
体育组织	36	30	30	106
体育场馆	6	4	11	40
休闲健身活动	36	38	88	107
其他体育	22	2	9	5
娱乐业	978	863	929	1551
室内娱乐活动	971	852	903	1491
游乐园			26	55
彩票活动				
文化、娱乐、体育经纪代理	4	3		5
其他娱乐业	3	8		
公共管理、社会保障和社会组织	**15387**	**14298**	**18059**	**13557**
中国共产党机关	132	213	214	77
中国共产党机关	132	213	214	77
国家机构	9071	9635	12656	7006
国家权力机构		104	7	33
国家行政机构	9034	9182	12493	6723
人民法院和人民检察院	24	143	20	114
其他国家机构	13	206	136	136
人民政协、民主党派	147	153	7	18
人民政协		54		3
民主党派	147	99	7	15
社会保障	1071	330	573	1104
社会保障	1071	330	573	1104
群众团体、社会团体和其他成员组织	2289	2831	3486	4320
群众团体	428	186	780	524
社会团体	1686	2223	2191	2857
基金会		3	19	36
宗教组织	175	419	496	903
基层群众自治组织	2677	1136	1123	1032
社区自治组织	1471	867	762	580
村民自治组织	1206	269	361	452

2007年	2008年	2009年	2010年	2011年	2012年	2013年
108	319	1127	1049	1457	714	363
39	11	129	141	750	50	37
1	157	154	323	234	188	73
41	37	50	64	28	100	39
	13	25	4	4		
27	101	769	516	441	372	214
			1		4	
967	436	1020	2266	3538	2867	3614
487	136	388	505	2714	1861	1167
45		41	955	96	39	134
10	6	8	15	16	33	140
276	82	289	185	237	87	210
13	3	28	25	32	150	93
15	23	50		19	6	8
68	108	140	375	118	157	248
53	78	76	206	306	534	1614
288	255	274	386	295	417	458
32	120	19	136	76	89	174
53	25	19	43	6	25	16
188	87	218	157	164	281	260
15	23	18	50	49	22	8
1005	910	2145	1313	1051	1689	1319
865	886	1305	1230	712	1452	1158
45		415	24	115	109	39
2	20	29	17	59	77	92
93	4	396	42	165	51	30
16459	**18235**	**19922**	**22843**	**21554**	**21402**	**15858**
160	162	130	146	194	141	120
160	162	130	146	194	141	120
8611	9427	12360	16011	9961	8568	4865
1	6	5	20	9	14	8
8604	9309	12283	15546	9428	8450	4776
	7		302		30	3
6	105	72	143	524	74	78
54	52	22	10	70	82	42
25	14	7		31	31	9
29	38	15	10	39	51	33
818	392	122	166	184	416	48
818	392	122	166	184	416	48
6240	6757	6705	5849	9843	10365	10053
1860	409	1547	700	412	1167	826
3770	6137	4648	4906	9235	8908	8949
7	17	13	53	16	100	33
603	194	497	190	180	190	245
576	1445	583	661	1302	1830	730
462	1342	358	563	890	1147	623
114	103	225	98	412	683	107

1-1-9 按行业、登记注册类型

行业	法人单位数(个)	内资	国有	集体	股份合作	联营	国有联营
总计	**205135**	**204691**	**43323**	**5147**	**329**	**240**	**89**
农、林、牧、渔业	**5022**	**5021**	**159**	**18**	**5**	**2**	**1**
农业	15	15	3	1			
谷物种植	5	5	3				
豆类、油料和薯类种植	1	1					
蔬菜、食用菌及园艺作物种植	8	8					
其他农业	1	1		1			
林业	7	7	5				
林木育种和育苗	2	2					
森林经营和管护	5	5	5				
畜牧业	11	11					
牲畜饲养	6	6					
家禽饲养	1	1					
其他畜牧业	4	4					
渔业	1	1	1				
水产养殖	1	1	1				
农、林、牧、渔服务业	4988	4987	150	17	5	2	1
农业服务业	4622	4621	91	16	5	2	1
林业服务业	149	149	38				
畜牧服务业	205	205	20	1			
渔业服务业	12	12	1				
采矿业	**5567**	**5537**	**159**	**102**	**19**	**15**	**5**
煤炭开采和洗选业	2937	2920	127	56	17	10	5
烟煤和无烟煤开采洗选	2838	2821	123	54	17	10	5
褐煤开采洗选	35	35		1			
其他煤炭采选	64	64	4	1			
石油和天然气开采业	34	29	1				
天然气开采	34	29	1				
黑色金属矿采选业	957	957	8	13			
铁矿采选	928	928	8	12			
锰矿、铬矿采选	23	23					
其他黑色金属矿采选	6	6		1			
有色金属矿采选业	191	189	8	2			
常用有色金属矿采选	157	155	5	2			
贵金属矿采选	29	29	3				
稀有稀土金属矿采选	5	5					
非金属矿采选业	1326	1321	10	30	2	5	
土砂石开采	1226	1221	7	28	2	5	
化学矿开采	13	13	2				
石棉及其他非金属矿采选	87	87	1	2			
开采辅助活动	80	79	4	1			
煤炭开采和洗选辅助活动	58	58	4	1			
石油和天然气开采辅助活动	8	7					
其他开采辅助活动	14	14					
其他采矿业	42	42	1				
其他采矿业	42	42	1				
制造业	**21612**	**21398**	**438**	**800**	**65**	**27**	**10**
农副食品加工业	1616	1610	65	23	6	1	
谷物磨制	442	442	15	5	1		
饲料加工	191	190	8	1	1		

分组的法人单位数

集体联营	国有与集体联营	其他联营	有限责任公司	国有独资公司	其他有限责任公司	股份有限公司	私营	私营独资
95	**17**	**39**	**16884**	**540**	**16344**	**1521**	**88776**	**18735**
	1		**94**		**94**	**10**	**494**	**101**
			1		1		7	
							1	
							1	
			1		1		5	
							1	
							1	
			5		5		3	1
			4		4		1	
			1		1		2	1
	1		88		88	10	483	100
	1		81		81	6	415	86
			4		4	1	39	9
			3		3	3	27	5
							2	
4		**6**	**1067**	**33**	**1034**	**73**	**3965**	**1396**
3		2	826	31	795	48	1797	345
3		2	812	31	781	48	1722	308
			1		1		30	15
			13		13		45	22
			11		11	2	13	2
			11		11	2	13	2
			97	1	96	8	807	368
			82	1	81	8	796	367
			14		14		9	1
			1		1		2	
			23		23	6	148	46
			17		17	6	124	42
			5		5		20	3
			1		1		4	1
1		4	81		81	6	1121	611
1		4	67		67	5	1045	585
			3		3	1	7	
			11		11		69	26
			24	1	23	2	46	14
			19	1	18	1	32	11
			3		3		4	
			2		2	1	10	3
			5		5	1	33	10
			5		5	1	33	10
12		**5**	**2528**	**63**	**2465**	**331**	**16269**	**4812**
1			128	1	127	19	1063	335
			21		21	5	301	147
			29		29	4	137	29

1-1-9 续表 1

行业	法人单位数(个)	内资	国有	集体	股份合作	联营	国有联营
植物油加工	94	94	2		1		
制糖业	7	7	1				
屠宰及肉类加工	249	248	30	8	1	1	
水产品加工	1	1	1				
蔬菜、水果和坚果加工	296	293	1	2			
其他农副食品加工	336	335	7	7	2		
豆制品制造	84	84	1	1			
蛋品加工	19	19					
其他未列明农副食品加工	143	142	4	4	1		
食品制造业	946	935	19	14	2		
焙烤食品制造	225	223	10	5			
糖果、巧克力及蜜饯制造	156	156	2				
方便食品制造	132	132	1	2			
乳制品制造	43	41	2				
罐头食品制造	53	49					
调味品、发酵制品制造	203	202	2	6			
其他食品制造	134	132	2	1	2		
酒、饮料和精制茶制造业	573	558	12	15	2	1	
酒的制造	227	224	5	3	1		
饮料制造	336	324	7	12		1	
精制茶加工	10	10			1		
烟草制品业	2	2	1				
卷烟制造	2	2	1				
纺织业	272	270	5	17	1	2	2
棉纺织及印染精加工	127	127	3	7			
毛纺织及染整精加工	19	18					
麻纺织及染整精加工	4	3		1			
丝绢纺织及印染精加工	7	7		1			
化纤织造及印染精加工	11	11	1				
针织或钩针编织物及其制品制造	27	27	1	3	1	1	1
家用纺织制成品制造	43	43		3		1	1
非家用纺织制成品制造	34	34		2			
纺织服装、服饰业	218	216	3	32			
机织服装制造	148	147		25			
针织或钩针编织服装制造	14	14		2			
服饰制造	56	55	3	5			
皮革、毛皮、羽毛及其制品和制鞋业	63	63	4	13			
皮革鞣制加工	2	2					
皮革制品制造	17	17	2	3			
毛皮鞣制及制品加工	12	12		4			
羽毛(绒)加工及制品制造	1	1					
制鞋业	31	31	2	6			
木材加工和木、竹、藤、棕、草制品业	233	232	2	8	1	1	
木材加工	93	92	1	4	1	1	
人造板制造	40	40		1			
木制品制造	87	87	1	3			
竹、藤、棕、草等制品制造	13	13					
家具制造业	198	198	1	5			
木质家具制造	151	151	1	3			
竹、藤家具制造	1	1					

集体联营	国有与集体联营	其他联营	有限责任公司	国有独资公司	其他有限责任公司	股份有限公司	私营	私营独资
			3		3		68	18
			1		1	2	3	1
1			20	1	19	4	164	39
			21		21	1	168	42
			33		33	3	222	59
			6		6		57	21
							19	7
			16		16		85	16
			89		89	10	740	266
			11		11	2	184	68
			7		7		140	89
			14		14	2	97	29
			6		6		31	6
			7		7	1	39	9
			25		25	3	152	41
			19		19	2	97	24
		1	77	2	75	11	423	112
			29	2	27	6	173	33
		1	48		48	5	241	76
							9	3
			1		1			
			1		1			
			37	1	36		187	45
			24	1	23		84	13
			1		1		17	7
			1		1		1	1
			1		1		5	1
			1		1		8	1
			3		3		14	3
			3		3		32	12
			3		3		26	7
			35	5	30	5	132	45
			27	4	23	5	86	29
			3		3		8	6
			5	1	4		38	10
			2	1	1	2	38	10
							2	
						1	9	1
							7	2
							1	
			2	1	1	1	19	7
		1	22		22	4	178	68
		1	8		8		70	33
			2		2	1	36	8
			11		11	3	63	21
			1		1		9	6
			13		13	3	173	51
			10		10	2	133	43
			1		1			

1-1-9 续表 2

行 业	法人单位数(个)	内资	国有	集体	股份合作	联营	国有联营
金属家具制造	26	26					
塑料家具制造	7	7		1			
其他家具制造	13	13		1			
造纸和纸制品业	315	315	2	17			
造纸	92	92		3			
纸制品制造	223	223	2	14			
印刷和记录媒介复制业	696	694	53	81	2	3	2
印刷	596	594	48	71	2	2	1
装订及印刷相关服务	99	99	5	10		1	1
记录媒介复制	1	1					
文教、工美、体育和娱乐用品制造业	349	346	5	10			
文教办公用品制造	18	18	1	3			
乐器制造	6	6	1				
工艺美术品制造	295	294	1	6			
体育用品制造	26	24	2				
玩具制造	3	3		1			
游艺器材及娱乐用品制造	1	1					
石油加工及炼焦	293	278	4	1		1	
化学原料和化学制品制造业	1281	1255	26	32	1		
基础化学原料制造	375	359	9	12			
肥料制造	251	248	8	3			
农药制造	46	46		1			
涂料、油墨、颜料及类似产品制造	149	145	1	2			
合成材料制造	62	61		3			
专用化学产品制造	312	311	5	5	1		
炸药、火工及焰火产品制造	26	26	1	1			
日用化学产品制造	60	59	2	5			
医药制造业	280	269	5	4		1	1
化学药品原料药制造	26	24		1			
化学药品制剂制造	57	53	2				
中药饮片加工	29	29	1			1	1
中成药生产	50	45	1				
兽用药品制造	62	62					
生物药品制造	29	29		1			
卫生材料及医药用品制造	27	27	1	2			
化学纤维制造业	25	23	2				
纤维素纤维原料及纤维制造	4	3					
合成纤维制造	21	20	2				
橡胶和塑料制品业	648	643	9	33	3	1	
橡胶制品业	164	163	4	13	1		
塑料制品业	484	480	5	20	2	1	
非金属矿物制品业	5212	5187	52	141	21	6	1
水泥、石灰和石膏制造	571	564	11	12	3		
石膏、水泥制品及类似制品制造	754	751	15	22	4	1	
砖瓦、石材等建筑材料制造	2418	2415	11	59	9	3	1
玻璃制造	44	44	1	1			
玻璃制品制造	167	164	3	2			
玻璃纤维和玻璃纤维增强塑料制品制造	32	32	1				
陶瓷制品制造	145	145	3	9	1		
耐火材料制品制造	739	732	3	24	2		
石墨及其他非金属矿物制品制造	342	340	4	12	2	2	

集体联营	国有与集体联营	其他联营	有限责任公司	国有独资公司	其他有限责任公司	股份有限公司	私营	私营独资
			2		2		23	5
							6	1
						1	11	2
			21		21	3	262	109
			9		9	1	75	32
			12		12	2	187	77
1			72	2	70	10	465	157
1			59	2	57	9	395	126
			13		13	1	69	31
							1	
			20	1	19	7	222	77
			5		5		9	
							5	1
			12	1	11	5	189	73
			2		2	2	17	3
			1		1		1	
							1	
		1	65	1	64	11	190	18
			236	11	225	34	893	190
			63	7	56	8	259	49
			49	2	47	5	178	48
			8		8	1	35	5
			27		27	1	111	32
			15		15	5	36	7
			58	1	57	8	222	38
			7	1	6	3	14	1
			9		9	3	38	10
			54		54	11	190	19
			8		8		15	
			14		14	4	33	1
			1		1		26	4
			12		12	2	28	2
			9		9		52	5
			6		6	3	19	2
			4		4	2	17	5
			7		7		14	4
			1		1		2	1
			6		6		12	3
1			82		82	8	490	146
			23		23	3	113	41
1			59		59	5	377	105
4		1	537	12	525	60	4202	1691
			108	5	103	6	409	103
1			94	2	92	7	592	156
2			161	2	159	25	2032	1105
			6		6	1	35	7
			11	1	10		144	45
			5		5	1	24	6
			16		16	3	108	15
			77		77	8	608	209
1		1	59	2	57	9	250	45

1-1-9 续表 3

行业	法人单位数(个)	内资	国有	集体	股份合作	联营	国有联营
黑色金属冶炼和压延加工业	1037	1024	10	27	2		
炼铁	174	173	2	2			
炼钢	42	42	3	2			
黑色金属铸造	621	612	4	17	2		
钢压延加工	130	127	1	3			
铁合金冶炼	70	70		3			
有色金属冶炼和压延加工业	354	344	5	6	2		
常用有色金属冶炼	170	164	3	2	2		
贵金属冶炼	6	5					
稀有稀土金属冶炼	20	20					
有色金属合金制造	36	34		2			
有色金属铸造	27	27	1	1			
有色金属压延加工	95	94	1	1			
金属制品业	1726	1713	13	76	5	2	
结构性金属制品制造	549	548	6	26	4	1	
金属工具制造	146	143	2	17		1	
集装箱及金属包装容器制造	21	20	1	1			
金属丝绳及其制品制造	54	54		5			
建筑、安全用金属制品制造	203	202	1	9	1		
金属表面处理及热处理加工	45	44		3			
搪瓷制品制造	9	9					
金属制日用品制造	39	39	1	3			
其他金属制品制造	660	654	2	12			
通用设备制造业	2212	2202	39	103	8	3	2
锅炉及原动设备制造	205	204	3	4	1		
金属加工机械制造	378	377	10	19	1	1	
物料搬运设备制造	107	107	4	3			
泵、阀门、压缩机及类似机械制造	334	333	6	7	1		
轴承、齿轮和传动部件制造	64	63	2	6		1	1
烘炉、风机、衡器、包装等设备制造	102	101	2	7	2	1	1
文化、办公用机械制造	4	4	1	1			
通用零部件制造	891	887	8	51	1		
其他通用设备制造业	127	126	3	5	2		
专用设备制造业	1236	1223	39	60	1		
采矿、冶金、建筑专用设备制造	629	623	18	32			
化工、木材、非金属加工专用设备制造	120	118	2	9			
食品、饮料、烟草及饲料生产专用设备制造	17	16		2			
印刷、制药、日化及日用品生产专用设备制造	32	32		1			
纺织、服装和皮革加工专用设备制造	104	102		2			
电子和电工机械专用设备制造	64	64	3	2			
农、林、牧、渔专用机械制造	63	63	5	7			
医疗仪器设备及器械制造	60	59	1	2			
环保、社会公共服务及其他专用设备制造	147	146	10	3	1		
汽车制造业	169	164	4	4	2		
汽车整车制造	7	7					
改装汽车制造	18	18	1		1		
低速载货汽车制造	1	1	1				
电车制造	7	7					
汽车车身、挂车制造	20	20		1			
汽车零部件及配件制造	116	111	2	3	1		

集体联营	国有与集体联营	其他联营	有限责任公司	国有独资公司	其他有限责任公司	股份有限公司	私营	私营独资
			109	5	104	9	845	250
			21		21	1	143	37
			4		4	1	32	4
			42	2	40	5	528	188
			22	2	20	2	99	17
			20	1	19		43	4
			66	4	62	12	244	39
			29	1	28	5	120	18
			2		2	2	1	
			5	1	4	2	12	2
			5		5	1	26	4
			5		5		18	4
			20	2	18	2	67	11
2			140	1	139	22	1427	310
1			68		68	8	424	96
1			11		11		108	51
			2		2		16	3
			7		7	2	40	18
			17		17	2	169	52
			4		4		36	14
			1		1	1	7	3
			4		4		30	8
			26	1	25	9	597	65
1			248	2	246	44	1721	428
			18		18	4	173	60
1			44		44	6	290	77
			7	1	6	1	90	14
			34		34	8	271	47
			10	1	9	1	43	6
			16		16		72	11
			1		1		1	
			107		107	21	682	197
			11		11	3	99	16
			174	5	169	18	899	131
			104	4	100	8	447	63
			15		15	2	87	15
			1		1		12	2
			4		4		25	5
			7		7	1	89	12
			11	1	10	2	44	5
			6		6	1	41	9
			7		7		48	5
			19		19	4	106	15
			40	1	39	7	103	19
			5		5		1	
			7		7	1	8	
			1		1	1	5	
			1		1		18	1
			26	1	25	5	71	18

1-1-9 续表 4

行业	法人单位数(个)	内资					
			国有	集体	股份合作	联营	
							国有联营
铁路、船舶、航空航天和其他运输设备制造业	97	92	6	12	1		
铁路运输设备制造	79	76	5	12	1		
船舶及相关装置制造	1						
航空、航天器及设备制造	4	4					
摩托车制造	5	4					
潜水救捞及其他未列明运输设备制造	8	8	1				
电气机械和器材制造业	497	490	17	22		1	
电机制造	40	39	2	3		1	
输配电及控制设备制造	208	205	6	9			
电线、电缆、光缆及电工器材制造	94	94	3	5			
电池制造	22	22	1	2			
家用电力器具制造	26	25		1			
非电力家用器具制造	24	24	2				
照明器具制造	45	43		2			
其他电气机械及器材制造	38	38	3				
计算机、通信和其他电子设备制造业	114	107	4	1	2		
计算机制造	9	8					
通信设备制造	11	7	2	1			
广播电视设备制造	7	7					
视听设备制造	3	3	1				
电子器件制造	22	21	1				
电子元件制造	40	39			1		
其他电子设备制造	22	22			1		
仪器仪表制造业	115	114	6	2	1		
通用仪器仪表制造	55	54		2	1		
专用仪器仪表制造	29	29	2				
钟表与计时仪器制造	1	1					
光学仪器及眼镜制造	10	10	3				
其他仪器仪表制造业	20	20	1				
其他制造业	377	375	3	12		1	1
废弃资源综合利用业	119	118	6	4	1	2	1
金属废料和碎屑加工处理	47	46		1	1	2	1
非金属废料和碎屑加工处理	72	72	6	3			
金属制品、机械和设备修理业	339	338	16	25	1	1	
金属制品修理	10	10		1			
通用设备修理	55	54	1	2			
专用设备修理	86	86	7	10			
铁路、船舶、航空航天等运输设备修理	8	8					
电气设备修理	53	53	1	3			
仪器仪表修理	3	3		1			
其他机械和设备修理业	124	124	7	8	1	1	
电力、热力、燃气及水生产和供应业	**1211**	**1178**	**289**	**68**	**5**	**1**	
电力、热力生产和供应业	567	548	103	30	1		
电力生产	350	331	60	23	1		
电力供应	24	24	8	2			
热力生产和供应	193	193	35	5			

集体联营	国有与集体联营	其他联营	有限责任公司	国有独资公司	其他有限责任公司	股份有限公司	私营	私营独资
			22		22	2	48	6
			18		18	2	37	5
			2		2		2	
							4	1
			2		2		5	
		1	84	3	81	8	350	50
		1	12	1	11	1	19	4
			28	1	27	4	156	20
			18		18	1	65	11
			7	1	6		12	1
			4		4		20	4
			1		1	1	19	3
			11		11		29	2
			3		3	1	30	5
			19		19	3	75	16
			4		4	1	3	1
			1		1		3	
			3		3		4	1
							2	
			3		3		17	3
			6		6	2	30	7
			2		2		16	4
			25	1	24	3	74	7
			12	1	11	2	37	3
			6		6		20	1
			1		1			
			1		1	1	5	2
			5		5		12	1
			35	1	34	1	312	128
1			15		15	1	85	27
1			7		7	1	34	8
			8		8		51	19
1			53	3	50	3	224	58
			4		4		5	3
			7		7		38	8
			12		12	1	51	14
			2		2	1	5	1
			10	2	8		37	7
						1	1	
1			18	1	17		87	25
1			**277**	**21**	**256**	**33**	**460**	**75**
			170	10	160	25	208	26
			117	8	109	16	108	18
			5		5		9	
			48	2	46	9	91	8

1-1-9 续表 5

行　业	法人单位数(个)	内资	国有	集体	股份合作	联营	国有联营
燃气生产和供应业	212	200	18	6	1		
燃气生产和供应业	212	200	18	6	1		
水的生产和供应业	432	430	168	32	3	1	
自来水生产和供应	283	283	122	27	2	1	
污水处理及其再生利用	115	113	43	5			
其他水的处理、利用与分配	34	34	3		1		
建筑业	**6192**	**6179**	**203**	**163**	**4**	**2**	**1**
房屋建筑业	1076	1074	61	77			
房屋建筑业	1076	1074	61	77			
土木工程建筑业	1352	1347	108	44	2	2	1
铁路、道路、隧道和桥梁工程建筑	487	483	33	15		1	1
水利和内河港口工程建筑	116	116	24	5	1		
工矿工程建筑	124	123	14	2			
架线和管道工程建筑	247	247	17	17		1	
其他土木工程建筑	378	378	20	5	1		
建筑安装业	1073	1073	18	24			
电气安装	255	255	3	9			
管道和设备安装	433	433	11	9			
其他建筑安装业	385	385	4	6			
建筑装饰和其他建筑业	2691	2685	16	18	2		
建筑装饰业	1949	1943	6	10	2		
工程准备活动	376	376	7	3			
提供施工设备服务	118	118					
其他未列明建筑业	248	248	3	5			
批发和零售业	**45404**	**45351**	**1425**	**1566**	**90**	**91**	**35**
批发业	23339	23313	819	573	33	42	14
农、林、牧产品批发	1366	1365	143	39	1	9	2
食品、饮料及烟草制品批发	2198	2197	173	94	4	7	2
纺织、服装及家庭用品批发	963	959	19	30		5	2
文化、体育用品及器材批发	498	498	21	4			
医药及医疗器材批发	556	555	35	2	2		
矿产品、建材及化工产品批发	9239	9226	276	282	19	12	3
机械设备、五金产品及电子产品批发	6518	6513	72	54	5	5	2
贸易经纪与代理	437	437	19	5		1	1
其他批发业	1564	1563	61	63	2	3	2
零售业	22065	22038	606	993	57	49	21
综合零售	2627	2622	128	650	17	21	7
食品、饮料及烟草制品专门零售	2185	2183	161	61	9	8	4
纺织、服装及日用品专门零售	1785	1779	27	54	8	7	2
文化、体育用品及器材专门零售	1336	1333	100	24	1		
医药及医疗器材专门零售	1512	1511	40	16	2	6	5
汽车、摩托车、燃料及零配件专门零售	3811	3805	42	76	12	2	1
家用电器及电子产品专门零售	3066	3066	14	12	3		
五金、家具及室内装饰材料专门零售	3320	3318	33	42	1	3	1
货摊、无店铺及其他零售业	2423	2421	61	58	4	2	1
交通运输、仓储和邮政业	**5205**	**5190**	**539**	**167**	**9**	**10**	**8**
道路运输业	3747	3734	286	90	7	4	4
城市公共交通运输	332	332	28	13	2		
公路旅客运输	195	194	25	4			
道路货物运输	2747	2747	37	51	3	3	3
道路运输辅助活动	473	461	196	22	2	1	1

集体联营	国有与集体联营	其他联营	有限责任公司	国有独资公司	其他有限责任公司	股份有限公司	私营	私营独资
			39	2	37	7	110	14
			39	2	37	7	110	14
1			68	9	59	1	142	35
1			44	6	38	1	74	25
			19	3	16		44	3
			5		5		24	7
1			**964**	**31**	**933**	**59**	**4731**	**259**
			211	7	204	15	705	22
			211	7	204	15	705	22
1			285	18	267	20	876	68
			122	15	107	3	308	19
			22		22	5	55	18
			32	3	29	3	72	2
1			49		49	5	157	
			60		60	4	284	29
			149	4	145	6	863	45
			31	2	29	1	209	2
			58	1	57	1	351	24
			60	1	59	4	303	19
			319	2	317	18	2287	124
			217		217	13	1682	76
			49	1	48	2	313	25
			15		15	1	97	10
			38	1	37	2	195	13
46	**6**	**4**	**5748**	**107**	**5641**	**436**	**33942**	**5616**
21	5	2	3173	91	3082	198	17195	1999
6		1	86	4	82	11	574	93
3	1	1	231	7	224	17	1304	148
3			131	1	130	4	754	67
			35	2	33	4	432	41
			76	1	75	5	426	33
5	4		1455	67	1388	86	6855	1028
3			881	6	875	55	5358	376
			73		73	6	323	36
1			205	3	202	10	1169	177
25	1	2	2575	16	2559	238	16747	3617
13	1		296	3	293	31	1372	293
3		1	228	2	226	15	1477	252
5			181		181	18	1447	328
			153	1	152	15	1014	150
		1	111		111	10	1264	641
1			418	6	412	67	3096	905
			339		339	22	2640	311
2			508	2	506	31	2643	388
1			341	2	339	29	1794	349
1		**1**	**888**	**26**	**862**	**107**	**3254**	**615**
			695	14	681	90	2445	447
			82		82	20	186	15
			47		47	13	99	10
			497	6	491	48	2010	379
			69	8	61	9	150	43

1-1-9 续表 6

行业	法人单位数（个）	内资	国有	集体	股份合作	联营	国有联营
水上运输业	9	9	1				
水上旅客运输	2	2					
水上货物运输	5	5					
水上运输辅助活动	2	2	1				
航空运输业	20	19	2				
航空客货运输	6	6	1				
通用航空服务	4	4					
航空运输辅助活动	10	9	1				
管道运输业	6	6					
管道运输业	6	6					
装卸搬运和运输代理业	622	621	11	46	1	3	1
装卸搬运	339	339	5	39		3	1
运输代理业	283	282	6	7	1		
仓储业	604	604	221	31	1	3	3
谷物、棉花等农产品仓储	346	346	194	15		2	2
其他仓储业	258	258	27	16	1	1	1
邮政业	197	197	18				
邮政基本服务	18	18	15				
快递服务	179	179	3				
住宿和餐饮业	**3411**	**3397**	**268**	**131**	**12**	**4**	
住宿业	1520	1515	202	93	4	3	
旅游饭店	387	383	67	15	1	1	
一般旅馆	912	911	116	66	1	1	
其他住宿业	221	221	19	12	2	1	
餐饮业	1891	1882	66	38	8	1	
正餐服务	1627	1620	53	33	7	1	
快餐服务	108	106			1		
饮料及冷饮服务	37	37	1				
其他餐饮业	119	119	12	5			
信息传输、软件和信息技术服务业	**1744**	**1722**	**171**	**10**	**4**	**2**	
电信、广播电视和卫星传输服务	256	240	90	4	2	1	
电信	131	115	21	2	1		
广播电视传输服务	119	119	68	2	1	1	
卫星传输服务	6	6	1				
互联网和相关服务	148	148	18	2			
互联网接入及相关服务	45	45	2				
互联网信息服务	86	86	15	2			
其他互联网服务	17	17	1				
软件和信息技术服务业	1340	1334	63	4	2	1	
软件开发	722	719	6		2	1	
信息系统集成服务	267	266	9	1			
信息技术咨询服务	192	192	24	3			
数据处理和存储服务	39	39	16				
集成电路设计	10	10					
其他信息技术服务业	110	108	8				
房地产业	**6747**	**6727**	**444**	**212**	**15**	**2**	**1**
房地产业	6747	6727	444	212	15	2	1
房地产开发经营	3101	3085	85	14	2		

集体联营	国有与集体联营	其他联营	有限责任公司	国有独资公司	其他有限责任公司	股份有限公司	私营	私营独资
			1		1		6	2
							1	
			1		1		4	2
							1	
			8	2	6	1	8	
			1		1		4	
			3	1	2		1	
			4	1	3	1	3	
			3	1	2		3	1
			3	1	2		3	1
1		1	92	1	91	6	437	98
1		1	36		36	1	237	76
			56	1	55	5	200	22
			58	8	50	8	221	47
			13	4	9	5	66	20
			45	4	41	3	155	27
			31		31	2	134	20
							3	
			31		31	2	131	20
4			**386**	**7**	**379**	**61**	**2461**	**724**
3			148	4	144	30	1002	312
1			53	2	51	13	225	47
1			69	2	67	12	629	213
1			26		26	5	148	52
1			238	3	235	31	1459	412
1			204	3	201	25	1265	330
			8		8	2	93	37
			7		7	3	26	11
			19		19	1	75	34
	1	**1**	**230**	**15**	**215**	**34**	**1231**	**69**
	1		55	11	44	17	64	13
			27	6	21	14	45	12
	1		27	5	22	3	15	
			1		1		4	1
			14		14	2	107	25
			3		3	2	36	7
			11		11		55	16
							16	2
		1	161	4	157	15	1060	31
		1	75	3	72	6	620	15
			36		36	3	213	2
			23		23	3	126	8
			4		4		19	2
			2		2		8	
			21	1	20	3	74	4
		1	**1202**	**49**	**1153**	**69**	**4690**	**193**
		1	1202	49	1153	69	4690	193
			563	35	528	32	2383	17

1-1-9 续表 7

行业	法人单位数(个)						
		内资					
			国有	集体	股份合作	联营	
							国有联营
物业管理	2409	2406	78	45	6		
房地产中介服务	499	499	20	5	4		
自有房地产经营活动	542	541	132	145	3	2	1
其他房地产业	196	196	129	3			
租赁和商务服务业	**12053**	**12037**	**1753**	**346**	**34**	**16**	**5**
租赁业	909	908	16	14	4	1	
机械设备租赁	894	893	16	14	4	1	
文化及日用品出租	15	15					
商务服务业	11144	11129	1737	332	30	15	5
企业管理服务	2227	2221	759	205	2	6	3
法律服务	746	745	308	6		1	
咨询与调查	2384	2378	114	20	4	1	
广告业	2100	2100	16	4	9	1	
知识产权服务	46	46	9	2			
人力资源服务	761	761	227	21	1		
旅行社及相关服务	860	860	38	8	7	2	1
安全保护服务	210	210	50	5	2	1	
其他商务服务业	1810	1808	216	61	5	3	1
科学研究和技术服务业	**6911**	**6906**	**2808**	**105**	**10**	**7**	**4**
研究和试验发展	748	747	285	5	1	3	
自然科学研究和试验发展	49	49	16			1	
工程和技术研究和试验发展	260	259	37	2	1	1	
农业科学研究和试验发展	209	209	98	3		1	
医学研究和试验发展	97	97	25				
社会人文科学研究	133	133	109				
专业技术服务业	4539	4538	1780	77	8	4	4
气象服务	164	164	157	2			
地震服务	136	136	134				
海洋服务	5	5	2				
测绘服务	178	178	50	4	1	1	1
质检技术服务	629	628	252	14	1		
环境与生态监测	203	203	142	1	1		
地质勘查	164	164	82	4			
工程技术	1556	1556	386	14	1	2	2
其他专业技术服务业	1504	1504	575	38	4	1	1
科技推广和应用服务业	1624	1621	743	23	1		
技术推广服务	1379	1377	641	20	1		
科技中介服务	96	95	47	1			
其他科技推广和应用服务业	149	149	55	2			
水利、环境和公共设施管理业	**2583**	**2580**	**1448**	**74**	**2**	**5**	**1**
水利管理业	843	843	725	25		1	
防洪除涝设施管理	110	110	103	2			
水资源管理	306	306	266	12			
天然水收集与分配	135	135	122	4		1	
水文服务	38	38	30				
其他水利管理业	254	254	204	7			
生态保护和环境治理业	203	202	118	8			
生态保护	93	93	76	1			
环境治理业	110	109	42	7			

集体联营	国有与集体联营	其他联营	有限责任公司	国有独资公司	其他有限责任公司	股份有限公司	私营	私营独资
			479	8	471	29	1695	131
			93	1	92	5	367	22
		1	58	3	55	3	192	20
			9	2	7		53	3
6	**1**	**4**	**1939**	**117**	**1822**	**144**	**7216**	**718**
		1	159		159	11	656	91
		1	158		158	11	644	89
			1		1		12	2
6	1	3	1780	117	1663	133	6560	627
1	1	1	404	78	326	17	765	39
		1	11		11		192	45
1			411	4	407	27	1706	132
		1	323	5	318	23	1696	178
			3		3		30	
			91	1	90	7	385	41
1			171	4	167	24	575	37
1			28	3	25	2	120	14
2			338	22	316	33	1091	141
1	**1**	**1**	**685**	**31**	**654**	**68**	**2656**	**262**
1	1	1	45	2	43	4	256	18
1			5		5		18	2
		1	24	2	22	2	165	6
	1		12		12	2	53	7
			4		4		18	2
							2	1
			554	28	526	53	1945	191
			4		4		1	
							2	1
							2	1
			24		24	4	89	9
			69	4	65	6	266	26
			12	1	11	1	43	1
			17	4	13	2	55	3
			276	19	257	29	811	34
			152		152	11	676	116
			86	1	85	11	455	53
			70	1	69	9	354	42
			8		8	2	29	3
			8		8		72	8
2	**1**	**1**	**219**	**17**	**202**	**34**	**718**	**115**
	1		28	3	25		42	14
			1		1		3	1
			13	1	12		10	5
	1		3		3		5	2
			1		1		4	1
			10	2	8		20	5
			20	1	19	4	42	4
			3		3		7	2
			17	1	16	4	35	2

1-1-9 续表 8

行业	法人单位数(个)	内资					
			国有	集体	股份合作	联营	
							国有联营
公共设施管理业	1537	1535	605	41	2	4	1
市政设施管理	170	169	132	5			
环境卫生管理	231	231	140	7			
城乡市容管理	64	64	52			1	
绿化管理	577	576	107	4	2		
公园和游览景区管理	495	495	174	25		3	1
居民服务、修理和其他服务业	**2801**	**2799**	**196**	**95**	**7**	**5**	**3**
居民服务业	1074	1074	119	41		1	
家庭服务	179	179	2	3			
托儿所服务	2	2					
洗染服务	43	43	1	1			
理发及美容服务	157	157		3			
洗浴服务	157	157	6	7			
保健服务	70	70	4	1			
婚姻服务	129	129	5	1		1	
殡葬服务	90	90	35	5			
其他居民服务业	247	247	66	20			
机动车、电子产品和日用产品修理业	1228	1226	32	37	4	3	2
汽车、摩托车修理与维护	1034	1033	23	35	4	2	1
计算机和办公设备维修	86	85	4			1	1
家用电器修理	65	65	1	1			
其他日用产品修理业	43	43	4	1			
其他服务业	499	499	45	17	3	1	1
清洁服务	291	291	6	4	1		
其他未列明服务业	208	208	39	13	2	1	1
教育	**10068**	**10067**	**6154**	**262**	**27**	**15**	**2**
教育	10068	10067	6154	262	27	15	2
学前教育	1851	1851	369	57	2	2	
初等教育	2598	2598	2289	95	3	4	1
中等教育	2475	2475	2016	61	10	5	1
高等教育	237	237	207				
特殊教育	83	83	55	1			
技能培训、教育辅助及其他教育	2824	2823	1218	48	12	4	
卫生和社会工作	**5321**	**5321**	**2925**	**736**	**15**	**8**	**2**
卫生	4263	4263	2345	670	15	8	2
医院	1092	1092	453	75	13	2	
社区医疗与卫生院	2027	2027	1177	513	1	4	2
门诊部(所)	341	341	56	65	1	2	
计划生育技术服务活动	303	303	293	8			
妇幼保健院(所、站)	137	137	126				
专科疾病防治院(所、站)	54	54	11	1			
疾病预防控制中心	156	156	151	3			
其他卫生活动	153	153	78	5			
社会工作	1058	1058	580	66			
提供住宿社会工作	806	806	382	64			
不提供住宿社会工作	252	252	198	2			
文化、体育和娱乐业	**5601**	**5601**	**1647**	**69**	**4**	**9**	**4**
新闻和出版业	338	338	274	5			
新闻业	135	135	130	2			
出版业	203	203	144	3			

集体联营	国有与集体联营	其他联营	有限责任公司	国有独资公司	其他有限责任公司	股份有限公司	私营	私营独资
2		1	171	13	158	30	634	97
			8		8	2	20	4
			21	7	14	2	51	2
		1	2		2		7	1
			82	4	78	12	352	52
2			58	2	56	14	204	38
1		**1**	**311**	**4**	**307**	**32**	**1930**	**581**
1			104	1	103	6	653	212
			23		23	2	136	17
							2	1
			1		1		39	14
			13		13	1	136	54
			14	1	13	1	118	56
			6		6		54	22
1			18		18		92	28
			7		7	1	31	10
			22		22	1	45	10
		1	137	1	136	14	956	311
		1	113		113	14	807	276
			12	1	11		66	14
			7		7		56	15
			5		5		27	6
			70	2	68	12	321	58
			39	1	38	7	225	40
			31	1	30	5	96	18
4	**4**	**5**	**60**		**60**	**10**	**994**	**632**
4	4	5	60		60	10	994	632
		2	2		2		305	246
1	1	1	1		1		47	43
1	3		2		2		90	65
			1		1		4	2
			1		1		7	7
2		2	53		53	10	541	269
5		**1**	**43**		**43**	**6**	**601**	**411**
5		1	40		40	6	549	378
2			18		18	5	349	237
2						1	27	20
1		1	3		3		117	89
							1	
							6	6
			2		2		17	10
			1		1			
			16		16		32	16
			3		3		52	33
			3		3		48	30
							4	3
3	**1**	**1**	**235**	**19**	**216**	**13**	**3123**	**2137**
			21	6	15	1	28	1
			1		1			
			20	6	14	1	28	1

1-1-9 续表 9

行业	法人单位数（个）	内资	国有	集体	股份合作	联营	国有联营
广播、电视、电影和影视录音制作业	422	422	248	8	2	3	2
广播	47	47	39	2			
电视	122	122	104			1	1
电影和影视节目制作	68	68	8				
电影和影视节目发行	10	10	6				
电影放映	171	171	91	6	2	2	1
录音制作	4	4					
文化艺术业	1745	1745	988	47		5	2
文艺创作与表演	400	400	126	27		3	1
艺术表演场馆	58	58	45	1			
图书馆与档案馆	236	236	232	1			
文物及非物质文化遗产保护	274	274	180	4		1	1
博物馆	112	112	75	2			
烈士陵园、纪念馆	66	66	53	3		1	
群众文化活动	292	292	206	5			
其他文化艺术业	307	307	71	4			
体育	352	352	107	5			
体育组织	134	134	53	4			
体育场馆	39	39	21				
休闲健身活动	143	143	18				
其他体育	36	36	15	1			
娱乐业	2744	2744	30	4	2	1	
室内娱乐活动	2608	2608	13	2	2	1	
游乐园	24	24	1	2			
彩票活动	10	10	10				
文化、娱乐、体育经纪代理	57	57	2				
其他娱乐业	45	45	4				
公共管理、社会保障和社会组织	**57682**	**57680**	**22297**	**223**	**2**	**19**	**7**
中国共产党机关	1704	1704	1703	1			
中国共产党机关	1704	1704	1703	1			
国家机构	16590	16590	16515	67		2	1
国家权力机构	180	180	180				
国家行政机构	15920	15920	15845	67		2	1
人民法院和人民检察院	302	302	302				
其他国家机构	188	188	188				
人民政协、民主党派	349	349	344	5			
人民政协	170	170	170				
民主党派	179	179	174	5			
社会保障	826	826	817	6			
社会保障	826	826	817	6			
群众团体、社会团体和其他成员组织	8013	8011	2918	144	2	17	6
群众团体	1287	1287	943	21		2	1
社会团体	5723	5721	1941	117	2	14	5
基金会	45	45	11				
宗教组织	958	958	23	6		1	
基层群众自治组织	30200	30200					
社区自治组织	2086	2086					
村民自治组织	28114	28114					

集体联营	国有与集体联营	其他联营	有限责任公司	国有独资公司	其他有限责任公司	股份有限公司	私营	私营独资
1			52	5	47	1	102	16
			5		5		1	
			9	1	8	1	6	1
			14	2	12		44	6
			1		1		3	
1			23	2	21		44	8
							4	1
2		1	85	8	77	6	392	104
1		1	34	3	31	3	152	52
			2		2		5	
			1		1		1	
			5	1	4	1	30	6
			2	1	1		14	10
1			1		1		2	
			6	2	4		35	11
			34	1	33	2	153	25
			17		17		107	29
			1		1		13	2
			2		2		11	5
			14		14		73	20
							10	2
	1		60		60	5	2494	1987
	1		45		45	5	2401	1974
			2		2		17	2
			7		7		48	2
			6		6		28	9
4	**1**	**7**	**8**		**8**	**1**	**41**	**19**
1								
1								
3	1	7	8		8	1	41	19
	1		2		2		1	
3		6	6		6	1	37	18
							2	
		1					1	1

1-1-9 续表 10

行业	私营合伙	私营有限责任公司	私营股份有限公司	其他	港澳台商投资	与港澳台商合资经营
总　计	**1920**	**65797**	**2324**	**48471**	**179**	**97**
农、林、牧、渔业	**19**	**356**	**18**	**4239**		
农业		7		3		
谷物种植		1		1		
豆类、油料和薯类种植		1				
蔬菜、食用菌及园艺作物种植		5		2		
其他农业						
林业		1		1		
林木育种和育苗		1		1		
森林经营和管护						
畜牧业		2		3		
牲畜饲养		1		1		
家禽饲养				1		
其他畜牧业		1		1		
渔业						
水产养殖						
农、林、牧、渔服务业	19	346	18	4232		
农业服务业	18	294	17	4005		
林业服务业		30		67		
畜牧服务业	1	21		151		
渔业服务业		1	1	9		
采矿业	**156**	**2324**	**89**	**137**	**12**	**5**
煤炭开采和洗选业	36	1370	46	39	4	3
烟煤和无烟煤开采洗选	29	1339	46	35	4	3
褐煤开采洗选	7	8		3		
其他煤炭采选		23		1		
石油和天然气开采业		11		2	2	1
天然气开采		11		2	2	1
黑色金属矿采选业	53	372	14	24		
铁矿采选	53	362	14	22		
锰矿、铬矿采选		8				
其他黑色金属矿采选		2		2		
有色金属矿采选业	8	90	4	2	2	1
常用有色金属矿采选	6	74	2	1	2	1
贵金属矿采选	2	13	2	1		
稀有稀土金属矿采选		3				
非金属矿采选业	58	429	23	66	4	
土砂石开采	54	383	23	62	4	
化学矿开采		7				
石棉及其他非金属矿采选	4	39		4		
开采辅助活动	1	30	1	2		
煤炭开采和洗选辅助活动	1	19	1	1		
石油和天然气开采辅助活动		4				
其他开采辅助活动		7		1		
其他采矿业		22	1	2		
其他采矿业		22	1	2		
制造业	**420**	**10527**	**510**	**940**	**70**	**47**
农副食品加工业	28	653	47	305	1	1
谷物磨制	6	134	14	94		
饲料加工	7	96	5	10		

与港澳台商合作经营	港澳台商独资	港澳台商投资股份有限公司	其他港澳台投资	外商投资	中外合资经营	中外合作经营	外资企业	外商投资股份有限公司	其他外商投资
4	**65**	**8**	**5**	**265**	**148**	**18**	**69**	**12**	**18**
				1	**1**				
				1	1				
				1	1				
	7			**18**	**11**	**2**	**3**	**1**	**1**
	1			13	10	2		1	
	1			13	10	2		1	
	1			3			2		1
	1			3			2		1
	1								
	1								
	4			1			1		
	4			1			1		
				1	1				
				1	1				
2	**18**	**3**		**144**	**95**	**3**	**37**	**5**	**4**
				5	4				1
				1	1				

1-1-9 续表 11

行业						
					港澳台商投资	
	私营合伙	私营有限责任公司	私营股份有限公司	其他		与港澳台商合资经营
植物油加工	2	45	3	20		
制糖业		1	1			
屠宰及肉类加工	2	116	7	20		
水产品加工						
蔬菜、水果和坚果加工	4	113	9	100	1	1
其他农副食品加工	7	148	8	61		
豆制品制造		35	1	19		
蛋品加工	1	10	1			
其他未列明农副食品加工	4	60	5	32		
食品制造业	13	444	17	61	6	4
焙烤食品制造	4	109	3	11	1	1
糖果、巧克力及蜜饯制造	2	46	3	7		
方便食品制造	2	63	3	16		
乳制品制造		24	1	2		
罐头食品制造		30		2	3	2
调味品、发酵制品制造	2	105	4	14	1	1
其他食品制造	3	67	3	9	1	
酒、饮料和精制茶制造业	9	281	21	17	1	
酒的制造	6	123	11	7	1	
饮料制造	3	152	10	10		
精制茶加工		6				
烟草制品业						
卷烟制造						
纺织业	4	133	5	21	1	1
棉纺织及印染精加工	2	66	3	9		
毛纺织及染整精加工		9	1		1	1
麻纺织及染整精加工						
丝绢纺织及印染精加工		4				
化纤织造及印染精加工		7		1		
针织或钩针编织物及其制品制造		11		4		
家用纺织制成品制造	2	18		4		
非家用纺织制成品制造		18	1	3		
纺织服装、服饰业	5	78	4	9	1	1
机织服装制造	1	54	2	4		
针织或钩针编织服装制造		2		1		
服饰制造	4	22	2	4	1	1
皮革、毛皮、羽毛及其制品和制鞋业		25	3	4		
皮革鞣制加工		2				
皮革制品制造		6	2	2		
毛皮鞣制及制品加工		4	1	1		
羽毛(绒)加工及制品制造		1				
制鞋业		12		1		
木材加工和木、竹、藤、棕、草制品业	5	98	7	16		
木材加工	1	34	2	7		
人造板制造	2	24	2			
木制品制造	2	37	3	6		
竹、藤、棕、草等制品制造		3		3		
家具制造业	1	120	1	3		
木质家具制造	1	89		2		
竹、藤家具制造						

与港澳台商合作经营	港澳台商独资	港澳台商投资股份有限公司	其他港澳台投资	外商投资	中外合资经营	中外合作经营	外资企业	外商投资股份有限公司	其他外商投资
				1	1				
				2	2				
				1					1
				1					1
	2			5	1		3	1	
				1			1		
				2	1			1	
	1			1			1		
	1			1			1		
	1			14	6		8		
	1			2			2		
				12	6		6		
				1	1				
				1	1				
				1	1				
				1	1				
				1			1		
				1			1		

1-1-9 续表 12

行业	私营合伙	私营有限责任公司	私营股份有限公司	其他	港澳台商投资	与港澳台商合资经营
金属家具制造		17	1	1		
塑料家具制造		5				
其他家具制造		9				
造纸和纸制品业	7	137	9	10		
造纸	4	35	4	4		
纸制品制造	3	102	5	6		
印刷和记录媒介复制业	10	284	14	8		
印刷	9	248	12	8		
装订及印刷相关服务	1	35	2			
记录媒介复制		1				
文教、工美、体育和娱乐用品制造业	1	136	8	82	1	1
文教办公用品制造		8	1			
乐器制造		4				
工艺美术品制造	1	108	7	81	1	1
体育用品制造		14		1		
玩具制造		1				
游艺器材及娱乐用品制造		1				
石油加工及炼焦	2	166	4	6	6	4
化学原料和化学制品制造业	20	650	33	33	10	8
基础化学原料制造	4	195	11	8	9	7
肥料制造	7	117	6	5		
农药制造	1	28	1	1		
涂料、油墨、颜料及类似产品制造	1	72	6	3	1	1
合成材料制造	1	28		2		
专用化学产品制造	5	172	7	12		
炸药、火工及焰火产品制造		12	1			
日用化学产品制造	1	26	1	2		
医药制造业		161	10	4	5	1
化学药品原料药制造		14	1			
化学药品制剂制造		31	1		2	
中药饮片加工		22				
中成药生产		24	2	2	3	1
兽用药品制造		41	6	1		
生物药品制造		17				
卫生材料及医药用品制造		12		1		
化学纤维制造业	2	7	1		1	1
纤维素纤维原料及纤维制造		1				
合成纤维制造	2	6	1		1	1
橡胶和塑料制品业	12	311	21	17	1	
橡胶制品业	4	59	9	6		
塑料制品业	8	252	12	11	1	
非金属矿物制品业	145	2242	124	168	9	8
水泥、石灰和石膏制造	11	281	14	15	4	4
石膏、水泥制品及类似制品制造	10	399	27	16	2	2
砖瓦、石材等建筑材料制造	93	796	38	115	1	
玻璃制造		26	2			
玻璃制品制造	5	89	5	4	2	2
玻璃纤维和玻璃纤维增强塑料制品制造		17	1	1		
陶瓷制品制造	5	84	4	5		
耐火材料制品制造	14	369	16	10		
石墨及其他非金属矿物制品制造	7	181	17	2		

与港澳台商合作经营	港澳台商独资	港澳台商投资股份有限公司	其他港澳台投资	外商投资	中外合资经营	中外合作经营	外资企业	外商投资股份有限公司	其他外商投资
				2	2				
				2	2				
				2	2				
				2	2				
1		1		9	9				
	2			16	10		4	2	
	2			7	4		3		
				3	2			1	
				3	2		1		
				1				1	
				1	1				
				1	1				
	4			6	5		1		
				2	2				
	2			2	1		1		
	2			2	2				
				1	1				
				1	1				
	1			4	1		3		
				1	1				
	1			3			3		
1				16	10	1	4		1
				3	2		1		
				1	1				
1				2			1		1
				1	1				
				7	5	1	1		
				2	1		1		

1-1-9 续表 13

行　　业	私营合伙	私营有限责任公司	私营股份有限公司	其他	港澳台商投　　资	与港澳台商合资经营
黑色金属冶炼和压延加工业	36	534	25	22	5	2
炼铁	5	94	7	4		
炼钢	2	26				
黑色金属铸造	28	297	15	14	5	2
钢压延加工	1	78	3			
铁合金冶炼		39		4		
有色金属冶炼和压延加工业	6	190	9	9	3	3
常用有色金属冶炼	3	95	4	3	2	2
贵金属冶炼		1				
稀有稀土金属冶炼		10		1		
有色金属合金制造		21	1			
有色金属铸造		14		2		
有色金属压延加工	3	49	4	3	1	1
金属制品业	33	1049	35	28	4	1
结构性金属制品制造	13	308	7	11	1	
金属工具制造	5	48	4	4	1	1
集装箱及金属包装容器制造		13			1	
金属丝绳及其制品制造		22				
建筑、安全用金属制品制造	1	113	3	3		
金属表面处理及热处理加工	2	20		1		
搪瓷制品制造		4				
金属制日用品制造		21	1	1		
其他金属制品制造	12	500	20	8	1	
通用设备制造业	34	1212	47	36	4	3
锅炉及原动设备制造	4	106	3	1		
金属加工机械制造	6	199	8	6		
物料搬运设备制造		72	4	2		
泵、阀门、压缩机及类似机械制造	2	214	8	6	1	
轴承、齿轮和传动部件制造	1	36			1	1
烘炉、风机、衡器、包装等设备制造	4	55	2	1		
文化、办公用机械制造		1				
通用零部件制造	17	450	18	17	2	2
其他通用设备制造业		79	4	3		
专用设备制造业	13	729	26	32	3	2
采矿、冶金、建筑专用设备制造	8	366	10	14	1	1
化工、木材、非金属加工专用设备制造	1	65	6	3		
食品、饮料、烟草及饲料生产专用设备制造		8	2	1		
印刷、制药、日化及日用品生产专用设备制造		19	1	2		
纺织、服装和皮革加工专用设备制造		72	5	3	1	
电子和电工机械专用设备制造	2	36	1	2		
农、林、牧、渔专用机械制造		31	1	3		
医疗仪器设备及器械制造		43		1	1	1
环保、社会公共服务及其他专用设备制造	2	89		3		
汽车制造业	2	75	7	4	1	1
汽车整车制造		1		1		
改装汽车制造		7	1			
低速载货汽车制造						
电车制造		5				
汽车车身、挂车制造		17				
汽车零部件及配件制造	2	45	6	3	1	1

与港澳台商合作经营	港澳台商独资	港澳台商投资股份有限公司	其他港澳台投资	外商投资	中外合资经营	中外合作经营	外资企业	外商投资股份有限公司	其他外商投资
	3			8	5		2		1
				1					1
	3			4	4				
				3	1		2		
				7	4		3		
				4	3		1		
				1	1				
				2			2		
	3			9	6		2		1
	1								
				2	1		1		
	1								
				1	1				
				1	1				
	1			5	3		1		1
		1		6	4		2		
				1	1				
				1	1				
		1							
				1	1				
				2			2		
				1	1				
		1		10	8		1	1	
				5	4			1	
				2	1		1		
				1	1				
		1		1	1				
				1	1				
				4	2	1		1	
				4	2	1		1	

1-1-9 续表 14

行业	私营合伙	私营有限责任公司	私营股份有限公司	其他	港澳台商投资	与港澳台商合资经营
铁路、船舶、航空航天和其他运输设备制造业	1	41		1	1	1
铁路运输设备制造	1	31		1		
船舶及相关装置制造						
航空、航天器及设备制造		2				
摩托车制造		3			1	1
潜水救捞及其他未列明运输设备制造		5				
电气机械和器材制造业	7	281	12	8		
电机制造		15		1		
输配电及控制设备制造	1	130	5	2		
电线、电缆、光缆及电工器材制造	2	51	1	2		
电池制造		10	1			
家用电力器具制造		14	2			
非电力家用器具制造		14	2	1		
照明器具制造	3	23	1	1		
其他电气机械及器材制造	1	24		1		
计算机、通信和其他电子设备制造业	2	54	3	3	3	2
计算机制造		2			1	1
通信设备制造	1	2			2	1
广播电视设备制造		3				
视听设备制造		2				
电子器件制造		14				
电子元件制造	1	20	2			
其他电子设备制造		11	1	3		
仪器仪表制造业		65	2	3	1	1
通用仪器仪表制造		33	1		1	1
专用仪器仪表制造		18	1	1		
钟表与计时仪器制造						
光学仪器及眼镜制造		3				
其他仪器仪表制造业		11		2		
其他制造业	11	165	8	11	1	
废弃资源综合利用业	3	53	2	4	1	1
金属废料和碎屑加工处理		25	1		1	1
非金属废料和碎屑加工处理	3	28	1	4		
金属制品、机械和设备修理业	8	153	5	15		
金属制品修理		2				
通用设备修理	2	28		6		
专用设备修理	2	34	1	5		
铁路、船舶、航空航天等运输设备修理		4				
电气设备修理	2	28		2		
仪器仪表修理		1				
其他机械和设备修理业	2	56	4	2		
电力、热力、燃气及水生产和供应业	**6**	**361**	**18**	**45**	**19**	**12**
电力、热力生产和供应业	3	172	7	11	9	5
电力生产	2	85	3	6	9	5
电力供应		9				
热力生产和供应	1	78	4	5		

与港澳台商合作经营	港澳台商独资	港澳台商投资股份有限公司	其他港澳台投资	外商投资	中外合资经营	中外合作经营	外资企业	外商投资股份有限公司	其他外商投资
				4	4				
				3	3				
				1	1				
				7	5	1	1		
				1	1				
				3	3				
				1			1		
				2	1	1			
	1			4	2		2		
	1			2			2		
				1	1				
				1	1				
	1			1	1				
				1	1				
				1	1				
	7			**14**	**10**	**1**	**2**	**1**	
	4			10	7	1	2		
	4			10	7	1	2		

1-1-9 续表 15

行业	私营合伙	私营有限责任公司	私营股份有限公司	其他	港澳台商投资	与港澳台商合资经营
燃气生产和供应业	1	89	6	19	8	6
燃气生产和供应业	1	89	6	19	8	6
水的生产和供应业	2	100	5	15	2	1
自来水生产和供应	1	47	1	12		
污水处理及其再生利用		39	2	2	2	1
其他水的处理、利用与分配	1	14	2	1		
建筑业	**34**	**4299**	**139**	**53**	**8**	**7**
房屋建筑业	2	641	40	5	1	1
房屋建筑业	2	641	40	5	1	1
土木工程建筑业	10	774	24	10	2	2
铁路、道路、隧道和桥梁工程建筑	1	274	14	1	2	2
水利和内河港口工程建筑	1	35	1	4		
工矿工程建筑	2	64	4			
架线和管道工程建筑		155	2	1		
其他土木工程建筑	6	246	3	4		
建筑安装业	4	795	19	13		
电气安装	2	201	4	2		
管道和设备安装	2	317	8	3		
其他建筑安装业		277	7	8		
建筑装饰和其他建筑业	18	2089	56	25	5	4
建筑装饰业	10	1553	43	13	5	4
工程准备活动	1	283	4	2		
提供施工设备服务	3	81	3	5		
其他未列明建筑业	4	172	6	5		
批发和零售业	**485**	**27033**	**808**	**2053**	**25**	**10**
批发业	198	14587	411	1280	10	5
农、林、牧产品批发	19	439	23	502		
食品、饮料及烟草制品批发	16	1112	28	367		
纺织、服装及家庭用品批发	4	668	15	16	4	1
文化、体育用品及器材批发	2	382	7	2		
医药及医疗器材批发	3	377	13	9		
矿产品、建材及化工产品批发	89	5574	164	241	4	2
机械设备、五金产品及电子产品批发	51	4813	118	83	2	2
贸易经纪与代理	4	272	11	10		
其他批发业	10	950	32	50		
零售业	287	12446	397	773	15	5
综合零售	24	1013	42	107		
食品、饮料及烟草制品专门零售	19	1176	30	224	1	
纺织、服装及日用品专门零售	27	1063	29	37	6	1
文化、体育用品及器材专门零售	19	811	34	26	2	1
医药及医疗器材专门零售	22	572	29	62	1	
汽车、摩托车、燃料及零配件专门零售	74	2040	77	92	3	2
家用电器及电子产品专门零售	30	2257	42	36		
五金、家具及室内装饰材料专门零售	41	2150	64	57	1	
货摊、无店铺及其他零售业	31	1364	50	132	1	1
交通运输、仓储和邮政业	**89**	**2443**	**107**	**216**	**7**	**1**
道路运输业	74	1839	85	117	5	
城市公共交通运输	5	158	8	1		
公路旅客运输	6	76	7	6		
道路货物运输	57	1510	64	98		
道路运输辅助活动	6	95	6	12	5	

与港澳台商合作经营	港澳台商独资	港澳台商投资股份有限公司	其他港澳台投资	外商投资	中外合资经营	中外合作经营	外资企业	外商投资股份有限公司	其他外商投资
	2			4	3			1	
	2			4	3			1	
	1								
	1								
	1			**5**	**4**				**1**
				1	1				
				1	1				
				3	3				
				2	2				
				1	1				
	1			1					1
	1			1					1
	10	**4**	**1**	**28**	**13**	**2**	**10**		**3**
	2	2	1	16	7	1	6		2
				1			1		
				1	1				
	1	2							
				1		1			
	1		1	9	4		3		2
				3	2		1		
				1			1		
	8	2		12	6	1	4		1
				5	2		3		
	1			1			1		
	4	1							
		1		1					1
	1								
	1			3	3				
	1			1	1				
				1		1			
2	**3**		**1**	**8**		**7**	**1**		
2	3			8		7	1		
				1			1		
2	3			7		7			

1-1-9 续表 16

行业	私营合伙	私营有限责任公司	私营股份有限公司	其他	港澳台商投资	与港澳台商合资经营
水上运输业		4		1		
水上旅客运输		1		1		
水上货物运输		2				
水上运输辅助活动		1				
航空运输业		8			1	
航空客货运输		4				
通用航空服务		1				
航空运输辅助活动		3			1	
管道运输业		1	1			
管道运输业		1	1			
装卸搬运和运输代理业	10	315	14	25	1	1
装卸搬运	4	149	8	18		
运输代理业	6	166	6	7	1	1
仓储业	2	167	5	61		
谷物、棉花等农产品仓储		45	1	51		
其他仓储业	2	122	4	10		
邮政业	3	109	2	12		
邮政基本服务		3				
快递服务	3	106	2	12		
住宿和餐饮业	**60**	**1615**	**62**	**74**	**6**	**3**
住宿业	28	632	30	33	3	2
旅游饭店	3	171	4	8	3	2
一般旅馆	17	379	20	17		
其他住宿业	8	82	6	8		
餐饮业	32	983	32	41	3	1
正餐服务	26	884	25	32	3	1
快餐服务	3	50	3	2		
饮料及冷饮服务	1	13	1			
其他餐饮业	2	36	3	7		
信息传输、软件和信息技术服务业	**15**	**1121**	**26**	**40**	**10**	**1**
电信、广播电视和卫星传输服务	2	48	1	7	9	
电信	1	31	1	5	9	
广播电视传输服务	1	14		2		
卫星传输服务		3				
互联网和相关服务	1	78	3	5		
互联网接入及相关服务		29		2		
互联网信息服务		38	1	3		
其他互联网服务	1	11	2			
软件和信息技术服务业	12	995	22	28	1	1
软件开发	5	590	10	9		
信息系统集成服务	3	205	3	4		
信息技术咨询服务	3	110	5	13		
数据处理和存储服务		15	2			
集成电路设计		8				
其他信息技术服务业	1	67	2	2	1	1
房地产业	**26**	**4315**	**156**	**93**	**13**	**7**
房地产业	26	4315	156	93	13	7
房地产开发经营	2	2283	81	6	10	6

与港澳台商合作经营	港澳台商独资	港澳台商投资股份有限公司	其他港澳台投资	外商投资	中外合资经营	中外合作经营	外资企业	外商投资股份有限公司	其他外商投资
			1						
			1						
	3			**8**	**2**	**1**	**3**	**1**	**1**
	1			2			1		1
	1			1			1		
				1					1
	2			6	2	1	2	1	
	2			4	2	1		1	
				2			2		
	7	**1**	**1**	**12**			**5**	**4**	**3**
	7	1	1	7			1	4	2
	7	1	1	7			1	4	2
				5			4		1
				3			3		
				1			1		
				1					1
	6			**7**	**4**		**3**		
	6			7	4		3		
	4			6	3		3		

1-1-9 续表 17

行　　业	私营合伙	私营有限责任公司	私营股份有限公司	其他	港澳台商投　资	与港澳台商合资经营
物业管理	15	1492	57	74	2	
房地产中介服务	7	328	10	5		
自有房地产经营活动	2	164	6	6	1	1
其他房地产业		48	2	2		
租赁和商务服务业	**305**	**6009**	**184**	**589**	**4**	**1**
租赁业	12	536	17	47		
机械设备租赁	12	527	16	45		
文化及日用品出租		9	1	2		
商务服务业	293	5473	167	542	4	1
企业管理服务	25	683	18	63		
法律服务	116	30	1	227		
咨询与调查	84	1450	40	95	3	1
广告业	25	1448	45	28		
知识产权服务	4	26		2		
人力资源服务	10	324	10	29		
旅行社及相关服务	7	507	24	35		
安全保护服务		102	4	2		
其他商务服务业	22	903	25	61	1	
科学研究和技术服务业	**34**	**2280**	**80**	**567**	**2**	**1**
研究和试验发展	2	229	7	148		
自然科学研究和试验发展		16		9		
工程和技术研究和试验发展		155	4	27		
农业科学研究和试验发展	1	44	1	40		
医学研究和试验发展	1	14	1	50		
社会人文科学研究			1	22		
专业技术服务业	26	1667	61	117	1	1
气象服务		1				
地震服务		1				
海洋服务		1		1		
测绘服务	2	72	6	5		
质检技术服务	4	229	7	20	1	1
环境与生态监测	1	40	1	3		
地质勘查	4	48		4		
工程技术	9	742	26	37		
其他专业技术服务业	6	533	21	47		
科技推广和应用服务业	6	384	12	302	1	
技术推广服务	4	301	7	282	1	
科技中介服务	2	22	2	8		
其他科技推广和应用服务业		61	3	12		
水利、环境和公共设施管理业	**9**	**567**	**27**	**80**	**1**	**1**
水利管理业	1	26	1	22		
防洪除涝设施管理		2		1		
水资源管理		4	1	5		
天然水收集与分配		3				
水文服务		3		3		
其他水利管理业	1	14		13		
生态保护和环境治理业		36	2	10	1	1
生态保护		4	1	6		
环境治理业		32	1	4	1	1

与港澳台商合作经营	港澳台商独资	港澳台商投资股份有限公司	其他港澳台投资	外商投资	中外合资经营	中外合作经营	外资企业	外商投资股份有限公司	其他外商投资
	2			1	1				
	2		**1**	**12**	**4**	**1**	**4**		**3**
				1	1				
				1	1				
	2		1	11	3	1	4		3
				6	2	1	1		2
				1					1
	2			3	1		2		
			1	1			1		
	1			**3**	**2**				**1**
				1	1				
				1	1				
	1			2	1				1
	1			1	1				
				1					1
				2	**1**	**1**			

1-1-9 续表 18

行业	私营合伙	私营有限责任公司	私营股份有限公司	其他	港澳台商投资	与港澳台商合资经营
公共设施管理业	8	505	24	48		
市政设施管理		16		2		
环境卫生管理	1	44	4	10		
城乡市容管理		5	1	2		
绿化管理	4	285	11	17		
公园和游览景区管理	3	155	8	17		
居民服务、修理和其他服务业	**51**	**1259**	**39**	**223**	**1**	**1**
居民服务业	19	407	15	150		
家庭服务		113	6	13		
托儿所服务		1				
洗染服务		24	1	1		
理发及美容服务	7	73	2	4		
洗浴服务	7	50	5	11		
保健服务	2	29	1	5		
婚姻服务	1	63		12		
殡葬服务	2	19		11		
其他居民服务业		35		93		
机动车、电子产品和日用产品修理业	27	601	17	43	1	1
汽车、摩托车修理与维护	21	495	15	35		
计算机和办公设备维修	1	51		2	1	1
家用电器修理	1	40				
其他日用产品修理业	4	15	2	6		
其他服务业	5	251	7	30		
清洁服务	3	179	3	9		
其他未列明服务业	2	72	4	21		
教育	**80**	**266**	**16**	**2545**		
教育	80	266	16	2545		
学前教育	19	37	3	1114		
初等教育	1	1	2	159		
中等教育	13	9	3	291		
高等教育		2		25		
特殊教育				19		
技能培训、教育辅助及其他教育	47	217	8	937		
卫生和社会工作	**33**	**142**	**15**	**987**		
卫生	31	126	14	630		
医院	25	77	10	177		
社区医疗与卫生院		6	1	304		
门诊部(所)	6	21	1	97		
计划生育技术服务活动		1		1		
妇幼保健院(所、站)				5		
专科疾病防治院(所、站)		7		23		
疾病预防控制中心				1		
其他卫生活动		14	2	22		
社会工作	2	16	1	357		
提供住宿社会工作	2	15	1	309		
不提供住宿社会工作		1		48		
文化、体育和娱乐业	**90**	**866**	**30**	**501**		
新闻和出版业		27		9		
新闻业				2		
出版业		27		7		

与港澳台商合作经营	港澳台商独资	港澳台商投资股份有限公司	其他港澳台投资	外商投资	中外合资经营	中外合作经营	外资企业	外商投资股份有限公司	其他外商投资
				2	1	1			
				1		1			
				1	1				
				1			**1**		
				1			1		
				1			1		
				1	**1**				
				1	1				
				1	1				

1-1-9 续表 19

行业	私营合伙	私营有限责任公司	私营股份有限公司	其他	港澳台商投资	与港澳台商合资经营
广播、电视、电影和影视录音制作业	1	83	2	6		
广播		1				
电视		5		1		
电影和影视节目制作		36	2	2		
电影和影视节目发行		3				
电影放映	1	35		3		
录音制作		3				
文化艺术业	10	268	10	222		
文艺创作与表演	5	91	4	55		
艺术表演场馆		5		5		
图书馆与档案馆		1		1		
文物及非物质文化遗产保护		24		53		
博物馆		4		19		
烈士陵园、纪念馆		2		6		
群众文化活动		22	2	40		
其他文化艺术业	5	119	4	43		
体育	4	70	4	116		
体育组织		11		63		
体育场馆		6		5		
休闲健身活动	3	47	3	38		
其他体育	1	6	1	10		
娱乐业	75	418	14	148		
室内娱乐活动	73	342	12	139		
游乐园		15		2		
彩票活动						
文化、娱乐、体育经纪代理		44	2			
其他娱乐业	2	17		7		
公共管理、社会保障和社会组织	**8**	**14**		**35089**	**1**	
中国共产党机关						
中国共产党机关						
国家机构				6		
国家权力机构						
国家行政机构				6		
人民法院和人民检察院						
其他国家机构						
人民政协、民主党派						
人民政协						
民主党派						
社会保障				3		
社会保障				3		
群众团体、社会团体和其他成员组织	8	14		4880	1	
群众团体		1		318		
社会团体	8	11		3603	1	
基金会		2		32		
宗教组织				927		
基层群众自治组织				30200		
社区自治组织				2086		
村民自治组织				28114		

与港澳台商合作经营	港澳台商独资	港澳台商投资股份有限公司	其他港澳台投资	外商投资	中外合资经营	中外合作经营	外资企业	外商投资股份有限公司	其他外商投资
			1	**1**					**1**
			1	1					1
			1	1					1

1-1-10 按行业、登记注册类型

行业	从业人员数(人)	内资					
			国有	集体	股份合作	联营	
							国有联营
总计	**7357586**	**7137510**	**1954632**	**208809**	**13065**	**11350**	**6329**
农、林、牧、渔业	**60412**	**60402**	**3974**	**134**	**72**	**60**	**53**
农业	1416	1416	616	5			
谷物种植	714	714	616				
豆类、油料和薯类种植	15	15					
蔬菜、食用菌及园艺作物种植	682	682					
其他农业	5	5		5			
林业	185	185	166				
林木育种和育苗	19	19					
森林经营和管护	166	166	166				
畜牧业	707	707					
牲畜饲养	549	549					
家禽饲养	6	6					
其他畜牧业	152	152					
渔业	43	43	43				
水产养殖	43	43	43				
农、林、牧、渔服务业	58061	58051	3149	129	72	60	53
农业服务业	53375	53365	2270	118	72	60	53
林业服务业	1990	1990	622				
畜牧服务业	2582	2582	241	11			
渔业服务业	114	114	16				
采矿业	**1265945**	**1242346**	**66244**	**13298**	**3114**	**1679**	**1245**
煤炭开采和洗选业	1170295	1147899	63687	12284	3088	1625	1245
烟煤和无烟煤开采洗选	1164267	1141871	63050	12196	3088	1625	1245
褐煤开采洗选	928	928		85			
其他煤炭采选	5100	5100	637	3			
石油和天然气开采业	5033	4209	10				
天然气开采	5033	4209	10				
黑色金属矿采选业	52273	52273	1162	495			
铁矿采选	49970	49970	1162	494			
锰矿、铬矿采选	2215	2215					
其他黑色金属矿采选	88	88		1			
有色金属矿采选业	6343	6284	308	32			
常用有色金属矿采选	4298	4239	250	32			
贵金属矿采选	1961	1961	58				
稀有稀土金属矿采选	84	84					
非金属矿采选业	24272	24156	323	484	26	54	
土砂石开采	22400	22284	262	477	26	54	
化学矿开采	286	286	11				
石棉及其他非金属矿采选	1586	1586	50	7			
开采辅助活动	6924	6720	622	3			
煤炭开采和洗选辅助活动	6284	6284	622	3			
石油和天然气开采辅助活动	379	175					
其他开采辅助活动	261	261					
其他采矿业	805	805	132				
其他采矿业	805	805	132				
制造业	**1542714**	**1399495**	**47136**	**54144**	**2463**	**1759**	**525**
农副食品加工业	64919	64328	2425	465	720	28	
谷物磨制	8970	8970	587	74	6		

分组的法人单位从业人员数

集体联营	国有与集体联营	其他联营	有限责任公司	国有独资公司	其他有限责任公司	股份有限公司	私营	私营独资
2964	**407**	**1650**	**2025861**	**318459**	**1707402**	**250415**	**2182975**	**281707**
	7		**2658**		**2658**	**228**	**6671**	**994**
			154		154		521	
							22	
							15	
			154		154		484	
							15	
							15	
			540		540		107	30
			533		533		14	
			7		7		93	30
	7		1964		1964	228	6028	964
	7		1829		1829	103	5343	801
			38		38	26	382	114
			97		97	99	291	49
							12	
243		**191**	**874748**	**116664**	**758084**	**95438**	**183073**	**32842**
228		152	857014	115491	741523	92490	114404	9162
228		152	853314	115491	737823	92490	112820	8453
			10		10		817	275
			3690		3690		767	434
			3252		3252	715	224	18
			3252		3252	715	224	18
			8340	1152	7188	816	41120	9776
			6441	1152	5289	816	40742	9773
			1860		1860		355	3
			39		39		23	
			795		795	1232	3871	408
			627		627	1232	2092	347
			120		120		1743	45
			48		48		36	16
15		39	2177		2177	75	20225	11889
15		39	1574		1574	51	19062	11599
			206		206	24	45	
			397		397		1118	290
			3044	21	3023	40	2778	1453
			2956	21	2935	25	2458	1394
			65		65		110	
			23		23	15	210	59
			126		126	70	451	136
			126		126	70	451	136
473		**761**	**437531**	**116290**	**321241**	**79691**	**757523**	**117584**
28			13496	395	13101	1420	40380	5809
			843		843	91	6051	2094

1-1-10 续表 1

行业	从业人员数(人)	内资	国有	集体	股份合作	联营	国有联营
饲料加工	11647	11390	292	6	7		
植物油加工	5185	5185	19		100		
制糖业	762	762	312				
屠宰及肉类加工	16444	16419	978	200	547	28	
水产品加工	25	25	25				
蔬菜、水果和坚果加工	10727	10453	2	81			
其他农副食品加工	11159	11124	210	104	60		
食品制造业	44534	42943	743	484	19		
焙烤食品制造	10630	9816	349	164			
糖果、巧克力及蜜饯制造	8516	8516	189				
方便食品制造	4813	4813	10	26			
乳制品制造	5098	4692	101				
罐头食品制造	2952	2809					
调味品、发酵制品制造	8861	8816	63	290			
其他食品制造	3664	3481	31	4	19		
酒、饮料和精制茶制造业	37856	34599	792	314	57	23	
酒的制造	24922	24271	490	89	50		
饮料制造	12419	9813	302	225		23	
精制茶加工	515	515			7		
烟草制品业	1014	1014	10				
卷烟制造	1014	1014	10				
纺织业	20639	20242	3223	844	3	320	320
棉纺织及印染精加工	13683	13683	2845	265			
毛纺织及染整精加工	397	236					
麻纺织及染整精加工	1773	1537		89			
丝绢纺织及印染精加工	604	604		135			
化纤织造及印染精加工	744	744	368				
针织或钩针编织物及其制品制造	854	854	10	187	3	300	300
家用纺织制成品制造	1638	1638		109		20	20
非家用纺织制成品制造	946	946		59			
纺织服装、服饰业	14235	14075	716	1601			
机织服装制造	11473	11353		1440			
针织或钩针编织服装制造	736	736		82			
服饰制造	2026	1986	716	79			
皮革、毛皮、羽毛及其制品和制鞋业	3637	3637	82	383			
皮革鞣制加工	470	470					
皮革制品制造	1241	1241	7	220			
毛皮鞣制及制品加工	507	507		19			
羽毛(绒)加工及制品制造	8	8					
制鞋业	1411	1411	75	144			
木材加工和木、竹、藤、棕、草制品业	6690	6682	15	427	16	32	
木材加工	1751	1743	14	172	16	32	
人造板制造	2263	2263		3			
木制品制造	2429	2429	1	252			
竹、藤、棕、草等制品制造	247	247					
家具制造业	4966	4966	15	64			
木质家具制造	3919	3919	15	58			
竹、藤家具制造	15	15					
金属家具制造	825	825					
塑料家具制造	103	103		5			
其他家具制造	104	104		1			

集体联营	国有与集体联营	其他联营	有限责任公司	国有独资公司	其他有限责任公司	股份有限公司	私营	私营独资
			6190		6190	516	4304	624
			150		150		4575	320
			273		273	150	27	10
28			1652	395	1257	587	11659	501
			1086		1086	14	7071	1119
			3302		3302	62	6693	1141
			7089		7089	1844	30980	8682
			645		645	25	8327	1677
			681		681		7378	4486
			574		574	800	2725	696
			1504		1504		2955	289
			714		714	1	2063	163
			2108		2108	905	5181	995
			863		863	113	2351	376
		23	17695	12016	5679	2123	13352	2317
			14905	12016	2889	1133	7449	1123
		23	2790		2790	990	5395	858
							508	336
			1004		1004			
			1004		1004			
			4337	260	4077		11103	1141
			2496	260	2236		7816	217
			10		10		226	67
			1398		1398		50	50
			170		170		299	10
			3		3		370	9
			5		5		301	24
			134		134		1337	559
			121		121		704	205
			4594	2079	2515	122	6919	1136
			4036	2072	1964	122	5711	771
			501		501		148	112
			57	7	50		1060	253
			12	2	10	13	2476	795
							470	
						1	448	21
							402	34
							8	
			12	2	10	12	1148	740
		32	753		753	85	5199	1333
		32	238		238		1223	529
			252		252	4	2004	470
			257		257	81	1776	284
			6		6		196	50
			398		398	19	4407	1301
			377		377	13	3444	932
			15		15			
			6		6		768	300
							98	50
						6	97	19

1-1-10 续表 2

行业	从业人员数(人)	内资	国有	集体	股份合作	联营	国有联营
造纸和纸制品业	10971	10971	98	406			
造纸	3934	3934		52			
纸制品制造	7037	7037	98	354			
印刷和记录媒介复制业	16784	16609	1660	1768	20	114	46
印刷	15712	15537	1573	1644	20	104	36
装订及印刷相关服务	1047	1047	87	124		10	10
记录媒介复制	25	25					
文教、工美、体育和娱乐用品制造业	13287	13194	441	101			
文教办公用品制造	340	340	4	19			
乐器制造	73	73	23				
工艺美术品制造	11124	11070	10	81			
体育用品制造	1731	1692	404				
玩具制造	11	11		1			
游艺器材及娱乐用品制造	8	8					
石油加工及炼焦	132160	118894	1521	2		668	
化学原料和化学制品制造业	134713	130269	2573	684	5		
基础化学原料制造	35622	32844	175	325			
肥料制造	40668	39526	948	69			
农药制造	1436	1436		7			
涂料、油墨、颜料及类似产品制造	6069	5569	15	33			
合成材料制造	11551	11545		114			
专用化学产品制造	17673	17658	206	98	5		
炸药、火工及焰火产品制造	15326	15326	1207	1			
日用化学产品制造	6368	6365	22	37			
医药制造业	41551	33598	399	86		25	25
化学药品原料药制造	9089	2317		1			
化学药品制剂制造	15114	14596	215				
中药饮片加工	1242	1242	2			25	25
中成药生产	8558	7895	180				
兽用药品制造	2526	2526					
生物药品制造	2590	2590		40			
卫生材料及医药用品制造	2432	2432	2	45			
化学纤维制造业	4402	4378	209				
纤维素纤维原料及纤维制造	3171	3168					
合成纤维制造	1231	1210	209				
橡胶和塑料制品业	27396	26526	831	1150	33	8	
橡胶制品业	8381	7989	216	323	5		
塑料制品业	19015	18537	615	827	28	8	
非金属矿物制品业	237064	232940	6400	5154	794	90	51
水泥、石灰和石膏制造	39178	37571	1653	393	246		
石膏、水泥制品及类似制品制造	28322	28093	786	414	216	5	
砖瓦、石材等建筑材料制造	72913	72840	2918	2081	261	69	51
玻璃制造	6462	6462	485	40			
玻璃制品制造	26295	25475	111	60			
玻璃纤维和玻璃纤维增强塑料制品制造	662	662	14				
陶瓷制品制造	20205	20205	3	695	20		
耐火材料制品制造	23249	22324	239	1208	3		
石墨及其他非金属矿物制品制造	19778	19308	191	263	48	16	

集体联营	国有与集体联营	其他联营	有限责任公司	国有独资公司	其他有限责任公司	股份有限公司	私营	私营独资
			614		614	243	9494	2975
			270		270	108	3444	801
			344		344	135	6050	2174
68			4542	230	4312	295	8062	1602
68			4403	230	4173	288	7357	1338
			139		139	7	680	264
							25	
			897	2	895	779	9222	3845
			100		100		217	
							50	8
			737	2	735	77	8452	3812
			55		55	702	490	25
			5		5		5	
							8	
		668	37357	565	36792	9547	68822	1736
			65424	9236	56188	20396	40458	5336
			15154	5462	9692	1044	16002	1707
			28012	13	27999	4142	6307	1889
			527		527	60	837	81
			2256		2256	322	2713	478
			4042		4042	6289	1081	258
			5679	12	5667	207	11300	811
			9471	3749	5722	3183	1464	52
			283		283	5149	754	60
			7294		7294	11382	14300	648
			1088		1088		1228	
			3085		3085	6311	4985	8
			65		65		1150	122
			1761		1761	2734	3126	62
			488		488		2032	157
			766		766	875	909	3
			41		41	1462	870	296
			3941		3941		228	43
			3153		3153		15	7
			788		788		213	36
8			7078		7078	213	16885	4484
			3448		3448	140	3774	794
8			3630		3630	73	13111	3690
24		15	49505	5045	44460	5239	162472	40891
			15616	2875	12741	612	18821	2100
5			5181	303	4878	428	20793	3397
18			7527	96	7431	1481	56048	25848
			5256		5256	17	664	122
			1947	411	1536		23242	4566
			188		188	6	450	44
			3527		3527	613	15304	771
			4550		4550	1094	15073	2911
1		15	5713	1360	4353	988	12077	1132

1-1-10 续表 3

行业	从业人员数(人)	内资	国有	集体	股份合作	联营	国有联营
黑色金属冶炼和压延加工业	225048	222083	2050	1686	41		
炼铁	28099	27947	2	235			
炼钢	22780	22780	73	129			
黑色金属铸造	40465	37740	1788	854	41		
钢压延加工	117396	117308	187	108			
铁合金冶炼	16308	16308		360			
有色金属冶炼和压延加工业	68354	66628	1234	447	13		
常用有色金属冶炼	57838	56586	791	289	13		
贵金属冶炼	822	814					
稀有稀土金属冶炼	1744	1744					
有色金属合金制造	2060	1745		116			
有色金属铸造	604	604	20	17			
有色金属压延加工	5286	5135	423	25			
金属制品业	61327	60746	1859	5955	212	69	
结构性金属制品制造	14586	14574	333	2175	134	15	
金属工具制造	4836	4797	562	918		54	
集装箱及金属包装容器制造	829	769	8	143			
金属丝绳及其制品制造	2753	2753		1064			
建筑、安全用金属制品制造	14007	13977	20	1001	78		
金属表面处理及热处理加工	1201	1145		114			
搪瓷制品制造	212	212					
金属制日用品制造	845	845	10	57			
其他金属制品制造	22058	21674	926	483			
通用设备制造业	74595	73920	7141	8895	191	90	33
锅炉及原动设备制造	9332	9247	530	66	5		
金属加工机械制造	12370	12364	1859	1585	80	57	
物料搬运设备制造	3840	3840	800	273			
泵、阀门、压缩机及类似机械制造	14538	14468	1896	213	9		
轴承、齿轮和传动部件制造	3132	3131	25	555		1	1
烘炉、风机、衡器、包装等设备制造	5791	5686	332	844	27	32	32
文化、办公用机械制造	190	190	9	51			
通用零部件制造	22369	21988	1677	4996	25		
其他通用设备制造业	3033	3006	13	312	45		
专用设备制造业	92953	88866	5844	17355	35		
采矿、冶金、建筑专用设备制造	65836	65298	3449	16398			
化工、木材、非金属加工专用设备制造	3872	3792	133	192			
食品、饮料、烟草及饲料生产专用设备制造	276	268		35			
印刷、制药、日化及日用品生产专用设备制造	1350	1350		7			
纺织、服装和皮革加工专用设备制造	9061	5704		169			
电子和电工机械专用设备制造	2683	2683	133	24			
农、林、牧、渔专用机械制造	3690	3690	686	360			
医疗仪器设备及器械制造	1040	1037	83	48			
环保、社会公共服务及其他专用设备制造	5145	5044	1360	122	35		
汽车制造业	24078	23279	588	159	57		
汽车整车制造	2188	2188					
改装汽车制造	4612	4612	386		8		
低速载货汽车制造	56	56	56				
电车制造	144	144					
汽车车身、挂车制造	907	907		84			
汽车零部件及配件制造	16171	15372	146	75	49		

集体联营	国有与集体联营	其他联营	有限责任公司			股份有限公司	私营	
				国有独资公司	其他有限责任公司			私营独资
			79361	48642	30719	287	138224	10119
			2429		2429	30	25241	1506
			1941		1941	6	20631	85
			2444	569	1875	185	32018	8095
			68294	46844	21450	66	48653	297
			4253	1229	3024		11681	136
			27852	12724	15128	13420	23547	775
			25134	12430	12704	12798	17506	499
			584		584	220	10	
			798	162	636	105	838	31
			279		279	18	1332	78
			49		49		477	44
			1008	132	876	279	3384	123
69			8760	2760	6000	1180	42262	8203
15			2017		2017	704	9122	1398
54			249		249		2976	1202
			20		20		598	12
			288		288	43	1358	383
			942		942	201	11709	3259
			201		201		810	530
			15		15	36	161	18
			111		111		665	249
			4917	2760	2157	196	14863	1152
57			14525	469	14056	1666	40973	6823
			3019		3019	253	5362	547
57			1337		1337	280	7063	1785
			320	102	218	90	2313	83
			4403		4403	583	7307	862
			860	367	493	11	1679	213
			989		989		3457	296
			125		125		5	
			3220		3220	428	11445	2673
			252		252	21	2342	364
			33863	13687	20176	1742	29253	2913
			27934	13673	14261	414	16822	1886
			1663		1663	93	1670	202
			69		69		160	6
			509		509		819	128
			2463		2463	26	3021	142
			673	14	659	307	1469	280
			192		192	850	1550	84
			103		103		779	48
			257		257	52	2963	137
			15546	728	14818	1112	5722	248
			2048		2048		112	
			4176		4176	5	37	
			40		40	16	88	
			16		16		807	2
			9266	728	8538	1091	4678	246

1-1-10 续表 4

行 业	从业人员数(人)	内资	国有	集体	股份合作	联营	
							国有联营
铁路、船舶、航空航天和其他运输设备制造业	19523	18556	474	2967	80		
铁路运输设备制造	18305	17452	376	2967	80		
船舶及相关装置制造	62						
航空、航天器及设备制造	469	469					
摩托车制造	104	52					
潜水救捞及其他未列明运输设备制造	583	583	98				
电气机械和器材制造业	29078	27843	2236	1302		23	
电机制造	8121	7534	327	813		23	
输配电及控制设备制造	10202	9728	972	284			
电线、电缆、光缆及电工器材制造	3954	3954	283	177			
电池制造	1926	1926	42	2			
家用电力器具制造	934	882		12			
非电力家用器具制造	745	745	177				
照明器具制造	1918	1796		14			
其他电气机械及器材制造	1278	1278	435				
计算机、通信和其他电子设备制造业	102976	10560	718	10	133		
计算机制造	2160	2150					
通信设备制造	93194	855	690	10			
广播电视设备制造	839	839					
视听设备制造	115	115	27				
电子器件制造	1627	1582	1				
电子元件制造	3372	3350			3		
其他电子设备制造	1669	1669			130		
仪器仪表制造业	5788	5232	601	56	13		
通用仪器仪表制造	2791	2235		56	13		
专用仪器仪表制造	1740	1740	372				
钟表与计时仪器制造	5	5					
光学仪器及眼镜制造	923	923	200				
其他仪器仪表制造业	329	329	29				
其他制造业	8027	7974	1028	223		10	10
废弃资源综合利用业	3341	3219	70	252	20	109	40
金属废料和碎屑加工处理	1426	1304		1	20	109	40
非金属废料和碎屑加工处理	1915	1915	70	251			
金属制品、机械和设备修理业	10808	10724	1140	904	1	150	
金属制品修理	126	126		22			
通用设备修理	710	626	10	43			
专用设备修理	2494	2494	842	360			
铁路、船舶、航空航天等运输设备修理	1111	1111					
电气设备修理	3031	3031	3	269			
仪器仪表修理	62	62		7			
其他机械和设备修理业	3274	3274	285	203	1	150	
电力、热力、燃气及水生产和供应业	**115215**	**105609**	**37795**	**1056**	**46**	**4**	
电力、热力生产和供应业	79508	71312	22288	564	21		
电力生产	51231	43035	11959	269	21		
电力供应	6294	6294	813	161			
热力生产和供应	21983	21983	9516	134			

集体联营	国有与集体联营	其他联营	有限责任公司	国有独资公司	其他有限责任公司	股份有限公司	私营	私营独资
			7709		7709	4364	2952	127
			7635		7635	4364	2020	122
			48		48		421	
							52	5
			26		26		459	
		23	13266	5724	7542	534	10368	1078
		23	5948	4163	1785	15	407	149
			3481	1549	1932	310	4626	420
			1396		1396	161	1913	220
			1190	12	1178		692	1
			284		284		586	157
			25		25	25	492	48
			722		722		1057	25
			220		220	23	595	58
			3350		3350	918	5389	538
			2070		2070	42	38	10
			5		5		150	
			752		752		87	25
							88	
			97		97		1484	190
			331		331	876	2140	287
			95		95		1402	26
			1285	298	987	627	2488	105
			577	298	279	30	1559	40
			588		588		627	8
			5		5			
			1		1	597	125	50
			114		114		177	7
			632	5	627	5	6028	1428
69			737		737	3	1858	482
69			251		251	3	920	340
			486		486		938	142
150			4615	1423	3192	113	3700	671
			55		55		49	27
			248		248		277	37
			609		609	40	624	84
			227		227	33	851	13
			2237	1386	851		515	74
						40	15	
150			1239	37	1202		1369	436
4			**40068**	**4937**	**35131**	**8204**	**17606**	**2164**
			30070	1488	28582	4759	13394	1446
			20351	1322	19029	4386	5941	456
			4592		4592		728	
			5127	166	4961	373	6725	990

1-1-10 续表 5

行业	从业人员数（人）	内资	国有	集体	股份合作	联营	国有联营
燃气生产和供应业	11979	10623	2496	57	10		
燃气生产和供应业	11979	10623	2496	57	10		
水的生产和供应业	23728	23674	13011	435	15	4	
自来水生产和供应	19292	19292	11469	327	8	4	
污水处理及其再生利用	3785	3731	1482	108			
其他水的处理、利用与分配	651	651	60		7		
建筑业	**717886**	**713059**	**80581**	**26479**	**60**	**109**	**65**
房屋建筑业	279210	276860	28127	17357			
房屋建筑业	279210	276860	28127	17357			
土木工程建筑业	303454	301741	47307	4047	49	109	65
铁路、道路、隧道和桥梁工程建筑	152742	152125	5716	1315		65	65
水利和内河港口工程建筑	13939	13939	8521	136	37		
工矿工程建筑	84772	83676	23777	535			
架线和管道工程建筑	35455	35455	7728	1988		44	
其他土木工程建筑	16546	16546	1565	73	12		
建筑安装业	59637	59637	1252	4470			
电气安装	17063	17063	262	730			
管道和设备安装	24898	24898	841	1074			
其他建筑安装业	17676	17676	149	2666			
建筑装饰和其他建筑业	75585	74821	3895	605	11		
建筑装饰业	33699	32935	708	432	11		
工程准备活动	11790	11790	3050	35			
提供施工设备服务	9914	9914					
其他未列明建筑业	20182	20182	137	138			
批发和零售业	**691946**	**686107**	**56829**	**43964**	**1216**	**4087**	**2916**
批发业	342876	340999	41070	19921	425	1559	1099
农、林、牧产品批发	21834	21833	2558	3649	6	211	98
食品、饮料及烟草制品批发	41930	41643	10397	3036	26	316	222
纺织、服装及家庭用品批发	13081	11927	756	777		128	95
文化、体育用品及器材批发	4813	4813	661	110			
医药及医疗器材批发	12852	12847	1600	17	11		
矿产品、建材及化工产品批发	170942	170757	19807	10249	303	302	130
机械设备、五金产品及电子产品批发	55530	55291	2007	922	63	277	239
贸易经纪与代理	3451	3451	416	177		3	3
其他批发业	18443	18437	2868	984	16	322	312
零售业	349070	345108	15759	24043	791	2528	1817
综合零售	92169	90627	4403	13728	264	707	458
食品、饮料及烟草制品专门零售	24348	24293	2886	1433	162	289	274
纺织、服装及日用品专门零售	32782	31995	711	1117	178	706	335
文化、体育用品及器材专门零售	14579	14310	3019	196	3		
医药及医疗器材专门零售	21212	21198	1241	110	13	667	665
汽车、摩托车、燃料及零配件专门零售	77449	77123	924	1642	118	54	19
家用电器及电子产品专门零售	27842	27842	317	106	22		
五金、家具及室内装饰材料专门零售	27732	27549	994	1004	6	31	6
货摊、无店铺及其他零售业	30957	30171	1264	4707	25	74	60
交通运输、仓储和邮政业	**205192**	**203883**	**54185**	**7360**	**124**	**796**	**701**
道路运输业	149234	147927	25201	4628	107	563	563
城市公共交通运输	21991	21991	6321	686	53		
公路旅客运输	18806	18804	1265	41			
道路货物运输	74710	74710	2917	2947	45	543	543
道路运输辅助活动	33727	32422	14698	954	9	20	20

集体联营	国有与集体联营	其他联营	有限责任公司	国有独资公司	其他有限责任公司	股份有限公司	私营	私营独资
			2506	102	2404	3440	1938	187
			2506	102	2404	3440	1938	187
4			7492	3347	4145	5	2274	531
4			6105	3282	2823	5	963	351
			1238	65	1173		878	100
			149		149		433	80
44			**275523**	**26186**	**249337**	**9527**	**319930**	**3611**
			77693	2573	75120	1174	152219	659
			77693	2573	75120	1174	152219	659
44			169193	20380	148813	7210	73672	1212
			108863	14327	94536	41	36105	455
			2402		2402	147	2603	249
			40578	6053	34525	6469	12317	79
44			14806		14806	290	10595	
			2544		2544	263	12052	429
			15645	2862	12783	793	37299	578
			3976	384	3592	2	12075	19
			9023	2477	6546	20	13917	385
			2646	1	2645	771	11307	174
			12992	371	12621	350	56740	1162
			2791		2791	120	28757	670
			1716	209	1507	77	6893	180
			353		353	35	9474	91
			8132	162	7970	118	11616	221
1074	**68**	**29**	**149054**	**19073**	**129981**	**19563**	**385786**	**39677**
369	66	25	91897	17314	74583	3840	163576	14261
108		5	1275	86	1189	64	5843	786
56	18	20	5574	1085	4489	181	15095	1533
33			1564	32	1532	277	8311	390
			918	616	302	25	3094	248
			3969	17	3952	43	7120	378
124	48		66593	15255	51338	2198	69092	7119
38			8293	140	8153	858	42292	2452
			506		506	25	2259	226
10			3205	83	3122	169	10470	1129
705	2	4	57157	1759	55398	15723	222210	25416
247	2		16411	213	16198	1484	52842	3911
13		2	2871	19	2852	122	13901	1745
371			4383		4383	278	24320	3539
			2003	6	1997	189	8551	774
		2	5111		5111	127	13578	2737
35			11394	241	11153	12608	49676	5892
			3215		3215	240	23714	1967
25			3818	33	3785	414	20687	2276
14			7951	1247	6704	261	14941	2575
38		**57**	**65824**	**9927**	**55897**	**5717**	**66642**	**9086**
			58252	7036	51216	5019	52310	6220
			8572		8572	565	5785	190
			13244		13244	1566	2643	228
			22857	659	22198	2077	41630	5432
			13579	6377	7202	811	2252	370

1-1-10 续表 6

行业	从业人员数(人)	内资	国有	集体	股份合作	联营	国有联营
水上运输业	80	80	10				
水上旅客运输	9	9					
水上货物运输	56	56					
水上运输辅助活动	15	15	10				
航空运输业	3790	3789	447				
航空客货运输	366	366	18				
通用航空服务	147	147					
航空运输辅助活动	3277	3276	429				
管道运输业	401	401					
管道运输业	401	401					
装卸搬运和运输代理业	13663	13662	620	2099	2	135	40
装卸搬运	8701	8701	314	1929		135	40
运输代理业	4962	4961	306	170	2		
仓储业	14099	14099	7551	633	15	98	98
谷物、棉花等农产品仓储	8528	8528	6367	108		53	53
其他仓储业	5571	5571	1184	525	15	45	45
邮政业	23925	23925	20356				
邮政基本服务	19933	19933	19909				
快递服务	3992	3992	447				
住宿和餐饮业	**173948**	**166546**	**20049**	**3946**	**377**	**61**	
住宿业	72154	71518	14855	3070	120	47	
旅游饭店	39555	38974	8623	1385	30	18	
一般旅馆	26701	26646	5417	1508	66	21	
其他住宿业	5898	5898	815	177	24	8	
餐饮业	101794	95028	5194	876	257	14	
正餐服务	89222	88848	4638	809	247	14	
快餐服务	9120	2728			10		
饮料及冷饮服务	644	644	2				
其他餐饮业	2808	2808	554	67			
信息传输、软件和信息技术服务业	**76837**	**54049**	**10502**	**48**	**19**	**25**	
电信、广播电视和卫星传输服务	55411	33260	8242	16	14	24	
电信	47817	25666	3920	4	4		
广播电视传输服务	7492	7492	4310	12	10	24	
卫星传输服务	102	102	12				
互联网和相关服务	1830	1830	546	13			
互联网接入及相关服务	927	927	412				
互联网信息服务	777	777	125	13			
其他互联网服务	126	126	9				
软件和信息技术服务业	19596	18959	1714	19	5	1	
软件开发	9669	9653	247		5	1	
信息系统集成服务	5863	5251	957	4			
信息技术咨询服务	2024	2024	271	15			
数据处理和存储服务	581	581	159				
集成电路设计	165	165					
其他信息技术服务业	1294	1285	80				
房地产业	**159051**	**158352**	**14307**	**5708**	**200**	**55**	**5**
房地产业	159051	158352	14307	5708	200	55	5
房地产开发经营	69806	69363	3051	407	55		

集体联营	国有与集体联营	其他联营	有限责任公司	国有独资公司	其他有限责任公司	股份有限公司	私营	私营独资
			30		30		37	9
							6	
			30		30		26	9
							5	
			2882	2290	592	408	52	
			321		321		27	
			142	108	34		5	
			2419	2182	237	408	20	
			341	140	201		60	5
			341	140	201		60	5
38		57	1646	6	1640	86	8493	2156
38		57	690		690	40	5049	1953
			956	6	950	46	3444	203
			1748	455	1293	167	3172	540
			459	335	124	121	840	183
			1289	120	1169	46	2332	357
			925		925	37	2518	156
							24	
			925		925	37	2494	156
61			**29382**	**1556**	**27826**	**3864**	**106616**	**16752**
47			12256	140	12116	2306	37945	5634
18			8208	113	8095	1532	18588	1771
21			3050	27	3023	614	15764	2799
8			998		998	160	3593	1064
14			17126	1416	15710	1558	68671	11118
14			15933	1416	14517	1451	64568	9909
			352		352	41	2305	571
			150		150	49	443	104
			691		691	17	1355	534
	24	**1**	**13707**	**4220**	**9487**	**13588**	**15957**	**387**
	24		10505	4094	6411	13080	1350	68
			7915	3738	4177	12735	1067	64
	24		2557	356	2201	345	226	
			33		33		57	4
			227		227	19	999	86
			108		108	19	373	26
			119		119		509	50
							117	10
		1	2975	126	2849	489	13608	233
		1	1018	119	899	324	7999	73
			892		892	59	3329	45
			362		362	68	1234	80
			286		286		136	6
			46		46		119	
			371	7	364	38	791	29
		50	**35500**	**1658**	**33842**	**1952**	**99419**	**2434**
		50	35500	1658	33842	1952	99419	2434
			15120	1091	14029	893	49760	294

1-1-10 续表 7

行业	从业人员数（人）	内资					
			国有	集体	股份合作	联营	
							国有联营
物业管理	67341	67121	4147	1249	114		
房地产中介服务	5733	5733	242	290	14		
自有房地产经营活动	12518	12482	3925	3710	17	55	5
其他房地产业	3653	3653	2942	52			
租赁和商务服务业	**204560**	**204161**	**57390**	**11115**	**457**	**694**	**64**
租赁业	9671	9667	1121	495	19	2	
机械设备租赁	9578	9574	1121	495	19	2	
文化及日用品出租	93	93					
商务服务业	194889	194494	56269	10620	438	692	64
企业管理服务	73331	72983	24823	5277	10	130	53
法律服务	7129	7119	2257	31		12	
咨询与调查	20109	20075	1378	276	30	2	
广告业	13759	13759	344	44	36	10	
知识产权服务	298	298	79	6			
人力资源服务	19486	19486	3606	2238	20		
旅行社及相关服务	9148	9148	467	148	51	15	5
安全保护服务	26694	26694	18327	958	251	513	
其他商务服务业	24935	24932	4988	1642	40	10	6
科学研究和技术服务业	**139325**	**139237**	**70376**	**1489**	**176**	**72**	**48**
研究和试验发展	16906	16896	11154	73	10	24	
自然科学研究和试验发展	1725	1725	931			2	
工程和技术研究和试验发展	4882	4872	2044	18	10	5	
农业科学研究和试验发展	4915	4915	3670	55		17	
医学研究和试验发展	3422	3422	2688				
社会人文科学研究	1962	1962	1821				
专业技术服务业	101824	101784	50264	1293	158	48	48
气象服务	2293	2293	2220	21			
地震服务	1612	1612	1606				
海洋服务	69	69	35				
测绘服务	3819	3819	2113	124	15	9	9
质检技术服务	11436	11396	4644	403	36		
环境与生态监测	4036	4036	3200	8	22		
地质勘查	12182	12182	10351	84			
工程技术	48353	48353	18054	390	4	35	35
其他专业技术服务业	18024	18024	8041	263	81	4	4
科技推广和应用服务业	20595	20557	8958	123	8		
技术推广服务	17495	17461	7524	107	8		
科技中介服务	1214	1210	585	1			
其他科技推广和应用服务业	1886	1886	849	15			
水利、环境和公共设施管理业	**98590**	**98474**	**69223**	**1405**	**12**	**141**	**60**
水利管理业	18506	18506	16207	332		3	
防洪除涝设施管理	2801	2801	2715	32			
水资源管理	7012	7012	6095	189			
天然水收集与分配	4142	4142	3693	28		3	
水文服务	755	755	686				
其他水利管理业	3796	3796	3018	83			
生态保护和环境治理业	4758	4656	3015	89			
生态保护	2408	2408	2070	1			
环境治理业	2350	2248	945	88			

集体联营	国有与集体联营	其他联营	有限责任公司	国有独资公司	其他有限责任公司	股份有限公司	私营	私营独资
			17926	337	17589	627	42037	1836
			872	86	786	147	4135	107
		50	1443	60	1383	285	2992	169
			139	84	55		495	28
537	**4**	**89**	**49838**	**13197**	**36641**	**6400**	**73113**	**5669**
		2	2480		2480	77	5026	751
		2	2470		2470	77	4946	733
			10		10		80	18
537	4	87	47358	13197	34161	6323	68087	4918
8	4	65	25043	9538	15505	3676	13476	540
		12	99		99		2623	309
2			3994	131	3863	230	13665	610
		10	2263	75	2188	237	10700	1024
			15		15		182	
			6609	2164	4445	113	6679	607
10			2396	45	2351	399	5455	329
513			1482	843	639	255	4653	574
4			5457	401	5056	1413	10654	925
2	**17**	**5**	**19971**	**3245**	**16726**	**2626**	**37408**	**2683**
2	17	5	972	150	822	94	3032	164
2			40		40		635	16
		5	829	150	679	38	1672	33
	17		77		77	56	518	105
			26		26		200	6
							7	4
			17725	3074	14651	1505	29226	2197
			40		40		12	
							6	3
							19	16
			293		293	74	1146	75
			1686	164	1522	102	4295	498
			171	5	166	5	583	4
			371	80	291	126	1204	23
			12950	2825	10125	1112	15265	320
			2214		2214	86	6696	1258
			1274	21	1253	1027	5150	322
			1107	21	1086	770	4127	258
			81		81	257	260	22
			86		86		763	42
6	**3**	**72**	**6319**	**713**	**5606**	**1703**	**18575**	**1553**
	3		1313	72	1241		426	164
			20		20		26	15
			590	60	530		98	51
	3		330		330		88	35
			6		6		28	5
			367	12	355		186	58
			482	25	457	20	964	129
			149		149		130	25
			333	25	308	20	834	104

1-1-10 续表 8

行业	从业人员数(人)	内资	国有	集体	股份合作	联营	国有联营
公共设施管理业	75326	75312	50001	984	12	138	60
市政设施管理	6454	6441	5621	218			
环境卫生管理	31207	31207	28010	94			
城乡市容管理	5113	5113	4899			72	
绿化管理	17206	17205	5771	84	12		
公园和游览景区管理	15346	15346	5700	588		66	60
居民服务、修理和其他服务业	**51948**	**51876**	**5782**	**2084**	**92**	**52**	**38**
居民服务业	17046	17046	2688	1137		9	
家庭服务	3642	3642	5	52			
托儿所服务	11	11					
洗染服务	310	310	33	10			
理发及美容服务	1193	1193		21			
洗浴服务	3681	3681	178	190			
保健服务	1194	1194	53	7			
婚姻服务	688	688	25	3		9	
殡葬服务	1223	1223	607	55			
其他居民服务业	5104	5104	1787	799			
机动车、电子产品和日用产品修理业	22125	22053	951	607	36	14	9
汽车、摩托车修理与维护	13737	13695	906	543	36	9	4
计算机和办公设备维修	7520	7490	19			5	5
家用电器修理	453	453	6	61			
其他日用产品修理业	415	415	20	3			
其他服务业	12777	12777	2143	340	56	29	29
清洁服务	8977	8977	567	190	10		
其他未列明服务业	3800	3800	1576	150	46	29	29
教育	**595525**	**595475**	**473732**	**11017**	**3514**	**901**	**406**
教育	595525	595475	473732	11017	3514	901	406
学前教育	44978	44978	16430	1137	76	55	
初等教育	172172	172172	152267	4184	250	183	90
中等教育	248024	248024	206272	4704	2552	620	316
高等教育	57258	57258	53639				
特殊教育	2445	2445	2067	2			
技能培训、教育辅助及其他教育	70648	70598	43057	990	636	43	
卫生和社会工作	**226273**	**226273**	**173426**	**19310**	**923**	**250**	**19**
卫生	214543	214543	166647	18692	923	250	19
医院	143195	143195	116074	5436	863	135	
社区医疗与卫生院	46730	46730	30913	12724	11	101	19
门诊部(所)	2708	2708	923	382	49	14	
计划生育技术服务活动	3215	3215	3146	59			
妇幼保健院(所、站)	6954	6954	6642				
专科疾病防治院(所、站)	1140	1140	464	4			
疾病预防控制中心	5643	5643	5479	6			
其他卫生活动	4958	4958	3006	81			
社会工作	11730	11730	6779	618			
提供住宿社会工作	9990	9990	5428	607			
不提供住宿社会工作	1740	1740	1351	11			
文化、体育和娱乐业	**79939**	**79939**	**43167**	**1788**	**142**	**265**	**164**
新闻和出版业	11382	11382	8665	45			
新闻业	1708	1708	1604	20			
出版业	9674	9674	7061	25			

集体联营	国有与集体联营	其他联营	有限责任公司	国有独资公司	其他有限责任公司	股份有限公司	私营	私营独资
6		72	4524	616	3908	1683	17185	1260
			159		159	192	245	27
			859	544	315	19	1856	7
		72	24		24		103	5
			1137	62	1075	362	9583	804
6			2345	10	2335	1110	5398	417
9		**5**	**12924**	**223**	**12701**	**1126**	**26431**	**5393**
9			2476	207	2269	51	8252	2225
			460		460	34	2103	184
							11	1
			17		17		247	52
			169		169	10	980	424
			596	207	389		2505	969
			241		241		798	327
9			113		113		488	164
			108		108	1	351	84
			772		772	6	769	20
		5	8587	3	8584	704	10777	2664
		5	1681		1681	704	9468	2520
			6823	3	6820		631	55
			65		65		321	69
			18		18		357	20
			1861	13	1848	371	7402	504
			1087	10	1077	273	6514	391
			774	3	771	98	888	113
113	**281**	**101**	**3231**		**3231**	**283**	**28931**	**20084**
113	281	101	3231		3231	283	28931	20084
		55	31		31		6432	5331
36	41	16	79		79		3923	3817
64	240		100		100		6991	5670
			527		527		608	601
			6		6		111	111
13		30	2488		2488	283	10866	4554
221		**10**	**2862**		**2862**	**190**	**16376**	**9188**
221		10	2846		2846	190	15421	8724
135			1879		1879	184	12707	7492
82						6	336	190
4		10	113		113		856	485
							5	
							164	164
			158		158		307	126
			141		141			
			555		555		1046	267
			16		16		955	464
			16		16		933	444
							22	20
98	**2**	**1**	**6616**	**570**	**6046**	**295**	**22429**	**11398**
			1786	230	1556	77	771	45
			81		81			
			1705	230	1475	77	771	45

1-1-10 续表 9

行业	从业人员数(人)						
		内资	国有	集体	股份合作	联营	国有联营
广播、电视、电影和影视录音制作业	16160	16160	13165	191	26	153	144
广播	2534	2534	2312	65			
电视	7780	7780	7410			121	121
电影和影视节目制作	1673	1673	1155				
电影和影视节目发行	194	194	148				
电影放映	3941	3941	2140	126	26	32	23
录音制作	38	38					
文化艺术业	32483	32483	19352	1365		110	20
文艺创作与表演	11892	11892	5604	1081		81	7
艺术表演场馆	2046	2046	979	13			
图书馆与档案馆	3126	3126	3099	11			
文物及非物质文化遗产保护	4165	4165	2985	63		13	13
博物馆	2641	2641	2273	63			
烈士陵园、纪念馆	1015	1015	585	37		16	
群众文化活动	3899	3899	2896	36			
其他文化艺术业	3699	3699	931	61			
体育	4557	4557	1500	95			
体育组织	1302	1302	691	93			
体育场馆	614	614	368				
休闲健身活动	2279	2279	194				
其他体育	362	362	247	2			
娱乐业	15357	15357	485	92	116	2	
室内娱乐活动	13008	13008	85	66	116	2	
游乐园	859	859	18	26			
彩票活动	286	286	286				
文化、娱乐、体育经纪代理	323	323	24				
其他娱乐业	881	881	72				
公共管理、社会保障和社会组织	**952280**	**952227**	**669934**	**4464**	**58**	**340**	**20**
中国共产党机关	29079	29079	29077	2			
中国共产党机关	29079	29079	29077	2			
国家机构	593372	593372	592239	940		21	2
国家权力机构	4489	4489	4489				
国家行政机构	559154	559154	558021	940		21	2
人民法院和人民检察院	24406	24406	24406				
其他国家机构	5323	5323	5323				
人民政协、民主党派	4900	4900	4746	154			
人民政协	3291	3291	3291				
民主党派	1609	1609	1455	154			
社会保障	11204	11204	11087	98			
群众团体、社会团体和其他成员组织	108873	108820	32785	3270	58	319	18
群众团体	22506	22506	13342	1942		4	3
社会团体	73730	73677	19232	1251	58	307	15
基金会	334	334	75				
宗教组织	12303	12303	136	77		8	
基层群众自治组织	204852	204852					
社区自治组织	22599	22599					
村民自治组织	182253	182253					

集体联营	国有与集体联营	其他联营	有限责任公司	国有独资公司	其他有限责任公司	股份有限公司	私营	私营独资
9			1103	167	936	32	1408	145
			155		155		2	
			145	15	130	32	53	20
			229	74	155		266	21
			13		13		33	
9			561	78	483		1016	103
							38	1
89		1	2801	173	2628	167	5235	1923
73		1	1108	106	1002	63	2986	1273
			922		922		72	
			5		5		5	
			129	3	126	86	499	165
			36	33	3		159	98
16			329		329		18	
			85	29	56		318	196
			187	2	185	18	1178	191
			282		282		1770	559
			9		9		90	6
			33		33		174	51
			240		240		1439	493
							67	9
	2		644		644	19	13245	8726
	2		483		483	19	11541	8287
			85		85		719	34
			37		37		262	6
			39		39		723	399
41	**1**	**278**	**105**		**105**	**20**	**489**	**208**
19								
19								
22	1	278	105		105	20	489	208
	1		48		48		1	
22		270	57		57	20	370	98
							8	
		8					110	110

1-1-10 续表 10

行业	私营合伙	私营有限责任公司	私营股份有限公司	其他	港澳台商投资	与港澳台商合资经营
总　计	**32458**	**1779180**	**89630**	**490403**	**110972**	**55257**
农、林、牧、渔业	**207**	**5110**	**360**	**46605**		
农业		521		120		
谷物种植		22		76		
豆类、油料和薯类种植		15				
蔬菜、食用菌及园艺作物种植		484		44		
其他农业						
林业		15		4		
林木育种和育苗		15		4		
森林经营和管护						
畜牧业		77		60		
牲畜饲养		14		2		
家禽饲养				6		
其他畜牧业		63		52		
渔业						
水产养殖						
农、林、牧、渔服务业	207	4497	360	46421		
农业服务业	201	3986	355	43570		
林业服务业		268		922		
畜牧服务业	6	236		1843		
渔业服务业		7	5	86		
采矿业	**4270**	**142079**	**3882**	**4752**	**638**	**348**
煤炭开采和洗选业	1695	100349	3198	3307	139	121
烟煤和无烟煤开采洗选	1322	99847	3198	3288	139	121
褐煤开采洗选	373	169		16		
其他煤炭采选		333		3		
石油和天然气开采业		206		8	332	197
天然气开采		206		8	332	197
黑色金属矿采选业	1534	29559	251	340		
铁矿采选	1534	29184	251	315		
锰矿、铬矿采选		352				
其他黑色金属矿采选		23		25		
有色金属矿采选业	73	3369	21	46	59	30
常用有色金属矿采选	47	1687	11	6	59	30
贵金属矿采选	26	1662	10	40		
稀有稀土金属矿采选		20				
非金属矿采选业	967	6989	380	792	108	
土砂石开采	904	6179	380	778	108	
化学矿开采		45				
石棉及其他非金属矿采选	63	765		14		
开采辅助活动	1	1294	30	233		
煤炭开采和洗选辅助活动	1	1033	30	220		
石油和天然气开采辅助活动		110				
其他开采辅助活动		151		13		
其他采矿业		313	2	26		
其他采矿业		313	2	26		
制造业	**11004**	**595756**	**33179**	**19248**	**84616**	**45680**
农副食品加工业	1211	31837	1523	5394	25	25
谷物磨制	52	3409	496	1318		

与港澳台商合作经营	港澳台商独资	港澳台商投资股份有限公司	其他港澳台投资	外商投资	中外合资经营	中外合作经营	外资企业	外商投资股份有限公司	其他外商投资
1955	**46413**	**5932**	**1415**	**109104**	**54115**	**7541**	**38784**	**4341**	**4323**
				10	**10**				
				10	10				
				10	10				
	290			**22961**	**17510**	**4944**	**411**	**7**	**89**
	18			22257	17306	4944		7	
	18			22257	17306	4944		7	
	135			492			403		89
	135			492			403		89
	29								
	29								
	108			8			8		
	108			8			8		
				204	204				
				204	204				
1712	**32428**	**4796**		**58603**	**28639**	**132**	**29098**	**537**	**197**
				566	531				35

1-1-10 续表 11

行业	私营合伙	私营有限责任公司	私营股份有限公司	其他	港澳台商投资	与港澳台商合资经营
饲料加工	131	3403	146	75		
植物油加工	17	3958	280	341		
制糖业		10	7			
屠宰及肉类加工	70	10950	138	768		
水产品加工						
蔬菜、水果和坚果加工	250	5482	220	2199	25	25
其他农副食品加工	691	4625	236	693		
食品制造业	246	21147	905	1784	328	124
焙烤食品制造	49	6261	340	306	60	60
糖果、巧克力及蜜饯制造	138	2678	76	268		
方便食品制造	10	1875	144	678		
乳制品制造		2664	2	132		
罐头食品制造		1900		31	47	19
调味品、发酵制品制造	28	3834	324	269	45	45
其他食品制造	21	1935	19	100	176	
酒、饮料和精制茶制造业	195	9965	875	243	104	
酒的制造	179	5666	481	155	104	
饮料制造	16	4127	394	88		
精制茶加工		172				
烟草制品业						
卷烟制造						
纺织业	59	9679	224	412	161	161
棉纺织及印染精加工	41	7389	169	261		
毛纺织及染整精加工		154	5		161	161
麻纺织及染整精加工						
丝绢纺织及印染精加工		289				
化纤织造及印染精加工		361		3		
针织或钩针编织物及其制品制造		277		48		
家用纺织制成品制造	18	760		38		
非家用纺织制成品制造		449	50	62		
纺织服装、服饰业	405	5234	144	123	40	40
机织服装制造	2	4832	106	44		
针织或钩针编织服装制造		36		5		
服饰制造	403	366	38	74	40	40
皮革、毛皮、羽毛及其制品和制鞋业		1488	193	671		
皮革鞣制加工		470				
皮革制品制造		254	173	565		
毛皮鞣制及制品加工		348	20	86		
羽毛(绒)加工及制品制造		8				
制鞋业		408		20		
木材加工和木、竹、藤、棕、草制品业	147	3494	225	155		
木材加工	1	682	11	48		
人造板制造	25	1402	107			
木制品制造	121	1264	107	62		
竹、藤、棕、草等制品制造		146		45		
家具制造业	3	3093	10	63		
木质家具制造	3	2509		12		
竹、藤家具制造						
金属家具制造		458	10	51		
塑料家具制造		48				
其他家具制造		78				

与港澳台商合作经营	港澳台商独资	港澳台商投资股份有限公司	其他港澳台投资	外商投资	中外合资经营	中外合作经营	外资企业	外商投资股份有限公司	其他外商投资
				257	257				
				25	25				
				249	249				
				35					35
	204			1263	137		857	269	
				754			754		
				406	137			269	
	28			96			96		
	176			7			7		
	104			3153	1689		1464		
	104			547			547		
				2606	1689		917		
				236	236				
				236	236				
				120	120				
				120	120				
				8			8		
				8			8		

1-1-10 续表 12

行业	私营合伙	私营有限责任公司	私营股份有限公司	其他	港澳台商投资	与港澳台商合资经营
造纸和纸制品业	201	6246	72	116		
造纸	174	2419	50	60		
纸制品制造	27	3827	22	56		
印刷和记录媒介复制业	110	6228	122	148		
印刷	102	5821	96	148		
装订及印刷相关服务	8	382	26			
记录媒介复制		25				
文教、工美、体育和娱乐用品制造业	3	4856	518	1754	54	54
文教办公用品制造		213	4			
乐器制造		42				
工艺美术品制造	3	4123	514	1713	54	54
体育用品制造		465		41		
玩具制造		5				
游艺器材及娱乐用品制造		8				
石油加工及炼焦	47	64771	2268	977	4386	1257
化学原料和化学制品制造业	427	33111	1584	729	1891	1032
基础化学原料制造	33	13594	668	144	1741	882
肥料制造	221	3756	441	48		
农药制造	36	704	16	5		
涂料、油墨、颜料及类似产品制造	4	1929	302	230	150	150
合成材料制造	5	818		19		
专用化学产品制造	123	10239	127	163		
炸药、火工及焰火产品制造		1402	10			
日用化学产品制造	5	669	20	120		
医药制造业		11983	1669	112	769	287
化学药品原料药制造		1227	1			
化学药品制剂制造		4386	591		215	
中药饮片加工		1028				
中成药生产		2392	672	94	554	287
兽用药品制造		1470	405	6		
生物药品制造		906				
卫生材料及医药用品制造		574		12		
化学纤维制造业	35	132	18		21	21
纤维素纤维原料及纤维制造		8				
合成纤维制造	35	124	18		21	21
橡胶和塑料制品业	307	11165	929	328	35	
橡胶制品业	34	2727	219	83		
塑料制品业	273	8438	710	245	35	
非金属矿物制品业	4413	110462	6706	3286	1559	1557
水泥、石灰和石膏制造	126	15765	830	230	853	853
石膏、水泥制品及类似制品制造	199	15769	1428	270	164	164
砖瓦、石材等建筑材料制造	2872	26028	1300	2455	2	
玻璃制造		491	51			
玻璃制品制造	765	17609	302	115	540	540
玻璃纤维和玻璃纤维增强塑料制品制造		405	1	4		
陶瓷制品制造	193	14037	303	43		
耐火材料制品制造	165	11368	629	157		
石墨及其他非金属矿物制品制造	93	8990	1862	12		

与港澳台商合作经营	港澳台商独资	港澳台商投资股份有限公司	其他港澳台投资	外商投资	中外合资经营	中外合作经营	外资企业	外商投资股份有限公司	其他外商投资
				175	175				
				175	175				
				39	39				
				39	39				
1710		1419		8880	8880				
	859			2553	2451		88	14	
	859			1037	961		76		
				1142	1134			8	
				350	338		12		
				6				6	
				15	15				
				3	3				
	482			7184	7024		160		
				6772	6772				
	215			303	143		160		
	267			109	109				
				3	3				
				3	3				
	35			835	392		443		
				392	392				
	35			443			443		
2				2565	1417	30	1113		5
				754	17		737		
				65	65				
2				71			66		5
				280	280				
				925	885	30	10		
				470	170		300		

1-1-10 续表 13

行　业	私营合伙	私营有限责任公司	私营股份有限公司	其他	港澳台商投　资	与港澳台商合资经营
黑色金属冶炼和压延加工业	1047	118854	8204	434	1292	1009
炼铁	259	22493	983	10		
炼钢	43	20503				
黑色金属铸造	734	22501	688	410	1292	1009
钢压延加工	11	41812	6533			
铁合金冶炼		11545		14		
有色金属冶炼和压延加工业	95	21992	685	115	663	663
常用有色金属冶炼	15	16417	575	55	512	512
贵金属冶炼		10				
稀有稀土金属冶炼		807		3		
有色金属合金制造		1244	10			
有色金属铸造		433		41		
有色金属压延加工	80	3081	100	16	151	151
金属制品业	573	32209	1277	449	104	12
结构性金属制品制造	162	7362	200	74	12	
金属工具制造	130	1507	137	38	12	12
集装箱及金属包装容器制造		586			60	
金属丝绳及其制品制造		975				
建筑、安全用金属制品制造	75	8154	221	26		
金属表面处理及热处理加工	22	258		20		
搪瓷制品制造		143				
金属制日用品制造		366	50	2		
其他金属制品制造	184	12858	669	289	20	
通用设备制造业	500	31856	1794	439	185	115
锅炉及原动设备制造	100	4320	395	12		
金属加工机械制造	110	4941	227	103		
物料搬运设备制造		1934	296	44		
泵、阀门、压缩机及类似机械制造	19	6122	304	57	70	
轴承、齿轮和传动部件制造	6	1460			1	1
烘炉、风机、衡器、包装等设备制造	98	2899	164	5		
文化、办公用机械制造		5				
通用零部件制造	167	8325	280	197	114	114
其他通用设备制造业		1850	128	21		
专用设备制造业	264	25079	997	774	3372	65
采矿、冶金、建筑专用设备制造	113	14426	397	281	62	62
化工、木材、非金属加工专用设备制造	6	1360	102	41		
食品、饮料、烟草及饲料生产专用设备制造		142	12	4		
印刷、制药、日化及日用品生产专用设备制造		689	2	15		
纺织、服装和皮革加工专用设备制造		2407	472	25	3307	
电子和电工机械专用设备制造	116	1067	6	77		
农、林、牧、渔专用机械制造		1460	6	52		
医疗仪器设备及器械制造		731		24	3	3
环保、社会公共服务及其他专用设备制造	29	2797		255		
汽车制造业	56	5136	282	95	328	328
汽车整车制造		112		28		
改装汽车制造		34	3			
低速载货汽车制造						
电车制造		88				
汽车车身、挂车制造		805				
汽车零部件及配件制造	56	4097	279	67	328	328

与港澳台商合作经营	港澳台商独资	港澳台商投资股份有限公司	其他港澳台投资	外商投资	中外合资经营	中外合作经营	外资企业	外商投资股份有限公司	其他外商投资
	283			1673	1493		28		152
				152					152
	283			1433	1433				
				88	60		28		
				1063	324		739		
				740	316		424		
				8	8				
				315			315		
	92			477	418		54		5
	12								
				27	9		18		
	60								
				30	30				
				56	56				
	20			364	323		36		5
		70		490	223		267		
				85	85				
				6	6				
		70							
				105	105				
				267			267		
				27	27				
		3307		715	639		42	34	
				476	442			34	
				80	38		42		
				8	8				
		3307		50	50				
				101	101				
				471	209	42		220	
				471	209	42		220	

1-1-10 续表 14

行业	私营合伙	私营有限责任公司	私营股份有限公司	其他	港澳台商投资	与港澳台商合资经营
铁路、船舶、航空航天和其他运输设备制造业	112	2713		10	52	52
铁路运输设备制造	112	1786		10		
船舶及相关装置制造						
航空、航天器及设备制造		421				
摩托车制造		47			52	52
潜水救捞及其他未列明运输设备制造		459				
电气机械和器材制造业	236	8236	818	114		
电机制造		258		1		
输配电及控制设备制造	12	4077	117	55		
电线、电缆、光缆及电工器材制造	128	1545	20	24		
电池制造		629	62			
家用电力器具制造		379	50			
非电力家用器具制造		369	75	26		
照明器具制造	36	502	494	3		
其他电气机械及器材制造	60	477		5		
计算机、通信和其他电子设备制造业	37	4444	370	42	68566	38200
计算机制造		28			10	10
通信设备制造	25	125			68556	38190
广播电视设备制造		62				
视听设备制造		88				
电子器件制造		1294				
电子元件制造	12	1521	320			
其他电子设备制造		1326	50	42		
仪器仪表制造业		2060	323	162	556	556
通用仪器仪表制造		1376	143		556	556
专用仪器仪表制造		439	180	153		
钟表与计时仪器制造						
光学仪器及眼镜制造		75				
其他仪器仪表制造业		170		9		
其他制造业	77	4315	208	48	3	
废弃资源综合利用业	130	1238	8	170	122	122
金属废料和碎屑加工处理		574	6		122	122
非金属废料和碎屑加工处理	130	664	2	170		
金属制品、机械和设备修理业	68	2733	228	101		
金属制品修理		22				
通用设备修理	14	226		48		
专用设备修理	6	514	20	19		
铁路、船舶、航空航天等运输设备修理		838				
电气设备修理	36	405		7		
仪器仪表修理		15				
其他机械和设备修理业	12	713	208	27		
电力、热力、燃气及水生产和供应业	**299**	**14650**	**493**	**830**	**3718**	**3580**
电力、热力生产和供应业	248	11505	195	216	2553	2474
电力生产	167	5300	18	108	2553	2474
电力供应		728				
热力生产和供应	81	5477	177	108		

与港澳台商合作经营	港澳台商独资	港澳台商投资股份有限公司	其他港澳台投资	外商投资	中外合资经营	中外合作经营	外资企业	外商投资股份有限公司	其他外商投资
				915	915				
				853	853				
				62	62				
				1235	1123	60	52		
				587	587				
				474	474				
				52			52		
				122	62	60			
	30366			23850	67		23783		
	30366			23783			23783		
				45	45				
				22	22				
	3			50	50				
				84	84				
				84	84				
	138			**5888**	**4412**	**1466**	**2**	**8**	
	79			5643	4175	1466	2		
	79			5643	4175	1466	2		

1-1-10 续表 15

行业	私营合伙	私营有限责任公司	私营股份有限公司	其他	港澳台商投资	与港澳台商合资经营
燃气生产和供应业	5	1641	105	176	1111	1086
燃气生产和供应业	5	1641	105	176	1111	1086
水的生产和供应业	46	1504	193	438	54	20
自来水生产和供应	7	601	4	411		
污水处理及其再生利用		664	114	25	54	20
其他水的处理、利用与分配	39	239	75	2		
建筑业	**391**	**302910**	**13018**	**850**	**3179**	**3171**
房屋建筑业	34	144867	6659	290	2185	2185
房屋建筑业	34	144867	6659	290	2185	2185
土木工程建筑业	113	68158	4189	154	253	253
铁路、道路、隧道和桥梁工程建筑	42	33838	1770	20	253	253
水利和内河港口工程建筑	13	2285	56	93		
工矿工程建筑	22	10094	2122			
架线和管道工程建筑		10455	140	4		
其他土木工程建筑	36	11486	101	37		
建筑安装业	32	35516	1173	178		
电气安装	12	11738	306	18		
管道和设备安装	20	13299	213	23		
其他建筑安装业		10479	654	137		
建筑装饰和其他建筑业	212	54369	997	228	741	733
建筑装饰业	64	27433	590	116	741	733
工程准备活动	36	6485	192	19		
提供施工设备服务	97	9244	42	52		
其他未列明建筑业	15	11207	173	41		
批发和零售业	**3979**	**318977**	**23153**	**25608**	**3372**	**1615**
批发业	1790	142349	5176	18711	1260	373
农、林、牧产品批发	127	4623	307	8227		
食品、饮料及烟草制品批发	158	12717	687	7018		
纺织、服装及家庭用品批发	24	7366	531	114	1154	289
文化、体育用品及器材批发	5	2807	34	5		
医药及医疗器材批发	14	6548	180	87		
矿产品、建材及化工产品批发	1004	58690	2279	2213	53	31
机械设备、五金产品及电子产品批发	369	38584	887	579	53	53
贸易经纪与代理	25	1963	45	65		
其他批发业	64	9051	226	403		
零售业	2189	176628	17977	6897	2112	1242
综合零售	385	34886	13660	788		
食品、饮料及烟草制品专门零售	122	11856	178	2629	35	
纺织、服装及日用品专门零售	272	19965	544	302	787	85
文化、体育用品及器材专门零售	100	7085	592	349	265	255
医药及医疗器材专门零售	124	10476	241	351	14	
汽车、摩托车、燃料及零配件专门零售	521	42087	1176	707	292	201
家用电器及电子产品专门零售	189	21303	255	228		
五金、家具及室内装饰材料专门零售	241	17417	753	595	18	
货摊、无店铺及其他零售业	235	11553	578	948	701	701
交通运输、仓储和邮政业	**2081**	**52897**	**2578**	**3235**	**574**	**1**
道路运输业	1899	42095	2096	1847	572	
城市公共交通运输	52	5126	417	9		
公路旅客运输	95	2112	208	45		
道路货物运输	1599	33279	1320	1694		
道路运输辅助活动	153	1578	151	99	572	

与港澳台商合作经营	港澳台商独资	港澳台商投资股份有限公司	其他港澳台投资	外商投资	中外合资经营	中外合作经营	外资企业	外商投资股份有限公司	其他外商投资
	25			245	237			8	
	25			245	237			8	
	34								
	34								
	8			**1648**	**1625**				**23**
				165	165				
				165	165				
				1460	1460				
				364	364				
				1096	1096				
	8			23					23
	8			23					23
	1552	**201**	**4**	**2467**	**1463**	**90**	**901**		**13**
	856	27	4	617	546	5	57		9
				1			1		
				287	287				
	838	27							
				5		5			
	18		4	132	111		12		9
				186	148		38		
				6			6		
	696	174		1850	917	85	844		4
				1542	718		824		
	35			20			20		
	538	164							
		10		4					4
	14								
	91			34	34				
	18			165	165				
				85		85			
243	**329**		**1**	**735**		**733**	**2**		
243	329			735		733	2		
				2			2		
243	329			733		733			

1-1-10 续表 16

行业	私营合伙	私营有限责任公司	私营股份有限公司	其他	港澳台商投资	与港澳台商合资经营
水上运输业		28		3		
水上旅客运输		6		3		
水上货物运输		17				
水上运输辅助活动		5				
航空运输业		52			1	
航空客货运输		27				
通用航空服务		5				
航空运输辅助活动		20			1	
管道运输业		21	34			
管道运输业		21	34			
装卸搬运和运输代理业	138	5782	417	581	1	1
装卸搬运	80	2637	379	544		
运输代理业	58	3145	38	37	1	1
仓储业	31	2578	23	715		
谷物、棉花等农产品仓储		654	3	580		
其他仓储业	31	1924	20	135		
邮政业	13	2341	8	89		
邮政基本服务		24				
快递服务	13	2317	8	89		
住宿和餐饮业	**1257**	**85703**	**2904**	**2251**	**689**	**530**
住宿业	568	30636	1107	919	566	524
旅游饭店	180	16200	437	590	566	524
一般旅馆	236	12178	551	206		
其他住宿业	152	2258	119	123		
餐饮业	689	55067	1797	1332	123	6
正餐服务	630	52398	1631	1188	123	6
快餐服务	18	1667	49	20		
饮料及冷饮服务	20	307	12			
其他餐饮业	21	695	105	124		
信息传输、软件和信息技术服务业	**90**	**15262**	**218**	**203**	**13507**	**8**
电信、广播电视和卫星传输服务	17	1263	2	29	13499	
电信	3	998	2	21	13499	
广播电视传输服务	14	212		8		
卫星传输服务		53				
互联网和相关服务	4	894	15	26		
互联网接入及相关服务		347		15		
互联网信息服务		451	8	11		
其他互联网服务	4	96	7			
软件和信息技术服务业	69	13105	201	148	8	8
软件开发	40	7795	91	59		
信息系统集成服务	11	3248	25	10		
信息技术咨询服务	13	1096	45	74		
数据处理和存储服务		101	29			
集成电路设计		119				
其他信息技术服务业	5	746	11	5	8	8
房地产业	**400**	**93748**	**2837**	**1211**	**467**	**150**
房地产业	400	93748	2837	1211	467	150
房地产开发经营	19	47930	1517	77	213	114

与港澳台商合作经营	港澳台商独资	港澳台商投资股份有限公司	其他港澳台投资	外商投资	中外合资经营	中外合作经营	外资企业	外商投资股份有限公司	其他外商投资
			1						
			1						
	159			**6713**	**88**	**160**	**6407**	**3**	**55**
	42			70			15		55
	42			15			15		
				55					55
	117			6643	88	160	6392	3	
	117			251	88	160		3	
				6392			6392		
	11165	**935**	**1399**	**9281**			**1615**	**3786**	**3880**
	11165	935	1399	8652			987	3786	3879
	11165	935	1399	8652			987	3786	3879
				629			628		1
				16			16		
				612			612		
				1					1
	317			**232**	**150**		**82**		
	317			232	150		82		
	99			230	148		82		

1-1-10 续表 17

行　　业	私营合伙	私营有限责任公司	私营股份有限公司	其他	港澳台商投　　资	与港澳台商合资经营
物业管理	318	38706	1177	1021	218	
房地产中介服务	43	3939	46	33		
自有房地产经营活动	20	2719	84	55	36	36
其他房地产业		454	13	25		
租赁和商务服务业	**3336**	**61674**	**2434**	**5154**	**9**	**2**
租赁业	74	4057	144	447		
机械设备租赁	74	3997	142	444		
文化及日用品出租		60	2	3		
商务服务业	3262	57617	2290	4707	9	2
企业管理服务	138	11752	1046	548		
法律服务	1911	383	20	2097		
咨询与调查	727	12069	259	500	6	2
广告业	151	9274	251	125		
知识产权服务	37	145		16		
人力资源服务	101	5858	113	221		
旅行社及相关服务	41	4781	304	217		
安全保护服务		4038	41	255		
其他商务服务业	156	9317	256	728	3	
科学研究和技术服务业	**463**	**32535**	**1727**	**7119**	**63**	**40**
研究和试验发展	12	2809	47	1537		
自然科学研究和试验发展		619		117		
工程和技术研究和试验发展		1604	35	256		
农业科学研究和试验发展	8	400	5	522		
医学研究和试验发展	4	186	4	508		
社会人文科学研究			3	134		
专业技术服务业	406	25382	1241	1565	40	40
气象服务		12				
地震服务		3				
海洋服务		3		15		
测绘服务	17	1008	46	45		
质检技术服务	79	3618	100	230	40	40
环境与生态监测	3	573	3	47		
地质勘查	19	1162		46		
工程技术	259	13783	903	543		
其他专业技术服务业	29	5220	189	639		
科技推广和应用服务业	45	4344	439	4017	23	
技术推广服务	37	3683	149	3818	23	
科技中介服务	8	192	38	26		
其他科技推广和应用服务业		469	252	173		
水利、环境和公共设施管理业	**198**	**16461**	**363**	**1096**	**102**	**102**
水利管理业	3	254	5	225		
防洪除涝设施管理		11		8		
水资源管理		42	5	40		
天然水收集与分配		53				
水文服务		23		35		
其他水利管理业	3	125		142		
生态保护和环境治理业		767	68	86	102	102
生态保护		90	15	58		
环境治理业		677	53	28	102	102

与港澳台商合作经营	港澳台商独资	港澳台商投资股份有限公司	其他港澳台投资	外商投资	中外合资经营	中外合作经营	外资企业	外商投资股份有限公司	其他外商投资
	218			2	2				
	4		**3**	**390**	**146**	**3**	**224**		**17**
				4	4				
				4	4				
	4		3	386	142	3	224		17
				348	140	3	198		7
				10					10
	4			28	2		26		
			3						
	23			**25**	**21**				**4**
				10	10				
				10	10				
	23			15	11				4
	23			11	11				
				4					4
				14	**1**	**13**			

1-1-10 续表 18

行业	私营合伙	私营有限责任公司	私营股份有限公司	其他	港澳台商投资	与港澳台商合资经营
公共设施管理业	195	15440	290	785		
市政设施管理		218		6		
环境卫生管理	7	1818	24	369		
城乡市容管理		93	5	15		
绿化管理	138	8540	101	256		
公园和游览景区管理	50	4771	160	139		
居民服务、修理和其他服务业	**569**	**20000**	**469**	**3385**	**30**	**30**
居民服务业	283	5582	162	2433		
家庭服务		1886	33	988		
托儿所服务		10				
洗染服务		193	2	3		
理发及美容服务	32	500	24	13		
洗浴服务	223	1225	88	212		
保健服务	12	444	15	95		
婚姻服务	2	322		50		
殡葬服务	14	253		101		
其他居民服务业		749		971		
机动车、电子产品和日用产品修理业	249	7643	221	377	30	30
汽车、摩托车修理与维护	198	6542	208	348		
计算机和办公设备维修	5	571		12	30	30
家用电器修理	5	247				
其他日用产品修理业	41	283	13	17		
其他服务业	37	6775	86	575		
清洁服务	25	6033	65	336		
其他未列明服务业	12	742	21	239		
教育	**2313**	**5677**	**857**	**73866**		
教育	2313	5677	857	73866		
学前教育	371	705	25	20817		
初等教育	16	42	48	11286		
中等教育	780	280	261	26785		
高等教育		7		2484		
特殊教育				259		
技能培训、教育辅助及其他教育	1146	4643	523	12235		
卫生和社会工作	**850**	**5662**	**676**	**12936**		
卫生	812	5224	661	9574		
医院	714	3987	514	5917		
社区医疗与卫生院		84	62	2639		
门诊部(所)	98	271	2	371		
计划生育技术服务活动		5		5		
妇幼保健院(所、站)				148		
专科疾病防治院(所、站)		181		207		
疾病预防控制中心				17		
其他卫生活动		696	83	270		
社会工作	38	438	15	3362		
提供住宿社会工作	38	436	15	3006		
不提供住宿社会工作		2		356		
文化、体育和娱乐业	**545**	**10004**	**482**	**5237**		
新闻和出版业		726		38		
新闻业				3		
出版业		726		35		

与港澳台商合作经营	港澳台商独资	港澳台商投资股份有限公司	其他港澳台投资	外商投资	中外合资经营	中外合作经营	外资企业	外商投资股份有限公司	其他外商投资
				14	1	13			
				13		13			
				1	1				
				42			**42**		
				42			42		
				42			42		
				50	**50**				
				50	50				
				50	50				

1-1-10 续表 19

行业	私营合伙	私营有限责任公司	私营股份有限公司	其他	港澳台商投资	与港澳台商合资经营
广播、电视、电影和影视录音制作业	5	1250	8	82		
广播		2				
电视		33		19		
电影和影视节目制作		237	8	23		
电影和影视节目发行		33				
电影放映	5	908		40		
录音制作		37				
文化艺术业	127	2958	227	3453		
文艺创作与表演	117	1435	161	969		
艺术表演场馆		72		60		
图书馆与档案馆		5		6		
文物及非物质文化遗产保护		334		390		
博物馆		61		110		
烈士陵园、纪念馆		18		30		
群众文化活动		111	11	564		
其他文化艺术业	10	922	55	1324		
体育	30	1127	54	910		
体育组织		84		419		
体育场馆		123		39		
休闲健身活动	26	883	37	406		
其他体育	4	37	17	46		
娱乐业	383	3943	193	754		
室内娱乐活动	371	2700	183	696		
游乐园		685		11		
彩票活动						
文化、娱乐、体育经纪代理		246	10			
其他娱乐业	12	312		47		
公共管理、社会保障和社会组织	**206**	**75**		**276817**	**8**	
中国共产党机关						
中国共产党机关						
国家机构				172		
国家权力机构						
国家行政机构				172		
人民法院和人民检察院						
其他国家机构						
人民政协、民主党派						
人民政协						
民主党派						
社会保障				19		
社会保障				19		
群众团体、社会团体和其他成员组织	206	75		71774	8	
群众团体		1		7169		
社会团体	206	66		52382	8	
基金会		8		251		
宗教组织				11972		
基层群众自治组织				204852		
社区自治组织				22599		
村民自治组织				182253		

与港澳台商合作经营	港澳台商独资	港澳台商投资股份有限公司	其他港澳台投资	外商投资	中外合资经营	中外合作经营	外资企业	外商投资股份有限公司	其他外商投资
			8	**45**					**45**
			8	45					45
			8	45					45

1-1-11 按从业人员组距、开业(成立)时间、

项目	法人单位数(个)	内资	国有	集体	股份合作	联营	国有联营
总计	**205135**	**204691**	**43323**	**5147**	**329**	**240**	**89**
按从业人员分组							
7人及以下	102917	102849	13379	1811	138	78	25
8-19人	49803	49748	11159	1343	69	65	18
20-49个	28664	28583	9391	1165	65	41	19
50-99人	12566	12504	5258	468	29	30	12
100-299人	8096	8011	3319	270	18	18	9
300-499人	1438	1405	457	46	6	4	4
500-999人	978	957	230	27	4	4	2
1000-4999人	606	573	128	15			
5000-9999人	44	41	2	1			
10000人及以上	23	20		1			
按开业(成立)年份分组							
1949年及以前	5292	5292	1601	114	2	2	
1950-1977年	21139	21138	8910	1270	18	32	19
1978-1991年	25761	25751	10037	1245	16	41	13
1992-1995年	5121	5077	2594	512	4	26	11
1996年	1530	1522	542	109	4	9	3
1997年	1758	1745	617	83	6	6	2
1998年	3063	3049	1068	164	10	4	2
1999年	2552	2539	656	89	6	5	2
2000年	3625	3608	785	96	11	5	1
2001年	4612	4597	1144	97	8	4	2
2002年	6322	6297	1949	91	11	11	7
2003年	6012	5986	1140	111	14	3	1
2004年	6522	6493	1061	78	18	7	
2005年	7291	7270	1189	102	13	8	1
2006年	8331	8293	1102	110	24	6	
2007年	8591	8563	1175	122	18	8	1
2008年	9523	9497	1206	128	16	10	4
2009年	11419	11392	1248	133	21	9	3
2010年	13351	13333	1393	117	17	5	2
2011年	15992	15956	1444	126	27	9	2
2012年	18230	18212	1312	124	29	12	5
2013年	17979	17968	973	112	35	16	7

注：本表按开业(成立)年份分组中不包含筹建单位。

登记注册类型分组的法人单位数

集体联营	国有与集体联营	其他联营	有限责任公司	国有独资公司	其他有限责任公司	股份有限公司	私营	私营独资
95	**17**	**39**	**16884**	**540**	**16344**	**1521**	**88776**	**18735**
32	8	13	7331	97	7234	513	46829	10837
34	3	10	3669	79	3590	377	21233	4195
12	4	6	2398	116	2282	261	12596	2601
10	1	7	1313	69	1244	117	4539	676
6	1	2	1148	74	1074	123	2730	402
			368	29	339	38	446	15
1		1	352	29	323	45	273	9
			264	35	229	38	123	
			26	4	22	6	6	
			15	8	7	3	1	
1	1		25	6	19	3	11	
10	3		223	30	193	22	141	40
27		1	340	45	295	32	645	243
11	1	3	281	28	253	39	1159	337
6			109	3	106	19	548	110
3		1	190	12	178	14	670	126
2			302	9	293	24	1188	212
3			282	13	269	34	1241	184
2	2		358	17	341	46	1645	306
1	1		428	17	411	51	1909	410
2		2	477	18	459	62	2382	497
	1	1	591	20	571	72	3326	753
1	1	5	589	12	577	89	4016	942
1	2	4	696	21	675	98	4490	1008
3	1	2	826	16	810	93	5288	1285
5	1	1	790	25	765	79	5251	1292
4	1	1	839	27	812	105	5747	1502
3		3	1224	54	1170	94	6858	1610
1		2	1497	47	1450	118	8188	1704
2	1	4	1994	38	1956	121	9938	1864
3	1	3	2231	44	2187	153	11702	2104
3		6	2470	31	2439	149	11703	2126

1-1-11 续表

项 目	私营合伙	私营有限责任公司	私营股份有限公司	其他	港澳台商投资	与港澳台商合资经营	与港澳台商合作经营
总 计	**1920**	**65797**	**2324**	**48471**	**179**	**97**	**4**
按从业人员分组							
7人及以下	943	34007	1042	32770	23	12	1
8-19人	507	15938	593	11833	26	10	
20-49个	326	9302	367	2666	40	23	
50-99人	111	3581	171	750	18	10	
100-299人	32	2184	112	385	37	23	2
300-499人	1	406	24	40	11	9	
500-999人		254	10	22	11	7	
1000-4999人		120	3	5	11	2	1
5000-9999人		5	1				
10000人及以上			1		2	1	
按开业(成立)年份分组							
1949年及以前	1	10		3534			
1950-1977年	2	90	9	10522			
1978-1991年	23	358	21	13395	3	3	
1992-1995年	47	740	35	462	22	15	
1996年	20	404	14	182	2		
1997年	14	505	25	159	5	3	
1998年	21	908	47	289	8	3	2
1999年	25	990	42	226	8	5	
2000年	33	1253	53	662	5	2	
2001年	46	1405	48	956	9	2	
2002年	62	1746	77	1314	6	5	
2003年	64	2402	107	729	7	5	
2004年	79	2891	104	635	11	7	
2005年	128	3217	137	674	7	5	
2006年	121	3748	134	844	16	9	1
2007年	138	3695	126	1120	8	4	
2008年	119	4007	119	1446	12	5	1
2009年	142	4921	185	1805	16	6	
2010年	199	6068	217	1998	5	3	
2011年	200	7629	245	2297	16	7	
2012年	196	9107	295	2649	6	3	
2013年	224	9088	265	2510	3	2	

港澳台商独资	港澳台商投资股份有限公司	其他港澳台投资	外商投资	中外合资经营	中外合作经营	外资企业	外商投资股份有限公司	其他外商投资
65	**8**	**5**	**265**	**148**	**18**	**69**	**12**	**18**
7		3	45	16	2	15	3	9
12	3	1	29	16	1	9	2	1
17			41	22	3	12	1	3
7	1		44	27	6	9		2
11	1		48	34	3	8	2	1
2			22	13		9		
3	1		10	5		4	1	
5	2	1	22	13	3	1	3	2
			3	2		1		
1			1			1		
			1			1		
			7	4	1	1		1
7			22	19	1	2		
1	1		6	3	2	1		
2			8	4	2	2		
2	1		6	3	2	1		
2	1		5	2		3		
2	1		12	7	3	1		1
5	1	1	6	5		1		
1			19	5	2	6	4	2
2			19	8		7	2	2
3	1		18	13		4	1	
1	1		14	8	2	4		
4	1	1	22	10	2	9	1	
4			20	16		2	1	1
6			14	7	1	5	1	
9		1	11	7		2		2
2			13	4		6		3
8		1	20	7		8	1	4
2		1	12	11		1		
1			8	5			1	2

1-1-12 按从业人员组距、开业(成立)时间、

项　　目	从业人员数(人)	内资	国有	集体	股份合作	联营	国有联营
总　计	**7357586**	**7137510**	**1954632**	**208809**	**13065**	**11350**	**6329**
按从业人员分组							
7人及以下	415114	414871	54798	6775	555	259	96
8-19人	580498	579836	137689	16661	793	816	216
20-49个	860572	857933	294305	35663	1906	1290	602
50-99人	854103	849640	363281	31677	1962	2004	815
100-299人	1301134	1285556	523731	42284	3066	3049	1849
300-499人	542653	529795	171009	17471	2253	1451	1451
500-999人	675521	661264	157633	17860	2530	2481	1300
1000-4999人	1150973	1089293	240577	23793			
5000-9999人	285392	268586	11609	5381			
10000人及以上	691626	600736		11244			
按开业(成立)年份分组							
1949年及以前	377495	377495	151505	4237	80	59	
1950-1977年	1146963	1146963	577903	57217	786	1564	1337
1978-1991年	940655	937658	463415	73764	427	2754	1674
1992-1995年	326159	315153	104347	16272	69	1775	746
1996年	93244	87276	18345	3904	862	621	425
1997年	111250	107072	24527	2034	216	150	88
1998年	200965	197501	46063	5045	345	96	63
1999年	198462	159692	33026	2696	210	244	134
2000年	227612	220597	27355	5523	502	95	9
2001年	243329	224606	45404	4078	1212	597	66
2002年	355817	320341	57177	3086	920	238	123
2003年	296641	292415	35825	2663	836	115	55
2004年	256966	248807	37799	1604	295	98	
2005年	256982	252435	33398	1941	918	362	316
2006年	292922	247493	29213	2932	505	85	
2007年	272415	268460	42347	2896	887	126	12
2008年	272755	263036	32042	2823	472	831	485
2009年	306409	301477	37085	1811	254	304	110
2010年	299363	297232	40459	2674	199	59	48
2011年	317635	313473	46789	7466	871	195	9
2012年	305173	300458	33173	1690	702	698	503
2013年	223278	222899	24898	2371	1496	214	66

注：本表按开业(成立)年份分组中不包含筹建单位。

登记注册类型分组的法人单位从业人员数

集体联营	国有与集体联营	其他联营	有限责任公司	国有独资公司	其他有限责任公司	股份有限公司	私营	私营独资
2964	**407**	**1650**	**2025861**	**318459**	**1707402**	**250415**	**2182975**	**281707**
99	24	40	28182	366	27816	2036	177111	38457
431	50	119	43418	1014	42404	4496	247384	48901
403	116	169	71752	3535	68217	7757	369505	75116
692	51	446	91140	4994	86146	7858	304168	44246
826	166	208	196377	12757	183620	20616	438258	63252
			141442	11323	130119	13978	167488	5467
513		668	249603	20495	229108	30526	186159	6268
			500998	71272	429726	75770	242141	
			170233	23493	146740	41255	40108	
			532716	169210	363506	46123	10653	
18	41		193343	53640	139703	5604	743	
201	26		413710	86662	327048	12624	18908	1037
1065		15	206288	15449	190839	35141	57828	5110
299	2	728	79477	15170	64307	19010	85161	7161
196			21987	1378	20609	7534	31629	2223
39		23	20607	885	19722	1906	54465	2802
33			57018	3352	53666	23728	59453	4128
110			47952	4882	43070	16139	53583	3776
20	66		93220	51098	42122	14067	69517	6298
513	18		70466	11035	59431	7668	81763	7366
24		91	89618	17394	72224	36410	117289	9761
	3	57	87746	9601	78145	10673	141991	13929
15	2	81	69222	3600	65622	5131	122725	14559
3	7	36	63653	8278	55375	5692	135510	17841
30	23	32	66997	7246	59751	8893	125578	18463
105	1	8	53593	7507	46086	5992	144119	20877
170	166	10	62434	2486	59948	10511	130791	22623
15		179	84342	8744	75598	4246	148133	23642
5		6	64186	4514	59672	8091	155879	25771
11	24	151	67457	2003	65454	4013	156712	23890
11	28	156	67085	2078	65007	3818	158202	27066
71		77	36464	1260	35204	2840	121683	22590

1-1-12 续表

项目	私营合伙	私营有限责任公司	私营股份有限公司	其他	港澳台商投资	与港澳台商合资经营	与港澳台商合作经营
总计	**32458**	**1779180**	**89630**	**490403**	**110972**	**55257**	**1955**
按从业人员分组							
7人及以下	3641	131002	4011	145155	63	35	2
8-19人	5942	185541	7000	128579	332	118	
20-49个	9569	274203	10617	75755	1268	746	
50-99人	7432	241185	11305	47550	1274	695	
100-299人	5468	350413	19125	58175	6533	4464	243
300-499人	406	152374	9241	14703	4581	3759	
500-999人		173513	6378	14472	7417	4049	
1000-4999人		237303	4838	6014	20948	3201	1710
5000-9999人		33646	6462				
10000人及以上			10653		68556	38190	
按开业(成立)年份分组							
1949年及以前	5	738		21924			
1950-1977年	8	17293	570	64251			
1978-1991年	722	49618	2378	98041	331	331	
1992-1995年	840	69987	7173	9042	2793	2518	
1996年	295	28505	606	2394	3335		
1997年	277	39919	11467	3167	2346	2229	
1998年	450	51416	3459	5753	2142	358	243
1999年	573	46820	2414	5842	31716	1334	
2000年	537	59973	2709	10318	572	501	
2001年	663	71800	1934	13418	9718	679	
2002年	856	103806	2866	15603	834	724	
2003年	1464	114316	12282	12566	887	728	
2004年	1703	103566	2897	11933	2365	1995	
2005年	2588	111161	3920	10961	1266	1067	
2006年	1643	101322	4150	13290	39504	39173	2
2007年	3121	115176	4945	18500	489	350	
2008年	2411	101749	4008	23132	8322	647	1710
2009年	2611	116816	5064	25302	1508	686	
2010年	3281	123131	3696	25685	738	708	
2011年	2680	126017	4125	29970	1044	554	
2012年	2641	123831	4664	35090	889	513	
2013年	2666	92470	3957	32933	80	78	

港澳台商独资	港澳台商投资股份有限公司	其他港澳台投资	外商投资	中外合资经营	中外合作经营	外资企业	外商投资股份有限公司	其他外商投资
46413	**5932**	**1415**	**109104**	**54115**	**7541**	**38784**	**4341**	**4323**
18		8	180	72	8	49	16	35
169	37	8	330	188	13	103	16	10
522			1371	769	104	361	34	103
509	70		3189	1983	446	616		144
1662	164		9045	6303	560	1541	489	152
822			8277	5068		3209		
2433	935		6840	3182		3090	568	
9912	4726	1399	40732	25776	6410	1449	3218	3879
			16806	10774		6032		
30366			22334			22334		
			2666	2551	3	67		45
275			8213	7961	160	92		
28	3307		2633	1064	1546	23		
117			1832	1714	62	56		
122	1419		1322	814	254	254		
30369	13		7054	24		7030		
57	14		6443	2915	2423	33		1072
6705	935	1399	9005	8998		7		
110			34642	5185	98	22756	3786	2817
159			3339	1071		1947	228	93
300	70		5794	5624		163	7	
35	164		3281	2659	47	575		
316	10	3	5925	1096	2705	1855	269	
139			3466	3114		339	8	5
5965			1397	867	243	281	6	
818		4	3424	3222		163		39
30			1393	311		902		180
489		1	3118	824		2194	34	66
368		8	3826	3811		15		
2			299	290			3	6

1-1-13 按登记注册类型分组的法人单位数及从业人员数

登记注册类型	法人单位				
	单位数(个)			从业人员数(人)	
		单产业法人	多产业法人		女性
总 计	**205135**	**182855**	**22280**	**7357586**	**2400887**
内资	204691	182468	22223	7137510	2316736
国有	43323	36745	6578	1954632	842324
集体	5147	4292	855	208809	86577
股份合作	329	317	12	13065	5550
联营	240	219	21	11350	4201
国有联营	89	79	10	6329	2319
集体联营	95	86	9	2964	1157
国有与集体联营	17	15	2	407	172
其他联营	39	39		1650	553
有限责任公司	16884	15779	1105	2025861	449936
国有独资公司	540	425	115	318459	74418
其他有限责任公司	16344	15354	990	1707402	375518
股份有限公司	1521	1380	141	250415	71206
私营	88776	86120	2656	2182975	675258
私营独资	18735	18516	219	281707	102941
私营合伙	1920	1899	21	32458	11231
私营有限责任公司	65797	63468	2329	1779180	529448
私营股份有限公司	2324	2237	87	89630	31638
其他	48471	37616	10855	490403	181684
港澳台商投资	179	147	32	110972	47419
与港澳台商合资经营	97	87	10	55257	19870
与港澳台商合作经营	4	2	2	1955	244
港澳台商独资	65	48	17	46413	24684
港澳台商投资股份有限公司	8	6	2	5932	1948
其他港澳台投资	5	4	1	1415	673
外商投资	265	240	25	109104	36732
中外合资经营	148	136	12	54115	12116
中外合作经营	18	16	2	7541	1077
外资企业	69	63	6	38784	17557
外商投资股份有限公司	12	8	4	4341	2877
其他外商投资	18	17	1	4323	3105

1-1-14　按行业分组的有证照个体经营户数和从业人员数

行　　业	个体经营户(户)	从业人员数(人)
总　计	**707680**	**1741032**
农、林、牧、渔业	198	531
采矿业	263	2081
制造业	16744	60823
电力、热力、燃气及水生产和供应业	88	313
建筑业	582	2737
批发和零售业	329616	725586
交通运输、仓储和邮政业	255995	585556
住宿和餐饮业	45155	194389
信息传输、软件和信息技术服务业	2475	5761
房地产业	146	457
租赁和商务服务业	3788	10652
科学研究和技术服务业	1807	6439
水利、环境和公共设施管理业	54	214
居民服务、修理和其他服务业	42994	119258
教育	522	3376
卫生和社会工作	4917	12188
文化、体育和娱乐业	2336	10671

第2篇

小微企业情况

资料整理校对：　张淑虹　闫新江　高雪梅

1-2-1 按地区、开业(成立)

地　区	企业法人单位数(个)	1949年及以前	1950-1977年	1978-1991年	1992-1995年
全　省	**112721**	**130**	**1777**	**2649**	**2201**
太原市	29035	5	200	610	696
大同市	7627	4	151	197	123
阳泉市	4151	7	97	135	115
长治市	10252	42	284	276	172
晋城市	9098	16	92	197	148
朔州市	4834	6	69	84	83
晋中市	9867	10	173	184	171
运城市	11311	7	166	311	216
忻州市	8448	11	267	240	166
临汾市	11186	14	161	247	157
吕梁市	6912	8	117	168	154

1-2-1 续表

地　区	2003年	2004年	2005年	2006年
全　省	**3878**	**4606**	**5149**	**6081**
太原市	1113	1253	1360	1671
大同市	240	301	313	388
阳泉市	140	193	239	212
长治市	365	444	494	514
晋城市	273	320	329	381
朔州市	137	171	189	266
晋中市	323	450	532	577
运城市	448	498	525	629
忻州市	237	311	372	465
临汾市	409	397	470	592
吕梁市	193	268	326	386

注：本表按开业(成立)年份分组中不包含筹建单位。

时间分组的小微企业法人单位数

1996年	1997年	1998年	1999年	2000年	2001年	2002年
784	**934**	**1648**	**1625**	**2051**	**2319**	**2853**
291	333	507	599	631	609	814
43	59	183	130	167	203	220
27	50	72	56	66	104	109
60	57	121	125	171	201	283
40	39	100	102	131	124	173
31	23	57	64	79	132	119
60	83	154	132	187	223	231
86	81	130	149	195	258	334
47	46	84	74	128	135	194
59	116	160	121	174	222	231
40	47	80	73	122	108	145

2007年	2008年	2009年	2010年	2011年	2012年	2013年
6206	**6869**	**8430**	**9950**	**12435**	**14459**	**14765**
1598	1707	2057	2479	3147	3642	3673
335	457	558	597	865	970	1092
200	232	308	355	432	482	510
517	619	720	795	1150	1276	976
490	491	651	836	1132	1363	1611
271	308	384	508	520	678	647
609	650	839	864	1035	1228	1131
701	718	769	1006	1160	1414	1489
475	512	647	741	1005	1154	1080
598	718	908	1110	1248	1409	1644
412	457	589	659	741	843	912

1-2-2 按地区、开业(成立)

地 区	从业人员数(人)	1949年及以前	1950-1977年	1978-1991年	1992-1995年
全 省	**2339849**	**4705**	**88326**	**135496**	**78511**
太原市	487257	327	11256	30053	23554
大同市	179466	272	5154	18980	4940
阳泉市	84413	95	5093	4977	2949
长治市	197893	1394	9984	11998	4173
晋城市	179104	411	4767	8747	5362
朔州市	119900	631	2763	5845	5432
晋中市	237923	157	9995	11697	9561
运城市	288662	705	9990	12498	8240
忻州市	187686	226	16192	12851	4653
临汾市	207800	240	7662	10687	4491
吕梁市	169745	247	5470	7163	5156

1-2-2 续表

地 区	2003年	2004年	2005年	2006年
全 省	**101312**	**117139**	**125219**	**125178**
太原市	22334	25629	27305	27542
大同市	5893	7345	8832	9075
阳泉市	3695	4631	4251	3578
长治市	9727	11905	9386	10267
晋城市	6744	8058	7152	8685
朔州市	3785	6301	4275	6597
晋中市	10452	12641	20284	12578
运城市	15032	13008	16632	18923
忻州市	6511	10283	7833	9319
临汾市	9110	8511	11378	9403
吕梁市	8029	8827	7891	9211

注:本表按开业(成立)年份分组中不包含筹建单位。

时间分组的小微企业法人单位从业人员数

1996年	1997年	1998年	1999年	2000年	2001年	2002年
24669	**30648**	**59344**	**50421**	**60814**	**72549**	**81165**
7232	9370	15143	14282	14288	14521	18888
1027	2585	7752	4933	6571	5664	4377
1209	1421	2329	1285	1795	2441	2005
1720	2152	4794	3734	4767	6315	9170
823	1091	4576	3889	5491	3387	4768
1465	1136	2669	1502	2652	3428	3400
1816	1742	5477	5267	7380	8893	8234
3294	2865	5600	5608	7030	6708	11767
2471	1406	4213	2363	2549	8674	8009
2423	4285	4590	3908	4260	7978	4954
1189	2595	2201	3650	4031	4540	5593

2007年	2008年	2009年	2010年	2011年	2012年	2013年
143112	**136282**	**158301**	**167823**	**192647**	**203833**	**158428**
31537	28951	26935	32482	36515	38472	29328
8786	11386	11018	10541	14466	14434	11519
4871	5309	6202	6594	6972	6744	5891
11334	10979	12713	10993	14176	15377	8682
10348	10586	12146	14162	18257	21183	15572
6142	6760	8888	10595	10272	14030	10833
15812	13816	18582	14642	14935	18120	15675
19755	17197	17570	23155	26714	25173	20974
12016	8288	12318	13643	15211	14908	12778
10105	13539	16154	17670	19933	19550	16297
12406	9471	15775	13346	15196	15842	10879

1-2-3 按地区、登记注册类型

地　区	企业法人单位数（个）	内资企业	国有企业	集体企业	股份合作企业	联营企业	国有联营企业
全　省	**112721**	**112394**	**3755**	**3449**	**271**	**181**	**73**
太原市	29035	28924	778	710	73	14	4
大同市	7627	7598	390	383	8	7	1
阳泉市	4151	4139	182	266	17	6	2
长治市	10252	10223	419	457	11	8	2
晋城市	9098	9074	270	368	13	6	2
朔州市	4834	4825	165	108	9	2	
晋中市	9867	9825	217	176	23	15	1
运城市	11311	11281	308	239	39	14	3
忻州市	8448	8441	489	298	29	80	48
临汾市	11186	11166	308	286	31	17	6
吕梁市	6912	6898	229	158	18	12	4

1-2-3　续表

地　区	私营合伙企业	私营有限责任公司	私营股份有限公司	其他企业	港澳台商投资企业	与港澳台商合资经营企业	与港澳台商合作经营企业
全　省	**1665**	**63091**	**2188**	**4057**	**129**	**70**	**3**
太原市	300	19435	498	422	41	22	
大同市	76	4653	86	99	11	2	
阳泉市	62	1246	73	102	6	3	
长治市	92	6937	267	192	14	8	3
晋城市	148	5316	109	148	6	1	
朔州市	101	2528	201	372	2	1	
晋中市	153	6097	198	467	19	11	
运城市	193	4652	276	651	8	5	
忻州市	248	4040	204	591	6	5	
临汾市	164	5191	106	423	11	10	
吕梁市	128	2996	170	590	5	2	

分组的小微企业法人单位数

集体联营企业	国有与集体联营企业	其他联营企业	有限责任公司	国有独资公司	其他有限责任公司	股份有限公司	私营企业	私营独资企业
77	**10**	**21**	**15119**	**369**	**14750**	**1320**	**84242**	**17298**
6	2	2	4034	103	3931	332	22561	2328
4	1	1	1061	24	1037	31	5619	804
1	1	2	1269	15	1254	102	2195	814
5	1		912	46	866	39	8185	889
3	1		1010	26	984	56	7203	1630
1		1	571	16	555	54	3544	714
11		3	432	42	390	148	8347	1899
8	1	2	1665	17	1648	193	8172	3051
31		1	894	22	872	108	5952	1460
5	1	5	2018	39	1979	131	7952	2491
2	2	4	1253	19	1234	126	4512	1218

港澳台商独资企业	港澳台商投资股份有限公司	其他港澳台投资企业	外商投资企业	中外合资经营企业	中外合作经营企业	外资企业	外商投资股份有限公司	其他外商投资企业
50	**4**	**2**	**198**	**109**	**14**	**53**	**8**	**14**
16	1	2	70	39	4	21	4	2
8	1		18	10	4	4		
3			6	4	1	1		
2	1		15	9	1	5		
5			18	10	1	5		2
1			7	3		4		
7	1		23	14	3	2	2	2
3			22	9		8	1	4
1			1	1				
1			9	4		1	1	3
3			9	6		2		1

1-2-4 按地区、登记注册类型分组的

地区	从业人员数(人)	内资企业	国有企业	集体企业	股份合作企业	联营企业	国有联营企业
全省	**2339849**	**2314866**	**190633**	**110200**	**6672**	**7517**	**4454**
太原市	487257	479442	39917	23448	1675	476	71
大同市	179466	177450	20721	22354	248	173	51
阳泉市	84413	83093	5462	6477	738	18	7
长治市	197893	195665	17695	9799	199	216	62
晋城市	179104	177598	10132	10082	381	230	83
朔州市	119900	119255	12869	3025	167	37	
晋中市	237923	233346	12215	5825	562	197	20
运城市	288662	286347	14882	6026	670	204	90
忻州市	187686	187243	29168	10537	642	3546	2712
临汾市	207800	206463	16302	6300	962	1699	995
吕梁市	169745	168964	11270	6327	428	721	363

1-2-4 续表

地区	私营合伙企业	私营有限责任公司	私营股份有限公司	其他企业	港澳台商投资企业	与港澳台商合资经营企业	与港澳台商合作经营企业
全省	**26199**	**1141164**	**49949**	**57262**	**8276**	**5348**	**245**
太原市	2478	287603	9301	4042	1495	1109	
大同市	896	79918	2408	1806	269	68	
阳泉市	498	26578	1960	1923	852	446	
长治市	1550	101965	5927	3644	855	540	245
晋城市	2281	82309	2693	1994	612	197	
朔州市	1896	60849	4622	4881	133	93	
晋中市	3017	140595	5101	4810	2001	1224	
运城市	4130	118405	7406	11642	375	129	
忻州市	4552	76105	2840	9411	424	390	
临汾市	2461	91897	2082	5022	997	968	
吕梁市	2440	74940	5609	8087	263	184	

小微企业法人单位从业人员数

集体联营企　业	国有与集体联营企业	其他联营企　业	有限责任公　司	国有独资公　司	其他有限责任公司	股份有限公　司	私营企业	私营独资企　业
2504	**105**	**454**	**444082**	**20101**	**423981**	**41872**	**1456628**	**239316**
319	6	80	82711	5480	77231	8489	318684	19302
74	28	20	40318	801	39517	586	91244	8022
3	2	6	28809	248	28561	2430	37236	8200
147	7		42373	1801	40572	3211	118528	9086
132	15		45618	2288	43330	2709	106452	19169
14		23	19147	968	18179	2364	76765	9398
143		34	28524	1745	26779	4492	176721	28008
94	3	17	46209	863	45346	5572	201142	71201
829		5	29939	2828	27111	2481	101519	18022
588	2	114	42574	2062	40512	3870	129734	33294
161	42	155	37860	1017	36843	5668	98603	15614

港澳台商独资企业	港澳台商投资股份有限公司	其他港澳台投资企业	外商投资企　业	中外合资经营企业	中外合作经营企业	外资企业	外商投资股份有限公　司	其他外商投资企业
2569	**107**	**7**	**16707**	**8994**	**1046**	**2919**	**555**	**3193**
369	10	7	6320	1974	245	763	526	2812
187	14		1747	1107	341	299		
406			468	436	30	2		
57	13		1373	942	42	389		
415			894	579	60	162		93
40			512	285		227		
707	70		2576	1919	328	310	14	5
246			1940	1141		725	8	66
34			19	19				
29			340	148		23	7	162
79			518	444		19		55

1-2-5 按地区、营业状态分组的小微企业法人单位数

地 区	企业法人单位数(个)						
		营业	停业(歇业)	筹建	当年关闭	当年破产	其他
全 省	**112721**	**93331**	**11504**	**5679**	**1286**	**301**	**620**
太原市	29035	25901	1871	942	148	21	152
大同市	7627	6135	960	426	41	20	45
阳泉市	4151	3488	385	192	36	19	31
长治市	10252	7926	1213	721	303	52	37
晋城市	9098	7789	604	531	121	16	37
朔州市	4834	4061	347	189	165	42	30
晋中市	9867	8268	958	515	58	19	49
运城市	11311	9721	916	511	96	20	47
忻州市	8448	6053	1626	614	68	16	71
临汾市	11186	9175	1235	537	134	43	62
吕梁市	6912	4814	1389	501	116	33	59

1-2-6 按地区、营业状态分组的小微企业法人单位从业人员数

地 区	从业人员数(人)	营业	停业(歇业)	筹建	当年关闭	当年破产	其他
全 省	**2339849**	**2055157**	**148433**	**105071**	**10453**	**6256**	**14479**
太原市	487257	448136	21690	11648	710	1398	3675
大同市	179466	153603	11461	11486	1360	687	869
阳泉市	84413	73369	6618	2572	188	252	1414
长治市	197893	165631	14036	14816	912	1281	1217
晋城市	179104	156210	5900	14673	310	606	1405
朔州市	119900	107076	5326	5683	574	658	583
晋中市	237923	212190	15048	8118	1231	394	942
运城市	288662	268607	11596	5931	1432	232	864
忻州市	187686	148050	26910	9525	1749	235	1217
临汾市	207800	181874	13812	9651	1140	356	967
吕梁市	169745	140411	16036	10968	847	157	1326

1-2-7 按行业、开业(成立)

行　业	企业法人单位数(个)	1949年及以前	1950-1977年	1978-1991年
总　计	**112721**	**130**	**1777**	**2649**
农、林、牧、渔业	**639**		**8**	**9**
农业	8			1
谷物种植	1			1
豆类、油料和薯类种植	1			
蔬菜、食用菌及园艺作物种植	5			
其他农业	1			
林业	2			1
林木育种和育苗	1			
森林经营和管护	1			1
畜牧业	6			
牲畜饲养	5			
其他畜牧业	1			
农、林、牧、渔服务业	623		8	7
农业服务业	545		6	7
林业服务业	45		2	
畜牧服务业	30			
渔业服务业	3			
采矿业	**5080**	**2**	**27**	**96**
煤炭开采和洗选业	2482		14	63
烟煤和无烟煤开采洗选	2385		14	62
褐煤开采洗选	35			
其他煤炭采选	62			1
石油和天然气开采业	31			
天然气开采	31			
黑色金属矿采选业	935		3	13
铁矿采选	908		2	13
锰矿、铬矿采选	21		1	
其他黑色金属矿采选	6			
有色金属矿采选业	188		1	6
常用有色金属矿采选	156			5
贵金属矿采选	27		1	1
稀有稀土金属矿采选	5			
非金属矿采选业	1326	2	8	12
土砂石开采	1226		6	10
化学矿开采	13	2	2	
石棉及其他非金属矿采选	87			2
开采辅助活动	76			2
煤炭开采和洗选辅助活动	54			2
石油和天然气开采辅助活动	8			
其他开采辅助活动	14			
其他采矿业	42		1	
其他采矿业	42		1	
制造业	**20874**	**15**	**382**	**749**
农副食品加工业	1581	1	35	39
谷物磨制	440	1	9	6
饲料加工	186			7
植物油加工	92		3	2
制糖业	6			
屠宰及肉类加工	238		15	13

注：本表按开业(成立)年份分组中不包含筹建单位。

时间分组的小微企业法人单位数

1992-1995年	1996年	1997年	1998年	1999年	2000年	2001年	2002年
2201	**784**	**934**	**1648**	**1625**	**2051**	**2319**	**2853**
4	**1**	**4**	**7**	**3**	**9**	**10**	**13**
							1
							1
					1		
					1		
4	1	4	7	3	8	10	12
4	1	4	6	3	6	8	10
					1	1	2
					1	1	
			1				
133	**26**	**32**	**52**	**54**	**84**	**109**	**125**
97	19	25	37	41	58	71	66
95	19	24	37	40	57	68	62
1		1		1		1	2
1					1	2	2
9	1	1	4	5	11	21	35
9	1	1	4	4	10	18	33
				1	1	2	1
						1	1
7	2	2	2	2	5		7
4	2		1	2	4		7
3		2			1		
			1				
16	4	4	8	5	10	15	15
15	4	4	7	5	8	12	14
1			1		2	3	1
3			1	1		2	2
3			1	1		1	2
						1	
1							
1							
658	**218**	**230**	**425**	**389**	**502**	**597**	**680**
22	13	12	27	24	39	38	53
8	3	1	9	7	13	15	11
2	6		2	6	4	6	11
1		2	1	2	5	4	
8	3	9	4	6	5	2	9

1-2-7 续表 1

行业	企业法人单位数(个)	1949年及以前	1950-1977年	1978-1991年
水产品加工	1			1
蔬菜、水果和坚果加工	285		1	4
其他农副食品加工	333		7	6
食品制造业	925	1	12	25
焙烤食品制造	222		7	6
糖果、巧克力及蜜饯制造	153	1	1	3
方便食品制造	129		1	1
乳制品制造	38			2
罐头食品制造	52			1
调味品、发酵制品制造	198		2	7
其他食品制造	133		1	5
酒、饮料和精制茶制造业	555	3	4	19
酒的制造	216	3	3	14
饮料制造	329		1	5
精制茶加工	10			
烟草制品业	1			
卷烟制造	1			
纺织业	261		16	10
棉纺织及印染精加工	119		8	5
毛纺织及染整精加工	19			
麻纺织及染整精加工	3			
丝绢纺织及印染精加工	7			
化纤织造及印染精加工	11			
针织或钩针编织物及其制品制造	26		3	2
家用纺织制成品制造	42		3	2
非家用纺织制成品制造	34		2	1
纺织服装、服饰业	212	1	13	19
机织服装制造	143		7	14
针织或钩针编织服装制造	13		1	2
服饰制造	56	1	5	3
皮革、毛皮、羽毛及其制品和制鞋业	62	1	10	3
皮革鞣制加工	1			
皮革制品制造	17	1	3	
毛皮鞣制及制品加工	12		2	
羽毛(绒)加工及制品制造	1			
制鞋业	31		5	3
木材加工和木、竹、藤、棕、草制品业	232	1	3	6
木材加工	93	1	1	3
人造板制造	40			1
木制品制造	86		2	2
竹、藤、棕、草等制品制造	13			
家具制造业	198		1	6
木质家具制造	151		1	5
竹、藤家具制造	1			
金属家具制造	26			
塑料家具制造	7			
其他家具制造	13			1
造纸和纸制品业	311		3	23
造纸	90		2	4
纸制品制造	221		1	19

1992-1995年	1996年	1997年	1998年	1999年	2000年	2001年	2002年
2			6	2	5	9	9
1	1		5	1	7	2	13
22	10	11	28	24	14	25	33
9	4		9	3		1	3
1		1	1	5	3	3	5
1		1	4	2	4	6	5
2		1	2	1	2	3	2
4	1		3	1		2	2
3	3	6	3	8	2	5	10
2	2	2	6	4	3	5	6
9	5	14	14	17	20	9	24
7	2	12	7	6	9	4	13
2	3	2	7	11	10	5	10
					1		1
9	5	1	5	4	6	8	9
2	2		3	1	3	3	7
2			1			1	
	1				1		
2	1		1				
1				1		2	
		1			2	1	2
2	1			2		1	
4	1	5	8	3	4	7	5
3	1	4	5	3	3	5	3
		1			1		
1			3			2	2
1	2		2	3			
	1		2				
				1			
1	1			2			
7	1		4	2	3	3	6
1	1		1		1	2	2
				1			2
6			2	1	2	1	2
			1				
6	4	4	5	6	4	4	4
4	3	3	5	5	4	4	3
1	1						1
1		1		1			
18	6	5	5	6	10	14	11
8	2	3	2	3	3	8	4
10	4	2	3	3	7	6	7

1-2-7 续表 2

行业	企业法人单位数(个)	1949年及以前	1950-1977年	1978-1991年
印刷和记录媒介复制业	689	2	30	66
印刷	589	2	28	59
装订及印刷相关服务	99		2	7
记录媒介复制	1			
文教、工美、体育和娱乐用品制造业	342	1	8	14
文教办公用品制造	18		1	3
乐器制造	6		1	
工艺美术品制造	289	1	5	9
体育用品制造	25		1	1
玩具制造	3			1
游艺器材及娱乐用品制造	1			
石油加工及炼焦	164			6
化学原料和化学制品制造业	1205		13	39
基础化学原料制造	349		3	11
肥料制造	233		6	4
农药制造	46			6
涂料、油墨、颜料及类似产品制造	145		1	4
合成材料制造	55		1	3
专用化学产品制造	299		1	8
炸药、火工及焰火产品制造	19		1	1
日用化学产品制造	59			2
医药制造业	256		2	11
化学药品原料药制造	22			1
化学药品制剂制造	46			2
中药饮片加工	28		1	1
中成药生产	45		1	3
兽用药品制造	62			1
生物药品制造	27			
卫生材料及医药用品制造	26			3
化学纤维制造业	25		1	
纤维素纤维原料及纤维制造	4		1	
合成纤维制造	21			
橡胶和塑料制品业	634		16	34
橡胶制品业	159		8	8
塑料制品业	475		8	26
非金属矿物制品业	5111	2	59	146
水泥、石灰和石膏制造	545		16	11
石膏、水泥制品及类似制品制造	750		9	24
砖瓦、石材等建筑材料制造	2404		11	56
玻璃制造	41			6
玻璃制品制造	155		1	2
玻璃纤维和玻璃纤维增强塑料制品制造	32		1	1
陶瓷制品制造	122	1	9	6
耐火材料制品制造	733	1	11	26
石墨及其他非金属矿物制品制造	329		1	14
黑色金属冶炼和压延加工业	942		12	39
炼铁	139			
炼钢	35		2	
黑色金属铸造	603		8	35
钢压延加工	107		2	2
铁合金冶炼	58			2

1992-1995年	1996年	1997年	1998年	1999年	2000年	2001年	2002年
45	12	10	21	18	23	26	38
41	10	8	17	16	21	22	34
4	2	2	4	2	2	4	4
4	3	2	6	2	6	2	7
1	1		1				
3	1	2	3		4	1	6
	1		2	2	2	1	1
5	1	1	9	3	11	15	8
44	14	16	28	27	40	52	47
11	4	5	7	7	14	20	16
8	1	1	9	1	7	6	7
4	2	1	2	3	3	1	2
5	4	4	3	3	3	12	9
1		1		2		1	
9	3	3	6	6	12	10	10
				2		2	1
6		1	1	3	1		2
14	6	2	9	12	11	18	20
1	1			1		3	2
	1	1	1	2	7	3	1
			1	1	1	1	4
9		1	1	3	1	4	2
2	4		5	2	1	5	6
2			1	2	1	1	2
				1		1	1
1			1		2	1	1
1			1		2	1	1
27	12	7	13	10	28	15	21
9	2	1		2	7	2	3
18	10	6	13	8	21	13	18
119	38	48	60	53	103	97	100
19	6	5	10	5	13	9	11
21	3	6	6	5	12	6	15
30	17	15	23	21	43	35	22
4	1		1	1		1	1
6		3	2	6	4	6	8
1		2			1		1
3	1	2	3		5	3	5
26	6	11	11	10	16	28	22
9	4	4	4	5	9	9	15
51	11	17	23	20	26	27	35
7	1	2	3	2	1	4	4
3		1		2	2	2	2
36	6	12	17	11	17	16	22
1	2	2	2	2	4	2	4
4	2		1	3	2	3	3

1-2-7 续表 3

行业	企业法人单位数(个)	1949年及以前	1950-1977年	1978-1991年
有色金属冶炼和压延加工业	318			6
常用有色金属冶炼	141			2
贵金属冶炼	5			
稀有稀土金属冶炼	19			2
有色金属合金制造	35			1
有色金属铸造	27			1
有色金属压延加工	91			
金属制品业	1701		28	52
结构性金属制品制造	543		10	14
金属工具制造	144		4	16
集装箱及金属包装容器制造	21		1	
金属丝绳及其制品制造	52		4	2
建筑、安全用金属制品制造	197		1	7
金属表面处理及热处理加工	45		1	2
搪瓷制品制造	9			
金属制日用品制造	39		2	1
其他金属制品制造	651		5	10
通用设备制造业	2186		35	84
锅炉及原动设备制造	201		1	7
金属加工机械制造	377		10	19
物料搬运设备制造	104		1	2
泵、阀门、压缩机及类似机械制造	326		5	9
轴承、齿轮和传动部件制造	62		3	4
烘炉、风机、衡器、包装等设备制造	99		4	3
文化、办公用机械制造	4			1
通用零部件制造	886		11	36
其他通用设备制造业	127			3
专用设备制造业	1197	1	34	38
采矿、冶金、建筑专用设备制造	604		13	18
化工、木材、非金属加工专用设备制造	118		6	6
食品、饮料、烟草及饲料生产专用设备制造	17		1	1
印刷、制药、日化及日用品生产专用设备制造	32		1	
纺织、服装和皮革加工专用设备制造	100		1	4
电子和电工机械专用设备制造	61		1	
农、林、牧、渔专用机械制造	61	1	4	5
医疗仪器设备及器械制造	60		1	1
环保、社会公共服务及其他专用设备制造	144		6	3
汽车制造业	149	1	5	2
汽车整车制造	3			
改装汽车制造	16			
低速载货汽车制造	1		1	
电车制造	7			
汽车车身、挂车制造	20			
汽车零部件及配件制造	102	1	4	2
铁路、船舶、航空航天和其他运输设备制造业	85		4	7
铁路运输设备制造	69		3	7
船舶及相关装置制造	1			
航空、航天器及设备制造	3			
摩托车制造	5			
潜水救捞及其他未列明运输设备制造	7		1	

1992-1995年	1996年	1997年	1998年	1999年	2000年	2001年	2002年
11	5	3	6	4	7	16	18
3	2	2	3	1	4	8	9
						1	1
1	1		1			1	1
	1				1	1	3
			1	3		2	
7	1	1	1		2	3	4
58	18	16	23	37	47	61	78
10	3	5	5	8	9	6	21
10		1	2	3	2	9	3
5		3		1		1	1
	1			2		1	1
9	5	2	2	8	6	8	8
3					3	2	
				1		1	
1	2		1			2	
20	7	5	13	14	27	31	44
75	29	29	59	52	45	71	84
14	3	6	7	11	5	14	2
14	8	3	5	6	9	12	14
1	1	1	2	1	1	1	3
10	4	7	7	6	6	10	20
4	1		1	1		3	4
4		1	3	2	4	3	1
			1	1			
24	11	11	31	23	17	23	35
4	1		2	1	3	5	5
36	9	15	30	25	21	46	44
18	5	7	15	11	9	19	22
4	1	1	1	2		9	6
						2	2
3		1					1
1	1		4	3	5	6	3
3	1	2		5	2	2	5
2		2	3		3	2	
			2	2		1	3
5	1	2	5	2	2	5	2
2	2	1	3	3		3	4
			1				
1				1		1	
1	2	1	2	2		2	4
9			3	3	2	3	3
8			2	2	2	3	2
1				1			
			1				1

1-2-7 续表 4

行 业	企业法人单位数(个)	1949年及以前	1950-1977年	1978-1991年
电气机械和器材制造业	486		21	15
电机制造	37		4	
输配电及控制设备制造	203		9	8
电线、电缆、光缆及电工器材制造	94		2	6
电池制造	21		1	1
家用电力器具制造	26			
非电力家用器具制造	24			
照明器具制造	43		2	
其他电气机械及器材制造	38		3	
计算机、通信和其他电子设备制造业	105		2	3
计算机制造	8			
通信设备制造	6			1
广播电视设备制造	7			
视听设备制造	3			1
电子器件制造	22		2	
电子元件制造	38			1
其他电子设备制造	21			
仪器仪表制造业	112		4	4
通用仪器仪表制造	54		2	2
专用仪器仪表制造	28		1	
钟表与计时仪器制造	1			
光学仪器及眼镜制造	9			1
其他仪器仪表制造业	20		1	1
其他制造业	375		2	7
废弃资源综合利用业	119		3	4
金属废料和碎屑加工处理	47		1	2
非金属废料和碎屑加工处理	72		2	2
金属制品、机械和设备修理业	335		6	22
金属制品修理	10			
通用设备修理	55		1	4
专用设备修理	86		2	9
铁路、船舶、航空航天等运输设备修理	7			
电气设备修理	50			3
仪器仪表修理	3			
其他机械和设备修理业	124		3	6
电力、热力、燃气及水生产和供应业	**1109**		**56**	**83**
电力、热力生产和供应业	509		15	38
电力生产	311		15	29
电力供应	22			5
热力生产和供应	176			4
燃气生产和供应业	203			3
燃气生产和供应业	203			3
水的生产和供应业	397		41	42
自来水生产和供应	261		41	41
污水处理及其再生利用	102			
其他水的处理、利用与分配	34			1
建筑业	**5758**	**1**	**72**	**161**
房屋建筑业	896		43	81
房屋建筑业	896		43	81

1992-1995年	1996年	1997年	1998年	1999年	2000年	2001年	2002年
24	6	6	14	7	12	12	13
1			1		1	1	1
8	2	5	5	3	4	8	4
8	3	1	4	3	4	2	3
2				1			2
3			2			1	1
					1		
2							
	1		2		2		2
3	2	2	5	3	2	3	3
		1	1			1	
1			1				
1	1					2	
			1				
1			2	3	2		3
	1	1					
5	1		4	8	5	6	4
4	1		2	6	3	3	1
			1	2		2	1
							1
			1				
1					2	1	1
11	1	1	2	5	6	7	4
3			2	1		4	
			2	1		3	
3						1	
13	1	2	6	7	5	4	3
1	1				1		
		1	1		1	2	
5			2	2	1		1
1							
1			1	3	2		1
1							1
4		1	2	2		2	
25	**5**	**3**	**13**	**13**	**17**	**18**	**30**
11	2		9	4	7	9	13
9	1		4	3	4	3	9
			3			1	
2	1		2	1	3	5	4
6		1	1	3	1	5	4
6		1	1	3	1	5	4
8	3	2	3	6	9	4	13
7	3	2	3	3	6	4	8
				3	1		3
1					2		2
137	**72**	**79**	**141**	**161**	**137**	**126**	**212**
46	13	13	25	31	34	29	60
46	13	13	25	31	34	29	60

1-2-7 续表 5

行业	企业法人单位数(个)	1949年及以前	1950-1977年	1978-1991年
土木工程建筑业	1160		24	40
铁路、道路、隧道和桥梁工程建筑	390		3	16
水利和内河港口工程建筑	106		12	7
工矿工程建筑	91		2	1
架线和管道工程建筑	207			11
其他土木工程建筑	366		7	5
建筑安装业	1034	1	2	20
电气安装	239			7
管道和设备安装	418		2	9
其他建筑安装业	377	1		4
建筑装饰和其他建筑业	2668		3	20
建筑装饰业	1946			12
工程准备活动	369		1	1
提供施工设备服务	113			1
其他未列明建筑业	240		2	6
批发和零售业	**43591**	**99**	**950**	**958**
批发业	22441	11	351	432
农、林、牧产品批发	1263	1	68	49
食品、饮料及烟草制品批发	2113	4	84	57
纺织、服装及家庭用品批发	939		14	32
文化、体育用品及器材批发	488	1	7	6
医药及医疗器材批发	499		24	14
矿产品、建材及化工产品批发	8721	4	99	168
机械设备、五金产品及电子产品批发	6441	1	29	44
贸易经纪与代理	433		8	8
其他批发业	1544		18	54
零售业	21150	88	599	526
综合零售	2404	50	388	258
食品、饮料及烟草制品专门零售	2115	2	72	69
纺织、服装及日用品专门零售	1691	3	24	42
文化、体育用品及器材专门零售	1305	30	40	26
医药及医疗器材专门零售	1459	1	29	19
汽车、摩托车、燃料及零配件专门零售	3488	1	3	29
家用电器及电子产品专门零售	3021			12
五金、家具及室内装饰材料专门零售	3286		18	36
货摊、无店铺及其他零售业	2381	1	25	35
交通运输、仓储和邮政业	**4918**	**6**	**121**	**126**
道路运输业	3524		31	50
城市公共交通运输	320		3	8
公路旅客运输	180		7	4
道路货物运输	2716		14	24
道路运输辅助活动	308		7	14
水上运输业	8			
水上旅客运输	2			
水上货物运输	5			
水上运输辅助活动	1			
航空运输业	15			
航空客货运输	5			
通用航空服务	4			
航空运输辅助活动	6			

1992-1995年	1996年	1997年	1998年	1999年	2000年	2001年	2002年
29	11	10	29	25	19	16	37
12	6	5	13	10	4	4	19
1	1		2	1	2		4
5		2	4		3		3
7	3	2	6	9	5	7	5
4	1	1	4	5	5	5	6
23	19	20	26	37	23	27	36
3	3	4	3	7	6	7	3
14	11	14	12	16	12	12	20
6	5	2	11	14	5	8	13
39	29	36	61	68	61	54	79
34	25	32	50	46	50	39	55
3	1	2	5	9	5	8	9
			1	3	2	4	5
2	3	2	5	10	4	3	10
711	**285**	**351**	**594**	**571**	**654**	**791**	**913**
374	149	172	310	293	347	405	470
21	5	7	15	17	11	15	19
54	16	28	35	24	31	33	36
17	6	5	16	12	17	19	25
10	5	6	7	2	6	6	8
5	4	3	10	7	10	13	12
141	63	54	120	113	150	178	199
74	41	55	77	93	91	94	135
10	1	3	7	6	9	13	9
42	8	11	23	19	22	34	27
337	136	179	284	278	307	386	443
53	19	23	32	33	28	42	29
30	13	16	30	24	22	28	38
18	18	22	23	34	33	36	33
16	8	8	19	26	20	30	37
11	7	6	17	8	11	25	42
105	33	55	63	61	78	94	102
22	12	13	38	40	51	52	64
48	13	21	41	19	38	50	62
34	13	15	21	33	26	29	36
70	**33**	**35**	**66**	**48**	**62**	**82**	**88**
39	30	29	42	33	47	65	71
11	17	14	14	9	13	10	17
2	1	1	5	2	2	13	8
21	6	8	10	15	27	31	39
5	6	6	13	7	5	11	7
			1			1	
			1			1	
					2		1
					1		1
					1		

1-2-7 续表 6

行业	企业法人单位数(个)	1949年及以前	1950-1977年	1978-1991年
管道运输业	6			
管道运输业	6			
装卸搬运和运输代理业	621	2	9	26
装卸搬运	339	2	9	20
运输代理业	282			6
仓储业	559	3	81	50
谷物、棉花等农产品仓储	312	3	75	40
其他仓储业	247		6	10
邮政业	185	1		
邮政基本服务	7	1		
快递服务	178			
住宿和餐饮业	**3193**		**53**	**122**
住宿业	1404		26	90
旅游饭店	318		8	17
一般旅馆	876		18	63
其他住宿业	210			10
餐饮业	1789		27	32
正餐服务	1535		22	27
快餐服务	101			
饮料及冷饮服务	37		1	
其他餐饮业	116		4	5
信息传输、软件和信息技术服务业	**1505**		**2**	**5**
电信、广播电视和卫星传输服务	136		1	2
电信	77		1	2
广播电视传输服务	54			
卫星传输服务	5			
互联网和相关服务	129		1	
互联网接入及相关服务	43		1	
互联网信息服务	70			
其他互联网服务	16			
软件和信息技术服务业	1240			3
软件开发	700			1
信息系统集成服务	247			1
信息技术咨询服务	157			1
数据处理和存储服务	23			
集成电路设计	10			
其他信息技术服务业	103			
房地产业	**5567**		**4**	**61**
房地产业	5567		4	61
房地产开发经营	2715		1	53
物业管理	2302		2	5
房地产中介服务	475			1
其他房地产业	75		1	2
租赁和商务服务业	**9802**	**1**	**30**	**115**
租赁业	873		6	5
机械设备租赁	861		6	5
文化及日用品出租	12			
商务服务业	8929	1	24	110
企业管理服务	1429	1	12	49
法律服务	59			1

1992-1995年	1996年	1997年	1998年	1999年	2000年	2001年	2002年
							1
							1
15	1	2	12	6	4	7	8
8	1		6	2	1	3	4
7		2	6	4	3	4	4
16	2	4	9	9	9	9	6
11	1	2	8	6	6	3	4
5	1	2	1	3	3	6	2
			2				1
			2				
							1
62	**28**	**39**	**57**	**51**	**57**	**68**	**84**
41	18	30	43	30	22	34	41
12	5	10	16	5	5	12	13
27	11	12	22	19	13	20	26
2	2	8	5	6	4	2	2
21	10	9	14	21	35	34	43
20	10	8	12	19	32	30	40
			1			1	1
				1	1	1	
1		1	1	1	2	2	2
14	**3**	**13**	**18**	**13**	**23**	**29**	**35**
1		3	4	4	5	6	9
1			2	1	1	3	6
		3	2	3	4	3	3
				1		4	7
				1		1	
						3	7
13	3	10	14	8	18	19	19
4		5	3	6	7	13	12
2	1	4	6	2	6	2	5
4	2		2			2	2
1			1				
2		1	2		5	2	
74	**17**	**32**	**63**	**88**	**119**	**128**	**151**
74	17	32	63	88	119	128	151
55	8	15	48	45	71	64	88
16	7	11	14	36	34	41	46
2	2	5	1	6	11	23	15
1		1		1	3		2
141	**52**	**49**	**108**	**128**	**238**	**141**	**175**
11	3	2	5	10	10	14	10
11	3	2	5	10	10	14	10
130	49	47	103	118	228	127	165
31	13	8	18	14	26	10	18
6			1	5	5	3	1

1-2-7 续表 7

行 业	企业法人单位数(个)	1949年及以前	1950-1977年	1978-1991年
咨询与调查	2202			10
广告业	2068			6
知识产权服务	35			
人力资源服务	519			15
旅行社及相关服务	814			5
安全保护服务	187			7
其他商务服务业	1616		12	17
科学研究和技术服务业	**3692**	**2**	**16**	**64**
研究和试验发展	312			4
自然科学研究和试验发展	24			1
工程和技术研究和试验发展	199			2
农业科学研究和试验发展	68			1
医学研究和试验发展	19			
社会人文科学研究	2			
专业技术服务业	2771	2	14	52
气象服务	7			
地震服务	2			
海洋服务	2			
测绘服务	138		1	1
质检技术服务	373		1	5
环境与生态监测	61	1		1
地质勘查	90		2	4
工程技术	1198		3	19
其他专业技术服务业	900	1	7	22
科技推广和应用服务业	609		2	8
技术推广服务	483		2	7
科技中介服务	41			
其他科技推广和应用服务业	85			1
水利、环境和公共设施管理业	**1080**		**3**	**10**
水利管理业	103		3	4
防洪除涝设施管理	7			
水资源管理	38		1	4
天然水收集与分配	8		1	
水文服务	6			
其他水利管理业	44		1	
生态保护和环境治理业	87			3
生态保护	13			2
环境治理业	74			1
公共设施管理业	890			3
市政设施管理	41			2
环境卫生管理	89			
城乡市容管理	11			
绿化管理	459			1
公园和游览景区管理	290			
居民服务、修理和其他服务业	**2383**		**16**	**47**
居民服务业	798		8	14
家庭服务	166			
托儿所服务	1			
洗染服务	42		1	

1992-1995年	1996年	1997年	1998年	1999年	2000年	2001年	2002年
18	8	13	18	29	98	22	27
24	18	8	27	17	32	27	40
1							1
6	1		1	4	2		5
7	2	5	16	21	38	33	34
5	1		2	3	2	5	2
32	6	13	20	25	25	27	37
90	**26**	**27**	**46**	**58**	**71**	**85**	**133**
3	2	1	1	5	6	10	2
				2			
3	1	1		2	5	4	2
	1		1		1	6	
				1			
74	20	21	39	52	59	71	119
	1	1			1		2
1							
5				2	5	3	6
12	1		3	3	3	4	8
3			1			3	
3	2	4	2	2	1	1	2
31	6	7	26	27	31	48	75
19	10	9	7	18	18	12	26
13	4	5	6	1	6	4	12
9	4	4	5	1	3	4	10
3		1			1		
1			1		2		2
13	**1**	**8**	**8**	**6**	**10**	**11**	**28**
4		2	3	3	1	1	4
1			1				1
1				2	1		2
		1					
							1
2		1	2	1		1	
2		1	1		2		3
2		1	1		2		3
7	1	5	4	3	7	10	21
2				1			1
		1			1		4
3		3	3	2		5	8
2	1	1	1		6	5	8
45	**14**	**29**	**32**	**30**	**33**	**51**	**44**
11	4	12	12	8	9	18	12
			2		1	2	
2			2	1	1		2

1-2-7 续表 8

行业	企业法人单位数(个)	1949年及以前	1950-1977年	1978-1991年
理发及美容服务	147		3	1
洗浴服务	139		1	3
保健服务	61			1
婚姻服务	112			
殡葬服务	42			2
其他居民服务业	88		3	7
机动车、电子产品和日用产品修理业	1165		6	26
汽车、摩托车修理与维护	986		4	24
计算机和办公设备维修	79			1
家用电器修理	63		1	1
其他日用产品修理业	37		1	
其他服务业	420		2	7
清洁服务	262			1
其他未列明服务业	158		2	6
卫生和社会工作	**23**			**2**
社会工作	23			2
提供住宿社会工作	19			1
不提供住宿社会工作	4			1
文化、体育和娱乐业	**3507**	**4**	**37**	**41**
新闻和出版业	82		1	10
新闻业	2			1
出版业	80		1	9
广播、电视、电影和影视录音制作业	229	1	26	21
广播	12		1	
电视	25			
电影和影视节目制作	62		2	
电影和影视节目发行	8		3	1
电影放映	118	1	20	20
录音制作	4			
文化艺术业	512	3	10	9
文艺创作与表演	220	2	9	4
艺术表演场馆	10	1		3
图书馆与档案馆	3			
文物及非物质文化遗产保护	38			
博物馆	7			1
烈士陵园、纪念馆	4			
群众文化活动	39			
其他文化艺术业	191		1	1
体育	124			
体育组织	13			
体育场馆	14			
休闲健身活动	86			
其他体育	11			
娱乐业	2560			1
室内娱乐活动	2451			1
游乐园	21			
文化、娱乐、体育经纪代理	55			
其他娱乐业	33			

1992-1995年	1996年	1997年	1998年	1999年	2000年	2001年	2002年
2	2	3	2	2	1	3	5
1	1	6	3	3	5	6	1
		1		1		3	1
2		1	1			1	2
1	1		1		1		1
3		1	1	1		3	
27	9	17	19	19	21	26	28
27	9	11	18	15	17	22	25
		3		4	1	3	1
		2	1		2	1	2
		1			1		
7	1		1	3	3	7	4
1			1	2	3	3	2
6	1			1		4	2
1			**2**				
1			2				
			1				
1			1				
23	**3**	**3**	**16**	**12**	**35**	**73**	**142**
3			2		3	3	1
3			2		3	3	1
7			4	1	4	4	2
1					1		
2			2		1	3	1
3			1		1		
1			1	1	1	1	1
5	2	3	3	4	4	2	5
1		3	3		2	2	1
1							
				1	1		2
				1	1		
2	1						
1	1			2			2
2				2	1	5	1
1							
1				1	1		
				1		5	1
6	1		7	5	23	59	133
6	1		7	4	22	57	132
				1		1	
					1		
						1	1

1-2-7 续表 9

行业	2003年	2004年	2005年	2006年
总　计	**3878**	**4606**	**5149**	**6081**
农、林、牧、渔业	**13**	**10**	**20**	**37**
农业				
谷物种植				
豆类、油料和薯类种植				
蔬菜、食用菌及园艺作物种植				
其他农业				
林业				
林木育种和育苗				
森林经营和管护				
畜牧业				1
牲畜饲养				1
其他畜牧业				
农、林、牧、渔服务业	13	10	20	36
农业服务业	13	10	16	29
林业服务业			3	2
畜牧服务业				5
渔业服务业			1	
采矿业	**239**	**393**	**444**	**375**
煤炭开采和洗选业	146	244	294	209
烟煤和无烟煤开采洗选	142	240	285	205
褐煤开采洗选		3	5	
其他煤炭采选	4	1	4	4
石油和天然气开采业	1			2
天然气开采	1			2
黑色金属矿采选业	54	81	79	65
铁矿采选	52	76	79	62
锰矿、铬矿采选	2	5		3
其他黑色金属矿采选				
有色金属矿采选业	1	4	9	26
常用有色金属矿采选	1	3	6	23
贵金属矿采选		1	2	3
稀有稀土金属矿采选			1	
非金属矿采选业	30	60	56	64
土砂石开采	28	54	53	52
化学矿开采		1		1
石棉及其他非金属矿采选	2	5	3	11
开采辅助活动	5	4	4	7
煤炭开采和洗选辅助活动	3	4	4	7
石油和天然气开采辅助活动	1			
其他开采辅助活动	1			
其他采矿业	2		2	2
其他采矿业	2		2	2
制造业	**947**	**1097**	**1136**	**1309**
农副食品加工业	64	62	89	107
谷物磨制	13	18	26	24
饲料加工	9	14	11	20
植物油加工	3	7	5	3
制糖业				1
屠宰及肉类加工	13	5	13	12

2007年	2008年	2009年	2010年	2011年	2012年	2013年
6206	**6869**	**8430**	**9950**	**12435**	**14459**	**14765**
41	**34**	**60**	**48**	**92**	**102**	**107**
				3	2	1
				1		
				2	2	1
1	1	1		1	1	
	1	1		1	1	
1						
40	33	59	48	88	99	106
36	30	46	45	78	87	94
2	3	5	3	6	7	7
2		8		3	5	5
				1		
325	**380**	**418**	**437**	**458**	**430**	**332**
164	149	154	132	145	190	96
162	141	149	127	133	171	85
	4	1	2	7	4	3
2	4	4	3	5	15	8
	4	3	5	4	5	3
	4	3	5	4	5	3
56	79	69	84	107	72	77
53	79	68	84	105	71	75
3				1		1
		1		1	1	1
19	11	13	10	20	17	20
16	11	11	9	17	13	17
2		2	1	3	4	1
1						2
83	129	162	196	171	136	120
76	127	151	183	159	125	114
2			2	1	2	
5	2	11	11	11	9	6
1	4	10	3	5	6	13
1	3	6	1	2	6	5
	1	1		1		2
		3	2	2		6
2	4	7	7	6	4	3
2	4	7	7	6	4	3
1376	**1545**	**1591**	**1559**	**1804**	**1943**	**1525**
148	121	133	87	137	179	141
36	40	36	28	38	69	28
16	10	13	10	13	12	13
4	10	6	5	11	10	7
1		2	1			1
15	11	15	10	20	25	23

1-2-7 续表 10

行 业	2003年	2004年	2005年	2006年
水产品加工				
蔬菜、水果和坚果加工	13	8	9	22
其他农副食品加工	13	10	25	25
食品制造业	54	47	36	52
焙烤食品制造	9	10	9	9
糖果、巧克力及蜜饯制造	7	10	5	10
方便食品制造	4	4	7	8
乳制品制造	6	3	3	4
罐头食品制造	2	4	2	2
调味品、发酵制品制造	21	9	6	8
其他食品制造	5	7	4	11
酒、饮料和精制茶制造业	18	24	28	29
酒的制造	6	14	11	14
饮料制造	12	8	17	14
精制茶加工		2		1
烟草制品业				
卷烟制造				
纺织业	16	11	14	10
棉纺织及印染精加工	11	5	11	6
毛纺织及染整精加工				
麻纺织及染整精加工				
丝绢纺织及印染精加工		2		
化纤织造及印染精加工			1	
针织或钩针编织物及其制品制造	4	1		
家用纺织制成品制造			1	2
非家用纺织制成品制造	1	3	1	2
纺织服装、服饰业	7	4	5	5
机织服装制造	5	3	5	5
针织或钩针编织服装制造				
服饰制造	2	1		
皮革、毛皮、羽毛及其制品和制鞋业	3	1	2	1
皮革鞣制加工				
皮革制品制造			1	
毛皮鞣制及制品加工			1	1
羽毛(绒)加工及制品制造				
制鞋业	3	1		
木材加工和木、竹、藤、棕、草制品业	6	7	7	11
木材加工	2	2	2	3
人造板制造	1			4
木制品制造	3	4	4	4
竹、藤、棕、草等制品制造		1	1	
家具制造业	6	9	6	9
木质家具制造	4	7	5	6
竹、藤家具制造				
金属家具制造	2	1	1	2
塑料家具制造				
其他家具制造		1		1
造纸和纸制品业	23	20	16	18
造纸	7	8	4	4
纸制品制造	16	12	12	14

2007年	2008年	2009年	2010年	2011年	2012年	2013年
27	25	31	18	27	26	39
49	25	30	15	28	37	30
71	69	57	40	86	102	95
12	17	14	10	29	30	30
27	21	6	8	12	12	11
4	10	9	4	16	14	23
2		2				2
7	4	2	3	4	3	4
14	11	15	8	16	25	11
5	6	9	7	9	18	14
41	37	33	33	48	67	48
9	15	9	10	18	20	5
31	21	24	23	30	45	42
1	1				2	1
			1			
			1			
14	21	16	17	22	22	24
5	8	8	8	9	3	10
		1	1	6	6	1
	1					
3	1	1				
1		1			1	3
1	4	1		2	2	2
4	5	4	5	2	5	3
	2		3	3	5	5
7	12	9	14	24	25	28
5	10	7	11	13	16	14
	1	1		1	1	4
2	1	1	3	10	8	10
3	3	3	5	4	7	8
			1			
	1		1	3	3	1
1	2	1	2			1
						1
2		2	1	1	4	5
20	20	23	27	24	26	20
6	9	12	10	9	10	13
5	5	7	3	4	3	2
9	5	4	8	11	11	4
	1		6		2	1
13	16	14	16	19	24	20
9	10	12	13	11	19	16
					1	
	3	1	2	7	2	2
1	1				1	1
3	2	1	1	1	1	1
16	12	15	16	26	25	22
3	4	5	4	4	6	2
13	8	10	12	22	19	20

1-2-7 续表 11

行业	2003年	2004年	2005年	2006年
印刷和记录媒介复制业	38	33	26	42
印刷	29	28	25	35
装订及印刷相关服务	9	5	1	7
记录媒介复制				
文教、工美、体育和娱乐用品制造业	9	7	12	15
文教办公用品制造				2
乐器制造				
工艺美术品制造	6	5	10	12
体育用品制造	3	2	2	1
玩具制造				
游艺器材及娱乐用品制造				
石油加工及炼焦	20	19	12	11
化学原料和化学制品制造业	80	66	83	74
基础化学原料制造	27	26	28	23
肥料制造	7	11	15	9
农药制造	1	2	2	3
涂料、油墨、颜料及类似产品制造	15	8	11	8
合成材料制造	5	1	2	2
专用化学产品制造	22	16	20	24
炸药、火工及焰火产品制造			1	1
日用化学产品制造	3	2	4	4
医药制造业	29	20	9	13
化学药品原料药制造	2	2		1
化学药品制剂制造	10	6	2	
中药饮片加工	1	4		1
中成药生产	7	2	1	1
兽用药品制造	5	2	4	8
生物药品制造	1	2		1
卫生材料及医药用品制造	3	2	2	1
化学纤维制造业	1	1	1	1
纤维素纤维原料及纤维制造				
合成纤维制造	1	1	1	1
橡胶和塑料制品业	33	31	28	45
橡胶制品业	13	11	6	14
塑料制品业	20	20	22	31
非金属矿物制品业	198	261	236	282
水泥、石灰和石膏制造	33	28	27	41
石膏、水泥制品及类似制品制造	21	21	25	35
砖瓦、石材等建筑材料制造	72	88	100	138
玻璃制造	1		2	1
玻璃制品制造	9	7	15	10
玻璃纤维和玻璃纤维增强塑料制品制造	2	1	1	1
陶瓷制品制造	7	10	2	5
耐火材料制品制造	36	87	50	36
石墨及其他非金属矿物制品制造	17	19	14	15
黑色金属冶炼和压延加工业	59	70	81	71
炼铁	14	12	12	10
炼钢	1	2	2	3
黑色金属铸造	32	43	54	45
钢压延加工	6	8	8	8
铁合金冶炼	6	5	5	5

2007年	2008年	2009年	2010年	2011年	2012年	2013年
19	27	33	40	49	47	40
18	25	29	38	40	34	28
1	2	4	2	9	13	11
						1
16	30	25	30	47	53	37
	1	1	2	2	2	1
	1			1	3	
16	26	22	28	44	45	34
	2	1			3	
		1				1
						1
8	7	7	4	6	2	5
87	59	71	73	84	109	74
25	17	19	19	23	20	15
14	9	17	20	21	32	20
1	2	2	1	3	2	3
7	8	4	7	8	12	6
6	1	3	4	3	12	7
28	17	19	19	19	26	17
	1	2	2	2	2	1
6	4	5	1	5	3	5
8	10	14	11	14	18	5
4	1	1		2		
	2	3	1	2	1	1
1	1	2	1	2	4	1
	1		4	2	2	
1	2	4	1	3	5	1
	3	2	2	2	3	
2		2	2	1	3	2
1		2	1	2	5	2
		1			1	1
1		1	1	2	4	1
27	34	32	46	64	59	45
5	4	12	12	14	19	5
22	30	20	34	50	40	40
382	524	537	462	431	478	427
21	38	62	64	46	39	37
47	68	55	65	101	103	86
241	332	301	216	174	222	211
2	2	2	1	2	7	4
11	10	11	8	12	7	14
2	2	4		4	5	3
4	3	10	11	7	16	8
39	48	72	57	48	48	42
15	21	20	40	37	31	22
61	53	64	64	64	53	40
13	8	17	12	9	5	3
2	2	1	1	1	4	2
37	35	35	38	42	35	27
5	4	11	10	8	7	8
4	4		3	4	2	

1-2-7 续表 12

行 业	2003年	2004年	2005年	2006年
有色金属冶炼和压延加工业	9	14	18	25
常用有色金属冶炼	3	5	12	14
贵金属冶炼			1	
稀有稀土金属冶炼	1	2	1	1
有色金属合金制造	1	2	2	2
有色金属铸造	1	2		3
有色金属压延加工	3	3	2	5
金属制品业	52	88	124	121
结构性金属制品制造	5	30	26	42
金属工具制造	3	5	11	11
集装箱及金属包装容器制造	1	2	1	2
金属丝绳及其制品制造	3	1	5	3
建筑、安全用金属制品制造	7	8	14	15
金属表面处理及热处理加工	3	2	1	5
搪瓷制品制造				
金属制日用品制造	1	1	3	1
其他金属制品制造	29	39	63	42
通用设备制造业	90	140	140	165
锅炉及原动设备制造	4	11	11	15
金属加工机械制造	15	22	26	42
物料搬运设备制造	3	10	7	3
泵、阀门、压缩机及类似机械制造	18	29	23	25
轴承、齿轮和传动部件制造	5	7	5	4
烘炉、风机、衡器、包装等设备制造	8	9	7	4
文化、办公用机械制造				
通用零部件制造	34	46	57	65
其他通用设备制造业	3	6	4	7
专用设备制造业	52	53	69	101
采矿、冶金、建筑专用设备制造	29	26	32	53
化工、木材、非金属加工专用设备制造	6	6	7	9
食品、饮料、烟草及饲料生产专用设备制造			4	1
印刷、制药、日化及日用品生产专用设备制造		3	2	3
纺织、服装和皮革加工专用设备制造	7	8	11	12
电子和电工机械专用设备制造	1	1	2	5
农、林、牧、渔专用机械制造	1	1	2	3
医疗仪器设备及器械制造	3	4	2	5
环保、社会公共服务及其他专用设备制造	5	4	7	10
汽车制造业	7	13	5	8
汽车整车制造				
改装汽车制造		2		
低速载货汽车制造				
电车制造				
汽车车身、挂车制造		3	1	1
汽车零部件及配件制造	7	8	4	7
铁路、船舶、航空航天和其他运输设备制造业	6	3	5	5
铁路运输设备制造	5	3	4	4
船舶及相关装置制造				
航空、航天器及设备制造				
摩托车制造				
潜水救捞及其他未列明运输设备制造	1		1	1

2007年	2008年	2009年	2010年	2011年	2012年	2013年
20	36	24	28	22	16	26
11	15	9	13	6	6	11
	1					1
	1		2	1	1	1
2	5	3	3	5	1	1
	3	4	1	3	2	1
7	11	8	9	7	6	11
133	123	113	130	134	142	116
37	44	39	47	59	63	57
7	10	6	13	10	12	4
1				1		1
3	5	3	6	4	8	
9	10	21	13	14	15	14
4	5	2	3	3	3	3
2	2	1		1		
1	3	3	4	4	5	4
69	44	38	44	38	36	33
130	165	143	170	214	176	84
17	12	10	16	18	16	1
25	24	25	30	21	28	16
2	12	11	8	17	10	7
14	26	17	25	28	26	11
3	5	2	2	3	1	4
5	3	8	7	9	10	3
		1				
60	71	58	65	102	68	37
4	12	11	17	16	17	5
64	61	99	98	96	111	88
37	37	47	49	55	56	42
4	1	9	9	10	11	10
			1	1	1	3
1		2	3	1	5	5
5	6	5	2	3	9	4
3	3	9	7	3	5	1
3	2	6	6	5	8	2
1	3	4	5	6	8	8
10	9	17	16	12	8	13
9	12	16	12	17	14	6
		2		1		
	1		3	5	4	
		1	2		2	1
2	2	3	2	1	1	1
7	9	10	5	10	7	4
9	4	1	4	5	2	7
8	3	1	4	4		4
	1					
				1	1	1
1					1	1
						1

1-2-7 续表 13

行　　业	2003年	2004年	2005年	2006年
电气机械和器材制造业	28	30	30	27
电机制造	2	4	2	1
输配电及控制设备制造	13	17	10	15
电线、电缆、光缆及电工器材制造	8	4	10	2
电池制造	1		1	1
家用电力器具制造	1	2	3	
非电力家用器具制造		2	1	1
照明器具制造	3		2	3
其他电气机械及器材制造		1	1	4
计算机、通信和其他电子设备制造业	6	8	6	5
计算机制造				
通信设备制造				
广播电视设备制造	1		1	1
视听设备制造				1
电子器件制造	1	3		
电子元件制造	3	2	2	3
其他电子设备制造	1	3	3	
仪器仪表制造业	8	4	6	9
通用仪器仪表制造	4	2	4	4
专用仪器仪表制造	4	1	1	2
钟表与计时仪器制造				
光学仪器及眼镜制造		1		1
其他仪器仪表制造业			1	2
其他制造业	10	27	21	25
废弃资源综合利用业	3	6	6	5
金属废料和碎屑加工处理	3	5	2	1
非金属废料和碎屑加工处理		1	4	4
金属制品、机械和设备修理业	12	18	15	17
金属制品修理	1	1		
通用设备修理	2	1	3	4
专用设备修理	3	4	2	2
铁路、船舶、航空航天等运输设备修理		2		
电气设备修理	1	5	3	4
仪器仪表修理		1		
其他机械和设备修理业	5	4	7	7
电力、热力、燃气及水生产和供应业	**39**	**52**	**47**	**39**
电力、热力生产和供应业	24	18	27	19
电力生产	14	12	15	13
电力供应	3	2		1
热力生产和供应	7	4	12	5
燃气生产和供应业	6	10	6	6
燃气生产和供应业	6	10	6	6
水的生产和供应业	9	24	14	14
自来水生产和供应	6	13	9	10
污水处理及其再生利用	3	9	3	4
其他水的处理、利用与分配		2	2	
建筑业	**198**	**236**	**270**	**290**
房屋建筑业	31	18	29	39
房屋建筑业	31	18	29	39

2007年	2008年	2009年	2010年	2011年	2012年	2013年
20	28	29	36	48	50	23
1	4	1		4	8	1
6	14	13	16	17	15	11
4	2	4	5	6	6	5
	1	3	1	1	2	1
2	3	1	1	5	1	
1	1	4	1	6	5	
2	1	2	8	6	7	3
4	2	1	4	3	6	2
6	3	4	7	13	12	6
		1	1	2	1	
				2		1
		1				
3	1	1		4	5	
1	2	1	3	2	5	2
2			3	3	1	3
6	11	3	7	5	6	6
2	6	1	2	1	2	2
1	5		1		3	3
		1	2	2		
3		1	2	2	1	1
16	23	35	45	45	48	33
7	5	15	5	18	18	13
4	2	3	2	8	5	3
3	3	12	3	10	13	10
14	19	21	30	36	47	36
	2			1	1	1
2		2	9	5	7	10
4	4	6	5	11	15	8
				3		1
4		3	4	2	8	5
4	13	10	12	14	16	11
73	**92**	**81**	**90**	**93**	**107**	**101**
40	35	34	41	43	46	53
22	16	18	26	21	22	35
1		2	1	3		
17	19	14	14	19	24	18
14	25	17	17	17	25	31
14	25	17	17	17	25	31
19	32	30	32	33	36	17
11	14	13	12	21	20	10
4	15	13	16	9	12	6
4	3	4	4	3	4	1
304	**273**	**392**	**477**	**616**	**697**	**670**
46	32	52	58	70	64	76
46	32	52	58	70	64	76

1-2-7 续表 14

行　业	2003年	2004年	2005年	2006年
土木工程建筑业	34	55	55	76
铁路、道路、隧道和桥梁工程建筑	11	20	20	31
水利和内河港口工程建筑	5	5	3	4
工矿工程建筑	2	3	6	3
架线和管道工程建筑	4	13	10	19
其他土木工程建筑	12	14	16	19
建筑安装业	38	55	69	63
电气安装	7	20	23	12
管道和设备安装	19	23	27	21
其他建筑安装业	12	12	19	30
建筑装饰和其他建筑业	95	108	117	112
建筑装饰业	69	71	77	88
工程准备活动	8	16	13	8
提供施工设备服务	6	5	7	5
其他未列明建筑业	12	16	20	11
批发和零售业	**1270**	**1426**	**1610**	**2050**
批发业	645	768	831	1032
农、林、牧产品批发	20	20	32	64
食品、饮料及烟草制品批发	36	46	49	79
纺织、服装及家庭用品批发	26	22	31	39
文化、体育用品及器材批发	9	33	14	14
医药及医疗器材批发	22	23	28	32
矿产品、建材及化工产品批发	276	325	370	435
机械设备、五金产品及电子产品批发	205	241	233	279
贸易经纪与代理	10	14	14	19
其他批发业	41	44	60	71
零售业	625	658	779	1018
综合零售	32	44	47	71
食品、饮料及烟草制品专门零售	40	47	54	90
纺织、服装及日用品专门零售	60	72	59	79
文化、体育用品及器材专门零售	38	34	41	45
医药及医疗器材专门零售	98	84	96	101
汽车、摩托车、燃料及零配件专门零售	120	119	155	198
家用电器及电子产品专门零售	104	87	125	161
五金、家具及室内装饰材料专门零售	69	89	131	153
货摊、无店铺及其他零售业	64	82	71	120
交通运输、仓储和邮政业	**128**	**163**	**189**	**204**
道路运输业	92	127	141	153
城市公共交通运输	15	31	36	16
公路旅客运输	14	6	10	16
道路货物运输	53	70	82	104
道路运输辅助活动	10	20	13	17
水上运输业				1
水上旅客运输				1
水上货物运输				
水上运输辅助活动				
航空运输业			1	2
航空客货运输				
通用航空服务				
航空运输辅助活动			1	2

2007年	2008年	2009年	2010年	2011年	2012年	2013年
62	64	77	102	131	142	116
19	22	28	24	36	47	37
3	5	5	6	26	8	6
5	5	12	13	9	7	6
19	14	16	21	9	18	8
16	18	16	38	51	62	59
64	56	53	83	89	122	101
18	13	8	23	22	27	21
22	28	14	31	27	39	43
24	15	31	29	40	56	37
132	121	210	234	326	369	377
92	71	134	160	252	278	299
18	28	41	45	43	51	49
8	9	14	9	9	16	9
14	13	21	20	22	24	20
2068	**2476**	**3292**	**4075**	**5498**	**6254**	**6404**
1122	1282	1741	2113	2864	3312	3236
104	87	111	122	145	146	177
95	106	150	181	268	339	345
49	40	72	91	108	146	144
24	17	26	45	117	60	64
15	25	41	42	47	62	59
451	543	712	825	1061	1242	1096
317	348	488	624	886	1002	1043
10	18	28	21	45	76	97
57	98	113	162	187	239	211
946	1194	1551	1962	2634	2942	3168
56	86	102	136	226	279	356
112	114	150	189	284	332	349
92	99	134	138	210	211	241
45	54	85	106	179	180	232
73	103	138	138	149	160	142
176	233	273	360	385	413	411
128	202	247	335	413	447	457
145	164	223	332	474	559	581
119	139	199	228	314	361	399
236	**317**	**381**	**558**	**619**	**609**	**733**
168	237	296	405	452	455	529
11	17	17	10	16	19	15
8	16	13	18	16	7	11
125	185	243	355	392	409	475
24	19	23	22	28	20	28
1	2	1				1
		1				
1	1					1
	1					
	1	1	1	2	2	2
	1		1		1	
		1		1	1	1
				1		1

1-2-7 续表 15

行　业	2003年	2004年	2005年	2006年
管道运输业				
管道运输业				
装卸搬运和运输代理业	17	19	24	25
装卸搬运	10	11	5	8
运输代理业	7	8	19	17
仓储业	18	16	21	22
谷物、棉花等农产品仓储	12	6	8	13
其他仓储业	6	10	13	9
邮政业	1	1	2	1
邮政基本服务				
快递服务	1	1	2	1
住宿和餐饮业	**88**	**106**	**119**	**173**
住宿业	45	47	38	74
旅游饭店	14	15	10	20
一般旅馆	25	27	21	42
其他住宿业	6	5	7	12
餐饮业	43	59	81	99
正餐服务	39	55	73	85
快餐服务	3	1	5	6
饮料及冷饮服务		1	1	5
其他餐饮业	1	2	2	3
信息传输、软件和信息技术服务业	**44**	**59**	**59**	**83**
电信、广播电视和卫星传输服务	8	2	6	8
电信	7	1	1	7
广播电视传输服务	1	1	3	1
卫星传输服务			2	
互联网和相关服务	7	7	6	9
互联网接入及相关服务	2	3	3	4
互联网信息服务	3	4	3	4
其他互联网服务	2			1
软件和信息技术服务业	29	50	47	66
软件开发	15	30	30	39
信息系统集成服务	6	11	9	12
信息技术咨询服务	3	5	5	8
数据处理和存储服务		1	1	1
集成电路设计		1		1
其他信息技术服务业	5	2	2	5
房地产业	**203**	**231**	**313**	**393**
房地产业	203	231	313	393
房地产开发经营	105	130	187	238
物业管理	70	77	101	124
房地产中介服务	26	23	23	28
其他房地产业	2	1	2	3
租赁和商务服务业	**262**	**289**	**388**	**399**
租赁业	14	17	30	24
机械设备租赁	14	16	30	22
文化及日用品出租		1		2
商务服务业	248	272	358	375
企业管理服务	24	25	55	45
法律服务	5	1	1	2

2007年	2008年	2009年	2010年	2011年	2012年	2013年
1	2		1			1
1	2		1			1
36	43	38	46	80	75	122
24	20	25	19	41	45	73
12	23	13	27	39	30	49
27	27	32	41	43	51	55
13	13	14	19	20	20	15
14	14	18	22	23	31	40
3	5	13	64	42	26	23
			1	1	2	
3	5	13	63	41	24	23
205	**181**	**228**	**275**	**292**	**447**	**438**
92	70	92	105	112	184	160
25	14	17	25	25	20	29
55	44	63	64	73	125	100
12	12	12	16	14	39	31
113	111	136	170	180	263	278
97	89	123	144	153	219	228
8	5	8	13	11	16	22
1	5		3	2	8	7
7	12	5	10	14	20	21
93	**114**	**89**	**133**	**181**	**191**	**299**
8	17	6	9	11	8	18
5	11	3	2	6	4	13
3	6	2	6	5	3	5
		1	1		1	
12	15	2	11	8	12	27
3	5		4	1	5	10
7	9	2	5	6	4	13
2	1		2	1	3	4
73	82	81	113	162	171	254
36	49	53	60	89	95	151
16	15	14	30	31	31	43
10	8	10	10	21	28	35
1	1		2	5	1	10
		1	2	1	1	1
10	9	3	9	15	15	14
412	**329**	**415**	**515**	**582**	**642**	**739**
412	329	415	515	582	642	739
241	150	198	253	281	222	244
141	157	185	228	246	348	377
27	21	28	30	44	63	96
3	1	4	4	11	9	22
440	**498**	**697**	**857**	**1139**	**1577**	**2033**
19	47	58	100	122	156	204
19	45	58	99	119	155	202
	2		1	3	1	2
421	451	639	757	1017	1421	1829
47	49	112	121	162	244	337
8	4	2	3	5	3	3

1-2-7 续表 16

行　业				
	2003年	2004年	2005年	2006年
咨询与调查	43	50	87	86
广告业	65	70	70	95
知识产权服务	1	1	2	2
人力资源服务	6	8	16	15
旅行社及相关服务	60	53	62	60
安全保护服务	5	16	13	8
其他商务服务业	39	48	52	62
科学研究和技术服务业	**153**	**175**	**202**	**188**
研究和试验发展	9	14	10	11
自然科学研究和试验发展	1	2		1
工程和技术研究和试验发展	5	8	7	7
农业科学研究和试验发展		2	3	2
医学研究和试验发展	3	2		1
社会人文科学研究				
专业技术服务业	127	143	173	156
气象服务				
地震服务				
海洋服务				
测绘服务	5	11	10	5
质检技术服务	8	14	19	27
环境与生态监测	1		2	2
地质勘查	4	6	5	8
工程技术	69	80	99	61
其他专业技术服务业	40	32	38	53
科技推广和应用服务业	17	18	19	21
技术推广服务	14	16	14	17
科技中介服务	1		2	1
其他科技推广和应用服务业	2	2	3	3
水利、环境和公共设施管理业	**43**	**46**	**34**	**49**
水利管理业	10	6	2	5
防洪除涝设施管理	1	1	1	
水资源管理	4	1		1
天然水收集与分配				1
水文服务		1		
其他水利管理业	5	3	1	3
生态保护和环境治理业	3	1	5	1
生态保护	1			
环境治理业	2	1	5	1
公共设施管理业	30	39	27	43
市政设施管理	2	5	4	3
环境卫生管理	3	2	1	1
城乡市容管理				
绿化管理	11	12	17	13
公园和游览景区管理	14	20	5	26
居民服务、修理和其他服务业	**71**	**96**	**101**	**125**
居民服务业	20	38	43	40
家庭服务		3	4	3
托儿所服务				
洗染服务	3	2	4	3

2007年	2008年	2009年	2010年	2011年	2012年	2013年
109	107	119	175	252	350	571
106	91	155	178	298	356	382
1	4	1	3	4	6	8
17	51	45	52	62	114	97
45	51	51	64	53	79	66
13	8	17	24	11	18	26
75	86	137	137	170	251	339
198	**189**	**250**	**319**	**392**	**492**	**489**
23	14	21	30	39	57	45
	4	1	3	3	3	3
18	8	14	22	26	35	26
2	1	6	5	6	16	13
3	1			2	3	3
				2		
151	142	195	227	273	314	330
1				1		
				1		1
						1
13	10	6	4	15	19	16
21	23	45	48	35	43	46
6	1	4	9	7	10	10
7	1	5	4	8	10	9
63	54	68	88	113	113	110
40	53	67	74	93	119	137
24	33	34	62	80	121	114
20	26	26	46	62	101	89
	1	2	9	3	8	9
4	6	6	7	15	12	16
70	**82**	**96**	**103**	**118**	**156**	**153**
3	8	9	6	13	7	8
						1
1	1	3	4	5	3	4
			1	2		1
	1	1		2		
2	6	5	1	4	4	2
7	11	6	11	6	11	11
2		1	1		3	2
5	11	5	10	6	8	9
60	63	81	86	99	138	134
4	2	1	6	2	5	1
9	9	9	8	6	14	15
1	2	3		3	1	1
29	31	40	51	52	93	79
17	19	28	21	36	25	38
123	**142**	**153**	**211**	**269**	**390**	**357**
44	47	48	74	79	123	132
7	2	11	19	28	40	44
		1				
6	2	1	1	2	6	3

1-2-7 续表 17

行 业	2003年	2004年	2005年	2006年
理发及美容服务	4	6	15	13
洗浴服务	7	11	12	7
保健服务		7	2	6
婚姻服务		5	4	2
殡葬服务	1	3	2	1
其他居民服务业	5	1		5
机动车、电子产品和日用产品修理业	42	42	50	71
汽车、摩托车修理与维护	38	37	43	56
计算机和办公设备维修	2	3	3	8
家用电器修理	1	2	4	7
其他日用产品修理业	1			
其他服务业	9	16	8	14
清洁服务	4	10	5	6
其他未列明服务业	5	6	3	8
卫生和社会工作	**1**			
社会工作	1			
提供住宿社会工作	1			
不提供住宿社会工作				
文化、体育和娱乐业	**179**	**227**	**217**	**367**
新闻和出版业		4	2	3
新闻业				
出版业		4	2	3
广播、电视、电影和影视录音制作业	4	7	2	6
广播		1		
电视	2		1	1
电影和影视节目制作	2	5	1	2
电影和影视节目发行				
电影放映				2
录音制作		1		1
文化艺术业	2	9	10	16
文艺创作与表演	1	4	3	5
艺术表演场馆				
图书馆与档案馆				1
文物及非物质文化遗产保护	1	2	3	1
博物馆				
烈士陵园、纪念馆			1	1
群众文化活动			2	2
其他文化艺术业		3	1	6
体育	2	3	8	6
体育组织				
体育场馆			1	1
休闲健身活动	1	3	6	5
其他体育	1		1	
娱乐业	171	204	195	336
室内娱乐活动	169	201	194	332
游乐园			1	2
文化、娱乐、体育经纪代理	1	1		2
其他娱乐业	1	2		

2007年	2008年	2009年	2010年	2011年	2012年	2013年
5	13	8	14	10	20	15
11	9	6	13	11	9	12
4	6	4	5	7	5	8
7	6	6	11	12	26	26
1	2	4	5	3	3	9
3	7	7	6	6	14	15
55	76	68	105	139	176	143
46	65	55	89	118	149	118
3	5	7	2	12	8	13
5	2	2	6	6	13	5
1	4	4	8	3	6	7
24	19	37	32	51	91	82
15	13	28	19	30	61	56
9	6	9	13	21	30	26
1	**1**	**2**		**3**	**2**	**4**
1	1	2		3	2	4
1	1	2		3	2	4
241	**216**	**285**	**293**	**279**	**420**	**381**
2	2	5	5	5	18	13
					1	
2	2	5	5	5	17	13
6	13	19	17	34	29	22
	1	2	1	1	1	2
	1	3	3	3		2
4	6	3	5	6	12	9
	1	1	1	1		
2	4	10	6	23	15	9
			1		1	
14	13	25	41	91	111	122
5	5	12	18	47	46	44
		1	1	3		1
			1			
3	1	2	1	5	8	6
	1	1			1	1
	1					
2		1	4	5	8	12
4	5	8	16	31	48	58
8	6	10	17	13	17	22
1	1		1	1	4	4
1	1	1	2	2	1	1
5	3	8	12	7	11	17
1	1	1	2	3	1	
211	182	226	213	136	245	202
205	179	213	206	121	219	180
2		4	2	2	4	2
1	2	5	3	8	17	14
3	1	4	2	5	5	6

1-2-8 按行业、开业(成立)时间

行业	从业人员数(人)	1949年及以前	1950-1977年	1978-1991年
总　计	**2339849**	**4705**	**88326**	**135496**
农、林、牧、渔业	**8628**		**709**	**162**
农业	370			22
谷物种植	22			22
豆类、油料和薯类种植	15			
蔬菜、食用菌及园艺作物种植	328			
其他农业	5			
林业	63			48
林木育种和育苗	15			
森林经营和管护	48			48
畜牧业	549			
牲畜饲养	519			
其他畜牧业	30			
农、林、牧、渔服务业	7646		709	92
农业服务业	6837		629	92
林业服务业	555		80	
畜牧服务业	230			
渔业服务业	24			
采矿业	**237553**	**46**	**7691**	**10677**
煤炭开采和洗选业	168133		6991	9385
烟煤和无烟煤开采洗选	164109		6991	9382
褐煤开采洗选	928			
其他煤炭采选	3096			3
石油和天然气开采业	1735			
天然气开采	1735			
黑色金属矿采选业	34799		281	679
铁矿采选	33541		255	679
锰矿、铬矿采选	1170		26	
其他黑色金属矿采选	88			
有色金属矿采选业	3871		5	372
常用有色金属矿采选	3177			342
贵金属矿采选	610		5	30
稀有稀土金属矿采选	84			
非金属矿采选业	24272	46	282	216
土砂石开采	22400		246	160
化学矿开采	286	46	36	
石棉及其他非金属矿采选	1586			56
开采辅助活动	3938			25
煤炭开采和洗选辅助活动	3298			25
石油和天然气开采辅助活动	379			
其他开采辅助活动	261			
其他采矿业	805		132	
其他采矿业	805		132	
制造业	**718914**	**1385**	**30064**	**35103**
农副食品加工业	44213	231	786	1556
谷物磨制	8619	231	189	96
饲料加工	5916			285
植物油加工	3328		6	156
制糖业	450			
屠宰及肉类加工	7495		373	615
水产品加工	25			25

注：本表按开业(成立)年份分组中不包含筹建单位。

分组的小微企业法人单位从业人员数

1992-1995年	1996年	1997年	1998年	1999年	2000年	2001年	2002年
78511	**24669**	**30648**	**59344**	**50421**	**60814**	**72549**	**81165**
61	**5**	**56**	**94**	**188**	**413**	**81**	**237**
							5
							5
					15		
					15		
61	5	56	94	188	398	81	232
61	5	56	89	188	395	75	157
					2	4	75
					1	2	
			5				
8266	**1636**	**1724**	**4670**	**3210**	**4549**	**5994**	**4772**
6818	1306	1590	3988	2970	3332	4842	2380
6731	1306	1587	3988	2968	3325	4758	2318
85		3		2		11	28
2					7	73	34
378	143	10	49	123	711	1054	1697
378	143	10	49	122	502	1021	1641
				1	209	26	55
						7	1
137	90	31	315	25	138		60
34	90		299	25	128		60
103		31			10		
			16				
839	97	93	93	91	368	66	609
838	97	93	91	91	226	52	599
1			2		142	14	10
91			225	1		32	26
91			225	1		6	26
						26	
3							
3							
26698	**9830**	**8847**	**21016**	**16511**	**22470**	**26840**	**27632**
1173	592	457	962	853	1611	1620	2213
175	22	3	265	214	128	602	486
104	219		50	197	317	444	323
38		159	14	29	412	109	
509	163	295	199	188	418	30	380

1-2-8 续表 1

行业	从业人员数(人)	1949年及以前	1950-1977年	1978-1991年
蔬菜、水果和坚果加工	9307		1	332
其他农副食品加工	9073		217	47
食品制造业	33777	184	360	971
焙烤食品制造	7214		146	234
糖果、巧克力及蜜饯制造	7856	184	50	58
方便食品制造	4006		2	9
乳制品制造	2758			101
罐头食品制造	2133			4
调味品、发酵制品制造	6462		146	288
其他食品制造	3348		16	277
酒、饮料和精制茶制造业	18928	138	175	793
酒的制造	9160	138	69	579
饮料制造	9253		106	214
精制茶加工	515			
烟草制品业	10			
卷烟制造	10			
纺织业	14525		3516	356
棉纺织及印染精加工	8980		2917	248
毛纺织及染整精加工	397			
麻纺织及染整精加工	375			
丝绢纺织及印染精加工	604			
化纤织造及印染精加工	744			
针织或钩针编织物及其制品制造	849		454	34
家用纺织制成品制造	1630		97	39
非家用纺织制成品制造	946		48	35
纺织服装、服饰业	9544	58	1200	1164
机织服装制造	7196		462	690
针织或钩针编织服装制造	322		4	164
服饰制造	2026	58	734	310
皮革、毛皮、羽毛及其制品和制鞋业	3317	2	282	261
皮革鞣制加工	150			
皮革制品制造	1241	2	220	
毛皮鞣制及制品加工	507		11	
羽毛(绒)加工及制品制造	8			
制鞋业	1411		51	261
木材加工和木、竹、藤、棕、草制品业	6340	14	84	109
木材加工	1751	14	75	96
人造板制造	2263			3
木制品制造	2079		9	10
竹、藤、棕、草等制品制造	247			
家具制造业	4966		35	45
木质家具制造	3919		35	44
竹、藤家具制造	15			
金属家具制造	825			
塑料家具制造	103			
其他家具制造	104			1

1992-1995年	1996年	1997年	1998年	1999年	2000年	2001年	2002年
310			203	14	270	391	396
37	188		231	211	66	44	628
661	864	426	1489	1310	727	881	1485
364	358		739	68		40	103
30		22	30	161	274	69	241
15		82	48	103	17	72	264
17		2	148	6	308	201	366
49	28		443	130		225	61
96	468	314	40	685	18	59	359
90	10	6	41	157	110	215	91
308	277	933	745	539	1178	279	740
191	50	908	362	327	792	132	487
117	227	25	383	212	151	147	246
					235		7
328	1009	102	151	287	549	111	931
23	399		48	260	302	66	759
163			5			5	
	236				89		
31	368		98				
10				2		29	
		102			158	1	172
101	6			25		10	
188	40	412	478	260	102	193	193
148	40	411	358	260	72	140	131
		1			30		
40			120			53	62
2	109		15	78			
	14		15				
				5			
2	95			73			
63	9		293	152	33	140	420
20	9		2		8	138	9
				22			270
43			266	130	25	2	141
			25				
181	82	98	78	444	119	105	64
175	49	85	78	439	119	105	61
1	33						3
5		13		5			

1-2-8 续表 2

行业	从业人员数（人）	1949年及以前	1950-1977年	1978-1991年
造纸和纸制品业	9618		197	805
造纸	3281		109	74
纸制品制造	6337		88	731
印刷和记录媒介复制业	13454	29	947	1589
印刷	12382	29	936	1467
装订及印刷相关服务	1047		11	122
记录媒介复制	25			
文教、工美、体育和娱乐用品制造业	11199	1	435	442
文教办公用品制造	340		60	20
乐器制造	73		23	
工艺美术品制造	9712	1	88	396
体育用品制造	1055		264	25
玩具制造	11			1
游艺器材及娱乐用品制造	8			
石油加工及炼焦	11450			205
化学原料和化学制品制造业	48220		1402	1882
基础化学原料制造	16171		62	1033
肥料制造	11180		732	89
农药制造	1436			255
涂料、油墨、颜料及类似产品制造	3923		29	97
合成材料制造	2109		324	77
专用化学产品制造	10567		43	305
炸药、火工及焰火产品制造	1545		212	1
日用化学产品制造	1289			25
医药制造业	16667		122	928
化学药品原料药制造	1471			120
化学药品制剂制造	4905			215
中药饮片加工	897		2	98
中成药生产	4471		120	413
兽用药品制造	2526			35
生物药品制造	1409			
卫生材料及医药用品制造	988			47
化学纤维制造业	4402		3153	
纤维素纤维原料及纤维制造	3171		3153	
合成纤维制造	1231			
橡胶和塑料制品业	19423		903	1230
橡胶制品业	4710		337	506
塑料制品业	14713		566	724
非金属矿物制品业	180230	184	4430	4996
水泥、石灰和石膏制造	25654		1930	264
石膏、水泥制品及类似制品制造	26771		553	555
砖瓦、石材等建筑材料制造	66292		358	1956
玻璃制造	3092			85
玻璃制品制造	14051		10	16
玻璃纤维和玻璃纤维增强塑料制品制造	662		1	14
陶瓷制品制造	10360	164	521	366
耐火材料制品制造	20116	20	1056	1135
石墨及其他非金属矿物制品制造	13232		1	605
黑色金属冶炼和压延加工业	49214		1381	1761
炼铁	7612			

1992-1995年	1996年	1997年	1998年	1999年	2000年	2001年	2002年
772	332	281	232	135	224	376	258
428	61	252	135	14	54	253	115
344	271	29	97	121	170	123	143
977	503	341	316	373	466	601	631
897	499	310	271	321	451	578	588
80	4	31	45	52	15	23	43
71	154	20	191	104	238	31	626
1	5		4				
70	99	20	112		63	30	546
	50		75	104	175	1	80
272	240	110	1105	368	515	1332	716
1819	754	712	1662	1154	1537	4868	1848
476	280	434	65	496	883	688	968
777	1	30	707	118	116	3212	74
90	104	28	30	153	47	3	44
238	306	113	300	12	62	204	232
5		23		22		28	
211	63	64	462	116	427	281	498
				208		452	1
22		20	98	29	2		31
1184	363	411	505	838	1072	785	1442
41	136			9		257	181
	75	261	145	170	849	145	241
			25	100	41	20	55
1031		150	40	400	15	153	256
73	152		115	114	30	120	464
39			180	43	137	80	178
				2		10	67
22			187		106	2	115
22			187		106	2	115
909	265	154	284	382	913	248	877
371	11	20		30	88	22	91
538	254	134	284	352	825	226	786
7132	1365	1467	2831	2536	4961	3355	4506
786	262	350	910	501	798	339	635
469	14	184	107	78	602	328	596
1072	447	395	608	774	1327	724	844
2328	1		1	1		20	19
572		47	100	757	353	377	606
15		9			52		6
427	1	57	356		621	235	213
1010	126	369	461	349	599	911	443
453	514	56	288	76	609	421	1144
1964	400	874	2332	869	1611	2166	2411
180	50	154	216	58	21	343	538

1-2-8 续表 3

行　业	从业人员数(人)	1949年及以前	1950-1977年	1978-1991年
炼钢	3893		147	
黑色金属铸造	28891		959	1563
钢压延加工	4002		275	29
铁合金冶炼	4816			169
有色金属冶炼和压延加工业	14541			566
常用有色金属冶炼	7026			302
贵金属冶炼	439			
稀有稀土金属冶炼	1315			262
有色金属合金制造	1310			1
有色金属铸造	604			1
有色金属压延加工	3847			
金属制品业	47202		1502	2083
结构性金属制品制造	12178		582	1022
金属工具制造	3922		226	378
集装箱及金属包装容器制造	829		8	
金属丝绳及其制品制造	1875		476	36
建筑、安全用金属制品制造	10679		20	252
金属表面处理及热处理加工	1201		6	25
搪瓷制品制造	212			
金属制日用品制造	845		43	9
其他金属制品制造	15461		141	361
通用设备制造业	55065		2597	5523
锅炉及原动设备制造	3906		104	206
金属加工机械制造	11676		862	1307
物料搬运设备制造	2487		154	243
泵、阀门、压缩机及类似机械制造	8599		253	416
轴承、齿轮和传动部件制造	2353		247	269
烘炉、风机、衡器、包装等设备制造	4400		352	181
文化、办公用机械制造	190			9
通用零部件制造	18421		625	2758
其他通用设备制造业	3033			134
专用设备制造业	41948	534	2437	4077
采矿、冶金、建筑专用设备制造	25500		992	3507
化工、木材、非金属加工专用设备制造	2443		393	97
食品、饮料、烟草及饲料生产专用设备制造	276		20	15
印刷、制药、日化及日用品生产专用设备制造	1350		7	
纺织、服装和皮革加工专用设备制造	3486		58	198
电子和电工机械专用设备制造	1695		8	
农、林、牧、渔专用机械制造	2260	534	116	128
医疗仪器设备及器械制造	1040		83	30
环保、社会公共服务及其他专用设备制造	3898		760	102
汽车制造业	8680	10	440	146
汽车整车制造	270			
改装汽车制造	1544			
低速载货汽车制造	56		56	
电车制造	144			
汽车车身、挂车制造	907			
汽车零部件及配件制造	5759	10	384	146
铁路、船舶、航空航天和其他运输设备制造业	4817		600	813
铁路运输设备制造	4353		502	813
船舶及相关装置制造	62			

1992-1995年	1996年	1997年	1998年	1999年	2000年	2001年	2002年
63		113		248	245	16	51
1471	211	574	793	411	1055	1423	1567
5	44	33	94	14	185	64	36
245	95		1229	138	105	320	219
548	83	130	999	163	462	668	952
126	40	38	904	2	204	385	480
						1	219
173	1		31			138	60
	2				114	1	43
			4	161		65	
249	40	92	60		144	78	150
2490	504	335	908	1434	1599	3303	2463
327	53	38	255	91	194	227	426
385		18	15	96	290	306	174
462		27		108		8	2
	65			105		126	13
790	262	112	216	505	500	1132	516
59					221	30	
				2		1	
14	14		12			25	
453	110	140	410	527	394	1448	1332
1531	925	606	2783	1640	1556	1881	2478
190	105	137	138	244	299	502	16
277	285	230	411	117	99	237	862
78	60	6	165	32	4	6	29
370	131	90	687	154	423	332	443
67	141		38	47		142	89
177		7	225	152	285	32	180
			51	5			
323	106	136	1004	859	364	480	688
49	97		64	30	82	150	171
1524	403	627	1049	759	1058	1932	1525
1033	348	266	773	473	228	1197	770
64	9	6	1	22		85	75
						12	13
72		42					30
33	26		47	85	509	139	221
87	10	142		106	106	58	302
50		41	72		187	272	
			30	67		18	68
185	10	130	126	6	28	151	46
90	81	13	217	80		156	54
			125				
84				30		90	
6	81	13	92	50		66	54
573			218	175	140	58	56
521			197	163	140	58	51

1-2-8 续表 4

行　业	从业人员数（人）			
		1949年及以前	1950-1977年	1978-1991年
航空、航天器及设备制造	69			
摩托车制造	104			
潜水救捞及其他未列明运输设备制造	229		98	
电气机械和器材制造业	18972		2334	607
电机制造	2321		663	
输配电及控制设备制造	7213		993	259
电线、电缆、光缆及电工器材制造	3954		382	326
电池制造	1412		1	22
家用电力器具制造	934			
非电力家用器具制造	745			
照明器具制造	1115		14	
其他电气机械及器材制造	1278		281	
计算机、通信和其他电子设备制造业	5860		184	228
计算机制造	162			
通信设备制造	215			123
广播电视设备制造	839			
视听设备制造	115			27
电子器件制造	1627		184	
电子元件制造	2233			78
其他电子设备制造	669			
仪器仪表制造业	4280		71	265
通用仪器仪表制造	2235		56	66
专用仪器仪表制造	1385		13	
钟表与计时仪器制造	5			
光学仪器及眼镜制造	326			192
其他仪器仪表制造业	329		2	7
其他制造业	6401		24	102
废弃资源综合利用业	3341		270	109
金属废料和碎屑加工处理	1426		69	21
非金属废料和碎屑加工处理	1915		201	88
金属制品、机械和设备修理业	8310		197	1491
金属制品修理	126			
通用设备修理	710		50	58
专用设备修理	2494		45	1013
铁路、船舶、航空航天等运输设备修理	300			
电气设备修理	1344			269
仪器仪表修理	62			
其他机械和设备修理业	3274		102	151
电力、热力、燃气及水生产和供应业	**53531**		**4127**	**5232**
电力、热力生产和供应业	33838		770	1765
电力生产	18734		770	1196
电力供应	1657			290
热力生产和供应	13447			279
燃气生产和供应业	6217			352
燃气生产和供应业	6217			352
水的生产和供应业	13476		3357	3115
自来水生产和供应	9446		3357	3064
污水处理及其再生利用	3379			
其他水的处理、利用与分配	651			51

1992–1995年	1996年	1997年	1998年	1999年	2000年	2001年	2002年
52				12			
			21				5
598	260	174	697	370	571	602	257
13			65		50	73	9
301	45	140	96	38	174	365	64
100	203	34	171	290	202	145	110
117				42			17
57			3			19	41
					120		
10							
	12		362		25		16
59	57	134	126	136	113	785	101
		5	10			42	
50			10				
4	25					743	
			17				
5			89	136	113		101
	32	129					
201	7		89	508	679	96	148
198	7		46	253	644	76	102
			23	255		8	6
							5
			20				
3					35	12	35
174	132	10	10	197	47	58	92
420			14	30		182	
			14	30		181	
420						1	
464	20	20	50	337	283	26	30
22	20				3		
		1	1		1	9	
164			25	45	2		3
99							
3			6	112	277		12
7							15
169		19	18	180		17	
1111	**266**	**19**	**1139**	**468**	**1663**	**684**	**1162**
650	223		1029	142	1411	567	607
484	73		565	113	529	184	393
			256			118	
166	150		208	29	882	265	214
143		4	22	272	40	47	38
143		4	22	272	40	47	38
318	43	15	88	54	212	70	517
293	43	15	88	30	53	70	179
				24	64		257
25					95		81

1-2-8 续表 5

行　业	从业人员数(人)	1949年及以前	1950-1977年	1978-1991年
建筑业	**277620**	**3**	**14150**	**26105**
房屋建筑业	113656		11878	19053
房屋建筑业	113656		11878	19053
土木工程建筑业	59704		1478	3974
铁路、道路、隧道和桥梁工程建筑	22641		594	2206
水利和内河港口工程建筑	3994		473	62
工矿工程建筑	9569		94	78
架线和管道工程建筑	13601			1157
其他土木工程建筑	9899		317	471
建筑安装业	40550	3	390	2348
电气安装	11874			1065
管道和设备安装	15458		390	610
其他建筑安装业	13218	3		673
建筑装饰和其他建筑业	63710		404	730
建筑装饰业	32018			535
工程准备活动	8614		172	22
提供施工设备服务	9115			20
其他未列明建筑业	13963		232	153
批发和零售业	**418510**	**2582**	**21294**	**28604**
批发业	223239	442	9519	14620
农、林、牧产品批发	15775	2	1042	861
食品、饮料及烟草制品批发	27057	255	1903	1729
纺织、服装及家庭用品批发	9154		390	1087
文化、体育用品及器材批发	3416	8	163	186
医药及医疗器材批发	6622		1231	225
矿产品、建材及化工产品批发	91923	112	3297	7691
机械设备、五金产品及电子产品批发	49347	65	941	1285
贸易经纪与代理	3220		205	231
其他批发业	16725		347	1325
零售业	195271	2140	11775	13984
综合零售	33792	993	6787	5595
食品、饮料及烟草制品专门零售	18718	13	1356	1322
纺织、服装及日用品专门零售	17556	440	740	1004
文化、体育用品及器材专门零售	10463	639	747	400
医药及医疗器材专门零售	11373	24	872	223
汽车、摩托车、燃料及零配件专门零售	34166	26	65	281
家用电器及电子产品专门零售	22007			126
五金、家具及室内装饰材料专门零售	24312		411	800
货摊、无店铺及其他零售业	22884	5	797	4233
交通运输、仓储和邮政业	**111544**	**452**	**4584**	**4568**
道路运输业	83795		2584	2699
城市公共交通运输	10441		385	174
公路旅客运输	5685		207	61
道路货物运输	56310		1520	1967
道路运输辅助活动	11359		472	497
水上运输业	70			
水上旅客运输	9			
水上货物运输	56			
水上运输辅助活动	5			

1992-1995年	1996年	1997年	1998年	1999年	2000年	2001年	2002年
14684	**4549**	**6967**	**11083**	**12016**	**9529**	**12252**	**17182**
8891	2073	2259	3635	5532	3909	7302	9156
8891	2073	2259	3635	5532	3909	7302	9156
2462	819	1172	1865	1010	2357	1142	3415
922	461	414	1047	384	229	313	1729
9	42		237	59	11		151
621		410	173		199		481
479	314	228	248	479	936	707	612
431	2	120	160	88	982	122	442
1251	782	1887	1732	2580	1623	1317	2412
212	146	617	434	135	709	238	200
587	542	877	859	1051	642	804	1352
452	94	393	439	1394	272	275	860
2080	875	1649	3851	2894	1640	2491	2199
1823	714	1338	3225	1491	1137	1187	1483
91		133	412	705	293	425	327
			43	22	122	303	141
166	161	178	171	676	88	576	248
11341	**3875**	**5594**	**9256**	**6462**	**6740**	**8827**	**9592**
7366	1651	3090	5519	3569	3664	4643	5114
349	80	109	401	266	41	108	215
1039	151	716	494	433	443	366	493
194	31	126	207	125	167	187	276
133	84	46	63	22	82	23	72
53	25	104	168	115	94	123	193
2901	813	1244	3114	1298	1848	1922	1921
779	323	589	677	913	720	855	1369
77	10	14	58	92	78	107	65
1841	134	142	337	305	191	952	510
3975	2224	2504	3737	2893	3076	4184	4478
786	720	478	848	586	527	541	438
556	160	346	387	280	275	301	322
340	473	291	291	325	280	493	267
134	47	107	220	205	134	263	253
81	62	52	83	67	76	224	390
917	330	540	917	583	711	991	1150
235	136	254	281	494	528	603	761
508	163	330	522	135	288	564	552
418	133	106	188	218	257	204	345
2675	**637**	**1282**	**2739**	**1519**	**1662**	**2250**	**3206**
1056	559	1149	2012	1025	1358	1772	2614
385	189	451	387	268	413	234	733
37		20	82	44	46	507	185
558	48	469	469	550	724	566	1042
76	322	209	1074	163	175	465	654
			30			1	
			30			1	

1-2-8 续表 6

行　业	从业人员数（人）			
		1949年及以前	1950-1977年	1978-1991年
航空运输业	449			
航空客货运输	45			
通用航空服务	147			
航空运输辅助活动	257			
管道运输业	401			
管道运输业	401			
装卸搬运和运输代理业	12772	389	316	738
装卸搬运	8701	389	316	555
运输代理业	4071			183
仓储业	10400	54	1684	1131
谷物、棉花等农产品仓储	6446	54	1628	780
其他仓储业	3954		56	351
邮政业	3657	9		
邮政基本服务	134	9		
快递服务	3523			
住宿和餐饮业	**117340**		**2745**	**4859**
住宿业	49691		1272	3552
旅游饭店	21758		613	1424
一般旅馆	22906		659	1806
其他住宿业	5027			322
餐饮业	67649		1473	1307
正餐服务	62116		1385	1222
快餐服务	2184			
饮料及冷饮服务	644		2	
其他餐饮业	2705		86	85
信息传输、软件和信息技术服务业	**23073**		**121**	**87**
电信、广播电视和卫星传输服务	8330		44	15
电信	6564		44	15
广播电视传输服务	1676			
卫星传输服务	90			
互联网和相关服务	1293		77	
互联网接入及相关服务	540		77	
互联网信息服务	636			
其他互联网服务	117			
软件和信息技术服务业	13450			72
软件开发	7713			58
信息系统集成服务	2788			8
信息技术咨询服务	1529			6
数据处理和存储服务	177			
集成电路设计	165			
其他信息技术服务业	1078			
房地产业	**111377**		**111**	**2437**
房地产业	111377		111	2437
房地产开发经营	52185		47	2195
物业管理	54185		62	200
房地产中介服务	4210			4
其他房地产业	797		2	38
租赁和商务服务业	**139455**	**37**	**1300**	**13722**
租赁业	8636		197	297
机械设备租赁	8561		197	297
文化及日用品出租	75			

1992-1995年	1996年	1997年	1998年	1999年	2000年	2001年	2002年
					38		20
					18		20
					20		
							140
							140
978	10	19	356	167	78	214	97
610	10		183	136	10	136	47
368		19	173	31	68	78	50
641	68	114	243	327	188	263	315
568	61	45	239	207	131	119	226
73	7	69	4	120	57	144	89
			98				20
			98				
							20
3012	**1528**	**1538**	**2519**	**2387**	**3011**	**3682**	**3304**
1873	1071	1320	1665	1098	1046	1995	1367
838	576	619	1096	445	494	1476	689
1018	461	559	456	442	458	503	618
17	34	142	113	211	94	16	60
1139	457	218	854	1289	1965	1687	1937
1089	457	211	655	1222	1836	1590	1749
			191			15	113
				59	80	7	
50		7	8	8	49	75	75
245	**50**	**359**	**327**	**447**	**532**	**925**	**3464**
27		98	22	281	160	416	3045
27			4	168	27	183	2934
		98	18	113	133	233	111
				5		15	57
				5		6	
						9	57
218	50	261	305	161	372	494	362
87		115	12	106	219	394	303
5	15	56	173	55	88	24	51
75	35		10			28	8
13			50				
38		90	60		65	48	
2321	**790**	**1481**	**1281**	**2813**	**2463**	**2850**	**3967**
2321	790	1481	1281	2813	2463	2850	3967
1339	202	402	857	855	1255	1216	2366
946	495	1001	421	1876	1009	1403	1433
16	93	71	3	76	150	231	115
20		7		6	49		53
4625	**871**	**1479**	**3040**	**2761**	**5403**	**5331**	**2078**
283	43	27	34	59	723	110	103
283	43	27	34	59	723	110	103

1-2-8 续表 7

行业	从业人员数(人)			
		1949年及以前	1950-1977年	1978-1991年
商务服务业	130819	37	1103	13425
企业管理服务	28731	37	497	2598
法律服务	552			31
咨询与调查	18745			137
广告业	13442			114
知识产权服务	234			
人力资源服务	13780			2198
旅行社及相关服务	8391			95
安全保护服务	25954			6807
其他商务服务业	20990		606	1445
科学研究和技术服务业	**50791**	**80**	**243**	**1790**
研究和试验发展	3557			95
自然科学研究和试验发展	245			10
工程和技术研究和试验发展	2463			75
农业科学研究和试验发展	626			10
医学研究和试验发展	216			
社会人文科学研究	7			
专业技术服务业	40729	80	206	1579
气象服务	78			
地震服务	6			
海洋服务	19			
测绘服务	1856		4	91
质检技术服务	6605		27	137
环境与生态监测	738	22		8
地质勘查	1624		67	196
工程技术	20376		58	828
其他专业技术服务业	9427	58	50	319
科技推广和应用服务业	6505		37	116
技术推广服务	5163		37	106
科技中介服务	505			
其他科技推广和应用服务业	837			10
水利、环境和公共设施管理业	**15696**		**35**	**336**
水利管理业	1525		35	121
防洪除涝设施管理	106			
水资源管理	824		10	121
天然水收集与分配	121		5	
水文服务	55			
其他水利管理业	419		20	
生态保护和环境治理业	1476			94
生态保护	362			79
环境治理业	1114			15
公共设施管理业	12695			121
市政设施管理	530			69
环境卫生管理	1530			
城乡市容管理	148			
绿化管理	5787			52
公园和游览景区管理	4700			
居民服务、修理和其他服务业	**27464**		**275**	**703**
居民服务业	9570		117	155
家庭服务	2021			
托儿所服务	1			

1992-1995年	1996年	1997年	1998年	1999年	2000年	2001年	2002年
4342	828	1452	3006	2702	4680	5221	1975
772	362	328	1564	312	800	1823	278
99			8	37	55	16	20
467	130	143	344	641	1710	366	336
181	137	192	254	130	273	218	327
24							13
137	1		10	31	21		47
126	8	127	144	399	379	397	262
1719	12		155	677	840	1814	21
817	178	662	527	475	602	587	671
2416	**372**	**577**	**1141**	**998**	**1387**	**1382**	**2760**
152	13	30	7	49	149	81	20
				23			
152	3	30		18	144	18	20
	10		7		5	63	
				8			
1911	326	476	1038	945	1171	1261	2620
	3	18			12		30
16							
126				34	109	74	168
348	20		85	65	32	76	220
114			20			40	
46	52	63	68	11	11	3	38
878	129	271	789	603	738	972	1750
383	122	124	76	232	269	96	414
353	33	71	96	4	67	40	120
190	33	70	94	4	34	40	107
156		1			23		
7			2		10		13
150	**1**	**165**	**229**	**102**	**244**	**155**	**566**
67		43	26	50	18	7	46
36			10				1
18				30	18		30
		23					
							15
13		20	16	20		7	
6		25	10		10		23
6		25	10		10		23
77	1	97	193	52	216	148	497
16				1			13
		63			37		141
33		29	153	51		44	165
28	1	5	40		179	104	178
474	**247**	**507**	**430**	**371**	**458**	**774**	**462**
84	69	225	206	112	149	191	75
			4		2	5	

1-2-8 续表 8

行　业	从业人员数（人）			
		1949年及以前	1950-1977年	1978-1991年
洗染服务	298		33	
理发及美容服务	1110		51	4
洗浴服务	2768		7	31
保健服务	1120			7
婚姻服务	598			
殡葬服务	500			4
其他居民服务业	1154		26	109
机动车、电子产品和日用产品修理业	12876		79	431
汽车、摩托车修理与维护	11537		73	422
计算机和办公设备维修	500			3
家用电器修理	446		3	6
其他日用产品修理业	393		3	
其他服务业	5018		79	117
清洁服务	3159			88
其他未列明服务业	1859		79	29
卫生和社会工作	**217**			**9**
社会工作	217			9
提供住宿社会工作	184			2
不提供住宿社会工作	33			7
文化、体育和娱乐业	**28136**	**120**	**877**	**1102**
新闻和出版业	1763		55	265
新闻业	96			15
出版业	1667		55	250
广播、电视、电影和影视录音制作业	3854	25	495	521
广播	328		25	
电视	435			
电影和影视节目制作	622		74	
电影和影视节目发行	154		48	60
电影放映	2277	25	348	461
录音制作	38			
文化艺术业	7638	95	327	310
文艺创作与表演	4964	65	301	182
艺术表演场馆	202	30		59
图书馆与档案馆	12			
文物及非物质文化遗产保护	516			
博物馆	149			55
烈士陵园、纪念馆	54			
群众文化活动	301			
其他文化艺术业	1440		26	14
体育	1616			
体育组织	109			
体育场馆	202			
休闲健身活动	1215			
其他体育	90			
娱乐业	13265			6
室内娱乐活动	11928			6
游乐园	556			
文化、娱乐、体育经纪代理	309			
其他娱乐业	472			

1992-1995年	1996年	1997年	1998年	1999年	2000年	2001年	2002年
12			20	5	2		11
14	26	24	10	13	15	23	24
15	28	137	116	87	90	91	16
		52		2		53	8
14		4	10			10	6
10	15		43		40		10
19		8	3	5		9	
322	156	282	186	219	242	375	344
322	156	184	184	201	200	361	333
		17		18	3	10	1
		71	2		27	4	10
		10			12		
68	22		38	40	67	208	43
			38	37	67	51	6
68	22			3		157	37
6			**28**				
6			28				
			10				
6			18				
426	**12**	**53**	**352**	**168**	**290**	**522**	**781**
81			75		32	64	8
81			75		32	64	8
218			95	2	46	43	10
50					31		
82			38		6	23	3
68			7		5		
18			50	2	4	20	7
77	7	53	16	40	115	48	193
30		53	16		63	48	60
2							
				13	12		105
				9	40		
44	2						
1	5			18			28
27				86	7	104	12
15							
12				73	7		
				13		104	12
23	5		166	40	90	263	558
23	5		166	39	77	231	524
				1		12	
					13		
						20	34

1-2-8 续表 9

行　业	2003年	2004年	2005年	2006年
总　计	**101312**	**117139**	**125219**	**125178**
农、林、牧、渔业	**108**	**176**	**211**	**381**
农业				
谷物种植				
豆类、油料和薯类种植				
蔬菜、食用菌及园艺作物种植				
其他农业				
林业				
林木育种和育苗				
森林经营和管护				
畜牧业				16
牲畜饲养				16
其他畜牧业				
农、林、牧、渔服务业	108	176	211	365
农业服务业	108	176	171	314
林业服务业			28	9
畜牧服务业				42
渔业服务业			12	
采矿业	**9738**	**15621**	**16050**	**11367**
煤炭开采和洗选业	5936	9753	11642	7661
烟煤和无烟煤开采洗选	5876	9631	11524	7535
褐煤开采洗选		119	40	
其他煤炭采选	60	3	78	126
石油和天然气开采业	89			183
天然气开采	89			183
黑色金属矿采选业	2883	4728	3302	1861
铁矿采选	2703	4346	3302	1637
锰矿、铬矿采选	180	382		224
其他黑色金属矿采选				
有色金属矿采选业	4	188	176	406
常用有色金属矿采选	4	180	123	224
贵金属矿采选		8	5	182
稀有稀土金属矿采选			48	
非金属矿采选业	431	915	857	1164
土砂石开采	404	834	823	932
化学矿开采		2		24
石棉及其他非金属矿采选	27	79	34	208
开采辅助活动	371	37	69	85
煤炭开采和洗选辅助活动	92	37	69	85
石油和天然气开采辅助活动	204			
其他开采辅助活动	75			
其他采矿业	24		4	7
其他采矿业	24		4	7
制造业	**38844**	**41127**	**40933**	**44931**
农副食品加工业	2182	2299	2880	3698
谷物磨制	310	327	637	508
饲料加工	255	270	249	172
植物油加工	188	443	114	374
制糖业				273
屠宰及肉类加工	257	112	477	292
水产品加工				

2007年	2008年	2009年	2010年	2011年	2012年	2013年
143112	**136282**	**158301**	**167823**	**192647**	**203833**	**158428**
419	**467**	**667**	**537**	**1528**	**1171**	**913**
				164	164	15
				15		
				149	164	15
30	14	16		471	2	
	14	16		471	2	
30						
389	453	651	537	893	1005	898
340	422	536	502	769	873	850
40	31	44	35	78	84	30
9		71		39	48	18
				7		
13086	**12999**	**15029**	**15676**	**24067**	**27934**	**11258**
9145	7689	9141	6970	16055	22832	6886
9114	7605	9047	6925	15580	21075	6376
	35	8	12	204	185	196
31	49	86	33	271	1572	314
	423	311	158	282	134	112
	423	311	158	282	134	112
1697	2418	1798	3580	4234	1371	1684
1678	2418	1782	3580	4187	1332	1658
19				45		3
		16		2	39	23
169	295	108	280	422	451	161
147	295	100	257	358	327	146
12		8	23	64	124	5
10						10
2047	1787	2715	4517	2586	2449	1715
1847	1780	2298	4290	2435	2379	1628
158			17	1	2	
42	7	417	210	150	68	87
12	329	828	23	409	544	677
12	257	783	2	377	544	525
	72	10		15		39
		35	21	17		113
16	58	128	148	79	153	23
16	58	128	148	79	153	23
46573	**46313**	**45638**	**46273**	**52205**	**49391**	**33631**
3325	3372	2554	2910	2854	2834	3115
694	831	416	598	700	816	364
367	186	674	352	281	388	758
30	659	40	125	140	222	50
10		57	100			10
299	369	408	654	357	435	616

1-2-8 续表 10

行 业				
	2003年	2004年	2005年	2006年
蔬菜、水果和坚果加工	371	565	336	1213
其他农副食品加工	801	582	1067	866
食品制造业	2766	2458	1432	2709
焙烤食品制造	560	699	223	281
糖果、巧克力及蜜饯制造	613	867	377	964
方便食品制造	223	72	289	274
乳制品制造	539	189	263	414
罐头食品制造	30	114	141	35
调味品、发酵制品制造	743	377	77	389
其他食品制造	58	140	62	352
酒、饮料和精制茶制造业	757	1307	1217	1255
酒的制造	279	686	322	476
饮料制造	478	508	895	774
精制茶加工		113		5
烟草制品业				
卷烟制造				
纺织业	574	877	981	357
棉纺织及印染精加工	409	311	771	244
毛纺织及染整精加工				
麻纺织及染整精加工				
丝绢纺织及印染精加工		370		
化纤织造及印染精加工			80	
针织或钩针编织物及其制品制造	160	19		
家用纺织制成品制造			65	48
非家用纺织制成品制造	5	177	65	65
纺织服装、服饰业	110	269	115	144
机织服装制造	103	257	115	144
针织或钩针编织服装制造				
服饰制造	7	12		
皮革、毛皮、羽毛及其制品和制鞋业	118	16	567	10
皮革鞣制加工				
皮革制品制造			564	
毛皮鞣制及制品加工			3	10
羽毛(绒)加工及制品制造				
制鞋业	118	16		
木材加工和木、竹、藤、棕、草制品业	310	228	185	536
木材加工	33	31	30	14
人造板制造	215			450
木制品制造	62	67	153	72
竹、藤、棕、草等制品制造		130	2	
家具制造业	46	157	80	188
木质家具制造	19	149	79	85
竹、藤家具制造				
金属家具制造	27	6	1	92
塑料家具制造				
其他家具制造		2		11

2007年	2008年	2009年	2010年	2011年	2012年	2013年
1076	730	577	486	686	527	794
849	597	382	595	690	446	523
2318	1528	1882	977	2909	2439	2442
300	410	461	298	906	587	431
916	476	138	381	872	679	454
110	156	405	39	539	246	1038
20		146				23
543	96	75	40	67	21	25
344	239	399	137	360	441	359
85	151	258	82	165	465	112
1456	1766	868	1227	1289	989	469
527	750	417	609	506	335	65
866	954	451	618	783	628	400
63	62				26	4
			10			
			10			
316	779	573	885	718	816	304
106	403	307	777	539	21	65
		20	5	80	111	8
	50					
89	135	10				
3		106			3	55
17	65	10		33	7	9
101	93	120	45	18	531	40
	33		58	48	143	127
1175	399	240	560	979	846	408
1145	380	203	527	791	640	171
	18	30		10	16	49
30	1	7	33	178	190	188
60	88	339	508	269	259	334
			150			
	1		1	249	170	5
20	87	33	337			1
						8
40		306	20	20	89	320
764	366	852	313	643	364	352
214	105	351	85	108	103	276
253	122	463	44	264	89	38
297	129	38	126	271	152	36
	10		58		20	2
320	676	331	347	676	402	464
278	294	317	302	464	335	379
					15	
	323	10	35	199	43	52
6	50				5	19
36	9	4	10	13	4	14

1-2-8 续表 11

行业	2003年	2004年	2005年	2006年
造纸和纸制品业	1303	578	228	491
造纸	595	228	62	116
纸制品制造	708	350	166	375
印刷和记录媒介复制业	698	772	757	714
印刷	558	728	750	661
装订及印刷相关服务	140	44	7	53
记录媒介复制				
文教、工美、体育和娱乐用品制造业	391	292	877	781
文教办公用品制造				108
乐器制造				
工艺美术品制造	378	244	873	657
体育用品制造	13	48	4	16
玩具制造				
游艺器材及娱乐用品制造				
石油加工及炼焦	1396	1412	415	176
化学原料和化学制品制造业	3779	2615	3242	2210
基础化学原料制造	1516	908	1479	955
肥料制造	114	711	413	199
农药制造	13	64	111	86
涂料、油墨、颜料及类似产品制造	589	70	119	145
合成材料制造	210	130	205	8
专用化学产品制造	1291	718	680	734
炸药、火工及焰火产品制造			19	15
日用化学产品制造	46	14	216	68
医药制造业	2602	1725	256	501
化学药品原料药制造	198	157		85
化学药品制剂制造	1125	903	151	
中药饮片加工	8	165		5
中成药生产	861	232	2	89
兽用药品制造	176	82	72	308
生物药品制造	5	164		6
卫生材料及医药用品制造	229	22	31	8
化学纤维制造业	51	4	20	7
纤维素纤维原料及纤维制造				
合成纤维制造	51	4	20	7
橡胶和塑料制品业	1737	870	1248	1156
橡胶制品业	404	313	373	325
塑料制品业	1333	557	875	831
非金属矿物制品业	8016	8784	9090	10551
水泥、石灰和石膏制造	1951	768	1051	2302
石膏、水泥制品及类似制品制造	928	406	906	1615
砖瓦、石材等建筑材料制造	1664	2440	3616	4141
玻璃制造	36		2	11
玻璃制品制造	912	637	1703	792
玻璃纤维和玻璃纤维增强塑料制品制造	15	4	10	5
陶瓷制品制造	721	1349	57	294
耐火材料制品制造	896	2361	1224	763
石墨及其他非金属矿物制品制造	893	819	521	628
黑色金属冶炼和压延加工业	2641	2753	3686	3163
炼铁	742	518	661	462

2007年	2008年	2009年	2010年	2011年	2012年	2013年
662	368	365	516	712	501	272
146	109	202	48	89	182	9
516	259	163	468	623	319	263
201	597	522	627	758	553	397
198	586	481	607	715	381	307
3	11	41	20	43	172	65
						25
415	1363	656	707	1163	1182	997
	5	17	56	12	32	20
	8			8	34	
415	1201	608	651	1143	1091	964
	149	26			25	
		5				5
						8
1269	22	160	56	515	55	169
2958	1577	2417	2209	2664	4354	1701
994	680	651	618	934	1235	548
225	347	746	440	671	862	514
1	104	108	1	117	17	60
419	74	66	165	235	353	60
66	6	86	225	59	474	161
1069	278	666	583	454	942	215
	16	16	157	35	400	13
184	72	78	20	159	71	130
247	384	956	1159	451	660	76
215	1	18		53		
	175	333	71	40	3	3
8	70	16	24	170	80	10
	2		586	89	32	
15	7	325	160	55	173	50
	129	39	280	29	100	
9		225	38	15	272	13
15		37	30	460	182	9
		8			3	7
15		29	30	460	179	2
773	1436	614	1225	1114	1310	1309
100	445	202	272	286	376	133
673	991	412	953	828	934	1176
15244	17394	16901	13590	13421	16374	10917
1286	1698	2528	2793	1663	1586	1098
2252	2650	2402	2203	4322	3116	2007
7376	9244	8083	5313	4352	6134	4689
115	33	54	43	20	130	122
1392	730	950	625	793	1158	912
18	13	131		96	139	134
371	265	668	674	261	1980	749
1442	1598	1607	1016	845	1297	554
992	1163	478	923	1069	834	652
3929	2041	2790	2867	5539	2263	1772
1121	181	1165	500	523	113	66

1-2-8 续表 12

行　业	2003年	2004年	2005年	2006年
炼钢	230	50	40	123
黑色金属铸造	1196	1844	2297	1837
钢压延加工	206	207	334	340
铁合金冶炼	267	134	354	401
有色金属冶炼和压延加工业	315	814	898	995
常用有色金属冶炼	20	255	501	709
贵金属冶炼			201	
稀有稀土金属冶炼	21	371	6	5
有色金属合金制造	180	26	5	55
有色金属铸造	2	124		23
有色金属压延加工	92	38	185	203
金属制品业	1258	2470	3282	3886
结构性金属制品制造	197	635	429	1527
金属工具制造	81	174	320	229
集装箱及金属包装容器制造	1	70	17	51
金属丝绳及其制品制造	100	30	133	58
建筑、安全用金属制品制造	213	356	1070	625
金属表面处理及热处理加工	61	23	2	240
搪瓷制品制造				
金属制日用品制造	18	2	123	3
其他金属制品制造	587	1180	1188	1153
通用设备制造业	3088	2989	3396	4490
锅炉及原动设备制造	125	349	115	210
金属加工机械制造	937	374	787	1668
物料搬运设备制造	59	277	141	150
泵、阀门、压缩机及类似机械制造	545	539	507	630
轴承、齿轮和传动部件制造	73	286	101	55
烘炉、风机、衡器、包装等设备制造	279	320	407	320
文化、办公用机械制造				
通用零部件制造	1024	549	1259	1308
其他通用设备制造业	46	295	79	149
专用设备制造业	2143	1961	2345	4006
采矿、冶金、建筑专用设备制造	1471	1271	1209	2410
化工、木材、非金属加工专用设备制造	104	259	134	289
食品、饮料、烟草及饲料生产专用设备制造			106	10
印刷、制药、日化及日用品生产专用设备制造		53	35	283
纺织、服装和皮革加工专用设备制造	213	219	428	383
电子和电工机械专用设备制造	40	49	37	99
农、林、牧、渔专用机械制造	110	18	4	90
医疗仪器设备及器械制造	49	53	35	83
环保、社会公共服务及其他专用设备制造	156	39	357	359
汽车制造业	633	1864	535	534
汽车整车制造				
改装汽车制造		1134		
低速载货汽车制造				
电车制造				
汽车车身、挂车制造		337	10	120
汽车零部件及配件制造	633	393	525	414
铁路、船舶、航空航天和其他运输设备制造业	302	239	181	104
铁路运输设备制造	246	239	151	88
船舶及相关装置制造				

2007年	2008年	2009年	2010年	2011年	2012年	2013年
38	19	56	40	2300	103	11
2565	1475	1222	1562	2200	1585	1081
113	83	347	559	173	246	614
92	283		206	343	216	
778	1393	670	1877	1097	374	584
349	506	80	1252	542	106	182
	10					8
	85		23	30	4	25
98	236	123	67	267	30	10
	46	32	21	29	76	20
331	510	435	514	229	158	339
3003	2936	3359	3113	2343	2998	1837
592	920	915	816	933	1323	657
234	439	91	134	148	111	66
20				30		25
57	105	106	91	101	273	
273	424	1111	678	348	561	660
62	228	30	31	118	37	28
48	39	102		5		
4	58	162	124	136	38	60
1713	723	842	1239	524	655	341
2154	3009	2849	4580	3194	2402	1355
367	239	95	183	134	136	12
276	634	358	846	425	395	276
128	159	200	154	168	192	82
354	703	370	803	363	398	88
79	95	14	293	177	3	137
54	44	334	498	248	218	82
		125				
866	839	1104	1420	1348	758	593
30	296	249	383	331	302	85
2041	1325	2567	2072	3201	2086	2140
1634	817	1302	1167	2445	1166	984
48	20	90	256	83	134	274
			4	69	7	20
55		186	63	21	165	263
32	149	197	24	20	125	380
25	73	355	102	45	50	1
79	31	102	129	122	149	26
30	70	38	25	139	103	95
138	165	297	302	257	187	97
799	669	638	357	963	122	91
		140		130		
	4		15	248	18	
		10	36		65	13
17	33	77	46	50	1	2
782	632	411	260	525	38	76
683	181	10	211	34	69	120
678	119	10	211	63		103
	62					

1-2-8 续表 13

行业	2003年	2004年	2005年	2006年
航空、航天器及设备制造				
摩托车制造				
潜水救捞及其他未列明运输设备制造	56		30	16
电气机械和器材制造业	741	1696	1423	606
电机制造	19	445	13	5
输配电及控制设备制造	321	804	341	280
电线、电缆、光缆及电工器材制造	296	204	476	78
电池制造	1		290	5
家用电力器具制造	26	147	169	
非电力家用器具制造		91	5	58
照明器具制造	78		51	123
其他电气机械及器材制造		5	78	57
计算机、通信和其他电子设备制造业	334	647	197	177
计算机制造				
通信设备制造				
广播电视设备制造	7		40	20
视听设备制造				2
电子器件制造	3	295		
电子元件制造	194	326	92	155
其他电子设备制造	130	26	65	
仪器仪表制造业	303	61	196	505
通用仪器仪表制造	71	22	175	214
专用仪器仪表制造	232	9	15	190
钟表与计时仪器制造				
光学仪器及眼镜制造		30		3
其他仪器仪表制造业			6	98
其他制造业	57	482	214	432
废弃资源综合利用业	27	219	22	16
金属废料和碎屑加工处理	27	203	9	1
非金属废料和碎屑加工处理		16	13	15
金属制品、机械和设备修理业	166	269	968	533
金属制品修理	3	20		
通用设备修理	102	7	29	33
专用设备修理	15	58	53	100
铁路、船舶、航空航天等运输设备修理		53		
电气设备修理	6	64	14	298
仪器仪表修理		40		
其他机械和设备修理业	40	27	872	102
电力、热力、燃气及水生产和供应业	**1848**	**3672**	**5590**	**1142**
电力、热力生产和供应业	1410	2471	5166	681
电力生产	624	1748	3465	210
电力供应	152	276		137
热力生产和供应	634	447	1701	334
燃气生产和供应业	260	485	97	219
燃气生产和供应业	260	485	97	219
水的生产和供应业	178	716	327	242
自来水生产和供应	123	276	229	152
污水处理及其再生利用	55	428	81	90
其他水的处理、利用与分配		12	17	

2007年	2008年	2009年	2010年	2011年	2012年	2013年
				21	39	9
5					30	5
						3
495	1134	755	1503	1301	1927	684
20	128	5		150	660	3
181	527	432	692	476	383	301
97	272	110	116	119	85	102
	20	104	256	110	177	120
48	125	14	196	46	43	
29	26	61	10	152	136	
16	7	23	145	227	270	137
104	29	6	88	21	173	21
414	82	249	582	428	623	154
		13	50	32	10	
				27		5
		86				
341	71	80		71	515	
7	11	70	403	250	97	106
66			129	48	1	43
146	497	95	121	33	192	67
29	111	31	61	3	34	36
70	386		22		128	28
		60	8	13		
47		4	30	17	30	3
248	363	272	539	1449	918	526
99	36	539	117	420	601	219
71	10	239	70	225	192	64
28	26	300	47	195	409	155
266	532	578	478	558	696	347
	23			20	10	5
11		125	156	32	61	34
44	148	276	140	143	143	77
				144		4
22		15	44	35	91	76
189	361	162	138	184	391	151
4420	**3722**	**4101**	**3518**	**2574**	**3625**	**2868**
3798	2245	2702	2783	1572	1900	1508
2036	877	1246	1387	569	782	1109
44		303	28	53		
1718	1368	1153	1368	950	1118	399
357	819	764	339	459	441	982
357	819	764	339	459	441	982
265	658	635	396	543	1284	378
108	141	234	109	287	245	310
75	476	328	271	123	1024	63
82	41	73	16	133	15	5

1-2-8 续表 14

行　　业	2003年	2004年	2005年	2006年
建筑业	**12334**	**15385**	**14570**	**14396**
房屋建筑业	4668	3051	3721	5877
房屋建筑业	4668	3051	3721	5877
土木工程建筑业	1755	3803	4483	3447
铁路、道路、隧道和桥梁工程建筑	946	2462	788	1493
水利和内河港口工程建筑	159	85	60	57
工矿工程建筑	260	163	1947	225
架线和管道工程建筑	101	842	1189	1174
其他土木工程建筑	289	251	499	498
建筑安装业	2213	2640	2727	2921
电气安装	497	843	1513	515
管道和设备安装	1094	980	748	620
其他建筑安装业	622	817	466	1786
建筑装饰和其他建筑业	3698	5891	3639	2151
建筑装饰业	2003	1459	1845	1368
工程准备活动	310	258	648	172
提供施工设备服务	109	146	488	169
其他未列明建筑业	1276	4028	658	442
批发和零售业	**13893**	**13213**	**14513**	**19294**
批发业	6988	7144	7213	10728
农、林、牧产品批发	143	181	299	656
食品、饮料及烟草制品批发	393	567	483	1020
纺织、服装及家庭用品批发	673	159	235	412
文化、体育用品及器材批发	270	164	140	99
医药及医疗器材批发	217	269	319	348
矿产品、建材及化工产品批发	2672	2943	3496	5369
机械设备、五金产品及电子产品批发	2060	2192	1720	2028
贸易经纪与代理	87	181	98	128
其他批发业	473	488	423	668
零售业	6905	6069	7300	8566
综合零售	385	626	482	766
食品、饮料及烟草制品专门零售	321	552	440	838
纺织、服装及日用品专门零售	793	658	746	586
文化、体育用品及器材专门零售	321	303	270	380
医药及医疗器材专门零售	1555	610	733	827
汽车、摩托车、燃料及零配件专门零售	1295	1281	1744	2063
家用电器及电子产品专门零售	926	693	1044	1231
五金、家具及室内装饰材料专门零售	680	720	1213	940
货摊、无店铺及其他零售业	629	626	628	935
交通运输、仓储和邮政业	**4013**	**4412**	**5322**	**5153**
道路运输业	3342	3643	4353	4532
城市公共交通运输	464	1004	941	583
公路旅客运输	905	148	318	498
道路货物运输	1573	1847	2163	2908
道路运输辅助活动	400	644	931	543
水上运输业				3
水上旅客运输				3
水上货物运输				
水上运输辅助活动				

2007年	2008年	2009年	2010年	2011年	2012年	2013年
19253	**11259**	**13229**	**13354**	**16076**	**11181**	**7557**
3689	2106	2876	4888	5450	1890	1543
3689	2106	2876	4888	5450	1890	1543
2958	4030	5128	3815	5604	3549	1343
1317	1032	2373	975	1088	1349	452
50	183	171	72	1783	240	90
101	1121	1354	781	1306	196	59
715	1263	930	879	378	867	89
775	431	300	1108	1049	897	653
3398	2076	1572	2089	1991	1689	866
1619	768	243	667	779	407	261
965	888	404	783	495	426	318
814	420	925	639	717	856	287
9208	3047	3653	2562	3031	4053	3805
1639	1277	2037	1583	2015	1843	1922
616	926	576	632	443	656	732
6296	585	204	117	82	169	99
657	259	836	230	491	1385	1052
18007	**21375**	**32306**	**34630**	**43599**	**47694**	**43699**
9714	11561	18558	18273	24158	25715	22610
896	1002	1603	1762	1729	2059	1943
1239	1296	2257	2352	3123	3080	3071
516	414	559	651	857	953	762
141	148	144	232	377	373	443
124	283	606	421	404	740	555
3952	5021	7774	6680	10217	9551	7314
2293	2459	4413	4734	5906	6329	6485
104	100	224	123	206	384	628
449	838	978	1318	1339	2246	1409
8293	9814	13748	16357	19441	21979	21089
668	904	959	1546	1953	3109	3922
1008	840	1278	1486	2031	2298	2254
1042	1098	1610	1149	1419	1762	1706
310	348	982	651	1176	1196	1336
520	621	723	843	871	1058	856
1612	2095	2980	3948	3832	3809	2852
1068	1666	1989	2339	2632	2431	2495
1082	1045	1627	2614	3163	3637	3221
983	1197	1600	1781	2364	2679	2447
6736	**6821**	**10862**	**12468**	**10426**	**8961**	**10458**
5201	5278	8684	9021	8039	6989	7648
741	528	812	633	344	308	462
292	521	171	1026	288	212	117
3049	3630	5801	7044	7023	6301	6832
1119	599	1900	318	384	168	237
8	7	6				15
		6				
8	2					15
	5					

1-2-8 续表 15

行　业	2003年	2004年	2005年	2006年
航空运输业			216	15
航空客货运输				
通用航空服务				
航空运输辅助活动			216	15
管道运输业				
管道运输业				
装卸搬运和运输代理业	386	342	300	152
装卸搬运	300	293	184	33
运输代理业	86	49	116	119
仓储业	279	424	371	441
谷物、棉花等农产品仓储	229	247	138	268
其他仓储业	50	177	233	173
邮政业	6	3	82	10
邮政基本服务				
快递服务	6	3	82	10
住宿和餐饮业	**4288**	**3827**	**4534**	**7779**
住宿业	2464	1493	1502	2718
旅游饭店	1345	679	630	1354
一般旅馆	923	632	744	1156
其他住宿业	196	182	128	208
餐饮业	1824	2334	3032	5061
正餐服务	1734	2278	2860	4853
快餐服务	43	10	68	108
饮料及冷饮服务		20	8	36
其他餐饮业	47	26	96	64
信息传输、软件和信息技术服务业	**619**	**890**	**772**	**945**
电信、广播电视和卫星传输服务	248	23	113	145
电信	190	4	6	129
广播电视传输服务	58	19	66	16
卫星传输服务			41	
互联网和相关服务	60	81	50	98
互联网接入及相关服务	29	40	34	10
互联网信息服务	16	41	16	79
其他互联网服务	15			9
软件和信息技术服务业	311	786	609	702
软件开发	170	485	425	380
信息系统集成服务	108	174	140	156
信息技术咨询服务	12	44	35	83
数据处理和存储服务		30	3	5
集成电路设计		20		26
其他信息技术服务业	21	33	6	52
房地产业	**5126**	**5730**	**7548**	**8518**
房地产业	5126	5730	7548	8518
房地产开发经营	1829	2394	3786	4602
物业管理	3084	3101	3493	3612
房地产中介服务	209	170	262	239
其他房地产业	4	65	7	65
租赁和商务服务业	**4625**	**6320**	**8879**	**4139**
租赁业	127	418	559	164
机械设备租赁	127	412	559	158
文化及日用品出租		6		6

2007年	2008年	2009年	2010年	2011年	2012年	2013年
	3	5	2	29	8	113
	3		2		2	
		5		28	6	108
				1		5
166	55		5			35
166	55		5			35
1022	823	1174	961	1306	840	2041
900	530	1010	368	811	629	1248
122	293	164	593	495	211	793
307	575	675	643	582	600	437
150	185	224	317	319	214	97
157	390	451	326	263	386	340
32	80	318	1836	470	524	169
			6	5	16	
32	80	318	1830	465	508	169
8644	**7783**	**9001**	**10756**	**8852**	**12543**	**10523**
4315	2892	3695	3607	3027	4158	3428
2476	1261	1270	1710	1185	760	815
1543	1330	2141	1493	1425	2564	1865
296	301	284	404	417	834	748
4329	4891	5306	7149	5825	8385	7095
4057	4390	5105	6711	5412	7060	6148
122	137	103	293	145	521	315
30	69		49	35	86	163
120	295	98	96	233	718	469
1171	**3908**	**947**	**1553**	**1478**	**1963**	**2242**
234	2549	62	365	258	97	128
190	2494	19	10	23	24	73
44	55	31	322	235	69	55
		12	33		4	
77	122	9	53	67	278	244
15	15		11	10	236	52
55	91	9	34	52	32	145
7	16		8	5	10	47
860	1237	876	1135	1153	1588	1870
542	646	521	585	715	927	1017
131	258	208	309	234	256	339
110	110	109	152	100	216	381
7	4		16	28	26	58
		15	13	10	15	3
70	219	23	60	66	148	72
9550	**7829**	**9409**	**9405**	**9336**	**9497**	**8292**
9550	7829	9409	9405	9336	9497	8292
4952	3168	4357	4465	4697	3701	3167
4254	4469	4674	4673	4332	5185	4202
331	190	299	209	242	534	766
13	2	79	58	65	77	157
8622	**7072**	**8124**	**9528**	**10044**	**15545**	**15486**
225	379	419	946	985	1139	1381
225	359	419	943	967	1132	1366
	20		3	18	7	15

1-2-8 续表 16

行 业	2003年	2004年	2005年	2006年
商务服务业	4498	5902	8320	3975
企业管理服务	572	435	1156	745
法律服务	38	3	7	6
咨询与调查	657	433	787	794
广告业	545	539	553	693
知识产权服务	2	2	6	5
人力资源服务	158	113	1745	161
旅行社及相关服务	1133	803	740	557
安全保护服务	663	3038	2210	407
其他商务服务业	730	536	1116	607
科学研究和技术服务业	**3146**	**3330**	**3068**	**2790**
研究和试验发展	118	202	127	72
自然科学研究和试验发展	3	23		10
工程和技术研究和试验发展	95	161	113	48
农业科学研究和试验发展		11	14	11
医学研究和试验发展	20	7		3
社会人文科学研究				
专业技术服务业	2829	2859	2843	2406
气象服务				
地震服务				
海洋服务				
测绘服务	82	109	132	113
质检技术服务	254	284	404	459
环境与生态监测	3		52	27
地质勘查	72	166	104	183
工程技术	1832	1823	1703	1025
其他专业技术服务业	586	477	448	599
科技推广和应用服务业	199	269	98	312
技术推广服务	120	247	69	265
科技中介服务	5		11	17
其他科技推广和应用服务业	74	22	18	30
水利、环境和公共设施管理业	**662**	**843**	**731**	**839**
水利管理业	144	128	29	50
防洪除涝设施管理	16	8	20	
水资源管理	66	60		3
天然水收集与分配				1
水文服务		21		
其他水利管理业	62	39	9	46
生态保护和环境治理业	107	52	37	35
生态保护	92			
环境治理业	15	52	37	35
公共设施管理业	411	663	665	754
市政设施管理	24	38	31	29
环境卫生管理	56	23	60	1
城乡市容管理				
绿化管理	156	125	338	291
公园和游览景区管理	175	477	236	433
居民服务、修理和其他服务业	**1102**	**1338**	**1332**	**1506**
居民服务业	316	476	660	593
家庭服务		49	52	42
托儿所服务				

2007年	2008年	2009年	2010年	2011年	2012年	2013年
8397	6693	7705	8582	9059	14406	14105
1043	2017	2645	2579	1851	3329	2962
69	38	20	12	58	18	17
1388	1090	959	1205	1618	2129	3379
807	655	991	1115	1843	1903	1961
4	22	7	30	37	54	28
157	1336	1072	1055	1002	3567	963
441	485	496	509	331	518	375
3325	65	472	700	799	737	1277
1163	985	1043	1377	1520	2151	3143
2452	**2717**	**3300**	**4093**	**4060**	**4505**	**3853**
335	107	321	333	330	490	469
	30	12	47	39	34	14
305	73	260	266	199	260	201
14	2	49	20	35	174	166
16	2			50	22	88
				7		
1915	2334	2723	2915	2686	2839	2545
10				5		
				3		3
						3
107	130	42	30	168	148	182
409	658	778	861	472	505	444
72	10	29	95	98	99	49
65	3	160	77	61	128	50
843	797	1059	1180	1188	967	881
409	736	655	672	691	992	933
202	276	256	845	1044	1176	839
182	185	205	683	870	907	684
	14	8	118	31	45	76
20	77	43	44	143	224	79
1412	**1202**	**1340**	**1411**	**1685**	**1952**	**1348**
98	58	167	143	141	52	82
						15
84	2	144	137	51	22	28
			5	52		15
	6	5		8		
14	50	18	1	30	30	24
84	234	107	295	87	158	81
14		52	15		77	18
70	234	55	280	87	81	63
1230	910	1066	973	1457	1742	1185
55	55	56	59	27	37	20
285	224	112	103	82	152	152
5	31	61		37	3	11
482	363	441	576	663	1127	650
403	237	396	235	648	423	352
1341	**1654**	**1968**	**2366**	**3027**	**3859**	**3251**
560	493	573	823	1060	1301	1325
100	8	177	271	351	598	362
		1				

1-2-8 续表 17

行　业	2003年	2004年	2005年	2006年
洗染服务	22	7	14	9
理发及美容服务	14	39	152	89
洗浴服务	194	194	329	210
保健服务		53	61	115
婚姻服务		20	29	4
殡葬服务	20	94	23	6
其他居民服务业	66	20		118
机动车、电子产品和日用产品修理业	702	591	605	848
汽车、摩托车修理与维护	656	558	557	756
计算机和办公设备维修	35	26	38	58
家用电器修理	8	7	10	34
其他日用产品修理业	3			
其他服务业	84	271	67	65
清洁服务	35	230	36	24
其他未列明服务业	49	41	31	41
卫生和社会工作	**7**			
社会工作	7			
提供住宿社会工作	7			
不提供住宿社会工作				
文化、体育和娱乐业	**959**	**1255**	**1166**	**1998**
新闻和出版业		162	16	75
新闻业				
出版业		162	16	75
广播、电视、电影和影视录音制作业	71	50	80	73
广播		15		
电视	54		20	15
电影和影视节目制作	17	32	60	3
电影和影视节目发行				
电影放映				25
录音制作		3		30
文化艺术业	31	185	125	285
文艺创作与表演	30	153	36	168
艺术表演场馆				
图书馆与档案馆				5
文物及非物质文化遗产保护	1	23	36	23
博物馆				
烈士陵园、纪念馆			20	5
群众文化活动			28	13
其他文化艺术业		9	5	71
体育	24	33	73	118
体育组织				
体育场馆			8	11
休闲健身活动	18	33	56	107
其他体育	6		9	
娱乐业	833	825	872	1447
室内娱乐活动	826	814	846	1387
游乐园			26	55
文化、娱乐、体育经纪代理	4	3		5
其他娱乐业	3	8		

2007年	2008年	2009年	2010年	2011年	2012年	2013年
28	40	3	2	8	47	35
28	73	57	87	63	122	182
271	106	84	159	254	175	169
45	70	116	83	211	62	182
56	27	24	54	35	161	144
12	10	84	38	20	23	46
20	159	27	129	118	113	205
517	839	777	1112	1304	1632	1313
438	744	676	1009	1171	1442	1094
8	34	53	8	89	44	55
41	15	14	47	27	95	25
30	46	34	48	17	51	139
264	322	618	431	663	926	613
170	259	454	190	425	563	474
94	63	164	241	238	363	139
3	**1**	**32**		**11**	**32**	**55**
3	1	32		11	32	55
3	1	32		11	32	55
1423	**1160**	**2348**	**2255**	**3679**	**3980**	**2994**
21	8	66	142	134	439	120
					81	
21	8	66	142	134	358	120
68	165	445	286	465	427	269
	11	66	41	2	50	37
	6	67	43	38		40
41	34	50	64	28	100	39
	13	25	4	4		
27	101	237	133	393	273	153
			1		4	
356	132	255	469	1901	1285	1180
190	85	118	269	1525	867	582
		13	8	86		6
			5			
98	2	50	15	16	45	70
	3	5			33	4
	16					
29		3	35	39	29	79
39	26	66	137	235	311	439
77	97	135	155	208	211	206
3	3		6	28	34	20
29	5	3	29	6	3	16
39	66	128	112	144	170	170
6	23	4	8	30	4	
901	758	1447	1203	971	1618	1219
766	734	1187	1129	687	1413	1062
40		135	24	115	109	39
2	20	29	17	59	65	92
93	4	96	33	110	31	26

1-2-9 按行业、登记注册类型

行业	企业法人单位数(个)	内资企业	国有企业	集体企业	股份合作企业	联营企业	国有联营企业
总计	**112721**	**112394**	**3755**	**3449**	**271**	**181**	**73**
农、林、牧、渔业	**639**	**638**	**20**	**16**	**4**	**2**	**1**
农业	8	8		1			
谷物种植	1	1					
豆类、油料和薯类种植	1	1					
蔬菜、食用菌及园艺作物种植	5	5					
其他农业	1	1		1			
林业	2	2	1				
林木育种和育苗	1	1					
森林经营和管护	1	1	1				
畜牧业	6	6					
牲畜饲养	5	5					
其他畜牧业	1	1					
农、林、牧、渔服务业	623	622	19	15	4	2	1
农业服务业	545	544	16	14	4	2	1
林业服务业	45	45	3				
畜牧服务业	30	30		1			
渔业服务业	3	3					
采矿业	**5080**	**5059**	**128**	**97**	**17**	**14**	**4**
煤炭开采和洗选业	2482	2473	96	51	15	9	4
烟煤和无烟煤开采洗选	2385	2376	92	49	15	9	4
褐煤开采洗选	35	35		1			
其他煤炭采选	62	62	4	1			
石油和天然气开采业	31	27	1				
天然气开采	31	27	1				
黑色金属矿采选业	935	935	8	13			
铁矿采选	908	908	8	12			
锰矿、铬矿采选	21	21					
其他黑色金属矿采选	6	6		1			
有色金属矿采选业	188	186	8	2			
常用有色金属矿采选	156	154	5	2			
贵金属矿采选	27	27	3				
稀有稀土金属矿采选	5	5					
非金属矿采选业	1326	1321	10	30	2	5	
土砂石开采	1226	1221	7	28	2	5	
化学矿开采	13	13	2				
石棉及其他非金属矿采选	87	87	1	2			
开采辅助活动	76	75	4	1			
煤炭开采和洗选辅助活动	54	54	4	1			
石油和天然气开采辅助活动	8	7					
其他开采辅助活动	14	14					
其他采矿业	42	42	1				
其他采矿业	42	42	1				
制造业	**20874**	**20704**	**407**	**782**	**64**	**26**	**10**
农副食品加工业	1581	1575	64	23	5	1	
谷物磨制	440	440	15	5	1		
饲料加工	186	185	8	1	1		
植物油加工	92	92	2		1		
制糖业	6	6					
屠宰及肉类加工	238	237	30	8		1	

分组的小微企业法人单位数

集体联营企业	国有与集体联营企业	其他联营企业	有限责任公司	国有独资公司	其他有限责任公司	股份有限公司	私营企业	私营独资企业
77	**10**	**21**	**15119**	**369**	**14750**	**1320**	**84242**	**17298**
	1		**81**		**81**	**8**	**430**	**85**
			1		1		6	
							1	
							1	
			1		1		4	
							1	
							1	
			3		3		2	1
			3		3		1	
							1	1
	1		77		77	8	421	84
	1		71		71	5	362	72
			4		4	1	34	8
			2		2	2	23	4
							2	
4		**6**	**743**	**15**	**728**	**48**	**3877**	**1394**
3		2	510	14	496	26	1729	345
3		2	498	14	484	26	1654	308
			1		1		30	15
			11		11		45	22
			10		10	1	13	2
			10		10	1	13	2
			92		92	7	791	367
			79		79	7	780	366
			12		12		9	1
			1		1		2	
			23		23	5	146	46
			17		17	5	124	42
			5		5		18	3
			1		1		4	1
1		4	81		81	6	1121	611
1		4	67		67	5	1045	585
			3		3	1	7	
			11		11		69	26
			22	1	21	2	44	13
			17	1	16	1	30	10
			3		3		4	
			2		2	1	10	3
			5		5	1	33	10
			5		5	1	33	10
12		**4**	**2290**	**35**	**2255**	**283**	**15939**	**4807**
1			123		123	18	1050	335
			21		21	5	300	147
			28		28	4	134	29
			3		3		66	18
			1		1	2	3	1
1			18		18	3	158	39

1-2-9 续表 1

行业	企业法人单位数(个)	内资企业	国有企业	集体企业	股份合作企业	联营企业	国有联营企业
水产品加工	1	1	1				
蔬菜、水果和坚果加工	285	282	1	2			
其他农副食品加工	333	332	7	7	2		
食品制造业	925	915	19	14	2		
焙烤食品制造	222	221	10	5			
糖果、巧克力及蜜饯制造	153	153	2				
方便食品制造	129	129	1	2			
乳制品制造	38	36	2				
罐头食品制造	52	48					
调味品、发酵制品制造	198	197	2	6			
其他食品制造	133	131	2	1	2		
酒、饮料和精制茶制造业	555	543	11	15	2	1	
酒的制造	216	214	4	3	1		
饮料制造	329	319	7	12		1	
精制茶加工	10	10			1		
烟草制品业	1	1	1				
卷烟制造	1	1	1				
纺织业	261	259	5	17	1	2	2
棉纺织及印染精加工	119	119	3	7			
毛纺织及染整精加工	19	18					
麻纺织及染整精加工	3	2		1			
丝绢纺织及印染精加工	7	7		1			
化纤织造及印染精加工	11	11	1				
针织或钩针编织物及其制品制造	26	26	1	3	1	1	1
家用纺织制成品制造	42	42		3		1	1
非家用纺织制成品制造	34	34		2			
纺织服装、服饰业	212	210	3	31			
机织服装制造	143	142		24			
针织或钩针编织服装制造	13	13		2			
服饰制造	56	55	3	5			
皮革、毛皮、羽毛及其制品和制鞋业	62	62	4	13			
皮革鞣制加工	1	1					
皮革制品制造	17	17	2	3			
毛皮鞣制及制品加工	12	12		4			
羽毛(绒)加工及制品制造	1	1					
制鞋业	31	31	2	6			
木材加工和木、竹、藤、棕、草制品业	232	231	2	8	1	1	
木材加工	93	92	1	4	1	1	
人造板制造	40	40		1			
木制品制造	86	86	1	3			
竹、藤、棕、草等制品制造	13	13					
家具制造业	198	198	1	5			
木质家具制造	151	151	1	3			
竹、藤家具制造	1	1					
金属家具制造	26	26					
塑料家具制造	7	7		1			
其他家具制造	13	13		1			
造纸和纸制品业	311	311	2	17			
造纸	90	90		3			
纸制品制造	221	221	2	14			

集体联营企业	国有与集体联营企业	其他联营企业	有限责任公司	国有独资公司	其他有限责任公司	股份有限公司	私营企业	私营独资企业
			20		20	1	167	42
			32		32	3	222	59
			84		84	8	732	266
			11		11	2	182	68
			7		7		139	89
			14		14	1	97	29
			3		3		29	6
			7		7	1	38	9
			23		23	2	151	41
			19		19	2	96	24
		1	70		70	7	421	112
			23		23	4	172	33
		1	47		47	3	240	76
							9	3
			34	1	33		182	45
			22	1	21		79	13
			1		1		17	7
							1	1
			1		1		5	1
			1		1		8	1
			3		3		14	3
			3		3		32	12
			3		3		26	7
			31	3	28	5	131	45
			24	2	22	5	85	29
			2		2		8	6
			5	1	4		38	10
			2	1	1	2	37	10
							1	
						1	9	1
							7	2
							1	
			2	1	1	1	19	7
		1	22		22	4	177	68
		1	8		8		70	33
			2		2	1	36	8
			11		11	3	62	21
			1		1		9	6
			13		13	3	173	51
			10		10	2	133	43
			1		1			
			2		2		23	5
							6	1
						1	11	2
			21		21	3	258	109
			9		9	1	73	32
			12		12	2	185	77

1-2-9 续表 2

行　　业	企业法人单位数(个)	内资企业	国有企业	集体企业	股份合作企业	联营企业	国有联营企业
印刷和记录媒介复制业	689	687	52	80	2	3	2
印刷	589	587	47	70	2	2	1
装订及印刷相关服务	99	99	5	10		1	1
记录媒介复制	1	1					
文教、工美、体育和娱乐用品制造业	342	339	5	10			
文教办公用品制造	18	18	1	3			
乐器制造	6	6	1				
工艺美术品制造	289	288	1	6			
体育用品制造	25	23	2				
玩具制造	3	3		1			
游艺器材及娱乐用品制造	1	1					
石油加工及炼焦	164	160	3	1			
化学原料和化学制品制造业	1205	1184	25	32	1		
基础化学原料制造	349	336	9	12			
肥料制造	233	231	8	3			
农药制造	46	46		1			
涂料、油墨、颜料及类似产品制造	145	142	1	2			
合成材料制造	55	54		3			
专用化学产品制造	299	298	5	5	1		
炸药、火工及焰火产品制造	19	19		1			
日用化学产品制造	59	58	2	5			
医药制造业	256	247	5	4		1	1
化学药品原料药制造	22	22		1			
化学药品制剂制造	46	42	2				
中药饮片加工	28	28	1			1	1
中成药生产	45	40	1				
兽用药品制造	62	62					
生物药品制造	27	27		1			
卫生材料及医药用品制造	26	26	1	2			
化学纤维制造业	25	23	2				
纤维素纤维原料及纤维制造	4	3					
合成纤维制造	21	20	2				
橡胶和塑料制品业	634	631	8	32	3	1	
橡胶制品业	159	159	4	13	1		
塑料制品业	475	472	4	19	2	1	
非金属矿物制品业	5111	5090	48	141	21	6	1
水泥、石灰和石膏制造	545	540	10	12	3		
石膏、水泥制品及类似制品制造	750	747	15	22	4	1	
砖瓦、石材等建筑材料制造	2404	2401	8	59	9	3	1
玻璃制造	41	41	1	1			
玻璃制品制造	155	152	3	2			
玻璃纤维和玻璃纤维增强塑料制品制造	32	32	1				
陶瓷制品制造	122	122	3	9	1		
耐火材料制品制造	733	728	3	24	2		
石墨及其他非金属矿物制品制造	329	327	4	12	2	2	
黑色金属冶炼和压延加工业	942	933	9	26	2		
炼铁	139	138	2	2			
炼钢	35	35	3	2			
黑色金属铸造	603	598	3	17	2		
钢压延加工	107	104	1	3			
铁合金冶炼	58	58		2			

集体联营企业	国有与集体联营企业	其他联营企业	有限责任公司	国有独资公司	其他有限责任公司	股份有限公司	私营企业	私营独资企业
1			68	2	66	10	464	157
1			55	2	53	9	394	126
			13		13	1	69	31
							1	
			19	1	18	6	220	76
			5		5		9	
							5	1
			11	1	10	5	187	72
			2		2	1	17	3
			1		1		1	
							1	
			28		28	4	118	16
			198	8	190	23	872	189
			51	5	46	6	250	49
			36	2	34	3	176	48
			8		8	1	35	5
			25		25	1	110	32
			12		12	1	36	7
			53	1	52	8	214	37
			4		4	1	13	1
			9		9	2	38	10
			49		49	3	181	19
			7		7		14	
			12		12		28	1
			1		1		25	4
			11		11		26	2
			9		9		52	5
			5		5	2	19	2
			4		4	1	17	5
			7		7		14	4
			1		1		2	1
			6		6		12	3
1			76		76	8	486	146
			20		20	3	112	41
1			56		56	5	374	105
4		1	500	6	494	56	4151	1690
			92	1	91	6	402	103
1			92	2	90	7	590	155
2			157	2	155	24	2026	1105
			3		3	1	35	7
			9		9		134	45
			5		5	1	24	6
			11		11	2	92	15
			76		76	7	606	209
1		1	55	1	54	8	242	45
			94	3	91	9	771	250
			19		19	1	110	37
			3		3	1	26	4
			42	2	40	5	515	188
			13		13	2	85	17
			17	1	16		35	4

1-2-9 续表 3

行　业	企业法人单位数(个)						
		内资企业	国有企业	集体企业	股份合作企业	联营企业	国有联营企业
有色金属冶炼和压延加工业	318	310	3	6	2		
常用有色金属冶炼	141	137	2	2	2		
贵金属冶炼	5	4					
稀有稀土金属冶炼	19	19					
有色金属合金制造	35	33		2			
有色金属铸造	27	27	1	1			
有色金属压延加工	91	90		1			
金属制品业	1701	1688	11	71	5	2	
结构性金属制品制造	543	542	6	24	4	1	
金属工具制造	144	141	1	16		1	
集装箱及金属包装容器制造	21	20	1	1			
金属丝绳及其制品制造	52	52		4			
建筑、安全用金属制品制造	197	196	1	8	1		
金属表面处理及热处理加工	45	44		3			
搪瓷制品制造	9	9					
金属制日用品制造	39	39	1	3			
其他金属制品制造	651	645	1	12			
通用设备制造业	2186	2176	32	99	8	3	2
锅炉及原动设备制造	201	200	2	4	1		
金属加工机械制造	377	376	9	19	1	1	
物料搬运设备制造	104	104	3	3			
泵、阀门、压缩机及类似机械制造	326	325	4	7	1		
轴承、齿轮和传动部件制造	62	61	2	5		1	1
烘炉、风机、衡器、包装等设备制造	99	98	2	6	2	1	1
文化、办公用机械制造	4	4	1	1			
通用零部件制造	886	882	6	49	1		
其他通用设备制造业	127	126	3	5	2		
专用设备制造业	1197	1185	35	57	1		
采矿、冶金、建筑专用设备制造	604	598	16	29			
化工、木材、非金属加工专用设备制造	118	116	2	9			
食品、饮料、烟草及饲料生产专用设备制造	17	16		2			
印刷、制药、日化及日用品生产专用设备制造	32	32		1			
纺织、服装和皮革加工专用设备制造	100	99		2			
电子和电工机械专用设备制造	61	61	3	2			
农、林、牧、渔专用机械制造	61	61	5	7			
医疗仪器设备及器械制造	60	59	1	2			
环保、社会公共服务及其他专用设备制造	144	143	8	3	1		
汽车制造业	149	145	3	4	2		
汽车整车制造	3	3					
改装汽车制造	16	16			1		
低速载货汽车制造	1	1	1				
电车制造	7	7					
汽车车身、挂车制造	20	20		1			
汽车零部件及配件制造	102	98	2	3	1		
铁路、船舶、航空航天和其他运输设备制造业	85	82	6	11	1		
铁路运输设备制造	69	68	5	11	1		
船舶及相关装置制造	1						
航空、航天器及设备制造	3	3					
摩托车制造	5	4					
潜水救捞及其他未列明运输设备制造	7	7	1				

集体联营企业	国有与集体联营企业	其他联营企业	有限责任公司	国有独资公司	其他有限责任公司	股份有限公司	私营企业	私营独资企业
			55	3	52	10	225	39
			20		20	3	105	18
			1		1	2	1	
			4	1	3	2	12	2
			5		5	1	25	4
			5		5		18	4
			20	2	18	2	64	11
2			135		135	22	1414	310
1			66		66	8	422	96
1			11		11		108	51
			2		2		16	3
			7		7	2	39	18
			17		17	2	164	52
			4		4		36	14
			1		1	1	7	3
			4		4		30	8
			23		23	9	592	65
1			242	1	241	43	1713	428
			17		17	4	171	60
1			44		44	6	290	77
			7	1	6	1	88	14
			31		31	7	269	47
			9		9	1	43	6
			16		16		70	11
			1		1		1	
			106		106	21	682	197
			11		11	3	99	16
			152	2	150	16	892	131
			88	1	87	8	443	63
			13		13	2	87	15
			1		1		12	2
			4		4		25	5
			4		4	1	89	12
			10	1	9	1	43	5
			6		6		40	9
			7		7		48	5
			19		19	4	105	15
			28		28	6	98	19
			1		1		1	
			6		6	1	8	
			1		1	1	5	
			1		1		18	1
			19		19	4	66	18
			18		18		45	6
			14		14		36	5
			2		2		1	
							4	1
			2		2		4	

1-2-9 续表 4

行业	企业法人单位数(个)	内资企业	国有企业	集体企业	股份合作企业	联营企业	国有联营企业
电气机械和器材制造业	486	480	15	21		1	
电机制造	37	36	2	2		1	
输配电及控制设备制造	203	201	4	9			
电线、电缆、光缆及电工器材制造	94	94	3	5			
电池制造	21	21	1	2			
家用电力器具制造	26	25		1			
非电力家用器具制造	24	24	2				
照明器具制造	43	41		2			
其他电气机械及器材制造	38	38	3				
计算机、通信和其他电子设备制造业	105	102	3	1	2		
计算机制造	8	7					
通信设备制造	6	6	1	1			
广播电视设备制造	7	7					
视听设备制造	3	3	1				
电子器件制造	22	21	1				
电子元件制造	38	37			1		
其他电子设备制造	21	21			1		
仪器仪表制造业	112	112	6	2	1		
通用仪器仪表制造	54	54		2	1		
专用仪器仪表制造	28	28	2				
钟表与计时仪器制造	1	1					
光学仪器及眼镜制造	9	9	3				
其他仪器仪表制造业	20	20	1				
其他制造业	375	373	2	12		1	1
废弃资源综合利用业	119	118	6	4	1	2	1
金属废料和碎屑加工处理	47	46		1	1	2	1
非金属废料和碎屑加工处理	72	72	6	3			
金属制品、机械和设备修理业	335	334	16	25	1	1	
金属制品修理	10	10		1			
通用设备修理	55	54	1	2			
专用设备修理	86	86	7	10			
铁路、船舶、航空航天等运输设备修理	7	7					
电气设备修理	50	50	1	3			
仪器仪表修理	3	3		1			
其他机械和设备修理业	124	124	7	8	1	1	
电力、热力、燃气及水生产和供应业	**1109**	**1083**	**236**	**67**	**5**		
电力、热力生产和供应业	509	496	82	29	1		
电力生产	311	298	52	23	1		
电力供应	22	22	7	2			
热力生产和供应	176	176	23	4			
燃气生产和供应业	203	192	15	6	1		
燃气生产和供应业	203	192	15	6	1		
水的生产和供应业	397	395	139	32	3		
自来水生产和供应	261	261	106	27	2		
污水处理及其再生利用	102	100	30	5			
其他水的处理、利用与分配	34	34	3		1		
建筑业	**5758**	**5751**	**144**	**146**	**4**	**2**	**1**
房屋建筑业	896	896	44	69			
房屋建筑业	896	896	44	69			

集体联营企业	国有与集体联营企业	其他联营企业	有限责任公司	国有独资公司	其他有限责任公司	股份有限公司	私营企业	私营独资企业
		1	79	1	78	8	348	50
		1	10		10	1	19	4
			27		27	4	155	20
			18		18	1	65	11
			6	1	5		12	1
			4		4		20	4
			1		1	1	19	3
			10		10		28	2
			3		3	1	30	5
			18		18	2	73	16
			3		3	1	3	1
			1		1		3	
			3		3		4	1
							2	
			3		3		17	3
			6		6	1	29	7
			2		2		15	4
			24	1	23	2	74	7
			12	1	11	2	37	3
			5		5		20	1
			1		1			
			1		1		5	2
			5		5		12	1
			35	1	34	1	311	128
1			15		15	1	85	27
1			7		7	1	34	8
			8		8		51	19
1			50	1	49	3	223	58
			4		4		5	3
			7		7		38	8
			12		12	1	51	14
			2		2	1	4	1
			7		7		37	7
						1	1	
1			18	1	17		87	25
			249	**17**	**232**	**27**	**456**	**75**
			148	9	139	21	204	26
			97	7	90	12	107	18
			4		4		9	
			47	2	45	9	88	8
			38	2	36	5	110	14
			38	2	36	5	110	14
			63	6	57	1	142	35
			39	3	36	1	74	25
			19	3	16		44	3
			5		5		24	7
1			**816**	**15**	**801**	**56**	**4531**	**259**
			160	4	156	15	603	22
			160	4	156	15	603	22

1-2-9 续表 5

行业	企业法人单位数(个)	内资企业					
			国有企业	集体企业	股份合作企业	联营企业	
							国有联营企业
土木工程建筑业	1160	1159	73	36	2	2	1
铁路、道路、隧道和桥梁工程建筑	390	389	28	11		1	1
水利和内河港口工程建筑	106	106	16	5	1		
工矿工程建筑	91	91	6	1			
架线和管道工程建筑	207	207	9	14		1	
其他土木工程建筑	366	366	14	5	1		
建筑安装业	1034	1034	16	23			
电气安装	239	239	2	9			
管道和设备安装	418	418	10	9			
其他建筑安装业	377	377	4	5			
建筑装饰和其他建筑业	2668	2662	11	18	2		
建筑装饰业	1946	1940	5	10	2		
工程准备活动	369	369	3	3			
提供施工设备服务	113	113					
其他未列明建筑业	240	240	3	5			
批发和零售业	**43591**	**43557**	**1281**	**1511**	**89**	**90**	**34**
批发业	22441	22420	714	551	32	42	14
农、林、牧产品批发	1263	1262	136	38	1	9	2
食品、饮料及烟草制品批发	2113	2113	157	89	4	7	2
纺织、服装及家庭用品批发	939	937	19	30		5	2
文化、体育用品及器材批发	488	488	18	4			
医药及医疗器材批发	499	498	32	2	2		
矿产品、建材及化工产品批发	8721	8709	205	266	18	12	3
机械设备、五金产品及电子产品批发	6441	6437	69	54	5	5	2
贸易经纪与代理	433	433	19	5		1	1
其他批发业	1544	1543	59	63	2	3	2
零售业	21150	21137	567	960	57	48	20
综合零售	2404	2403	118	633	17	21	7
食品、饮料及烟草制品专门零售	2115	2113	157	55	9	8	4
纺织、服装及日用品专门零售	1691	1690	25	52	8	7	2
文化、体育用品及器材专门零售	1305	1303	88	24	1		
医药及医疗器材专门零售	1459	1458	37	16	2	5	4
汽车、摩托车、燃料及零配件专门零售	3488	3484	38	71	12	2	1
家用电器及电子产品专门零售	3021	3021	12	12	3		
五金、家具及室内装饰材料专门零售	3286	3284	32	41	1	3	1
货摊、无店铺及其他零售业	2381	2381	60	56	4	2	1
交通运输、仓储和邮政业	**4918**	**4904**	**332**	**163**	**9**	**10**	**8**
道路运输业	3524	3511	118	87	7	4	4
城市公共交通运输	320	320	20	13	2		
公路旅客运输	180	179	18	4			
道路货物运输	2716	2716	35	50	3	3	3
道路运输辅助活动	308	296	45	20	2	1	1
水上运输业	8	8					
水上旅客运输	2	2					
水上货物运输	5	5					
水上运输辅助活动	1	1					
航空运输业	15	15	1				
航空客货运输	5	5	1				
通用航空服务	4	4					
航空运输辅助活动	6	6					

集体联营企业	国有与集体联营企业	其他联营企业	有限责任公司	国有独资公司	其他有限责任公司	股份有限公司	私营企业	私营独资企业
1			206	8	198	19	812	68
			79	8	71	3	266	19
			21		21	5	54	18
			18		18	2	64	2
1			29		29	5	148	
			59		59	4	280	29
			134	2	132	5	843	45
			26	1	25	1	199	2
			50		50	1	345	24
			58	1	57	3	299	19
			316	1	315	17	2273	124
			217		217	13	1680	76
			48		48	2	311	25
			14		14	1	93	10
			37	1	36	1	189	13
46	**6**	**4**	**5314**	**56**	**5258**	**392**	**32979**	**5580**
21	5	2	2909	46	2863	184	16818	1997
6		1	85	4	81	11	565	93
3	1	1	218	6	212	16	1273	147
3			129	1	128	3	735	67
			32	1	31	4	428	41
			63	1	62	5	385	33
5	4		1247	26	1221	75	6650	1027
3			861	5	856	54	5307	376
			73		73	6	319	36
1			201	2	199	10	1156	177
25	1	2	2405	10	2395	208	16161	3583
13	1		257	1	256	27	1224	277
3		1	222	2	220	14	1458	249
5			165		165	17	1380	319
			145	1	144	15	1006	150
		1	97		97	9	1231	641
1			356	4	352	46	2867	902
			334		334	21	2603	311
2			504	2	502	30	2616	387
1			325		325	29	1776	347
1		**1**	**849**	**18**	**831**	**103**	**3241**	**613**
			662	8	654	87	2435	445
			78		78	20	186	15
			41		41	11	99	10
			484	6	478	47	2000	377
			59	2	57	9	150	43
			1		1		6	2
							1	
			1		1		4	2
							1	
			6	1	5		8	
							4	
			3	1	2		1	
			3		3		3	

1-2-9 续表 6

行业	企业法人单位数(个)	内资企业					
			国有企业	集体企业	股份合作企业	联营企业	
							国有联营企业
管道运输业	6	6					
管道运输业	6	6					
装卸搬运和运输代理业	621	620	11	46	1	3	1
装卸搬运	339	339	5	39		3	1
运输代理业	282	281	6	7	1		
仓储业	559	559	195	30	1	3	3
谷物、棉花等农产品仓储	312	312	174	15		2	2
其他仓储业	247	247	21	15	1	1	1
邮政业	185	185	7				
邮政基本服务	7	7	4				
快递服务	178	178	3				
住宿和餐饮业	**3193**	**3183**	**203**	**127**	**10**	**4**	
住宿业	1404	1401	152	89	4	3	
旅游饭店	318	316	48	13	1	1	
一般旅馆	876	875	91	65	1	1	
其他住宿业	210	210	13	11	2	1	
餐饮业	1789	1782	51	38	6	1	
正餐服务	1535	1528	40	33	6	1	
快餐服务	101	101					
饮料及冷饮服务	37	37	1				
其他餐饮业	116	116	10	5			
信息传输、软件和信息技术服务业	**1505**	**1499**	**42**	**6**	**3**	**2**	
电信、广播电视和卫星传输服务	136	135	27	3	2	1	
电信	77	76	10	2	1		
广播电视传输服务	54	54	17	1	1	1	
卫星传输服务	5	5					
互联网和相关服务	129	129	3				
互联网接入及相关服务	43	43	1				
互联网信息服务	70	70	2				
其他互联网服务	16	16					
软件和信息技术服务业	1240	1235	12	3	1	1	
软件开发	700	697	3		1	1	
信息系统集成服务	247	247		1			
信息技术咨询服务	157	157	6	2			
数据处理和存储服务	23	23	1				
集成电路设计	10	10					
其他信息技术服务业	103	101	2				
房地产业	**5567**	**5550**	**131**	**61**	**11**		
房地产业	5567	5550	131	61	11		
房地产开发经营	2715	2701	71	14	1		
物业管理	2302	2299	40	42	6		
房地产中介服务	475	475	11	3	4		
其他房地产业	75	75	9	2			
租赁和商务服务业	**9802**	**9789**	**342**	**249**	**33**	**14**	**5**
租赁业	873	872	12	14	4	1	
机械设备租赁	861	860	12	14	4	1	
文化及日用品出租	12	12					
商务服务业	8929	8917	330	235	29	13	5
企业管理服务	1429	1425	136	128	2	6	3

集体联营企业	国有与集体联营企业	其他联营企业	有限责任公司	国有独资公司	其他有限责任公司	股份有限公司	私营企业	私营独资企业
			3	1	2		3	1
			3	1	2		3	1
1		1	92	1	91	6	436	98
1		1	36		36	1	237	76
			56	1	55	5	199	22
			55	7	48	8	219	47
			12	3	9	5	66	20
			43	4	39	3	153	27
			30		30	2	134	20
							3	
			30		30	2	131	20
4			**343**	**4**	**339**	**59**	**2372**	**712**
3			129	4	125	28	970	308
1			37	2	35	11	201	46
1			67	2	65	12	623	212
1			25		25	5	146	50
1			214		214	31	1402	404
1			182		182	25	1211	322
			6		6	2	91	37
			7		7	3	26	11
			19		19	1	74	34
	1	**1**	**197**	**8**	**189**	**21**	**1209**	**67**
	1		34	4	30	5	59	11
			15		15	4	40	10
	1		18	4	14	1	15	
			1		1		4	1
			14		14	2	107	25
			3		3	2	36	7
			11		11		55	16
							16	2
		1	149	4	145	14	1043	31
		1	72	3	69	5	609	15
			32		32	3	209	2
			20		20	3	124	8
			3		3		19	2
			2		2		8	
			20	1	19	3	74	4
			1025	**37**	**988**	**61**	**4188**	**169**
			1025	37	988	61	4188	169
			472	26	446	29	2108	15
			455	8	447	29	1667	129
			89	1	88	3	360	22
			9	2	7		53	3
5	**1**	**3**	**1862**	**101**	**1761**	**130**	**6953**	**651**
		1	157		157	11	642	82
		1	156		156	11	631	81
			1		1		11	1
5	1	2	1705	101	1604	119	6311	569
1	1	1	364	63	301	13	750	38

1-2-9 续表 7

行业	企业法人单位数(个)	内资企业	国有企业	集体企业	股份合作企业	联营企业	国有联营企业
法律服务	59	59	3	2			
咨询与调查	2202	2196	24	16	4	1	
广告业	2068	2068	14	4	9	1	
知识产权服务	35	35	2	1			
人力资源服务	519	519	14	19	1		
旅行社及相关服务	814	814	20	8	6	2	1
安全保护服务	187	187	33	4	2	1	
其他商务服务业	1616	1614	84	53	5	2	1
科学研究和技术服务业	**3692**	**3687**	**228**	**65**	**10**	**3**	**3**
研究和试验发展	312	311	9	2	1		
自然科学研究和试验发展	24	24	2				
工程和技术研究和试验发展	199	198	5	2	1		
农业科学研究和试验发展	68	68	2				
医学研究和试验发展	19	19					
社会人文科学研究	2	2					
专业技术服务业	2771	2770	195	49	8	3	3
气象服务	7	7	1	1			
地震服务	2	2					
海洋服务	2	2					
测绘服务	138	138	11	4	1	1	1
质检技术服务	373	372	19	12	1		
环境与生态监测	61	61	3	1	1		
地质勘查	90	90	13	4			
工程技术	1198	1198	105	9	1	2	2
其他专业技术服务业	900	900	43	18	4		
科技推广和应用服务业	609	606	24	14	1		
技术推广服务	483	481	20	12	1		
科技中介服务	41	40	3	1			
其他科技推广和应用服务业	85	85	1	1			
水利、环境和公共设施管理业	**1080**	**1079**	**78**	**43**	**2**	**2**	**1**
水利管理业	103	103	27	7			
防洪除涝设施管理	7	7	1	1			
水资源管理	38	38	14	3			
天然水收集与分配	8	8	2				
水文服务	6	6					
其他水利管理业	44	44	10	3			
生态保护和环境治理业	87	87	14	5			
生态保护	13	13	2				
环境治理业	74	74	12	5			
公共设施管理业	890	889	37	31	2	2	1
市政设施管理	41	40	7	3			
环境卫生管理	89	89	14	6			
城乡市容管理	11	11	1				
绿化管理	459	459	9	3	2		
公园和游览景区管理	290	290	6	19		2	1
居民服务、修理和其他服务业	**2383**	**2381**	**43**	**78**	**7**	**5**	**3**
居民服务业	798	798	12	28		1	
家庭服务	166	166	2	3			
托儿所服务	1	1					

集体联营企业	国有与集体联营企业	其他联营企业	有限责任公司	国有独资公司	其他有限责任公司	股份有限公司	私营企业	私营独资企业
			5		5		44	10
1			404	4	400	26	1679	125
		1	317	5	312	23	1672	173
			3		3		28	
			87		87	7	377	40
1			165	4	161	21	570	37
1			27	3	24	1	117	12
1			333	22	311	28	1074	134
			643	**26**	**617**	**62**	**2571**	**234**
			42	2	40	4	243	11
			5		5		16	2
			22	2	20	2	162	5
			11		11	2	48	3
			4		4		15	
							2	1
			518	23	495	49	1892	178
			4		4		1	
							2	1
							2	1
			24		24	4	88	9
			67	4	63	6	261	26
			12	1	11	1	42	1
			15	4	11	2	53	3
			249	14	235	25	786	34
			147		147	11	657	103
			83	1	82	9	436	45
			67	1	66	8	339	35
			8		8	1	27	2
			8		8		70	8
1			**202**	**15**	**187**	**29**	**682**	**107**
			23	3	20		40	12
			1		1		3	1
			11	1	10		9	4
			1		1		5	2
			1		1		4	1
			9	2	7		19	4
			20	1	19	4	39	3
			3		3		7	2
			17	1	16	4	32	1
1			159	11	148	25	603	92
			8		8	1	20	4
			18	5	13	2	43	1
			2		2		7	1
			81	4	77	11	340	51
1			50	2	48	11	193	35
1		**1**	**286**	**3**	**283**	**28**	**1850**	**546**
1			95		95	6	617	194
			21		21	2	129	14
							1	1

1-2-9 续表 8

行业	企业法人单位数(个)	内资企业	国有企业	集体企业	股份合作企业	联营企业	国有联营企业
洗染服务	42	42	1	1			
理发及美容服务	147	147		2			
洗浴服务	139	139	4	6			
保健服务	61	61		1			
婚姻服务	112	112				1	
殡葬服务	42	42		2			
其他居民服务业	88	88	5	13			
机动车、电子产品和日用产品修理业	1165	1163	20	35	4	3	2
汽车、摩托车修理与维护	986	985	15	33	4	2	1
计算机和办公设备维修	79	78	1			1	1
家用电器修理	63	63	1	1			
其他日用产品修理业	37	37	3	1			
其他服务业	420	420	11	15	3	1	1
清洁服务	262	262	2	2	1		
其他未列明服务业	158	158	9	13	2	1	1
卫生和社会工作	**23**	**23**	**4**	**1**			
社会工作	23	23	4	1			
提供住宿社会工作	19	19	1	1			
不提供住宿社会工作	4	4	3				
文化、体育和娱乐业	**3507**	**3507**	**136**	**37**	**3**	**7**	**3**
新闻和出版业	82	82	34	3			
新闻业	2	2		1			
出版业	80	80	34	2			
广播、电视、电影和影视录音制作业	229	229	63	7	2	2	1
广播	12	12	4	2			
电视	25	25	8				
电影和影视节目制作	62	62	3				
电影和影视节目发行	8	8	4				
电影放映	118	118	44	5	2	2	1
录音制作	4	4					
文化艺术业	512	512	31	23		4	2
文艺创作与表演	220	220	19	16		2	1
艺术表演场馆	10	10	5				
图书馆与档案馆	3	3	1				
文物及非物质文化遗产保护	38	38	1	2		1	1
博物馆	7	7		1			
烈士陵园、纪念馆	4	4		1		1	
群众文化活动	39	39	1	2			
其他文化艺术业	191	191	4	1			
体育	124	124	6				
体育组织	13	13	1				
体育场馆	14	14	1				
休闲健身活动	86	86	3				
其他体育	11	11	1				
娱乐业	2560	2560	2	4	1	1	
室内娱乐活动	2451	2451	1	2	1	1	
游乐园	21	21		2			
文化、娱乐、体育经纪代理	55	55	1				
其他娱乐业	33	33					

集体联营企业	国有与集体联营企业	其他联营企业	有限责任公司	国有独资公司	其他有限责任公司	股份有限公司	私营企业	私营独资企业
			1		1		38	13
			12		12	1	129	50
			13		13	1	107	52
			6		6		51	19
1			16		16		89	26
			7		7	1	30	9
			19		19	1	43	10
		1	129	1	128	12	930	299
		1	107		107	12	786	267
			10	1	9		65	14
			7		7		54	13
			5		5		25	5
			62	2	60	10	303	53
			33	1	32	6	210	37
			29	1	28	4	93	16
			3		**3**		**15**	**2**
			3		3		15	2
			3		3		14	2
							1	
2	**1**	**1**	**216**	**19**	**197**	**13**	**2949**	**1997**
			16	6	10	1	26	1
			1		1			
			15	6	9	1	26	1
1			51	5	46	1	100	16
			5		5		1	
			9	1	8	1	6	1
			14	2	12		44	6
			1		1		3	
1			22	2	20		42	8
							4	1
1		1	78	8	70	6	349	70
		1	32	3	29	3	139	41
							4	
			1		1		1	
			4	1	3	1	26	2
			2	1	1		4	1
1							2	
			6	2	4		30	6
			33	1	32	2	143	20
			15		15		97	23
							11	
			2		2		10	4
			13		13		66	17
							10	2
	1		56		56	5	2377	1887
	1		42		42	5	2287	1876
			2		2		16	2
			6		6		48	2
			6		6		26	7

1-2-9 续表 9

行业	私营合伙企业	私营有限责任公司	私营股份有限公司	其他企业	港澳台商投资企业	与港澳台商合资经营企业
总计	**1665**	**63091**	**2188**	**4057**	**129**	**70**
农、林、牧、渔业	**15**	**315**	**15**	**77**		
农业		6				
谷物种植		1				
豆类、油料和薯类种植		1				
蔬菜、食用菌及园艺作物种植		4				
其他农业						
林业		1				
林木育种和育苗		1				
森林经营和管护						
畜牧业		1		1		
牲畜饲养		1		1		
其他畜牧业						
农、林、牧、渔服务业	15	307	15	76		
农业服务业	15	261	14	70		
林业服务业		26		3		
畜牧服务业		19		2		
渔业服务业		1	1	1		
采矿业	**155**	**2241**	**87**	**135**	**12**	**5**
煤炭开采和洗选业	35	1305	44	37	4	3
烟煤和无烟煤开采洗选	28	1274	44	33	4	3
褐煤开采洗选	7	8		3		
其他煤炭采选		23		1		
石油和天然气开采业		11		2	2	1
天然气开采		11		2	2	1
黑色金属矿采选业	53	357	14	24		
铁矿采选	53	347	14	22		
锰矿、铬矿采选		8				
其他黑色金属矿采选		2		2		
有色金属矿采选业	8	88	4	2	2	1
常用有色金属矿采选	6	74	2	1	2	1
贵金属矿采选	2	11	2	1		
稀有稀土金属矿采选		3				
非金属矿采选业	58	429	23	66	4	
土砂石开采	54	383	23	62	4	
化学矿开采		7				
石棉及其他非金属矿采选	4	39		4		
开采辅助活动	1	29	1	2		
煤炭开采和洗选辅助活动	1	18	1	1		
石油和天然气开采辅助活动		4				
其他开采辅助活动		7		1		
其他采矿业		22	1	2		
其他采矿业		22	1	2		
制造业	**420**	**10219**	**493**	**913**	**55**	**37**
农副食品加工业	28	640	47	291	1	1
谷物磨制	6	133	14	93		
饲料加工	7	93	5	9		
植物油加工	2	43	3	20		
制糖业		1	1			
屠宰及肉类加工	2	110	7	19		

与港澳台商合作经营企业	港澳台商独资企业	港澳台商投资股份有限公司	其他港澳台投资企业	外商投资企业	中外合资经营企业	中外合作经营企业	外资企业	外商投资股份有限公司	其他外商投资企业
3	**50**	**4**	**2**	**198**	**109**	**14**	**53**	**8**	**14**
				1	**1**				
				1	1				
				1	1				
	7			**9**	**5**		**2**	**1**	**1**
	1			5	4			1	
	1			5	4			1	
	1			2			1		1
	1			2			1		1
	1								
	1								
	4			1			1		
	4			1			1		
				1	1				
				1	1				
1	**16**	**1**		**115**	**74**	**3**	**29**	**5**	**4**
				5	4				1
				1	1				
				1	1				

1-2-9 续表 10

行业	私营合伙企业	私营有限责任公司	私营股份有限公司	其他企业	港澳台商投资企业	与港澳台商合资经营企业
水产品加工						
蔬菜、水果和坚果加工	4	112	9	91	1	1
其他农副食品加工	7	148	8	59		
食品制造业	13	436	17	56	6	4
焙烤食品制造	4	107	3	11	1	1
糖果、巧克力及蜜饯制造	2	45	3	5		
方便食品制造	2	63	3	14		
乳制品制造		22	1	2		
罐头食品制造		29		2	3	2
调味品、发酵制品制造	2	104	4	13	1	1
其他食品制造	3	66	3	9	1	
酒、饮料和精制茶制造业	9	279	21	16	1	
酒的制造	6	122	11	7	1	
饮料制造	3	151	10	9		
精制茶加工		6				
烟草制品业						
卷烟制造						
纺织业	4	128	5	18	1	1
棉纺织及印染精加工	2	61	3	8		
毛纺织及染整精加工		9	1		1	1
麻纺织及染整精加工						
丝绢纺织及印染精加工		4				
化纤织造及印染精加工		7		1		
针织或钩针编织物及其制品制造		11		3		
家用纺织制成品制造	2	18		3		
非家用纺织制成品制造		18	1	3		
纺织服装、服饰业	5	77	4	9	1	1
机织服装制造	1	53	2	4		
针织或钩针编织服装制造		2		1		
服饰制造	4	22	2	4	1	1
皮革、毛皮、羽毛及其制品和制鞋业		24	3	4		
皮革鞣制加工		1				
皮革制品制造		6	2	2		
毛皮鞣制及制品加工		4	1	1		
羽毛(绒)加工及制品制造		1				
制鞋业		12		1		
木材加工和木、竹、藤、棕、草制品业	5	97	7	16		
木材加工	1	34	2	7		
人造板制造	2	24	2			
木制品制造	2	36	3	6		
竹、藤、棕、草等制品制造		3		3		
家具制造业	1	120	1	3		
木质家具制造	1	89		2		
竹、藤家具制造						
金属家具制造		17	1	1		
塑料家具制造		5				
其他家具制造		9				
造纸和纸制品业	7	133	9	10		
造纸	4	33	4	4		
纸制品制造	3	100	5	6		

与港澳台商合作经营企业	港澳台商独资企业	港澳台商投资股份有限公司	其他港澳台投资企业	外商投资企业	中外合资经营企业	中外合作经营企业	外资企业	外商投资股份有限公司	其他外商投资企业
				2	2				
				1					
	2			4	1		2	1	
				2	1			1	
	1			1			1		
	1			1			1		
	1			11	5		6		
	1			1			1		
				10	5		5		
				1	1				
				1	1				
				1	1				
				1	1				
				1			1		
				1			1		

1-2-9 续表 11

行业	私营合伙企业	私营有限责任公司	私营股份有限公司	其他企业	港澳台商投资企业	与港澳台商合资经营企业
印刷和记录媒介复制业	10	283	14	8		
印刷	9	247	12	8		
装订及印刷相关服务	1	35	2			
记录媒介复制		1				
文教、工美、体育和娱乐用品制造业	1	136	7	79	1	1
文教办公用品制造		8	1			
乐器制造		4				
工艺美术品制造	1	108	6	78	1	1
体育用品制造		14		1		
玩具制造		1				
游艺器材及娱乐用品制造		1				
石油加工及炼焦	2	98	2	6	2	2
化学原料和化学制品制造业	20	630	33	33	8	7
基础化学原料制造	4	186	11	8	7	6
肥料制造	7	115	6	5		
农药制造	1	28	1	1		
涂料、油墨、颜料及类似产品制造	1	71	6	3	1	1
合成材料制造	1	28		2		
专用化学产品制造	5	165	7	12		
炸药、火工及焰火产品制造		11	1			
日用化学产品制造	1	26	1	2		
医药制造业		154	8	4	5	1
化学药品原料药制造		13	1			
化学药品制剂制造		27			2	
中药饮片加工		21				
中成药生产		23	1	2	3	1
兽用药品制造		41	6	1		
生物药品制造		17				
卫生材料及医药用品制造		12		1		
化学纤维制造业	2	7	1		1	1
纤维素纤维原料及纤维制造		1				
合成纤维制造	2	6	1		1	1
橡胶和塑料制品业	12	308	20	17	1	
橡胶制品业	4	58	9	6		
塑料制品业	8	250	11	11	1	
非金属矿物制品业	145	2196	120	167	8	7
水泥、石灰和石膏制造	11	275	13	15	3	3
石膏、水泥制品及类似制品制造	10	398	27	16	2	2
砖瓦、石材等建筑材料制造	93	790	38	115	1	
玻璃制造		26	2			
玻璃制品制造	5	79	5	4	2	2
玻璃纤维和玻璃纤维增强塑料制品制造		17	1	1		
陶瓷制品制造	5	68	4	4		
耐火材料制品制造	14	367	16	10		
石墨及其他非金属矿物制品制造	7	176	14	2		
黑色金属冶炼和压延加工业	36	462	23	22	3	
炼铁	5	62	6	4		
炼钢	2	20				
黑色金属铸造	28	284	15	14	3	
钢压延加工	1	65	2			
铁合金冶炼		31		4		

与港澳台商合作经营企业	港澳台商独资企业	港澳台商投资股份有限公司	其他港澳台投资企业	外商投资企业	中外合资经营企业	中外合作经营企业	外资企业	外商投资股份有限公司	其他外商投资企业
				2	2				
				2	2				
				2	2				
				2	2				
				2	2				
	1			13	7		4	2	
	1			6	3		3		
				2	1			1	
				2	1		1		
				1				1	
				1	1				
				1	1				
	4			4	3		1		
	2			2	1		1		
	2			2	2				
				1	1				
				1	1				
	1			2			2		
	1			2			2		
1				13	8	1	3		1
				2	2				
				1	1				
1				2			1		1
				1	1				
				5	3	1	1		
				2	1		1		
	3			6	3		2		1
				1					1
	3			2	2				
				3	1		2		

1-2-9 续表 12

行业	私营合伙企业	私营有限责任公司	私营股份有限公司	其他企业	港澳台商投资企业	与港澳台商合资经营企业
有色金属冶炼和压延加工业	6	172	8	9	2	2
常用有色金属冶炼	3	81	3	3	1	1
贵金属冶炼		1				
稀有稀土金属冶炼		10		1		
有色金属合金制造		20	1			
有色金属铸造		14		2		
有色金属压延加工	3	46	4	3	1	1
金属制品业	33	1037	34	28	4	1
结构性金属制品制造	13	306	7	11	1	
金属工具制造	5	48	4	4	1	1
集装箱及金属包装容器制造		13			1	
金属丝绳及其制品制造		21				
建筑、安全用金属制品制造	1	108	3	3		
金属表面处理及热处理加工	2	20		1		
搪瓷制品制造		4				
金属制日用品制造		21	1	1		
其他金属制品制造	12	496	19	8	1	
通用设备制造业	34	1205	46	36	4	3
锅炉及原动设备制造	4	105	2	1		
金属加工机械制造	6	199	8	6		
物料搬运设备制造		70	4	2		
泵、阀门、压缩机及类似机械制造	2	212	8	6	1	
轴承、齿轮和传动部件制造	1	36			1	1
烘炉、风机、衡器、包装等设备制造	4	53	2	1		
文化、办公用机械制造		1				
通用零部件制造	17	450	18	17	2	2
其他通用设备制造业		79	4	3		
专用设备制造业	13	722	26	32	2	2
采矿、冶金、建筑专用设备制造	8	362	10	14	1	1
化工、木材、非金属加工专用设备制造	1	65	6	3		
食品、饮料、烟草及饲料生产专用设备制造		8	2	1		
印刷、制药、日化及日用品生产专用设备制造		19	1	2		
纺织、服装和皮革加工专用设备制造		72	5	3		
电子和电工机械专用设备制造	2	35	1	2		
农、林、牧、渔专用机械制造		30	1	3		
医疗仪器设备及器械制造		43		1	1	1
环保、社会公共服务及其他专用设备制造	2	88		3		
汽车制造业	2	70	7	4		
汽车整车制造		1		1		
改装汽车制造		7	1			
低速载货汽车制造						
电车制造		5				
汽车车身、挂车制造		17				
汽车零部件及配件制造	2	40	6	3		
铁路、船舶、航空航天和其他运输设备制造业	1	38		1	1	1
铁路运输设备制造	1	30		1		
船舶及相关装置制造						
航空、航天器及设备制造		1				
摩托车制造		3			1	1
潜水救捞及其他未列明运输设备制造		4				

与港澳台商合作经营企业	港澳台商独资企业	港澳台商投资股份有限公司	其他港澳台投资企业	外商投资企业	中外合资经营企业	中外合作经营企业	外资企业	外商投资股份有限公司	其他外商投资企业
				6	4		2		
				3	3				
				1	1				
				2			2		
	3			9	6		2		1
	1								
				2	1		1		
	1								
				1	1				
				1	1				
	1			5	3		1		1
		1		6	4		2		
				1	1				
				1	1				
		1							
				1	1				
				2			2		
				1	1				
				10	8		1	1	
				5	4			1	
				2	1		1		
				1	1				
				1	1				
				1	1				
				4	2	1		1	
				4	2	1		1	
				2	2				
				1	1				
				1	1				

1-2-9 续表 13

行业	私营合伙企业	私营有限责任公司	私营股份有限公司	其他企业	港澳台商投资企业	与港澳台商合资经营企业
电气机械和器材制造业	7	280	11	8		
电机制造		15		1		
输配电及控制设备制造	1	129	5	2		
电线、电缆、光缆及电工器材制造	2	51	1	2		
电池制造		10	1			
家用电力器具制造		14	2			
非电力家用器具制造		14	2	1		
照明器具制造	3	23		1		
其他电气机械及器材制造	1	24		1		
计算机、通信和其他电子设备制造业	2	53	2	3	1	1
计算机制造		2			1	1
通信设备制造	1	2				
广播电视设备制造		3				
视听设备制造		2				
电子器件制造		14				
电子元件制造	1	20	1			
其他电子设备制造		10	1	3		
仪器仪表制造业		65	2	3		
通用仪器仪表制造		33	1			
专用仪器仪表制造		18	1	1		
钟表与计时仪器制造						
光学仪器及眼镜制造		3				
其他仪器仪表制造业		11		2		
其他制造业	11	164	8	11	1	
废弃资源综合利用业	3	53	2	4	1	1
金属废料和碎屑加工处理		25	1		1	1
非金属废料和碎屑加工处理	3	28	1	4		
金属制品、机械和设备修理业	8	152	5	15		
金属制品修理		2				
通用设备修理	2	28		6		
专用设备修理	2	34	1	5		
铁路、船舶、航空航天等运输设备修理		3				
电气设备修理	2	28		2		
仪器仪表修理		1				
其他机械和设备修理业	2	56	4	2		
电力、热力、燃气及水生产和供应业	**6**	**357**	**18**	**43**	**15**	**8**
电力、热力生产和供应业	3	168	7	11	6	2
电力生产	2	84	3	6	6	2
电力供应		9				
热力生产和供应	1	75	4	5		
燃气生产和供应业	1	89	6	17	7	5
燃气生产和供应业	1	89	6	17	7	5
水的生产和供应业	2	100	5	15	2	1
自来水生产和供应	1	47	1	12		
污水处理及其再生利用		39	2	2	2	1
其他水的处理、利用与分配	1	14	2	1		
建筑业	**34**	**4108**	**130**	**52**	**5**	**4**
房屋建筑业	2	543	36	5		
房屋建筑业	2	543	36	5		

与港澳台商合作经营企业	港澳台商独资企业	港澳台商投资股份有限公司	其他港澳台投资企业	外商投资企业	中外合资经营企业	中外合作经营企业	外资企业	外商投资股份有限公司	其他外商投资企业
				6	4	1	1		
				1	1				
				2	2				
				1			1		
				2	1	1			
				2	2				
				1	1				
				1	1				
	1			1	1				
				1	1				
				1	1				
	7			**11**	**8**		**2**	**1**	
	4			7	5		2		
	4			7	5		2		
	2			4	3			1	
	2			4	3			1	
	1								
	1								
	1			**2**	**1**				**1**

1-2-9 续表 14

行业	私营合伙企业	私营有限责任公司	私营股份有限公司	其他企业	港澳台商投资企业	与港澳台商合资经营企业
土木工程建筑业	10	715	19	9		
铁路、道路、隧道和桥梁工程建筑	1	235	11	1		
水利和内河港口工程建筑	1	34	1	4		
工矿工程建筑	2	58	2			
架线和管道工程建筑		146	2	1		
其他土木工程建筑	6	242	3	3		
建筑安装业	4	775	19	13		
电气安装	2	191	4	2		
管道和设备安装	2	311	8	3		
其他建筑安装业		273	7	8		
建筑装饰和其他建筑业	18	2075	56	25	5	4
建筑装饰业	10	1551	43	13	5	4
工程准备活动	1	281	4	2		
提供施工设备服务	3	77	3	5		
其他未列明建筑业	4	166	6	5		
批发和零售业	**480**	**26144**	**775**	**1901**	**13**	**4**
批发业	196	14231	394	1170	7	3
农、林、牧产品批发	19	431	22	417		
食品、饮料及烟草制品批发	16	1084	26	349		
纺织、服装及家庭用品批发	4	651	13	16	2	
文化、体育用品及器材批发	2	378	7	2		
医药及医疗器材批发	3	337	12	9		
矿产品、建材及化工产品批发	87	5382	154	236	4	2
机械设备、五金产品及电子产品批发	51	4763	117	82	1	1
贸易经纪与代理	4	268	11	10		
其他批发业	10	937	32	49		
零售业	284	11913	381	731	6	1
综合零售	22	889	36	106		
食品、饮料及烟草制品专门零售	19	1160	30	190	1	
纺织、服装及日用品专门零售	27	1007	27	36	1	
文化、体育用品及器材专门零售	19	804	33	24	1	
医药及医疗器材专门零售	22	539	29	61	1	
汽车、摩托车、燃料及零配件专门零售	73	1820	72	92	1	1
家用电器及电子产品专门零售	30	2220	42	36		
五金、家具及室内装饰材料专门零售	41	2124	64	57	1	
货摊、无店铺及其他零售业	31	1350	48	129		
交通运输、仓储和邮政业	**89**	**2432**	**107**	**197**	**6**	**1**
道路运输业	74	1831	85	111	5	
城市公共交通运输	5	158	8	1		
公路旅客运输	6	76	7	6		
道路货物运输	57	1502	64	94		
道路运输辅助活动	6	95	6	10	5	
水上运输业		4		1		
水上旅客运输		1		1		
水上货物运输		2				
水上运输辅助活动		1				
航空运输业		8				
航空客货运输		4				
通用航空服务		1				
航空运输辅助活动		3				

与港澳台商合作经营企业	港澳台商独资企业	港澳台商投资股份有限公司	其他港澳台投资企业	外商投资企业	中外合资经营企业	中外合作经营企业	外资企业	外商投资股份有限公司	其他外商投资企业
				1	1				
				1	1				
	1			1					1
	1			1					1
	5	**3**	**1**	**21**	**9**	**1**	**8**		**3**
	1	2	1	14	5	1	6		2
				1			1		
		2							
				1		1			
	1		1	8	3		3		2
				3	2		1		
				1			1		
	4	1		7	4		2		1
				1			1		
	1			1			1		
	1								
		1		1					1
	1								
				3	3				
	1			1	1				
2	**3**			**8**		**7**	**1**		
2	3			8		7	1		
				1			1		
2	3			7		7			

1-2-9 续表 15

行业	私营合伙企业	私营有限责任公司	私营股份有限公司	其他企业	港澳台商投资企业	与港澳台商合资经营企业
管道运输业		1	1			
管道运输业		1	1			
装卸搬运和运输代理业	10	314	14	25	1	1
装卸搬运	4	149	8	18		
运输代理业	6	165	6	7	1	1
仓储业	2	165	5	48		
谷物、棉花等农产品仓储		45	1	38		
其他仓储业	2	120	4	10		
邮政业	3	109	2	12		
邮政基本服务		3				
快递服务	3	106	2	12		
住宿和餐饮业	**60**	**1541**	**59**	**65**	**4**	**1**
住宿业	28	605	29	26	1	
旅游饭店	3	149	3	4	1	
一般旅馆	17	374	20	15		
其他住宿业	8	82	6	7		
餐饮业	32	936	30	39	3	1
正餐服务	26	840	23	30	3	1
快餐服务	3	48	3	2		
饮料及冷饮服务	1	13	1			
其他餐饮业	2	35	3	7		
信息传输、软件和信息技术服务业	**15**	**1103**	**24**	**19**	**1**	**1**
电信、广播电视和卫星传输服务	2	45	1	4		
电信	1	28	1	4		
广播电视传输服务	1	14				
卫星传输服务		3				
互联网和相关服务	1	78	3	3		
互联网接入及相关服务		29		1		
互联网信息服务		38	1	2		
其他互联网服务	1	11	2			
软件和信息技术服务业	12	980	20	12	1	1
软件开发	5	580	9	6		
信息系统集成服务	3	201	3	2		
信息技术咨询服务	3	109	4	2		
数据处理和存储服务		15	2			
集成电路设计		8				
其他信息技术服务业	1	67	2	2	1	1
房地产业	**24**	**3855**	**140**	**73**	**11**	**6**
房地产业	24	3855	140	73	11	6
房地产开发经营	2	2018	73	6	9	6
物业管理	15	1467	56	60	2	
房地产中介服务	7	322	9	5		
其他房地产业		48	2	2		
租赁和商务服务业	**198**	**5931**	**173**	**206**	**4**	**1**
租赁业	12	531	17	31		
机械设备租赁	12	522	16	31		
文化及日用品出租		9	1			
商务服务业	186	5400	156	175	4	1
企业管理服务	25	669	18	26		

与港澳台商合作经营企业	港澳台商独资企业	港澳台商投资股份有限公司	其他港澳台投资企业	外商投资企业	中外合资经营企业	中外合作经营企业	外资企业	外商投资股份有限公司	其他外商投资企业
	3			**6**	**2**	**1**	**1**	**1**	**1**
	1			2			1		1
	1			1			1		
				1					1
	2			4	2	1		1	
	2			4	2	1		1	
				5			**3**		**2**
				1					1
				1					1
				4			3		1
				3			3		
				1					1
	5			**6**	**4**		**2**		
	5			6	4		2		
	3			5	3		2		
	2			1	1				
	2		**1**	**9**	**3**	**1**	**4**		**1**
				1	1				
				1	1				
	2		1	8	2	1	4		1
				4	1	1	1		1

1-2-9 续表 16

行业	私营合伙企业	私营有限责任公司	私营股份有限公司	其他企业	港澳台商投资企业	与港澳台商合资经营企业
法律服务	20	14		5		
咨询与调查	77	1439	38	42	3	1
广告业	24	1432	43	28		
知识产权服务	3	25		1		
人力资源服务	9	320	8	14		
旅行社及相关服务	6	505	22	22		
安全保护服务		101	4	2		
其他商务服务业	22	895	23	35	1	
科学研究和技术服务业	**29**	**2234**	**74**	**105**	**2**	**1**
研究和试验发展		226	6	10		
自然科学研究和试验发展		14		1		
工程和技术研究和试验发展		154	3	4		
农业科学研究和试验发展		44	1	5		
医学研究和试验发展		14	1			
社会人文科学研究			1			
专业技术服务业	24	1633	57	56	1	1
气象服务		1				
地震服务		1				
海洋服务		1				
测绘服务	2	71	6	5		
质检技术服务	3	225	7	6	1	1
环境与生态监测	1	39	1	1		
地质勘查	4	46		3		
工程技术	8	721	23	21		
其他专业技术服务业	6	528	20	20		
科技推广和应用服务业	5	375	11	39	1	
技术推广服务	3	294	7	34	1	
科技中介服务	2	21	2			
其他科技推广和应用服务业		60	2	5		
水利、环境和公共设施管理业	**8**	**541**	**26**	**41**		
水利管理业	1	26	1	6		
防洪除涝设施管理		2		1		
水资源管理		4	1	1		
天然水收集与分配		3				
水文服务		3		1		
其他水利管理业	1	14		3		
生态保护和环境治理业		34	2	5		
生态保护		4	1	1		
环境治理业		30	1	4		
公共设施管理业	7	481	23	30		
市政设施管理		16		1		
环境卫生管理	1	37	4	6		
城乡市容管理		5	1	1		
绿化管理	3	275	11	13		
公园和游览景区管理	3	148	7	9		
居民服务、修理和其他服务业	**49**	**1217**	**38**	**84**	**1**	**1**
居民服务业	18	390	15	39		
家庭服务		109	6	9		
托儿所服务						

与港澳台商合作经营企业	港澳台商独资企业	港澳台商投资股份有限公司	其他港澳台投资企业	外商投资企业	中外合资经营企业	中外合作经营企业	外资企业	外商投资股份有限公司	其他外商投资企业
	2			3	1		2		
			1	1			1		
	1			**3**	**2**				**1**
				1	1				
				1	1				
	1			2	1				1
	1			1	1				
				1					1
				1		**1**			
				1		1			
				1		1			
				1			**1**		

1-2-9 续表 17

行　业	私营合伙企　业	私营有限责任公司	私营股份有限公司	其他企业	港澳台商投资企业	与港澳台商合资经营企业
洗染服务		24	1	1		
理发及美容服务	7	70	2	3		
洗浴服务	6	44	5	8		
保健服务	2	29	1	3		
婚姻服务	1	62		6		
殡葬服务	2	19		2		
其他居民服务业		33		7		
机动车、电子产品和日用产品修理业	26	589	16	30	1	1
汽车、摩托车修理与维护	21	484	14	26		
计算机和办公设备维修	1	50		1	1	1
家用电器修理	1	40				
其他日用产品修理业	3	15	2	3		
其他服务业	5	238	7	15		
清洁服务	3	167	3	8		
其他未列明服务业	2	71	4	7		
卫生和社会工作	**1**	**12**				
社会工作	1	12				
提供住宿社会工作	1	11				
不提供住宿社会工作		1				
文化、体育和娱乐业	**82**	**841**	**29**	**146**		
新闻和出版业		25		2		
新闻业						
出版业		25		2		
广播、电视、电影和影视录音制作业	1	81	2	3		
广播		1				
电视		5		1		
电影和影视节目制作		36	2	1		
电影和影视节目发行		3				
电影放映	1	33		1		
录音制作		3				
文化艺术业	8	261	10	21		
文艺创作与表演	5	89	4	9		
艺术表演场馆		4		1		
图书馆与档案馆		1				
文物及非物质文化遗产保护		24		3		
博物馆		3				
烈士陵园、纪念馆		2				
群众文化活动		22	2			
其他文化艺术业	3	116	4	8		
体育	3	67	4	6		
体育组织		11		1		
体育场馆		6		1		
休闲健身活动	2	44	3	4		
其他体育	1	6	1			
娱乐业	70	407	13	114		
室内娱乐活动	68	332	11	112		
游乐园		14		1		
文化、娱乐、体育经纪代理		44	2			
其他娱乐业	2	17		1		

与港澳台商合作经营企业	港澳台商独资企业	港澳台商投资股份有限公司	其他港澳台投资企业	外商投资企业	中外合资经营企业	中外合作经营企业	外资企业	外商投资股份有限公司	其他外商投资企业
				1			1		
				1			1		

1-2-10 按行业、登记注册类型

行业	从业人员数(人)	内资企业	国有企业	集体企业	股份合作企业	联营企业	国有联营企业
总　计	**2339849**	**2314866**	**190633**	**110200**	**6672**	**7517**	**4454**
农、林、牧、渔业	**8628**	**8618**	**1066**	**128**	**69**	**60**	**53**
农业	370	370		5			
谷物种植	22	22					
豆类、油料和薯类种植	15	15					
蔬菜、食用菌及园艺作物种植	328	328					
其他农业	5	5		5			
林业	63	63	48				
林木育种和育苗	15	15					
森林经营和管护	48	48	48				
畜牧业	549	549					
牲畜饲养	519	519					
其他畜牧业	30	30					
农、林、牧、渔服务业	7646	7636	1018	123	69	60	53
农业服务业	6837	6827	920	112	69	60	53
林业服务业	555	555	98				
畜牧服务业	230	230		11			
渔业服务业	24	24					
采矿业	**237553**	**236072**	**22377**	**3834**	**2125**	**929**	**495**
煤炭开采和洗选业	168133	167538	19820	2820	2099	875	495
烟煤和无烟煤开采洗选	164109	163514	19183	2732	2099	875	495
褐煤开采洗选	928	928		85			
其他煤炭采选	3096	3096	637	3			
石油和天然气开采业	1735	1228	10				
天然气开采	1735	1228	10				
黑色金属矿采选业	34799	34799	1162	495			
铁矿采选	33541	33541	1162	494			
锰矿、铬矿采选	1170	1170					
其他黑色金属矿采选	88	88		1			
有色金属矿采选业	3871	3812	308	32			
常用有色金属矿采选	3177	3118	250	32			
贵金属矿采选	610	610	58				
稀有稀土金属矿采选	84	84					
非金属矿采选业	24272	24156	323	484	26	54	
土砂石开采	22400	22284	262	477	26	54	
化学矿开采	286	286	11				
石棉及其他非金属矿采选	1586	1586	50	7			
开采辅助活动	3938	3734	622	3			
煤炭开采和洗选辅助活动	3298	3298	622	3			
石油和天然气开采辅助活动	379	175					
其他开采辅助活动	261	261					
其他采矿业	805	805	132				
其他采矿业	805	805	132				

分组的小微企业法人单位从业人员数

集体联营企业	国有与集体联营企业	其他联营企业	有限责任公司	国有独资公司	其他有限责任公司	股份有限公司	私营企业	私营独资企业
2504	**105**	**454**	**444082**	**20101**	**423981**	**41872**	**1456628**	**239316**
	7		**1703**		**1703**	**147**	**4662**	**823**
			154		154		211	
							22	
							15	
			154		154		174	
							15	
							15	
			503		503		44	30
			503		503		14	
							30	30
	7		1046		1046	147	4392	793
	7		1000		1000	98	3864	656
			38		38	26	336	110
			8		8	23	180	27
							12	
243		**191**	**81433**	**1617**	**79816**	**3667**	**118552**	**31628**
228		152	70630	1596	69034	2825	66759	9162
228		152	68934	1596	67338	2825	65175	8453
			10		10		817	275
			1686		1686		767	434
			936		936	50	224	18
			936		936	50	224	18
			5049		5049	496	27257	9470
			4195		4195	496	26879	9467
			815		815		355	3
			39		39		23	
			795		795	111	2520	408
			627		627	111	2092	347
			120		120		392	45
			48		48		36	16
15		39	2177		2177	75	20225	11889
15		39	1574		1574	51	19062	11599
			206		206	24	45	
			397		397		1118	290
			1720	21	1699	40	1116	545
			1632	21	1611	25	796	486
			65		65		110	
			23		23	15	210	59
			126		126	70	451	136
			126		126	70	451	136

1-2-10 续表 1

行业	从业人员数(人)						
		内资企业	国有企业	集体企业	股份合作企业	联营企业	国有联营企业
制造业	**718914**	**704614**	**27414**	**31453**	**1916**	**1091**	**525**
农副食品加工业	44213	43622	2113	465	173	28	
谷物磨制	8619	8619	587	74	6		
饲料加工	5916	5659	292	6	7		
植物油加工	3328	3328	19		100		
制糖业	450	450					
屠宰及肉类加工	7495	7470	978	200		28	
水产品加工	25	25	25				
蔬菜、水果和坚果加工	9307	9033	2	81			
其他农副食品加工	9073	9038	210	104	60		
食品制造业	33777	32940	743	484	19		
焙烤食品制造	7214	7154	349	164			
糖果、巧克力及蜜饯制造	7856	7856	189				
方便食品制造	4006	4006	10	26			
乳制品制造	2758	2352	101				
罐头食品制造	2133	1990					
调味品、发酵制品制造	6462	6417	63	290			
其他食品制造	3348	3165	31	4	19		
酒、饮料和精制茶制造业	18928	17508	459	314	57	23	
酒的制造	9160	8854	157	89	50		
饮料制造	9253	8139	302	225		23	
精制茶加工	515	515			7		
烟草制品业	10	10	10				
卷烟制造	10	10	10				
纺织业	14525	14128	3223	844	3	320	320
棉纺织及印染精加工	8980	8980	2845	265			
毛纺织及染整精加工	397	236					
麻纺织及染整精加工	375	139		89			
丝绢纺织及印染精加工	604	604		135			
化纤织造及印染精加工	744	744	368				
针织或钩针编织物及其制品制造	849	849	10	187	3	300	300
家用纺织制成品制造	1630	1630		109		20	20
非家用纺织制成品制造	946	946		59			
纺织服装、服饰业	9544	9384	716	1241			
机织服装制造	7196	7076		1080			
针织或钩针编织服装制造	322	322		82			
服饰制造	2026	1986	716	79			
皮革、毛皮、羽毛及其制品和制鞋业	3317	3317	82	383			
皮革鞣制加工	150	150					
皮革制品制造	1241	1241	7	220			
毛皮鞣制及制品加工	507	507		19			
羽毛(绒)加工及制品制造	8	8					
制鞋业	1411	1411	75	144			
木材加工和木、竹、藤、棕、草制品业	6340	6332	15	427	16	32	
木材加工	1751	1743	14	172	16	32	
人造板制造	2263	2263		3			
木制品制造	2079	2079	1	252			
竹、藤、棕、草等制品制造	247	247					

集体联营企业	国有与集体联营企业	其他联营企业	有限责任公司	国有独资公司	其他有限责任公司	股份有限公司	私营企业	私营独资企业
473		**93**	**124185**	**4568**	**119617**	**13292**	**487059**	**115008**
28			5584		5584	1108	29503	5809
			843		843	91	5701	2094
			1385		1385	516	3389	624
			150		150		2718	320
			273		273	150	27	10
28			927		927	275	4809	501
			774		774	14	6166	1119
			1232		1232	62	6693	1141
			5041		5041	214	24883	8682
			645		645	25	5665	1677
			681		681		6898	4486
			574		574	35	2725	696
			354		354		1765	289
			714		714	1	1244	163
			1210		1210	40	4551	995
			863		863	113	2035	376
		23	3607		3607	488	12324	2317
			1184		1184	311	6908	1123
		23	2423		2423	177	4908	858
							508	336
			1718	260	1458		7629	1141
			1275	260	1015		4342	217
			10		10		226	67
							50	50
			170		170		299	10
			3		3		370	9
			5		5		301	24
			134		134		1337	559
			121		121		704	205
			1548	139	1409	122	5634	1136
			1404	132	1272	122	4426	771
			87		87		148	112
			57	7	50		1060	253
			12	2	10	13	2156	795
							150	
						1	448	21
							402	34
							8	
			12	2	10	12	1148	740
		32	753		753	85	4849	1333
		32	238		238		1223	529
			252		252	4	2004	470
			257		257	81	1426	284
			6		6		196	50

1-2-10 续表 2

行业	从业人员数(人)	内资企业	国有企业	集体企业	股份合作企业	联营企业	国有联营企业
家具制造业	4966	4966	15	64			
木质家具制造	3919	3919	15	58			
竹、藤家具制造	15	15					
金属家具制造	825	825					
塑料家具制造	103	103		5			
其他家具制造	104	104		1			
造纸和纸制品业	9618	9618	98	406			
造纸	3281	3281		52			
纸制品制造	6337	6337	98	354			
印刷和记录媒介复制业	13454	13279	1537	1453	20	114	46
印刷	12382	12207	1450	1329	20	104	36
装订及印刷相关服务	1047	1047	87	124		10	10
记录媒介复制	25	25					
文教、工美、体育和娱乐用品制造业	11199	11106	441	101			
文教办公用品制造	340	340	4	19			
乐器制造	73	73	23				
工艺美术品制造	9712	9658	10	81			
体育用品制造	1055	1016	404				
玩具制造	11	11		1			
游艺器材及娱乐用品制造	8	8					
石油加工及炼焦	11450	10961	772	2			
化学原料和化学制品制造业	48220	46880	1366	684	5		
基础化学原料制造	16171	15115	175	325			
肥料制造	11180	11088	948	69			
农药制造	1436	1436		7			
涂料、油墨、颜料及类似产品制造	3923	3755	15	33			
合成材料制造	2109	2103		114			
专用化学产品制造	10567	10552	206	98	5		
炸药、火工及焰火产品制造	1545	1545		1			
日用化学产品制造	1289	1286	22	37			
医药制造业	16667	15486	399	86		25	25
化学药品原料药制造	1471	1471		1			
化学药品制剂制造	4905	4387	215				
中药饮片加工	897	897	2			25	25
中成药生产	4471	3808	180				
兽用药品制造	2526	2526					
生物药品制造	1409	1409		40			
卫生材料及医药用品制造	988	988	2	45			
化学纤维制造业	4402	4378	209				
纤维素纤维原料及纤维制造	3171	3168					
合成纤维制造	1231	1210	209				
橡胶和塑料制品业	19423	19249	516	772	33	8	
橡胶制品业	4710	4710	216	323	5		
塑料制品业	14713	14539	300	449	28	8	

集体联营企业	国有与集体联营企业	其他联营企业	有限责任公司	国有独资公司	其他有限责任公司	股份有限公司	私营企业	私营独资企业
			398		398	19	4407	1301
			377		377	13	3444	932
			15		15			
			6		6		768	300
							98	50
						6	97	19
			614		614	243	8141	2975
			270		270	108	2791	801
			344		344	135	5350	2174
68			2031	230	1801	295	7681	1602
68			1892	230	1662	288	6976	1338
			139		139	7	680	264
							25	
			525	2	523	103	8211	3195
			100		100		217	
							50	8
			365	2	363	77	7441	3162
			55		55	26	490	25
			5		5		5	
							8	
			1722		1722	542	6946	551
			14598	759	13839	1440	28058	4965
			4058	734	3324	240	10173	1707
			4482	13	4469	396	5145	1889
			527		527	60	837	81
			817		817	322	2338	478
			759		759	130	1081	258
			2788	12	2776	207	7085	440
			884		884	15	645	52
			283		283	70	754	60
			4588		4588	163	10113	648
			721		721		749	
			1686		1686		2486	8
			65		65		805	122
			1272		1272		2262	62
			488		488		2032	157
			315		315	145	909	3
			41		41	18	870	296
			3941		3941		228	43
			3153		3153		15	7
			788		788		213	36
8			2603		2603	213	14776	4484
			629		629	140	3314	794
8			1974		1974	73	11462	3690

1-2-10 续表 3

行业	从业人员数(人)	内资企业	国有企业	集体企业	股份合作企业	联营企业	国有联营企业
非金属矿物制品业	180230	178176	3747	5154	794	90	51
水泥、石灰和石膏制造	25654	25399	1352	393	246		
石膏、水泥制品及类似制品制造	26771	26542	786	414	216	5	
砖瓦、石材等建筑材料制造	66292	66219	566	2081	261	69	51
玻璃制造	3092	3092	485	40			
玻璃制品制造	14051	13231	111	60			
玻璃纤维和玻璃纤维增强塑料制品制造	662	662	14				
陶瓷制品制造	10360	10360	3	695	20		
耐火材料制品制造	20116	19909	239	1208	3		
石墨及其他非金属矿物制品制造	13232	12762	191	263	48	16	
黑色金属冶炼和压延加工业	49214	48525	299	1357	41		
炼铁	7612	7460	2	235			
炼钢	3893	3893	73	129			
黑色金属铸造	28891	28442	37	854	41		
钢压延加工	4002	3914	187	108			
铁合金冶炼	4816	4816		31			
有色金属冶炼和压延加工业	14541	13750	37	447	13		
常用有色金属冶炼	7026	6709	17	289	13		
贵金属冶炼	439	431					
稀有稀土金属冶炼	1315	1315					
有色金属合金制造	1310	995		116			
有色金属铸造	604	604	20	17			
有色金属压延加工	3847	3696		25			
金属制品业	47202	46621	471	3653	212	69	
结构性金属制品制造	12178	12166	333	1402	134	15	
金属工具制造	3922	3883	20	546		54	
集装箱及金属包装容器制造	829	769	8	143			
金属丝绳及其制品制造	1875	1875		512			
建筑、安全用金属制品制造	10679	10649	20	396	78		
金属表面处理及热处理加工	1201	1145		114			
搪瓷制品制造	212	212					
金属制日用品制造	845	845	10	57			
其他金属制品制造	15461	15077	80	483			
通用设备制造业	55065	54390	2240	6080	191	90	33
锅炉及原动设备制造	3906	3821	58	66	5		
金属加工机械制造	11676	11670	1165	1585	80	57	
物料搬运设备制造	2487	2487	188	273			
泵、阀门、压缩机及类似机械制造	8599	8529	95	213	9		
轴承、齿轮和传动部件制造	2353	2352	25	143		1	1
烘炉、风机、衡器、包装等设备制造	4400	4295	332	255	27	32	32
文化、办公用机械制造	190	190	9	51			
通用零部件制造	18421	18040	355	3182	25		
其他通用设备制造业	3033	3006	13	312	45		
专用设备制造业	41948	41168	3734	3675	35		
采矿、冶金、建筑专用设备制造	25500	24962	2057	2718			

集体联营企业	国有与集体联营企业	其他联营企业	有限责任公司	国有独资公司	其他有限责任公司	股份有限公司	私营企业	私营独资企业
24		15	27472	596	26876	3078	134568	40521
			7047	194	6853	612	15519	2100
5			4321	303	4018	428	20102	3027
18			6093	96	5997	1132	53562	25848
			1886		1886	17	664	122
			556		556		12389	4566
			188		188	6	450	44
			1202		1202	13	8397	771
			3507		3507	399	14396	2911
1		15	2672	3	2669	471	9089	1132
			7212	1798	5414	287	38895	10119
			1303		1303	30	5880	1506
			60		60	6	3625	85
			2444	569	1875	185	24471	8095
			515		515	66	3038	297
			2890	1229	1661		1881	136
			3381	294	3087	668	9089	775
			1475		1475	46	4814	499
			201		201	220	10	
			369	162	207	105	838	31
			279		279	18	582	78
			49		49		477	44
			1008	132	876	279	2368	123
69			4255		4255	1180	36332	8203
15			1143		1143	704	8361	1398
54			249		249		2976	1202
			20		20		598	12
			288		288	43	1032	383
			942		942	201	8986	3259
			201		201		810	530
			15		15	36	161	18
			111		111		665	249
			1286		1286	196	12743	1152
57			8456	102	8354	1299	35595	6823
			855		855	253	2572	547
57			1337		1337	280	7063	1785
			320	102	218	90	1572	83
			1677		1677	216	6262	862
			493		493	11	1679	213
			989		989		2655	296
			125		125		5	
			2408		2408	428	11445	2673
			252		252	21	2342	364
			6211	34	6177	587	26152	2913
			4356	20	4336	414	15136	1886

1-2-10 续表 4

行业	从业人员数（人）	内资企业	国有企业	集体企业	股份合作企业	联营企业	国有联营企业
化工、木材、非金属加工专用设备制造	2443	2363	133	192			
食品、饮料、烟草及饲料生产专用设备制造	276	268		35			
印刷、制药、日化及日用品生产专用设备制造	1350	1350		7			
纺织、服装和皮革加工专用设备制造	3486	3436		169			
电子和电工机械专用设备制造	1695	1695	133	24			
农、林、牧、渔专用机械制造	2260	2260	686	360			
医疗仪器设备及器械制造	1040	1037	83	48			
环保、社会公共服务及其他专用设备制造	3898	3797	642	122	35		
汽车制造业	8680	8209	202	159	57		
汽车整车制造	270	270					
改装汽车制造	1544	1544			8		
低速载货汽车制造	56	56	56				
电车制造	144	144					
汽车车身、挂车制造	907	907		84			
汽车零部件及配件制造	5759	5288	146	75	49		
铁路、船舶、航空航天和其他运输设备制造业	4817	4690	474	1136	80		
铁路运输设备制造	4353	4340	376	1136	80		
船舶及相关装置制造	62						
航空、航天器及设备制造	69	69					
摩托车制造	104	52					
潜水救捞及其他未列明运输设备制造	229	229	98				
电气机械和器材制造业	18972	18065	1469	621		23	
电机制造	2321	1734	327	132		23	
输配电及控制设备制造	7213	7067	205	284			
电线、电缆、光缆及电工器材制造	3954	3954	283	177			
电池制造	1412	1412	42	2			
家用电力器具制造	934	882		12			
非电力家用器具制造	745	745	177				
照明器具制造	1115	993		14			
其他电气机械及器材制造	1278	1278	435				
计算机、通信和其他电子设备制造业	5860	5783	78	10	133		
计算机制造	162	152					
通信设备制造	215	215	50	10			
广播电视设备制造	839	839					
视听设备制造	115	115	27				
电子器件制造	1627	1582	1				
电子元件制造	2233	2211			3		
其他电子设备制造	669	669			130		
仪器仪表制造业	4280	4280	601	56	13		
通用仪器仪表制造	2235	2235		56	13		
专用仪器仪表制造	1385	1385	372				
钟表与计时仪器制造	5	5					
光学仪器及眼镜制造	326	326	200				
其他仪器仪表制造业	329	329	29				

集体联营企业	国有与集体联营企业	其他联营企业	有限责任公司	国有独资公司	其他有限责任公司	股份有限公司	私营企业	私营独资企业
			234		234	93	1670	202
			69		69		160	6
			509		509		819	128
			195		195	26	3021	142
			296	14	282	2	1163	280
			192		192		970	84
			103		103		779	48
			257		257	52	2434	137
			4166		4166	366	3164	248
			130		130		112	
			1494		1494	5	37	
			40		40	16	88	
			16		16		807	2
			2486		2486	345	2120	246
			1395		1395		1595	127
			1321		1321		1417	122
			48		48		21	
							52	5
			26		26		105	
		23	5775	12	5763	534	9529	1078
		23	829		829	15	407	149
			1932		1932	310	4281	420
			1396		1396	161	1913	220
			676	12	664		692	1
			284		284		586	157
			25		25	25	492	48
			413		413		563	25
			220		220	23	595	58
			1352		1352	94	4074	538
			72		72	42	38	10
			5		5		150	
			752		752		87	25
							88	
			97		97		1484	190
			331		331	52	1825	287
			95		95		402	26
			930	298	632	30	2488	105
			577	298	279	30	1559	40
			233		233		627	8
			5		5			
			1		1		125	50
			114		114		177	7

1-2-10 续表 5

行业	从业人员数(人)	内资企业	国有企业	集体企业	股份合作企业	联营企业	国有联营企业
其他制造业	6401	6348	138	223		10	10
废弃资源综合利用业	3341	3219	70	252	20	109	40
金属废料和碎屑加工处理	1426	1304		1	20	109	40
非金属废料和碎屑加工处理	1915	1915	70	251			
金属制品、机械和设备修理业	8310	8226	1140	904	1	150	
金属制品修理	126	126		22			
通用设备修理	710	626	10	43			
专用设备修理	2494	2494	842	360			
铁路、船舶、航空航天等运输设备修理	300	300					
电气设备修理	1344	1344	3	269			
仪器仪表修理	62	62		7			
其他机械和设备修理业	3274	3274	285	203	1	150	
电力、热力、燃气及水生产和供应业	**53531**	**51534**	**16957**	**1052**	**46**		
电力、热力生产和供应业	33838	32769	7917	560	21		
电力生产	18734	17665	4786	269	21		
电力供应	1657	1657	415	161			
热力生产和供应	13447	13447	2716	130			
燃气生产和供应业	6217	5343	1135	57	10		
燃气生产和供应业	6217	5343	1135	57	10		
水的生产和供应业	13476	13422	7905	435	15		
自来水生产和供应	9446	9446	6769	327	8		
污水处理及其再生利用	3379	3325	1076	108			
其他水的处理、利用与分配	651	651	60		7		
建筑业	**277620**	**276842**	**20619**	**16247**	**60**	**109**	**65**
房屋建筑业	113656	113656	12645	11330			
房屋建筑业	113656	113656	12645	11330			
土木工程建筑业	59704	59690	6584	1927	49	109	65
铁路、道路、隧道和桥梁工程建筑	22641	22627	2220	503		65	65
水利和内河港口工程建筑	3994	3994	653	136	37		
工矿工程建筑	9569	9569	1385	78			
架线和管道工程建筑	13601	13601	1038	1137		44	
其他土木工程建筑	9899	9899	1288	73	12		
建筑安装业	40550	40550	904	2385			
电气安装	11874	11874	60	730			
管道和设备安装	15458	15458	695	1074			
其他建筑安装业	13218	13218	149	581			
建筑装饰和其他建筑业	63710	62946	486	605	11		
建筑装饰业	32018	31254	62	432	11		
工程准备活动	8614	8614	287	35			
提供施工设备服务	9115	9115					
其他未列明建筑业	13963	13963	137	138			
批发和零售业	**418510**	**417770**	**32584**	**32979**	**1165**	**3537**	**2366**
批发业	223239	222854	20906	13059	374	1559	1099
农、林、牧产品批发	15775	15774	2115	649	6	211	98
食品、饮料及烟草制品批发	27057	27057	2896	2354	26	316	222
纺织、服装及家庭用品批发	9154	9127	756	777		128	95

集体联营企业	国有与集体联营企业	其他联营企业	有限责任公司	国有独资公司	其他有限责任公司	股份有限公司	私营企业	私营独资企业
			632	5	627	5	5292	1428
69			737		737	3	1858	482
69			251		251	3	920	340
			486		486		938	142
150			2928	37	2891	113	2889	671
			55		55		49	27
			248		248		277	37
			609		609	40	624	84
			227		227	33	40	13
			550		550		515	74
						40	15	
150			1239	37	1202		1369	436
			15269	**908**	**14361**	**1571**	**15819**	**2164**
			11157	693	10464	1291	11607	1446
			6186	527	5659	918	5377	456
			353		353		728	
			4618	166	4452	373	5502	990
			1762	102	1660	275	1938	187
			1762	102	1660	275	1938	187
			2350	113	2237	5	2274	531
			963	48	915	5	963	351
			1238	65	1173		878	100
			149		149		433	80
44			**46535**	**2372**	**44163**	**2535**	**189900**	**3611**
			19193	991	18202	1174	69024	659
			19193	991	18202	1174	69024	659
44			12666	1198	11468	901	37313	1212
			5585	1198	4387	41	14193	455
			671		671	147	2257	249
			639		639	160	7307	79
44			3491		3491	290	7597	
			2280		2280	263	5959	429
			6074	21	6053	223	30786	578
			2459	20	2439	2	8605	19
			1687		1687	20	11959	385
			1928	1	1927	201	10222	174
			8602	162	8440	237	52777	1162
			2791		2791	120	27722	670
			1507		1507	77	6689	180
			310		310	35	8718	91
			3994	162	3832	5	9648	221
1074	**68**	**29**	**55401**	**2781**	**52620**	**4816**	**264976**	**35700**
369	66	25	33370	2592	30778	2273	135027	14167
108		5	1221	86	1135	64	4782	786
56	18	20	2467	327	2140	159	12449	1465
33			1215	32	1183	17	6120	390

1-2-10 续表 6

行业	从业人员数(人)	内资企业					
			国有企业	集体企业	股份合作企业	联营企业	
							国有联营企业
文化、体育用品及器材批发	3416	3416	507	110			
医药及医疗器材批发	6622	6617	1324	17	11		
矿产品、建材及化工产品批发	91923	91778	9019	7069	252	302	130
机械设备、五金产品及电子产品批发	49347	49146	1646	922	63	277	239
贸易经纪与代理	3220	3220	416	177		3	3
其他批发业	16725	16719	2227	984	16	322	312
零售业	195271	194916	11678	19920	791	1978	1267
综合零售	33792	33759	3124	11566	264	707	458
食品、饮料及烟草制品专门零售	18718	18663	2577	733	162	289	274
纺织、服装及日用品专门零售	17556	17554	551	1002	178	706	335
文化、体育用品及器材专门零售	10463	10449	1561	196	3		
医药及医疗器材专门零售	11373	11359	1043	110	13	117	115
汽车、摩托车、燃料及零配件专门零售	34166	34112	678	838	118	54	19
家用电器及电子产品专门零售	22007	22007	152	106	22		
五金、家具及室内装饰材料专门零售	24312	24129	867	814	6	31	6
货摊、无店铺及其他零售业	22884	22884	1125	4555	25	74	60
交通运输、仓储和邮政业	**111544**	**110236**	**12430**	**6631**	**124**	**796**	**701**
道路运输业	83795	82488	5924	4058	107	563	563
城市公共交通运输	10441	10441	844	686	53		
公路旅客运输	5685	5683	1010	41			
道路货物运输	56310	56310	2554	2527	45	543	543
道路运输辅助活动	11359	10054	1516	804	9	20	20
水上运输业	70	70					
水上旅客运输	9	9					
水上货物运输	56	56					
水上运输辅助活动	5	5					
航空运输业	449	449	18				
航空客货运输	45	45	18				
通用航空服务	147	147					
航空运输辅助活动	257	257					
管道运输业	401	401					
管道运输业	401	401					
装卸搬运和运输代理业	12772	12771	620	2099	2	135	40
装卸搬运	8701	8701	314	1929		135	40
运输代理业	4071	4070	306	170	2		
仓储业	10400	10400	5311	474	15	98	98
谷物、棉花等农产品仓储	6446	6446	4781	108		53	53
其他仓储业	3954	3954	530	366	15	45	45
邮政业	3657	3657	557				
邮政基本服务	134	134	110				
快递服务	3523	3523	447				
住宿和餐饮业	**117340**	**116854**	**11565**	**3321**	**241**	**61**	
住宿业	49691	49579	8212	2445	120	47	
旅游饭店	21758	21701	4407	805	30	18	
一般旅馆	22906	22851	3339	1498	66	21	
其他住宿业	5027	5027	466	142	24	8	

集体联营企业	国有与集体联营企业	其他联营企业	有限责任公司	国有独资公司	其他有限责任公司	股份有限公司	私营企业	私营独资企业
			278	36	242	25	2491	248
			812	17	795	43	4323	378
124	48		17744	1984	15760	933	54474	7093
38			6196	70	6126	838	38638	2452
			506		506	25	2028	226
10			2931	40	2891	169	9722	1129
705	2	4	22031	189	21842	2543	129949	21533
247	2		3328	44	3284	626	13407	2641
13		2	1550	19	1531	72	11223	1494
371			1980		1980	198	12709	2180
			1316	6	1310	189	7001	774
		2	890		890	46	8791	2737
35			3793	87	3706	622	27302	5672
			2650		2650	190	18659	1967
25			3524	33	3491	339	17953	2198
14			3000		3000	261	12904	1870
38		**57**	**25268**	**1275**	**23993**	**3085**	**59021**	**8473**
			21266	872	20394	2795	46092	5607
			2499		2499	565	5785	190
			1557		1557	387	2643	228
			12635	659	11976	1032	35412	4819
			4575	213	4362	811	2252	370
			30		30		37	9
							6	
			30		30		26	9
							5	
			379	108	271		52	
							27	
			142	108	34		5	
			237		237		20	
			341	140	201		60	5
			341	140	201		60	5
38		57	1646	6	1640	86	7602	2156
38		57	690		690	40	5049	1953
			956	6	950	46	2553	203
			1150	149	1001	167	2660	540
			153	29	124	121	840	183
			997	120	877	46	1820	357
			456		456	37	2518	156
							24	
			456		456	37	2494	156
61			**15375**	**140**	**15235**	**3329**	**81323**	**15892**
47			6313	140	6173	1771	30306	5341
18			3096	113	2983	997	12262	1769
21			2407	27	2380	614	14737	2794
8			810		810	160	3307	778

1-2-10 续表 7

行业	从业人员数(人)						
		内资企业	国有企业	集体企业	股份合作企业	联营企业	国有联营企业
餐饮业	67649	67275	3353	876	121	14	
正餐服务	62116	61742	2892	809	121	14	
快餐服务	2184	2184					
饮料及冷饮服务	644	644	2				
其他餐饮业	2705	2705	459	67			
信息传输、软件和信息技术服务业	**23073**	**20241**	**1625**	**26**	**16**	**25**	
电信、广播电视和卫星传输服务	8330	5523	1327	15	14	24	
电信	6564	3757	870	4	4		
广播电视传输服务	1676	1676	457	11	10	24	
卫星传输服务	90	90					
互联网和相关服务	1293	1293	29				
互联网接入及相关服务	540	540	26				
互联网信息服务	636	636	3				
其他互联网服务	117	117					
软件和信息技术服务业	13450	13425	269	11	2	1	
软件开发	7713	7697	119		2	1	
信息系统集成服务	2788	2788		4			
信息技术咨询服务	1529	1529	131	7			
数据处理和存储服务	177	177	3				
集成电路设计	165	165					
其他信息技术服务业	1078	1069	16				
房地产业	**111377**	**110793**	**5185**	**1665**	**143**		
房地产业	111377	110793	5185	1665	143		
房地产开发经营	52185	51821	2451	407	15		
物业管理	54185	53965	2501	1236	114		
房地产中介服务	4210	4210	102	15	14		
其他房地产业	797	797	131	7			
租赁和商务服务业	**139455**	**139161**	**27397**	**9052**	**456**	**681**	**64**
租赁业	8636	8632	442	495	19	2	
机械设备租赁	8561	8557	442	495	19	2	
文化及日用品出租	75	75					
商务服务业	130819	130529	26955	8557	437	679	64
企业管理服务	28731	28478	5012	3577	10	130	53
法律服务	552	552	36	5			
咨询与调查	18745	18711	447	264	30	2	
广告业	13442	13442	315	44	36	10	
知识产权服务	234	234	28	3			
人力资源服务	13780	13780	229	2228	20		
旅行社及相关服务	8391	8391	252	148	50	15	5
安全保护服务	25954	25954	17662	908	251	513	
其他商务服务业	20990	20987	2974	1380	40	9	6
科学研究和技术服务业	**50791**	**50703**	**6011**	**994**	**176**	**44**	**44**
研究和试验发展	3557	3547	199	18	10		

集体联营企业	国有与集体联营企业	其他联营企业	有限责任公司	国有独资公司	其他有限责任公司	股份有限公司	私营企业	私营独资企业
14			9062		9062	1558	51017	10551
14			8156		8156	1451	47169	9342
			65		65	41	2058	571
			150		150	49	443	104
			691		691	17	1347	534
	24	**1**	**2911**	**295**	**2616**	**2502**	**13044**	**382**
	24		1208	169	1039	2164	752	63
			283		283	2108	469	59
	24		892	169	723	56	226	
			33		33		57	4
			227		227	19	999	86
			108		108	19	373	26
			119		119		509	50
							117	10
		1	1476	126	1350	319	11293	233
		1	672	119	553	154	6710	73
			298		298	59	2424	45
			203		203	68	1113	80
			38		38		136	6
			46		46		119	
			219	7	212	38	791	29
			24317	**1234**	**23083**	**1339**	**77153**	**2214**
			24317	1234	23083	1339	77153	2214
			9631	727	8904	696	38544	254
			13693	337	13356	627	34938	1815
			854	86	768	16	3176	107
			139	84	55		495	28
536	**4**	**77**	**29727**	**3296**	**26431**	**3396**	**66305**	**5235**
		2	2328		2328	77	4944	699
		2	2318		2318	77	4879	696
			10		10		65	3
536	4	75	27399	3296	24103	3319	61361	4536
8	4	65	7840	1801	6039	1702	9951	532
			41		41		399	56
2			3949	131	3818	223	13500	577
		10	2229	75	2154	237	10446	992
			15		15		176	
			4414		4414	113	6636	597
10			2182	45	2137	285	5299	329
513			1480	843	637	247	4638	564
3			5249	401	4848	512	10316	889
			10673	**737**	**9936**	**1002**	**30667**	**2238**
			792	150	642	94	2378	103

1-2-10 续表 8

行业	从业人员数(人)	内资企业	国有企业	集体企业	股份合作企业	联营企业	国有联营企业
自然科学研究和试验发展	245	245	18				
工程和技术研究和试验发展	2463	2453	169	18	10		
农业科学研究和试验发展	626	626	12				
医学研究和试验发展	216	216					
社会人文科学研究	7	7					
专业技术服务业	40729	40689	5268	904	158	44	44
气象服务	78	78	8	18			
地震服务	6	6					
海洋服务	19	19					
测绘服务	1856	1856	250	124	15	9	9
质检技术服务	6605	6565	435	395	36		
环境与生态监测	738	738	113	8	22		
地质勘查	1624	1624	466	84			
工程技术	20376	20376	3178	130	4	35	35
其他专业技术服务业	9427	9427	818	145	81		
科技推广和应用服务业	6505	6467	544	72	8		
技术推广服务	5163	5129	334	61	8		
科技中介服务	505	501	156	1			
其他科技推广和应用服务业	837	837	54	10			
水利、环境和公共设施管理业	**15696**	**15683**	**1544**	**678**	**12**	**61**	**60**
水利管理业	1525	1525	533	106			
防洪除涝设施管理	106	106	36	16			
水资源管理	824	824	366	43			
天然水收集与分配	121	121	28				
水文服务	55	55					
其他水利管理业	419	419	103	47			
生态保护和环境治理业	1476	1476	411	43			
生态保护	362	362	79				
环境治理业	1114	1114	332	43			
公共设施管理业	12695	12682	600	529	12	61	60
市政设施管理	530	517	74	28			
环境卫生管理	1530	1530	338	76			
城乡市容管理	148	148	11				
绿化管理	5787	5787	86	78	12		
公园和游览景区管理	4700	4700	91	347		61	60
居民服务、修理和其他服务业	**27464**	**27392**	**571**	**1117**	**92**	**52**	**38**
居民服务业	9570	9570	139	350		9	
家庭服务	2021	2021	5	52			
托儿所服务	1	1					
洗染服务	298	298	33	10			
理发及美容服务	1110	1110		17			
洗浴服务	2768	2768	38	90			
保健服务	1120	1120		7			
婚姻服务	598	598				9	
殡葬服务	500	500		25			
其他居民服务业	1154	1154	63	149			

集体联营企　业	国有与集体联营企业	其他联营企　业	有限责任公　司	国有独资公　司	其他有限责任公司	股份有限公　司	私营企业	私营独资企　业
			40		40		177	16
			653	150	503	38	1543	27
			73		73	56	461	56
			26		26		190	
							7	4
			8743	566	8177	810	24143	1837
			40		40		12	
							6	3
							19	16
			293		293	74	1046	75
			1447	164	1283	102	4054	498
			171	5	166	5	383	4
			217	80	137	126	704	23
			4626	317	4309	417	11763	320
			1949		1949	86	6156	898
			1138	21	1117	98	4146	298
			971	21	950	90	3289	235
			81		81	8	255	21
			86		86		602	42
1			**3437**	**292**	**3145**	**477**	**9000**	**1386**
			435	72	363		403	141
			20		20		26	15
			322	60	262		90	43
			5		5		88	35
			6		6		28	5
			82	12	70		171	43
			482	25	457	20	488	29
			149		149		130	25
			333	25	308	20	358	4
1			2520	195	2325	457	8109	1216
			159		159	10	245	27
			307	123	184	19	635	1
			24		24		103	5
			1007	62	945	212	4216	801
1			1023	10	1013	216	2910	382
9		**5**	**4151**	**16**	**4135**	**419**	**20086**	**5113**
9			1656		1656	51	6799	2044
			181		181	34	1574	125
							1	1
			17		17		235	40
			163		163	10	909	371
			389		389		2117	939
			241		241		784	313
9			101		101		460	158
			108		108	1	344	77
			456		456	6	375	20

1-2-10 续表 9

行业	从业人员数(人)	内资企业	国有企业	集体企业	股份合作企业	联营企业	国有联营企业
机动车、电子产品和日用产品修理业	12876	12804	277	590	36	14	9
汽车、摩托车修理与维护	11537	11495	253	526	36	9	4
计算机和办公设备维修	500	470	3			5	5
家用电器修理	446	446	6	61			
其他日用产品修理业	393	393	15	3			
其他服务业	5018	5018	155	177	56	29	29
清洁服务	3159	3159	20	27	10		
其他未列明服务业	1859	1859	135	150	46	29	29
卫生和社会工作	**217**	**217**	**32**	**10**			
社会工作	217	217	32	10			
提供住宿社会工作	184	184	1	10			
不提供住宿社会工作	33	33	31				
文化、体育和娱乐业	**28136**	**28136**	**3256**	**1013**	**31**	**71**	**43**
新闻和出版业	1763	1763	827	33			
新闻业	96	96		15			
出版业	1667	1667	827	18			
广播、电视、电影和影视录音制作业	3854	3854	1424	171	26	32	23
广播	328	328	106	65			
电视	435	435	186				
电影和影视节目制作	622	622	107				
电影和影视节目发行	154	154	108				
电影放映	2277	2277	917	106	26	32	23
录音制作	38	38					
文化艺术业	7638	7638	875	717		37	20
文艺创作与表演	4964	4964	652	609		8	7
艺术表演场馆	202	202	138				
图书馆与档案馆	12	12	2				
文物及非物质文化遗产保护	516	516	8	10		13	13
博物馆	149	149		55			
烈士陵园、纪念馆	54	54		20		16	
群众文化活动	301	301	14	9			
其他文化艺术业	1440	1440	61	14			
体育	1616	1616	104				
体育组织	109	109	15				
体育场馆	202	202	12				
休闲健身活动	1215	1215	54				
其他体育	90	90	23				
娱乐业	13265	13265	26	92	5	2	
室内娱乐活动	11928	11928	4	66	5	2	
游乐园	556	556		26			
文化、娱乐、体育经纪代理	309	309	22				
其他娱乐业	472	472					

集体联营企业	国有与集体联营企业	其他联营企业	有限责任公司	国有独资公司	其他有限责任公司	股份有限公司	私营企业	私营独资企业
		5	1503	3	1500	189	9996	2604
		5	1377		1377	189	8916	2469
			43	3	40		416	55
			65		65		314	62
			18		18		350	18
			992	13	979	179	3291	465
			485	10	475	83	2418	366
			507	3	504	96	873	99
			16		**16**		**159**	**10**
			16		16		159	10
			16		16		157	10
							2	
25	**2**	**1**	**3681**	**570**	**3111**	**295**	**18902**	**9439**
			518	230	288	77	302	45
			81		81			
			437	230	207	77	302	45
9			1078	167	911	32	1032	145
			155		155		2	
			145	15	130	32	53	20
			229	74	155		266	21
			13		13		33	
9			536	78	458		640	103
							38	1
16		1	1201	173	1028	167	4397	1155
		1	866	106	760	63	2595	905
							57	
			5		5		5	
			24	3	21	86	351	17
			36	33	3		58	9
16							18	
			85	29	56		193	71
			185	2	183	18	1120	153
			271		271		1213	140
							84	
			33		33		154	31
			238		238		908	100
							67	9
	2		613		613	19	11958	7954
	2		464		464	19	10844	7825
			85		85		439	34
			25		25		262	6
			39		39		413	89

1-2-10 续表 10

行　业	私营合伙企　业	私营有限责任公司	私营股份有限公司	其他企业	港澳台商投资企业	与港澳台商合资经营企　业
总　计	**26199**	**1141164**	**49949**	**57262**	**8276**	**5348**
农、林、牧、渔业	**135**	**3491**	**213**	**783**		
农业		211				
谷物种植		22				
豆类、油料和薯类种植		15				
蔬菜、食用菌及园艺作物种植		174				
其他农业						
林业		15				
林木育种和育苗		15				
森林经营和管护						
畜牧业		14		2		
牲畜饲养		14		2		
其他畜牧业						
农、林、牧、渔服务业	135	3251	213	781		
农业服务业	135	2865	208	704		
林业服务业		226		57		
畜牧服务业		153		8		
渔业服务业		7	5	12		
采矿业	**3864**	**80108**	**2952**	**3155**	**638**	**348**
煤炭开采和洗选业	1289	54040	2268	1710	139	121
烟煤和无烟煤开采洗选	916	53538	2268	1691	139	121
褐煤开采洗选	373	169		16		
其他煤炭采选		333		3		
石油和天然气开采业		206		8	332	197
天然气开采		206		8	332	197
黑色金属矿采选业	1534	16002	251	340		
铁矿采选	1534	15627	251	315		
锰矿、铬矿采选		352				
其他黑色金属矿采选		23		25		
有色金属矿采选业	73	2018	21	46	59	30
常用有色金属矿采选	47	1687	11	6	59	30
贵金属矿采选	26	311	10	40		
稀有稀土金属矿采选		20				
非金属矿采选业	967	6989	380	792	108	
土砂石开采	904	6179	380	778	108	
化学矿开采		45				
石棉及其他非金属矿采选	63	765		14		
开采辅助活动	1	540	30	233		
煤炭开采和洗选辅助活动	1	279	30	220		
石油和天然气开采辅助活动		110				
其他开采辅助活动		151		13		
其他采矿业		313	2	26		
其他采矿业		313	2	26		

与港澳台商合作经营企业	港澳台商独资企业	港澳台商投资股份有限公司	其他港澳台投资企业	外商投资企业	中外合资经营企业	中外合作经营企业	外资企业	外商投资股份有限公司	其他外商投资企业
245	**2569**	**107**	**7**	**16707**	**8994**	**1046**	**2919**	**555**	**3193**
				10	**10**				
				10	10				
				10	10				
	290			**843**	**653**		**94**	**7**	**89**
	18			456	449			7	
	18			456	449			7	
	135			175			86		89
	135			175			86		89
	29								
	29								
	108			8			8		
	108			8			8		
				204	204				
				204	204				

1-2-10 续表 11

行　业	私营合伙企　业	私营有限责任公司	私营股份有限公司	其他企业	港澳台商投资企业	与港澳台商合资经营企　业
制造业	**11004**	**342126**	**18921**	**18204**	**4351**	**3037**
农副食品加工业	1211	20960	1523	4648	25	25
谷物磨制	52	3059	496	1317		
饲料加工	131	2488	146	64		
植物油加工	17	2101	280	341		
制糖业		10	7			
屠宰及肉类加工	70	4100	138	253		
水产品加工						
蔬菜、水果和坚果加工	250	4577	220	1996	25	25
其他农副食品加工	691	4625	236	677		
食品制造业	246	15050	905	1556	328	124
焙烤食品制造	49	3599	340	306	60	60
糖果、巧克力及蜜饯制造	138	2198	76	88		
方便食品制造	10	1875	144	636		
乳制品制造		1474	2	132		
罐头食品制造		1081		31	47	19
调味品、发酵制品制造	28	3204	324	263	45	45
其他食品制造	21	1619	19	100	176	
酒、饮料和精制茶制造业	195	8937	875	236	104	
酒的制造	179	5125	481	155	104	
饮料制造	16	3640	394	81		
精制茶加工		172				
烟草制品业						
卷烟制造						
纺织业	59	6205	224	391	161	161
棉纺织及印染精加工	41	3915	169	253		
毛纺织及染整精加工		154	5		161	161
麻纺织及染整精加工						
丝绢纺织及印染精加工		289				
化纤织造及印染精加工		361		3		
针织或钩针编织物及其制品制造		277		43		
家用纺织制成品制造	18	760		30		
非家用纺织制成品制造		449	50	62		
纺织服装、服饰业	405	3949	144	123	40	40
机织服装制造	2	3547	106	44		
针织或钩针编织服装制造		36		5		
服饰制造	403	366	38	74	40	40
皮革、毛皮、羽毛及其制品和制鞋业		1168	193	671		
皮革鞣制加工		150				
皮革制品制造		254	173	565		
毛皮鞣制及制品加工		348	20	86		
羽毛(绒)加工及制品制造		8				
制鞋业		408		20		
木材加工和木、竹、藤、棕、草制品业	147	3144	225	155		
木材加工	1	682	11	48		
人造板制造	25	1402	107			
木制品制造	121	914	107	62		
竹、藤、棕、草等制品制造		146		45		

与港澳台商合作经营企业	港澳台商独资企业	港澳台商投资股份有限公司	其他港澳台投资企业	外商投资企业	中外合资经营企业	中外合作经营企业	外资企业	外商投资股份有限公司	其他外商投资企业
2	**1242**	**70**		**9949**	**6700**	**132**	**2383**	**537**	**197**
				566	531				35
				257	257				
				25	25				
				249	249				
				35					35
	204			509	137		103	269	
				406	137			269	
	28			96			96		
	176			7			7		
	104			1316	565		751		
	104			202			202		
				1114	565		549		
				236	236				
				236	236				
				120	120				
				120	120				
				8			8		
				8			8		

1-2-10 续表 12

行业						
	私营合伙企业	私营有限责任公司	私营股份有限公司	其他企业	港澳台商投资企业	与港澳台商合资经营企业
家具制造业	3	3093	10	63		
木质家具制造	3	2509		12		
竹、藤家具制造						
金属家具制造		458	10	51		
塑料家具制造		48				
其他家具制造		78				
造纸和纸制品业	201	4893	72	116		
造纸	174	1766	50	60		
纸制品制造	27	3127	22	56		
印刷和记录媒介复制业	110	5847	122	148		
印刷	102	5440	96	148		
装订及印刷相关服务	8	382	26			
记录媒介复制		25				
文教、工美、体育和娱乐用品制造业	3	4856	157	1725	54	54
文教办公用品制造		213	4			
乐器制造		42				
工艺美术品制造	3	4123	153	1684	54	54
体育用品制造		465		41		
玩具制造		5				
游艺器材及娱乐用品制造		8				
石油加工及炼焦	47	6331	17	977	311	311
化学原料和化学制品制造业	427	21082	1584	729	583	544
基础化学原料制造	33	7765	668	144	433	394
肥料制造	221	2594	441	48		
农药制造	36	704	16	5		
涂料、油墨、颜料及类似产品制造	4	1554	302	230	150	150
合成材料制造	5	818		19		
专用化学产品制造	123	6395	127	163		
炸药、火工及焰火产品制造		583	10			
日用化学产品制造	5	669	20	120		
医药制造业		8939	526	112	769	287
化学药品原料药制造		748	1			
化学药品制剂制造		2478			215	
中药饮片加工		683				
中成药生产		2080	120	94	554	287
兽用药品制造		1470	405	6		
生物药品制造		906				
卫生材料及医药用品制造		574		12		
化学纤维制造业	35	132	18		21	21
纤维素纤维原料及纤维制造		8				
合成纤维制造	35	124	18		21	21
橡胶和塑料制品业	307	9429	556	328	35	
橡胶制品业	34	2267	219	83		
塑料制品业	273	7162	337	245	35	

与港澳台商合作经营企业	港澳台商独资企业	港澳台商投资股份有限公司	其他港澳台投资企业	外商投资企业	中外合资经营企业	中外合作经营企业	外资企业	外商投资股份有限公司	其他外商投资企业
				175	175				
				175	175				
				39	39				
				39	39				
				178	178				
	39			757	655		88	14	
	39			623	547		76		
				92	84			8	
				18	6		12		
				6				6	
				15	15				
				3	3				
	482			412	252		160		
	215			303	143		160		
	267			109	109				
				3	3				
				3	3				
	35			139			139		
	35			139			139		

1-2-10 续表 13

行　　业	私营合伙企　　业	私营有限责任公司	私营股份有限公司	其他企业	港澳台商投资企业	与港澳台商合资经营企　　业
非金属矿物制品业	4413	84281	5353	3273	944	942
水泥、石灰和石膏制造	126	12787	506	230	238	238
石膏、水泥制品及类似制品制造	199	15448	1428	270	164	164
砖瓦、石材等建筑材料制造	2872	23542	1300	2455	2	
玻璃制造		491	51			
玻璃制品制造	765	6756	302	115	540	540
玻璃纤维和玻璃纤维增强塑料制品制造		405	1	4		
陶瓷制品制造	193	7130	303	30		
耐火材料制品制造	165	10691	629	157		
石墨及其他非金属矿物制品制造	93	7031	833	12		
黑色金属冶炼和压延加工业	1047	26335	1394	434	283	
炼铁	259	3480	635	10		
炼钢	43	3497				
黑色金属铸造	734	14954	688	410	283	
钢压延加工	11	2659	71			
铁合金冶炼		1745		14		
有色金属冶炼和压延加工业	95	7990	229	115	152	152
常用有色金属冶炼	15	4181	119	55	1	1
贵金属冶炼		10				
稀有稀土金属冶炼		807		3		
有色金属合金制造		494	10			
有色金属铸造		433		41		
有色金属压延加工	80	2065	100	16	151	151
金属制品业	573	26629	927	449	104	12
结构性金属制品制造	162	6601	200	74	12	
金属工具制造	130	1507	137	38	12	12
集装箱及金属包装容器制造		586			60	
金属丝绳及其制品制造		649				
建筑、安全用金属制品制造	75	5431	221	26		
金属表面处理及热处理加工	22	258		20		
搪瓷制品制造		143				
金属制日用品制造		366	50	2		
其他金属制品制造	184	11088	319	289	20	
通用设备制造业	500	26830	1442	439	185	115
锅炉及原动设备制造	100	1882	43	12		
金属加工机械制造	110	4941	227	103		
物料搬运设备制造		1193	296	44		
泵、阀门、压缩机及类似机械制造	19	5077	304	57	70	
轴承、齿轮和传动部件制造	6	1460			1	1
烘炉、风机、衡器、包装等设备制造	98	2097	164	5		
文化、办公用机械制造		5				
通用零部件制造	167	8325	280	197	114	114
其他通用设备制造业		1850	128	21		
专用设备制造业	264	21978	997	774	65	65
采矿、冶金、建筑专用设备制造	113	12740	397	281	62	62

与港澳台商合作经营企业	港澳台商独资企业	港澳台商投资股份有限公司	其他港澳台投资企业	外商投资企业	中外合资经营企业	中外合作经营企业	外资企业	外商投资股份有限公司	其他外商投资企业
2				1110	699	30	376		5
				17	17				
				65	65				
2				71			66		5
				280	280				
				207	167	30	10		
				470	170		300		
	283			406	226		28		152
				152					152
	283			166	166				
				88	60		28		
				639	324		315		
				316	316				
				8	8				
				315			315		
	92			477	418		54		5
	12								
				27	9		18		
	60								
				30	30				
				56	56				
	20			364	323		36		5
		70		490	223		267		
				85	85				
				6	6				
		70							
				105	105				
				267			267		
				27	27				
				715	639		42	34	
				476	442			34	

1-2-10 续表 14

行 业	私营合伙企 业	私营有限责任公司	私营股份有限公司	其他企业	港澳台商投资企业	与港澳台商合资经营企 业
化工、木材、非金属加工专用设备制造	6	1360	102	41		
食品、饮料、烟草及饲料生产专用设备制造		142	12	4		
印刷、制药、日化及日用品生产专用设备制造		689	2	15		
纺织、服装和皮革加工专用设备制造		2407	472	25		
电子和电工机械专用设备制造	116	761	6	77		
农、林、牧、渔专用机械制造		880	6	52		
医疗仪器设备及器械制造		731		24	3	3
环保、社会公共服务及其他专用设备制造	29	2268		255		
汽车制造业	56	2578	282	95		
汽车整车制造		112		28		
改装汽车制造		34	3			
低速载货汽车制造						
电车制造		88				
汽车车身、挂车制造		805				
汽车零部件及配件制造	56	1539	279	67		
铁路、船舶、航空航天和其他运输设备制造业	112	1356		10	52	52
铁路运输设备制造	112	1183		10		
船舶及相关装置制造						
航空、航天器及设备制造		21				
摩托车制造		47			52	52
潜水救捞及其他未列明运输设备制造		105				
电气机械和器材制造业	236	7891	324	114		
电机制造		258		1		
输配电及控制设备制造	12	3732	117	55		
电线、电缆、光缆及电工器材制造	128	1545	20	24		
电池制造		629	62			
家用电力器具制造		379	50			
非电力家用器具制造		369	75	26		
照明器具制造	36	502		3		
其他电气机械及器材制造	60	477		5		
计算机、通信和其他电子设备制造业	37	3444	55	42	10	10
计算机制造		28			10	10
通信设备制造	25	125				
广播电视设备制造		62				
视听设备制造		88				
电子器件制造		1294				
电子元件制造	12	1521	5			
其他电子设备制造		326	50	42		
仪器仪表制造业		2060	323	162		
通用仪器仪表制造		1376	143			
专用仪器仪表制造		439	180	153		
钟表与计时仪器制造						
光学仪器及眼镜制造		75				
其他仪器仪表制造业		170		9		

与港澳台商合作经营企业	港澳台商独资企业	港澳台商投资股份有限公司	其他港澳台投资企业	外商投资企业	中外合资经营企业	中外合作经营企业	外资企业	外商投资股份有限公司	其他外商投资企业
				80	38		42		
				8	8				
				50	50				
				101	101				
				471	209	42		220	
				471	209	42		220	
				75	75				
				13	13				
				62	62				
				907	795	60	52		
				587	587				
				146	146				
				52			52		
				122	62	60			
				67	67				
				45	45				
				22	22				

1-2-10 续表 15

行业	私营合伙企业	私营有限责任公司	私营股份有限公司	其他企业	港澳台商投资企业	与港澳台商合资经营企业
其他制造业	77	3579	208	48	3	
废弃资源综合利用业	130	1238	8	170	122	122
金属废料和碎屑加工处理		574	6		122	122
非金属废料和碎屑加工处理	130	664	2	170		
金属制品、机械和设备修理业	68	1922	228	101		
金属制品修理		22				
通用设备修理	14	226		48		
专用设备修理	6	514	20	19		
铁路、船舶、航空航天等运输设备修理		27				
电气设备修理	36	405		7		
仪器仪表修理		15				
其他机械和设备修理业	12	713	208	27		
电力、热力、燃气及水生产和供应业	**299**	**12863**	**493**	**820**	**1101**	**963**
电力、热力生产和供应业	248	9718	195	216	418	339
电力生产	167	4736	18	108	418	339
电力供应		728				
热力生产和供应	81	4254	177	108		
燃气生产和供应业	5	1641	105	166	629	604
燃气生产和供应业	5	1641	105	166	629	604
水的生产和供应业	46	1504	193	438	54	20
自来水生产和供应	7	601	4	411		
污水处理及其再生利用		664	114	25	54	20
其他水的处理、利用与分配	39	239	75	2		
建筑业	**391**	**177136**	**8762**	**837**	**741**	**733**
房屋建筑业	34	63221	5110	290		
房屋建筑业	34	63221	5110	290		
土木工程建筑业	113	34506	1482	141		
铁路、道路、隧道和桥梁工程建筑	42	12834	862	20		
水利和内河港口工程建筑	13	1939	56	93		
工矿工程建筑	22	6883	323			
架线和管道工程建筑		7457	140	4		
其他土木工程建筑	36	5393	101	24		
建筑安装业	32	29003	1173	178		
电气安装	12	8268	306	18		
管道和设备安装	20	11341	213	23		
其他建筑安装业		9394	654	137		
建筑装饰和其他建筑业	212	50406	997	228	741	733
建筑装饰业	64	26398	590	116	741	733
工程准备活动	36	6281	192	19		
提供施工设备服务	97	8488	42	52		
其他未列明建筑业	15	9239	173	41		
批发和零售业	**3668**	**218656**	**6952**	**22312**	**194**	**66**
批发业	1702	115588	3570	16286	95	46
农、林、牧产品批发	127	3631	238	6726		
食品、饮料及烟草制品批发	158	10500	326	6390		
纺织、服装及家庭用品批发	24	5624	82	114	27	

与港澳台商合作经营企业	港澳台商独资企业	港澳台商投资股份有限公司	其他港澳台投资企业	外商投资企业	中外合资经营企业	中外合作经营企业	外资企业	外商投资股份有限公司	其他外商投资企业
	3			50	50				
				84	84				
				84	84				
	138			**896**	**886**		**2**	**8**	
	79			651	649		2		
	79			651	649		2		
	25			245	237			8	
	25			245	237			8	
	34								
	34								
	8			**37**	**14**				**23**
				14	14				
				14	14				
	8			23					23
	8			23					23
	87	**37**	**4**	**546**	**418**	**5**	**110**		**13**
	18	27	4	290	219	5	57		9
				1			1		
		27							

1-2-10 续表 16

行业	私营合伙企业	私营有限责任公司	私营股份有限公司	其他企业	港澳台商投资企业	与港澳台商合资经营企业
文化、体育用品及器材批发	5	2204	34	5		
医药及医疗器材批发	14	3849	82	87		
矿产品、建材及化工产品批发	916	44785	1680	1985	53	31
机械设备、五金产品及电子产品批发	369	34960	857	566	15	15
贸易经纪与代理	25	1732	45	65		
其他批发业	64	8303	226	348		
零售业	1966	103068	3382	6026	99	20
综合零售	240	10042	484	737		
食品、饮料及烟草制品专门零售	122	9429	178	2057	35	
纺织、服装及日用品专门零售	272	9973	284	230	2	
文化、体育用品及器材专门零售	100	5951	176	183	10	
医药及医疗器材专门零售	124	5689	241	349	14	
汽车、摩托车、燃料及零配件专门零售	443	20609	578	707	20	20
家用电器及电子产品专门零售	189	16248	255	228		
五金、家具及室内装饰材料专门零售	241	14761	753	595	18	
货摊、无店铺及其他零售业	235	10366	433	940		
交通运输、仓储和邮政业	**2081**	**45889**	**2578**	**2881**	**573**	**1**
道路运输业	1899	36490	2096	1683	572	
城市公共交通运输	52	5126	417	9		
公路旅客运输	95	2112	208	45		
道路货物运输	1599	27674	1320	1562		
道路运输辅助活动	153	1578	151	67	572	
水上运输业		28		3		
水上旅客运输		6		3		
水上货物运输		17				
水上运输辅助活动		5				
航空运输业		52				
航空客货运输		27				
通用航空服务		5				
航空运输辅助活动		20				
管道运输业		21	34			
管道运输业		21	34			
装卸搬运和运输代理业	138	4891	417	581	1	1
装卸搬运	80	2637	379	544		
运输代理业	58	2254	38	37	1	1
仓储业	31	2066	23	525		
谷物、棉花等农产品仓储		654	3	390		
其他仓储业	31	1412	20	135		
邮政业	13	2341	8	89		
邮政基本服务		24				
快递服务	13	2317	8	89		
住宿和餐饮业	**1257**	**62169**	**2005**	**1639**	**165**	**6**
住宿业	568	23470	927	365	42	
旅游饭店	180	10056	257	86	42	
一般旅馆	236	11156	551	169		
其他住宿业	152	2258	119	110		

与港澳台商合作经营企业	港澳台商独资企业	港澳台商投资股份有限公司	其他港澳台投资企业	外商投资企业	中外合资经营企业	中外合作经营企业	外资企业	外商投资股份有限公司	其他外商投资企业
				5		5			
	18		4	92	71		12		9
				186	148		38		
				6			6		
	69	10		256	199		53		4
				33			33		
	35			20			20		
	2								
		10		4					4
	14								
				34	34				
	18			165	165				
243	**329**			**735**		**733**	**2**		
243	329			735		733	2		
				2			2		
243	329			733		733			
159				**321**	**88**	**160**	**15**	**3**	**55**
	42			70			15		55
	42			15			15		
				55					55

1-2-10 续表 17

行业	私营合伙企业	私营有限责任公司	私营股份有限公司	其他企业	港澳台商投资企业	与港澳台商合资经营企业
餐饮业	689	38699	1078	1274	123	6
正餐服务	630	36285	912	1130	123	6
快餐服务	18	1420	49	20		
饮料及冷饮服务	20	307	12			
其他餐饮业	21	687	105	124		
信息传输、软件和信息技术服务业	**90**	**12359**	**213**	**92**	**8**	**8**
电信、广播电视和卫星传输服务	17	670	2	19		
电信	3	405	2	19		
广播电视传输服务	14	212				
卫星传输服务		53				
互联网和相关服务	4	894	15	19		
互联网接入及相关服务		347		14		
互联网信息服务		451	8	5		
其他互联网服务	4	96	7			
软件和信息技术服务业	69	10795	196	54	8	8
软件开发	40	6510	87	39		
信息系统集成服务	11	2343	25	3		
信息技术咨询服务	13	976	44	7		
数据处理和存储服务		101	29			
集成电路设计		119				
其他信息技术服务业	5	746	11	5	8	8
房地产业	**380**	**72135**	**2424**	**991**	**403**	**114**
房地产业	380	72135	2424	991	403	114
房地产开发经营	19	37034	1227	77	185	114
物业管理	318	31666	1139	856	218	
房地产中介服务	43	2981	45	33		
其他房地产业		454	13	25		
租赁和商务服务业	**1567**	**57262**	**2241**	**2147**	**9**	**2**
租赁业	74	4027	144	325		
机械设备租赁	74	3967	142	325		
文化及日用品出租		60	2			
商务服务业	1493	53235	2097	1822	9	2
企业管理服务	138	8235	1046	256		
法律服务	230	113		71		
咨询与调查	670	11999	254	296	6	2
广告业	142	9074	238	125		
知识产权服务	34	142		12		
人力资源服务	98	5833	108	140		
旅行社及相关服务	25	4768	177	160		
安全保护服务		4033	41	255		
其他商务服务业	156	9038	233	507	3	
科学研究和技术服务业	**284**	**27146**	**999**	**1136**	**63**	**40**
研究和试验发展		2231	44	56		

与港澳台商合作经营企业	港澳台商独资企业	港澳台商投资股份有限公司	其他港澳台投资企业	外商投资企业	中外合资经营企业	中外合作经营企业	外资企业	外商投资股份有限公司	其他外商投资企业
	117			251	88	160		3	
	117			251	88	160		3	
				2824			**16**		**2808**
				2807					2807
				2807					2807
				17			16		1
				16			16		
				1					1
	289			**181**	**150**		**31**		
	289			181	150		31		
	71			179	148		31		
	218			2	2				
	4		**3**	**285**	**54**	**3**	**224**		**4**
				4	4				
				4	4				
	4		3	281	50	3	224		4
				253	48	3	198		4
	4			28	2		26		
			3						
	23			**25**	**21**				**4**
				10	10				

1-2-10 续表 18

行业	私营合伙企业	私营有限责任公司	私营股份有限公司	其他企业	港澳台商投资企业	与港澳台商合资经营企业
自然科学研究和试验发展		161		10		
工程和技术研究和试验发展		1484	32	22		
农业科学研究和试验发展		400	5	24		
医学研究和试验发展		186	4			
社会人文科学研究			3			
专业技术服务业	245	21385	676	619	40	40
气象服务		12				
地震服务		3				
海洋服务		3				
测绘服务	17	908	46	45		
质检技术服务	74	3382	100	96	40	40
环境与生态监测	3	373	3	36		
地质勘查	19	662		27		
工程技术	103	10996	344	223		
其他专业技术服务业	29	5046	183	192		
科技推广和应用服务业	39	3530	279	461	23	
技术推广服务	31	2874	149	376	23	
科技中介服务	8	188	38			
其他科技推广和应用服务业		468	92	85		
水利、环境和公共设施管理业	**78**	**7278**	**258**	**474**		
水利管理业	3	254	5	48		
防洪除涝设施管理		11		8		
水资源管理		42	5	3		
天然水收集与分配		53				
水文服务		23		21		
其他水利管理业	3	125		16		
生态保护和环境治理业		391	68	32		
生态保护		90	15	4		
环境治理业		301	53	28		
公共设施管理业	75	6633	185	394		
市政设施管理		218		1		
环境卫生管理	7	603	24	155		
城乡市容管理		93	5	10		
绿化管理	18	3296	101	176		
公园和游览景区管理	50	2423	55	52		
居民服务、修理和其他服务业	**562**	**13943**	**468**	**904**	**30**	**30**
居民服务业	281	4312	162	566		
家庭服务		1416	33	175		
托儿所服务						
洗染服务		193	2	3		
理发及美容服务	32	482	24	11		
洗浴服务	221	869	88	134		
保健服务	12	444	15	88		
婚姻服务	2	300		28		
殡葬服务	14	253		22		
其他居民服务业		355		105		

与港澳台商合作经营企业	港澳台商独资企业	港澳台商投资股份有限公司	其他港澳台投资企业	外商投资企业	中外合资经营企业	中外合作经营企业	外资企业	外商投资股份有限公司	其他外商投资企业
				10	10				
	23			15	11				4
	23			11	11				
				4					4
				13		**13**			
				13		13			
				13		13			
				42			**42**		

1-2-10 续表 19

行　业	私营合伙企　业	私营有限责任公司	私营股份有限公司	其他企业	港澳台商投资企业	与港澳台商合资经营企　业
机动车、电子产品和日用产品修理业	244	6928	220	199	30	30
汽车、摩托车修理与维护	198	6042	207	189		
计算机和办公设备维修	5	356		3	30	30
家用电器修理	5	247				
其他日用产品修理业	36	283	13	7		
其他服务业	37	2703	86	139		
清洁服务	25	1962	65	116		
其他未列明服务业	12	741	21	23		
卫生和社会工作	**30**	**119**				
社会工作	30	119				
提供住宿社会工作	30	117				
不提供住宿社会工作		2				
文化、体育和娱乐业	**509**	**8484**	**470**	**887**		
新闻和出版业		257		6		
新闻业						
出版业		257		6		
广播、电视、电影和影视录音制作业	5	874	8	59		
广播		2				
电视		33		19		
电影和影视节目制作		237	8	20		
电影和影视节目发行		33				
电影放映	5	532		20		
录音制作		37				
文化艺术业	123	2892	227	244		
文艺创作与表演	117	1412	161	171		
艺术表演场馆		57		7		
图书馆与档案馆		5				
文物及非物质文化遗产保护		334		24		
博物馆		49				
烈士陵园、纪念馆		18				
群众文化活动		111	11			
其他文化艺术业	6	906	55	42		
体育	27	992	54	28		
体育组织		84		10		
体育场馆		123		3		
休闲健身活动	23	748	37	15		
其他体育	4	37	17			
娱乐业	354	3469	181	550		
室内娱乐活动	342	2506	171	524		
游乐园		405		6		
文化、娱乐、体育经纪代理		246	10			
其他娱乐业	12	312		20		

与港澳台商合作经营企业	港澳台商独资企业	港澳台商投资股份有限公司	其他港澳台投资企业	外商投资企业	中外合资经营企业	中外合作经营企业	外资企业	外商投资股份有限公司	其他外商投资企业
				42			42		
				42			42		

1-2-11 按行业、营业状态分组的小微企业法人单位数

行业	企业法人单位数(个)	营业	停业(歇业)	筹建	当年关闭	当年破产	其他
总计	**112721**	**93331**	**11504**	**5679**	**1286**	**301**	**620**
农、林、牧、渔业	**639**	**445**	**97**	**75**	**13**	**3**	**6**
农业	8	7		1			
谷物种植	1	1					
豆类、油料和薯类种植	1	1					
蔬菜、食用菌及园艺作物种植	5	4		1			
其他农业	1	1					
林业	2	2					
林木育种和育苗	1	1					
森林经营和管护	1	1					
畜牧业	6	6					
牲畜饲养	5	5					
其他畜牧业	1	1					
农、林、牧、渔服务业	623	430	97	74	13	3	6
农业服务业	545	375	88	63	11	2	6
林业服务业	45	34	4	6	1		
畜牧服务业	30	20	4	4	1	1	
渔业服务业	3	1	1	1			
采矿业	**5080**	**2899**	**1566**	**433**	**125**	**18**	**39**
煤炭开采和洗选业	2482	1402	730	252	59	9	30
烟煤和无烟煤开采洗选	2385	1357	700	234	59	8	27
褐煤开采洗选	35	20	12	2		1	
其他煤炭采选	62	25	18	16			3
石油和天然气开采业	31	17	3	11			
天然气开采	31	17	3	11			
黑色金属矿采选业	935	514	339	57	20	3	2
铁矿采选	908	498	331	54	20	3	2
锰矿、铬矿采选	21	14	6	1			
其他黑色金属矿采选	6	2	2	2			
有色金属矿采选业	188	82	89	16	1		
常用有色金属矿采选	156	70	72	14			
贵金属矿采选	27	8	16	2	1		
稀有稀土金属矿采选	5	4	1				
非金属矿采选业	1326	838	360	75	41	5	7
土砂石开采	1226	790	322	72	32	5	5
化学矿开采	13	2	9		1		1
石棉及其他非金属矿采选	87	46	29	3	8		1
开采辅助活动	76	29	27	18	1	1	
煤炭开采和洗选辅助活动	54	15	26	11	1	1	
石油和天然气开采辅助活动	8	6		2			
其他开采辅助活动	14	8	1	5			
其他采矿业	42	17	18	4	3		
其他采矿业	42	17	18	4	3		
制造业	**20874**	**16228**	**3084**	**995**	**363**	**81**	**123**
农副食品加工业	1581	1273	202	75	20	2	9
谷物磨制	440	372	54	8	4		2
饲料加工	186	148	25	11	1		1
植物油加工	92	66	19	5			2
制糖业	6	4	1	1			
屠宰及肉类加工	238	194	21	15	6	1	1

1-2-11　续表 1

行　业	企业法人单位数(个)	营业	停业(歇业)	筹建	当年关闭	当年破产	其他
水产品加工	1	1					
蔬菜、水果和坚果加工	285	241	31	12	1		
其他农副食品加工	333	247	51	23	8	1	3
食品制造业	925	766	83	44	22	4	6
焙烤食品制造	222	198	14	5	5		
糖果、巧克力及蜜饯制造	153	140	4	2	5		2
方便食品制造	129	100	18	9	2		
乳制品制造	38	28	4	2	3		1
罐头食品制造	52	43	8	1			
调味品、发酵制品制造	198	165	14	11	6	2	
其他食品制造	133	92	21	14	1	2	3
酒、饮料和精制茶制造业	555	438	60	46	8	2	1
酒的制造	216	168	32	12	3	1	
饮料制造	329	263	27	33	4	1	1
精制茶加工	10	7	1	1	1		
烟草制品业	1		1				
卷烟制造	1		1				
纺织业	261	188	49	11	9	3	1
棉纺织及印染精加工	119	88	23	3	2	2	1
毛纺织及染整精加工	19	13	2		4		
麻纺织及染整精加工	3	2	1				
丝绢纺织及印染精加工	7	7					
化纤织造及印染精加工	11	8	1	2			
针织或钩针编织物及其制品制造	26	13	11	2			
家用纺织制成品制造	42	31	7	1	2	1	
非家用纺织制成品制造	34	26	4	3	1		
纺织服装、服饰业	212	171	22	16	1	1	1
机织服装制造	143	117	14	10		1	1
针织或钩针编织服装制造	13	10	2	1			
服饰制造	56	44	6	5	1		
皮革、毛皮、羽毛及其制品和制鞋业	62	38	14	2	6	2	
皮革鞣制加工	1	1					
皮革制品制造	17	10	6		1		
毛皮鞣制及制品加工	12	6	3		3		
羽毛(绒)加工及制品制造	1	1					
制鞋业	31	20	5	2	2	2	
木材加工和木、竹、藤、棕、草制品业	232	186	28	11	5		2
木材加工	93	73	10	6	4		
人造板制造	40	33	5	2			
木制品制造	86	73	10	1	1		1
竹、藤、棕、草等制品制造	13	7	3	2			1
家具制造业	198	170	21	4	3		
木质家具制造	151	132	13	4	2		
竹、藤家具制造	1	1					
金属家具制造	26	22	4				
塑料家具制造	7	6	1				
其他家具制造	13	9	3		1		
造纸和纸制品业	311	248	46	9	7		1
造纸	90	65	23		2		
纸制品制造	221	183	23	9	5		1

1-2-11 续表 2

行　　业	企业法人单位数(个)	营业	停业(歇业)	筹建	当年关闭	当年破产	其他
印刷和记录媒介复制业	689	618	46	18	5		2
印刷	589	531	40	12	4		2
装订及印刷相关服务	99	87	6	5	1		
记录媒介复制	1			1			
文教、工美、体育和娱乐用品制造业	342	250	59	23	8		2
文教办公用品制造	18	13	4		1		
乐器制造	6	4	2				
工艺美术品制造	289	214	46	22	6		1
体育用品制造	25	17	6		1		1
玩具制造	3	2	1				
游艺器材及娱乐用品制造	1			1			
石油加工及炼焦	164	84	57	10	10		3
化学原料和化学制品制造业	1205	882	199	90	14	12	8
基础化学原料制造	349	244	65	27	7	5	1
肥料制造	233	162	37	26	2	4	2
农药制造	46	38	6	2			
涂料、油墨、颜料及类似产品制造	145	119	16	8	1		1
合成材料制造	55	36	9	8		1	1
专用化学产品制造	299	222	52	17	3	2	3
炸药、火工及焰火产品制造	19	18			1		
日用化学产品制造	59	43	14	2			
医药制造业	256	204	30	13	3	2	4
化学药品原料药制造	22	16	4	1	1		
化学药品制剂制造	46	38	4	4			
中药饮片加工	28	17	5	3	1		2
中成药生产	45	37	5	1		2	
兽用药品制造	62	60	1				1
生物药品制造	27	16	8	2			1
卫生材料及医药用品制造	26	20	3	2	1		
化学纤维制造业	25	13	6	6			
纤维素纤维原料及纤维制造	4	1	1	2			
合成纤维制造	21	12	5	4			
橡胶和塑料制品业	634	505	75	33	17	3	1
橡胶制品业	159	128	20	9		2	
塑料制品业	475	377	55	24	17	1	1
非金属矿物制品业	5111	3673	957	301	124	19	37
水泥、石灰和石膏制造	545	385	103	25	21	5	6
石膏、水泥制品及类似制品制造	750	588	87	59	10	2	4
砖瓦、石材等建筑材料制造	2404	1768	415	145	56	6	14
玻璃制造	41	21	14	2	1		3
玻璃制品制造	155	122	22	5	5		1
玻璃纤维和玻璃纤维增强塑料制品制造	32	20	7	4	1		
陶瓷制品制造	122	74	28	11	8		1
耐火材料制品制造	733	489	194	28	13	3	6
石墨及其他非金属矿物制品制造	329	206	87	22	9	3	2
黑色金属冶炼和压延加工业	942	722	162	27	20	8	3
炼铁	139	94	37	3	4	1	
炼钢	35	22	9	1	2	1	
黑色金属铸造	603	479	91	16	12	4	1
钢压延加工	107	92	9	5		1	
铁合金冶炼	58	35	16	2	2	1	2

1-2-11　续表 3

行　　业	企业法人单位数(个)	营业	停业(歇业)	筹建	当年关闭	当年破产	其他
有色金属冶炼和压延加工业	318	199	80	21	11	5	2
常用有色金属冶炼	141	80	43	9	5	3	1
贵金属冶炼	5	1	1	1	1		1
稀有稀土金属冶炼	19	15	3	1			
有色金属合金制造	35	21	10	1	2	1	
有色金属铸造	27	15	9	2	1		
有色金属压延加工	91	67	14	7	2	1	
金属制品业	1701	1390	246	42	17	3	3
结构性金属制品制造	543	435	73	23	9		3
金属工具制造	144	119	18	3	2	2	
集装箱及金属包装容器制造	21	16	5				
金属丝绳及其制品制造	52	47	5				
建筑、安全用金属制品制造	197	166	21	7	3		
金属表面处理及热处理加工	45	38	5		1	1	
搪瓷制品制造	9	5	3	1			
金属制日用品制造	39	30	7	2			
其他金属制品制造	651	534	109	6	2		
通用设备制造业	2186	1847	257	43	23	5	11
锅炉及原动设备制造	201	172	25	2	1	1	
金属加工机械制造	377	313	43	12	7	2	
物料搬运设备制造	104	90	8	6			
泵、阀门、压缩机及类似机械制造	326	304	14	4	2		2
轴承、齿轮和传动部件制造	62	49	9	2			2
烘炉、风机、衡器、包装等设备制造	99	85	13	1			
文化、办公用机械制造	4	2	1				1
通用零部件制造	886	725	129	11	13	2	6
其他通用设备制造业	127	107	15	5			
专用设备制造业	1197	1005	114	54	8	5	11
采矿、冶金、建筑专用设备制造	604	518	43	29	3	3	8
化工、木材、非金属加工专用设备制造	118	95	18	3	1	1	
食品、饮料、烟草及饲料生产专用设备制造	17	14	2	1			
印刷、制药、日化及日用品生产专用设备制造	32	23	5	3		1	
纺织、服装和皮革加工专用设备制造	100	88	10	1	1		
电子和电工机械专用设备制造	61	51	7	3			
农、林、牧、渔专用机械制造	61	49	8	1	1		2
医疗仪器设备及器械制造	60	49	5	6			
环保、社会公共服务及其他专用设备制造	144	118	16	7	2		1
汽车制造业	149	120	16	11			2
汽车整车制造	3	3					
改装汽车制造	16	14	2				
低速载货汽车制造	1		1				
电车制造	7	5		2			
汽车车身、挂车制造	20	17	2	1			
汽车零部件及配件制造	102	81	11	8			2
铁路、船舶、航空航天和其他运输设备制造业	85	76	7	2			
铁路运输设备制造	69	64	4	1			
船舶及相关装置制造	1	1					
航空、航天器及设备制造	3	2	1				
摩托车制造	5	3	2				
潜水救捞及其他未列明运输设备制造	7	6		1			

1-2-11 续表 4

行业	企业法人单位数(个)	营业	停业(歇业)	筹建	当年关闭	当年破产	其他
电气机械和器材制造业	486	397	48	27	6	1	7
电机制造	37	29	4	4			
输配电及控制设备制造	203	178	17	7		1	
电线、电缆、光缆及电工器材制造	94	81	7	5			1
电池制造	21	8	5	5	2		1
家用电力器具制造	26	22	1		3		
非电力家用器具制造	24	19	1	3			1
照明器具制造	43	31	6	3	1		2
其他电气机械及器材制造	38	29	7				2
计算机、通信和其他电子设备制造业	105	86	10	8		1	
计算机制造	8	8					
通信设备制造	6	4	1	1			
广播电视设备制造	7	7					
视听设备制造	3	2	1				
电子器件制造	22	16	2	3		1	
电子元件制造	38	32	4	2			
其他电子设备制造	21	17	2	2			
仪器仪表制造业	112	96	9	5	1		1
通用仪器仪表制造	54	47	3	3	1		
专用仪器仪表制造	28	25	1	1			1
钟表与计时仪器制造	1	1					
光学仪器及眼镜制造	9	5	4				
其他仪器仪表制造业	20	18	1	1			
其他制造业	375	230	110	23	11		1
废弃资源综合利用业	119	76	28	9	1	2	3
金属废料和碎屑加工处理	47	31	12	2			2
非金属废料和碎屑加工处理	72	45	16	7	1	2	1
金属制品、机械和设备修理业	335	277	42	11	3	1	1
金属制品修理	10	8	1		1		
通用设备修理	55	39	12	3	1		
专用设备修理	86	69	13	3		1	
铁路、船舶、航空航天等运输设备修理	7	6		1			
电气设备修理	50	42	5	2			1
仪器仪表修理	3	3					
其他机械和设备修理业	124	110	11	2	1		
电力、热力、燃气及水生产和供应业	**1109**	**806**	**122**	**153**	**12**	**1**	**15**
电力、热力生产和供应业	509	342	63	87	7	1	9
电力生产	311	187	41	72	4	1	6
电力供应	22	18	2	1			1
热力生产和供应	176	137	20	14	3		2
燃气生产和供应业	203	126	32	40	3		2
燃气生产和供应业	203	126	32	40	3		2
水的生产和供应业	397	338	27	26	2		4
自来水生产和供应	261	229	16	14	1		1
污水处理及其再生利用	102	81	10	8			3
其他水的处理、利用与分配	34	28	1	4	1		
建筑业	**5758**	**5031**	**389**	**212**	**73**	**20**	**33**
房屋建筑业	896	763	63	39	19	6	6
房屋建筑业	896	763	63	39	19	6	6

1-2-11　续表 5

行　　业	企业法人单位数(个)	营业	停业(歇业)	筹建	当年关闭	当年破产	其他
土木工程建筑业	1160	1011	83	46	3	7	10
铁路、道路、隧道和桥梁工程建筑	390	342	29	15	1		3
水利和内河港口工程建筑	106	92	11	2			1
工矿工程建筑	91	75	11	3	1		1
架线和管道工程建筑	207	191	7	1	1	4	3
其他土木工程建筑	366	311	25	25		3	2
建筑安装业	1034	915	46	40	20	7	6
电气安装	239	212	12	12	2		1
管道和设备安装	418	371	19	12	9	3	4
其他建筑安装业	377	332	15	16	9	4	1
建筑装饰和其他建筑业	2668	2342	197	87	31		11
建筑装饰业	1946	1724	130	62	20		10
工程准备活动	369	313	38	16	1		1
提供施工设备服务	113	99	11	2	1		
其他未列明建筑业	240	206	18	7	9		
批发和零售业	**43591**	**37316**	**3769**	**1820**	**415**	**92**	**179**
批发业	22441	18838	2265	974	226	46	92
农、林、牧产品批发	1263	1005	164	59	16	2	17
食品、饮料及烟草制品批发	2113	1797	200	86	15	5	10
纺织、服装及家庭用品批发	939	825	56	49	1	3	5
文化、体育用品及器材批发	488	446	24	14	2	1	1
医药及医疗器材批发	499	459	17	18	4		1
矿产品、建材及化工产品批发	8721	6966	1179	419	99	21	37
机械设备、五金产品及电子产品批发	6441	5748	387	234	53	5	14
贸易经纪与代理	433	329	56	39	7		2
其他批发业	1544	1263	182	56	29	9	5
零售业	21150	18478	1504	846	189	46	87
综合零售	2404	1918	294	110	45	11	26
食品、饮料及烟草制品专门零售	2115	1808	183	90	18	8	8
纺织、服装及日用品专门零售	1691	1490	110	57	20	4	10
文化、体育用品及器材专门零售	1305	1184	53	54	8	3	3
医药及医疗器材专门零售	1459	1404	25	17	9	2	2
汽车、摩托车、燃料及零配件专门零售	3488	3047	220	155	41	13	12
家用电器及电子产品专门零售	3021	2811	103	90	9	2	6
五金、家具及室内装饰材料专门零售	3286	2803	314	132	23	2	12
货摊、无店铺及其他零售业	2381	2013	202	141	16	1	8
交通运输、仓储和邮政业	**4918**	**3926**	**566**	**296**	**71**	**20**	**39**
道路运输业	3524	2844	411	191	48	13	17
城市公共交通运输	320	301	12	5		2	
公路旅客运输	180	160	13	4	1	1	1
道路货物运输	2716	2121	359	175	38	10	13
道路运输辅助活动	308	262	27	7	9		3
水上运输业	8	3	5				
水上旅客运输	2		2				
水上货物运输	5	3	2				
水上运输辅助活动	1		1				
航空运输业	15	10	2	3			
航空客货运输	5	4	1				
通用航空服务	4	1	1	2			
航空运输辅助活动	6	5		1			

1-2-11 续表 6

行业	企业法人单位数(个)	营业	停业(歇业)	筹建	当年关闭	当年破产	其他
管道运输业	6	6					
管道运输业	6	6					
装卸搬运和运输代理业	621	510	58	37	13		3
装卸搬运	339	278	35	17	9		
运输代理业	282	232	23	20	4		3
仓储业	559	386	84	55	10	5	19
谷物、棉花等农产品仓储	312	216	62	11	7	3	13
其他仓储业	247	170	22	44	3	2	6
邮政业	185	167	6	10		2	
邮政基本服务	7	6	1				
快递服务	178	161	5	10		2	
住宿和餐饮业	**3193**	**2844**	**163**	**103**	**33**	**28**	**22**
住宿业	1404	1265	64	39	13	13	10
旅游饭店	318	277	15	15	4	5	2
一般旅馆	876	800	37	18	9	6	6
其他住宿业	210	188	12	6		2	2
餐饮业	1789	1579	99	64	20	15	12
正餐服务	1535	1357	84	51	18	13	12
快餐服务	101	95	2	4			
饮料及冷饮服务	37	35	1		1		
其他餐饮业	116	92	12	9	1	2	
信息传输、软件和信息技术服务业	**1505**	**1372**	**54**	**68**	**4**	**2**	**5**
电信、广播电视和卫星传输服务	136	125	4	4		2	1
电信	77	71	2	2		1	1
广播电视传输服务	54	50	1	2		1	
卫星传输服务	5	4	1				
互联网和相关服务	129	115	8	5			1
互联网接入及相关服务	43	38	5				
互联网信息服务	70	63	2	4			1
其他互联网服务	16	14	1	1			
软件和信息技术服务业	1240	1132	42	59	4		3
软件开发	700	648	19	30	2		1
信息系统集成服务	247	227	8	10			2
信息技术咨询服务	157	138	10	8	1		
数据处理和存储服务	23	19		4			
集成电路设计	10	10					
其他信息技术服务业	103	90	5	7	1		
房地产业	**5567**	**4614**	**399**	**407**	**63**	**11**	**73**
房地产业	5567	4614	399	407	63	11	73
房地产开发经营	2715	2247	216	139	44	11	58
物业管理	2302	1913	135	225	16		13
房地产中介服务	475	420	31	22	1		1
其他房地产业	75	34	17	21	2		1
租赁和商务服务业	**9802**	**8436**	**677**	**580**	**53**	**12**	**44**
租赁业	873	712	89	60	7	2	3
机械设备租赁	861	701	89	59	7	2	3
文化及日用品出租	12	11		1			
商务服务业	8929	7724	588	520	46	10	41
企业管理服务	1429	1114	137	152	5	5	16

1-2-11　续表 7

行　　业	企业法人单位数(个)	营业	停业(歇业)	筹建	当年关闭	当年破产	其他
法律服务	59	57	2				
咨询与调查	2202	1916	152	116	8		10
广告业	2068	1904	78	68	12	2	4
知识产权服务	35	32		3			
人力资源服务	519	430	56	29	2	2	
旅行社及相关服务	814	710	45	47	8	1	3
安全保护服务	187	169	12	6			
其他商务服务业	1616	1392	106	99	11		8
科学研究和技术服务业	**3692**	**3239**	**208**	**217**	**15**	**2**	**11**
研究和试验发展	312	256	31	23	1		1
自然科学研究和试验发展	24	19	3	1	1		
工程和技术研究和试验发展	199	177	13	9			
农业科学研究和试验发展	68	43	12	12			1
医学研究和试验发展	19	15	3	1			
社会人文科学研究	2	2					
专业技术服务业	2771	2497	123	132	10	1	8
气象服务	7	7					
地震服务	2	2					
海洋服务	2	2					
测绘服务	138	127	6	3	1		1
质检技术服务	373	323	10	38	1	1	
环境与生态监测	61	50	5	5	1		
地质勘查	90	82	3	4	1		
工程技术	1198	1094	55	43	3		3
其他专业技术服务业	900	810	44	39	3		4
科技推广和应用服务业	609	486	54	62	4	1	2
技术推广服务	483	392	41	44	4		2
科技中介服务	41	29	6	6			
其他科技推广和应用服务业	85	65	7	12		1	
水利、环境和公共设施管理业	**1080**	**808**	**110**	**140**	**10**		**12**
水利管理业	103	81	5	10	3		4
防洪除涝设施管理	7	7					
水资源管理	38	30	1	3	1		3
天然水收集与分配	8	5		2	1		
水文服务	6	6					
其他水利管理业	44	33	4	5	1		1
生态保护和环境治理业	87	69	9	8			1
生态保护	13	11	1	1			
环境治理业	74	58	8	7			1
公共设施管理业	890	658	96	122	7		7
市政设施管理	41	36	3		2		
环境卫生管理	89	62	5	18			4
城乡市容管理	11	8	1	2			
绿化管理	459	370	41	43	4		1
公园和游览景区管理	290	182	46	59	1		2
居民服务、修理和其他服务业	**2383**	**2094**	**166**	**90**	**20**	**5**	**8**
居民服务业	798	707	57	26	7		1
家庭服务	166	141	18	6	1		
托儿所服务	1		1				

1-2-11 续表 8

行业	企业法人单位数(个)						
		营业	停业(歇业)	筹建	当年关闭	当年破产	其他
洗染服务	42	40	2				
理发及美容服务	147	139	5	2	1		
洗浴服务	139	125	7	2	4		1
保健服务	61	59	1	1			
婚姻服务	112	96	9	7			
殡葬服务	42	33	4	5			
其他居民服务业	88	74	10	3	1		
机动车、电子产品和日用产品修理业	1165	1046	67	37	10	3	2
汽车、摩托车修理与维护	986	888	57	28	9	3	1
计算机和办公设备维修	79	70	5	4			
家用电器修理	63	60	2	1			
其他日用产品修理业	37	28	3	4	1		1
其他服务业	420	341	42	27	3	2	5
清洁服务	262	217	25	16	1	2	1
其他未列明服务业	158	124	17	11	2		4
卫生和社会工作	**23**	**8**	**5**	**10**			
社会工作	23	8	5	10			
提供住宿社会工作	19	6	4	9			
不提供住宿社会工作	4	2	1	1			
文化、体育和娱乐业	**3507**	**3265**	**129**	**80**	**16**	**6**	**11**
新闻和出版业	82	78	1	3			
新闻业	2	2					
出版业	80	76	1	3			
广播、电视、电影和影视录音制作业	229	209	15	4	1		
广播	12	11		1			
电视	25	24	1				
电影和影视节目制作	62	57	2	2	1		
电影和影视节目发行	8	7	1				
电影放映	118	106	11	1			
录音制作	4	4					
文化艺术业	512	413	46	42	3	2	6
文艺创作与表演	220	187	17	12	1		3
艺术表演场馆	10	9				1	
图书馆与档案馆	3	3					
文物及非物质文化遗产保护	38	27	3	6	1		1
博物馆	7	5		1		1	
烈士陵园、纪念馆	4	2	1	1			
群众文化活动	39	32	4	3			
其他文化艺术业	191	148	21	19	1		2
体育	124	111	5	7			1
体育组织	13	11	1	1			
体育场馆	14	13	1				
休闲健身活动	86	76	3	6			1
其他体育	11	11					
娱乐业	2560	2454	62	24	12	4	4
室内娱乐活动	2451	2372	50	14	9	3	3
游乐园	21	19	2				
文化、娱乐、体育经纪代理	55	44	4	4	2		1
其他娱乐业	33	19	6	6	1	1	

1-2-12　按行业、营业状态分组的小微企业法人单位从业人员数

行　业	从业人员数（人）	营业	停业(歇业)	筹建	当年关闭	当年破产	其他
总　计	**2339849**	**2055157**	**148433**	**105071**	**10453**	**6256**	**14479**
农、林、牧、渔业	**8628**	**7113**	**914**	**446**	**34**	**64**	**57**
农业	370	355		15			
谷物种植	22	22					
豆类、油料和薯类种植	15	15					
蔬菜、食用菌及园艺作物种植	328	313		15			
其他农业	5	5					
林业	63	63					
林木育种和育苗	15	15					
森林经营和管护	48	48					
畜牧业	549	549					
牲畜饲养	519	519					
其他畜牧业	30	30					
农、林、牧、渔服务业	7646	6146	914	431	34	64	57
农业服务业	6837	5450	873	371	32	54	57
林业服务业	555	501	15	38	1		
畜牧服务业	230	190	14	15	1	10	
渔业服务业	24	5	12	7			
采矿业	**237553**	**157948**	**30411**	**42775**	**1183**	**465**	**4771**
煤炭开采和洗选业	168133	102973	20617	38913	827	443	4360
烟煤和无烟煤开采洗选	164109	101643	20304	36610	827	438	4287
褐煤开采洗选	928	845	67	11		5	
其他煤炭采选	3096	485	246	2292			73
石油和天然气开采业	1735	1412	42	281			
天然气开采	1735	1412	42	281			
黑色金属矿采选业	34799	29719	3631	1022	151	4	272
铁矿采选	33541	28569	3588	957	151	4	272
锰矿、铬矿采选	1170	1132	35	3			
其他黑色金属矿采选	88	18	8	62			
有色金属矿采选业	3871	2754	806	310	1		
常用有色金属矿采选	3177	2362	581	234			
贵金属矿采选	610	356	177	76	1		
稀有稀土金属矿采选	84	36	48				
非金属矿采选业	24272	19153	3759	1020	195	6	139
土砂石开采	22400	17869	3261	963	186	6	115
化学矿开采	286	151	111		1		23
石棉及其他非金属矿采选	1586	1133	387	57	8		1
开采辅助活动	3938	1438	1368	1116	4	12	
煤炭开采和洗选辅助活动	3298	880	1363	1039	4	12	
石油和天然气开采辅助活动	379	362		17			
其他开采辅助活动	261	196	5	60			
其他采矿业	805	499	188	113	5		
其他采矿业	805	499	188	113	5		
制造业	**718914**	**628352**	**56160**	**26017**	**4095**	**1307**	**2983**
农副食品加工业	44213	39679	2054	1793	235	21	431
谷物磨制	8619	8208	321	81	5		4
饲料加工	5916	4715	222	669	10		300
植物油加工	3328	2702	484	81			61
制糖业	450	433	7	10			
屠宰及肉类加工	7495	6699	235	352	173	1	35

1-2-12 续表 1

行业	从业人员数(人)	营业	停业(歇业)	筹建	当年关闭	当年破产	其他
水产品加工	25	25					
蔬菜、水果和坚果加工	9307	8865	299	142	1		
其他农副食品加工	9073	8032	486	458	46	20	31
食品制造业	33777	31181	918	1277	196	37	168
焙烤食品制造	7214	7057	93	59	5		
糖果、巧克力及蜜饯制造	7856	7448	279	6	95		28
方便食品制造	4006	3578	106	319	3		
乳制品制造	2758	2571	43	30	78		36
罐头食品制造	2133	2088	39	6			
调味品、发酵制品制造	6462	5981	221	228	13	19	
其他食品制造	3348	2458	137	629	2	18	104
酒、饮料和精制茶制造业	18928	17210	776	670	221	40	11
酒的制造	9160	8169	507	239	206	39	
饮料制造	9253	8538	262	427	14	1	11
精制茶加工	515	503	7	4	1		
烟草制品业	10		10				
卷烟制造	10		10				
纺织业	14525	10625	3539	147	190	19	5
棉纺织及印染精加工	8980	5919	3010	9	19	18	5
毛纺织及染整精加工	397	308	10		79		
麻纺织及染整精加工	375	286	89				
丝绢纺织及印染精加工	604	604					
化纤织造及印染精加工	744	688	3	53			
针织或钩针编织物及其制品制造	849	583	261	5			
家用纺织制成品制造	1630	1426	120	6	77	1	
非家用纺织制成品制造	946	811	46	74	15		
纺织服装、服饰业	9544	8240	670	622	10	1	1
机织服装制造	7196	6032	575	587		1	1
针织或钩针编织服装制造	322	312	5	5			
服饰制造	2026	1896	90	30	10		
皮革、毛皮、羽毛及其制品和制鞋业	3317	2973	274	35	29	6	
皮革鞣制加工	150	150					
皮革制品制造	1241	1105	135		1		
毛皮鞣制及制品加工	507	490	14		3		
羽毛(绒)加工及制品制造	8	8					
制鞋业	1411	1220	125	35	25	6	
木材加工和木、竹、藤、棕、草制品业	6340	5914	225	184	14		3
木材加工	1751	1537	110	92	12		
人造板制造	2263	2219	14	30			
木制品制造	2079	1937	89	50	2		1
竹、藤、棕、草等制品制造	247	221	12	12			2
家具制造业	4966	4769	147	45	5		
木质家具制造	3919	3780	91	45	3		
竹、藤家具制造	15	15					
金属家具制造	825	780	45				
塑料家具制造	103	98	5				
其他家具制造	104	96	6		2		
造纸和纸制品业	9618	8529	921	89	59		20
造纸	3281	2741	485		55		
纸制品制造	6337	5788	436	89	4		20

1-2-12　续表 2

行　　业	从　业 人员数 （人）	营业	停业(歇业)	筹建	当年关闭	当年破产	其他
印刷和记录媒介复制业	13454	12345	674	232	61		142
印刷	12382	11362	652	167	59		142
装订及印刷相关服务	1047	983	22	40	2		
记录媒介复制	25			25			
文教、工美、体育和娱乐用品制造业	11199	9772	753	636	30		8
文教办公用品制造	340	318	21		1		
乐器制造	73	49	24				
工艺美术品制造	9712	8368	684	628	28		4
体育用品制造	1055	1027	23		1		4
玩具制造	11	10	1				
游艺器材及娱乐用品制造	8			8			
石油加工及炼焦	11450	7925	1546	1257	427		295
化学原料和化学制品制造业	48220	36407	7824	3177	362	292	158
基础化学原料制造	16171	13580	1061	1016	219	257	38
肥料制造	11180	5733	4590	823	1	20	13
农药制造	1436	1393	24	19			
涂料、油墨、颜料及类似产品制造	3923	3549	76	281	7		10
合成材料制造	2109	1221	464	384			40
专用化学产品制造	10567	8295	1426	640	134	15	57
炸药、火工及焰火产品制造	1545	1544			1		
日用化学产品制造	1289	1092	183	14			
医药制造业	16667	15156	983	459	3	2	64
化学药品原料药制造	1471	1317	110	43	1		
化学药品制剂制造	4905	4416	375	114			
中药饮片加工	897	671	79	140	1		6
中成药生产	4471	4360	40	69		2	
兽用药品制造	2526	2501	5				20
生物药品制造	1409	953	358	60			38
卫生材料及医药用品制造	988	938	16	33	1		
化学纤维制造业	4402	810	3406	186			
纤维素纤维原料及纤维制造	3171	8	3153	10			
合成纤维制造	1231	802	253	176			
橡胶和塑料制品业	19423	17075	968	1097	106	162	15
橡胶制品业	4710	4118	252	334		6	
塑料制品业	14713	12957	716	763	106	156	15
非金属矿物制品业	180230	155568	14986	7228	1307	69	1072
水泥、石灰和石膏制造	25654	22727	1822	631	107	5	362
石膏、水泥制品及类似制品制造	26771	23883	891	1639	184	4	170
砖瓦、石材等建筑材料制造	66292	57924	5026	2470	543	40	289
玻璃制造	3092	584	2366	71	20		51
玻璃制品制造	14051	12763	384	621	281		2
玻璃纤维和玻璃纤维增强塑料制品制造	662	407	36	213	6		
陶瓷制品制造	10360	8742	1013	593	11		1
耐火材料制品制造	20116	17445	2161	329	92	12	77
石墨及其他非金属矿物制品制造	13232	11093	1287	661	63	8	120
黑色金属冶炼和压延加工业	49214	43898	3865	816	299	330	6
炼铁	7612	6556	1032	8	15	1	
炼钢	3893	3442	411	13	26	1	
黑色金属铸造	28891	27269	939	314	256	112	1
钢压延加工	4002	3892	67	42		1	
铁合金冶炼	4816	2739	1416	439	2	215	5

1-2-12 续表 3

行业	从业人员数(人)	营业	停业(歇业)	筹建	当年关闭	当年破产	其他
有色金属冶炼和压延加工业	14541	12349	981	849	252	97	13
常用有色金属冶炼	7026	5974	499	431	16	94	12
贵金属冶炼	439	201	10	8	219		1
稀有稀土金属冶炼	1315	1210	25	80			
有色金属合金制造	1310	1037	216	52	4	1	
有色金属铸造	604	491	56	56	1		
有色金属压延加工	3847	3436	175	222	12	2	
金属制品业	47202	44709	1652	593	92	132	24
结构性金属制品制造	12178	11255	620	251	28		24
金属工具制造	3922	3495	240	37	19	131	
集装箱及金属包装容器制造	829	783	46				
金属丝绳及其制品制造	1875	1859	16				
建筑、安全用金属制品制造	10679	10284	186	204	5		
金属表面处理及热处理加工	1201	1099	63		38	1	
搪瓷制品制造	212	189	8	15			
金属制日用品制造	845	738	70	37			
其他金属制品制造	15461	15007	403	49	2		
通用设备制造业	55065	50987	3251	633	95	43	56
锅炉及原动设备制造	3906	3742	102	37	10	15	
金属加工机械制造	11676	10614	877	114	64	7	
物料搬运设备制造	2487	2367	57	63			
泵、阀门、压缩机及类似机械制造	8599	8413	121	57	4		4
轴承、齿轮和传动部件制造	2353	2127	213	11			2
烘炉、风机、衡器、包装等设备制造	4400	4065	330	5			
文化、办公用机械制造	190	130	51				9
通用零部件制造	18421	16698	1395	249	17	21	41
其他通用设备制造业	3033	2831	105	97			
专用设备制造业	41948	38821	2148	849	20	44	66
采矿、冶金、建筑专用设备制造	25500	23968	958	471	6	38	59
化工、木材、非金属加工专用设备制造	2443	1971	354	116	1	1	
食品、饮料、烟草及饲料生产专用设备制造	276	248	25	3			
印刷、制药、日化及日用品生产专用设备制造	1350	1216	50	79		5	
纺织、服装和皮革加工专用设备制造	3486	3432	43	10	1		
电子和电工机械专用设备制造	1695	1624	42	29			
农、林、牧、渔专用机械制造	2260	1831	414	3	10		2
医疗仪器设备及器械制造	1040	928	20	92			
环保、社会公共服务及其他专用设备制造	3898	3603	242	46	2		5
汽车制造业	8680	7800	590	254			36
汽车整车制造	270	270					
改装汽车制造	1544	1538	6				
低速载货汽车制造	56		56				
电车制造	144	111		33			
汽车车身、挂车制造	907	900	6	1			
汽车零部件及配件制造	5759	4981	522	220			36
铁路、船舶、航空航天和其他运输设备制造业	4817	4672	112	33			
铁路运输设备制造	4353	4307	16	30			
船舶及相关装置制造	62	62					

1-2-12　续表 4

行　　业	从业人员数(人)	营业	停业(歇业)	筹建	当年关闭	当年破产	其他
航空、航天器及设备制造	69	30	39				
摩托车制造	104	47	57				
潜水救捞及其他未列明运输设备制造	229	226		3			
电气机械和器材制造业	18972	16254	1632	861	8	7	210
电机制造	2321	1859	441	21			
输配电及控制设备制造	7213	6725	275	206		7	
电线、电缆、光缆及电工器材制造	3954	3628	172	71			83
电池制造	1412	878	75	427	2		30
家用电力器具制造	934	920	10		4		
非电力家用器具制造	745	629	23	92			1
照明器具制造	1115	1039	22	44	2		8
其他电气机械及器材制造	1278	576	614				88
计算机、通信和其他电子设备制造业	5860	5480	113	266		1	
计算机制造	162	162					
通信设备制造	215	200	10	5			
广播电视设备制造	839	839					
视听设备制造	115	88	27				
电子器件制造	1627	1475	8	143		1	
电子元件制造	2233	2055	66	112			
其他电子设备制造	669	661	2	6			
仪器仪表制造业	4280	4091	31	53	5		100
通用仪器仪表制造	2235	2179	11	40	5		
专用仪器仪表制造	1385	1273	2	10			100
钟表与计时仪器制造	5	5					
光学仪器及眼镜制造	326	314	12				
其他仪器仪表制造业	329	320	6	3			
其他制造业	6401	4514	504	1333	49		1
废弃资源综合利用业	3341	2745	330	185	4	2	75
金属废料和碎屑加工处理	1426	1117	204	35			70
非金属废料和碎屑加工处理	1915	1628	126	150	4	2	5
金属制品、机械和设备修理业	8310	7854	277	158	16	2	3
金属制品修理	126	112	4		10		
通用设备修理	710	663	39	7	1		
专用设备修理	2494	2408	74	10		2	
铁路、船舶、航空航天等运输设备修理	300	172		128			
电气设备修理	1344	1311	20	10			3
仪器仪表修理	62	62					
其他机械和设备修理业	3274	3126	140	3	5		
电力、热力、燃气及水生产和供应业	**53531**	**45721**	**3764**	**3505**	**73**	**1**	**467**
电力、热力生产和供应业	33838	27667	3167	2530	53	1	420
电力生产	18734	13411	2777	2247	13	1	285
电力供应	1657	1521	26	10			100
热力生产和供应	13447	12735	364	273	40		35
燃气生产和供应业	6217	5243	298	640	15		21
燃气生产和供应业	6217	5243	298	640	15		21
水的生产和供应业	13476	12811	299	335	5		26
自来水生产和供应	9446	9187	69	184	1		5
污水处理及其再生利用	3379	3054	229	75			21
其他水的处理、利用与分配	651	570	1	76	4		

1-2-12 续表 5

行业	从业人员数(人)	营业	停业(歇业)	筹建	当年关闭	当年破产	其他
建筑业	**277620**	**267941**	**3901**	**2090**	**2476**	**734**	**478**
房屋建筑业	113656	109632	1045	777	1885	112	205
房屋建筑业	113656	109632	1045	777	1885	112	205
土木工程建筑业	59704	56886	1327	599	199	557	136
铁路、道路、隧道和桥梁工程建筑	22641	21630	568	222	198		23
水利和内河港口工程建筑	3994	3737	186	9			62
工矿工程建筑	9569	9267	244	37	1		20
架线和管道工程建筑	13601	12988	111	14		479	9
其他土木工程建筑	9899	9264	218	317		78	22
建筑安装业	40550	39792	339	228	59	65	67
电气安装	11874	11618	180	73			3
管道和设备安装	15458	15129	87	98	47	38	59
其他建筑安装业	13218	13045	72	57	12	27	5
建筑装饰和其他建筑业	63710	61631	1190	486	333		70
建筑装饰业	32018	30584	724	315	327		68
工程准备活动	8614	8278	231	103			2
提供施工设备服务	9115	8986	115	14			
其他未列明建筑业	13963	13783	120	54	6		
批发和零售业	**418510**	**370417**	**31909**	**12100**	**1304**	**1202**	**1578**
批发业	223239	194539	19752	6457	679	890	922
农、林、牧产品批发	15775	13611	1572	369	90	7	126
食品、饮料及烟草制品批发	27057	24708	1497	558	30	99	165
纺织、服装及家庭用品批发	9154	8153	587	364	15	19	16
文化、体育用品及器材批发	3416	3108	230	71	2	1	4
医药及医疗器材批发	6622	6177	316	83	11		35
矿产品、建材及化工产品批发	91923	78230	9612	3256	365	113	347
机械设备、五金产品及电子产品批发	49347	44845	2909	1301	97	22	173
贸易经纪与代理	3220	2655	362	179	11		13
其他批发业	16725	13052	2667	276	58	629	43
零售业	195271	175878	12157	5643	625	312	656
综合零售	33792	28789	3295	1130	235	84	259
食品、饮料及烟草制品专门零售	18718	16115	1929	566	19	36	53
纺织、服装及日用品专门零售	17556	15385	1582	374	68	49	98
文化、体育用品及器材专门零售	10463	9837	205	394	10	10	7
医药及医疗器材专门零售	11373	11148	120	71	26	4	4
汽车、摩托车、燃料及零配件专门零售	34166	31524	1287	1036	145	92	82
家用电器及电子产品专门零售	22007	21157	302	434	15	28	71
五金、家具及室内装饰材料专门零售	24312	21845	1668	718	54	6	21
货摊、无店铺及其他零售业	22884	20078	1769	920	53	3	61
交通运输、仓储和邮政业	**111544**	**101701**	**5574**	**2860**	**250**	**621**	**538**
道路运输业	83795	76960	4562	1413	111	499	250
城市公共交通运输	10441	10270	130	40		1	
公路旅客运输	5685	5303	189	16	1		176
道路货物运输	56310	50315	4001	1332	99	498	65
道路运输辅助活动	11359	11072	242	25	11		9
水上运输业	70	53	17				
水上旅客运输	9		9				
水上货物运输	56	53	3				
水上运输辅助活动	5		5				
航空运输业	449	323	7	119			
航空客货运输	45	43	2				
通用航空服务	147	28	5	114			
航空运输辅助活动	257	252		5			

1-2-12　续表 6

行　　业	从　业人员数(人)	营业	停业(歇业)	筹建	当年关闭	当年破产	其他
管道运输业	401	401					
管道运输业	401	401					
装卸搬运和运输代理业	12772	11636	324	734	24		54
装卸搬运	8701	8296	208	178	19		
运输代理业	4071	3340	116	556	5		54
仓储业	10400	8778	635	523	115	115	234
谷物、棉花等农产品仓储	6446	5504	481	85	68	107	201
其他仓储业	3954	3274	154	438	47	8	33
邮政业	3657	3550	29	71		7	
邮政基本服务	134	131	3				
快递服务	3523	3419	26	71		7	
住宿和餐饮业	117340	109992	3332	1246	439	875	1456
住宿业	49691	46030	2020	587	317	453	284
旅游饭店	21758	19751	1328	309	232	94	44
一般旅馆	22906	21629	560	228	85	174	230
其他住宿业	5027	4650	132	50		185	10
餐饮业	67649	63962	1312	659	122	422	1172
正餐服务	62116	58832	1136	501	119	356	1172
快餐服务	2184	2066	4	114			
饮料及冷饮服务	644	640	2		2		
其他餐饮业	2705	2424	170	44	1	66	
信息传输、软件和信息技术服务业	**23073**	**22025**	**366**	**633**	**8**	**12**	**29**
电信、广播电视和卫星传输服务	8330	8251	11	34		12	22
电信	6564	6518	5	13		6	22
广播电视传输服务	1676	1647	2	21		6	
卫星传输服务	90	86	4				
互联网和相关服务	1293	1209	16	65			3
互联网接入及相关服务	540	530	10				
互联网信息服务	636	597	3	33			3
其他互联网服务	117	82	3	32			
软件和信息技术服务业	13450	12565	339	534	8		4
软件开发	7713	7448	68	194	2		1
信息系统集成服务	2788	2428	205	152			3
信息技术咨询服务	1529	1375	51	98	5		
数据处理和存储服务	177	139		38			
集成电路设计	165	165					
其他信息技术服务业	1078	1010	15	52	1		
房地产业	**111377**	**102745**	**3803**	**3754**	**81**	**36**	**958**
房地产业	111377	102745	3803	3754	81	36	958
房地产开发经营	52185	46668	2717	1855	43	36	866
物业管理	54185	51581	848	1639	35		82
房地产中介服务	4210	3977	114	109	1		9
其他房地产业	797	519	124	151	2		1
租赁和商务服务业	**139455**	**128565**	**4497**	**4625**	**256**	**823**	**689**
租赁业	8636	7759	342	363	23	31	118
机械设备租赁	8561	7694	342	353	23	31	118
文化及日用品出租	75	65		10			

1-2-12 续表 7

行业	从业人员数(人)	营业	停业(歇业)	筹建	当年关闭	当年破产	其他
商务服务业	130819	120806	4155	4262	233	792	571
企业管理服务	28731	25315	909	1386	90	776	255
法律服务	552	548	4				
咨询与调查	18745	17291	739	620	35		60
广告业	13442	12919	227	262	26	3	5
知识产权服务	234	219		15			
人力资源服务	13780	12490	1087	193	3	7	
旅行社及相关服务	8391	7638	305	371	24	6	47
安全保护服务	25954	25547	49	358			
其他商务服务业	20990	18839	835	1057	55		204
科学研究和技术服务业	**50791**	**47275**	**1157**	**2219**	**55**	**7**	**78**
研究和试验发展	3557	3067	138	315	12		25
自然科学研究和试验发展	245	201	26	6	12		
工程和技术研究和试验发展	2463	2325	35	103			
农业科学研究和试验发展	626	341	66	194			25
医学研究和试验发展	216	193	11	12			
社会人文科学研究	7	7					
专业技术服务业	40729	38684	637	1321	37	6	44
气象服务	78	78					
地震服务	6	6					
海洋服务	19	19					
测绘服务	1856	1795	16	20	20		5
质检技术服务	6605	6141	47	410	1	6	
环境与生态监测	738	667	11	59	1		
地质勘查	1624	1593	11	19	1		
工程技术	20376	19721	283	350	3		19
其他专业技术服务业	9427	8664	269	463	11		20
科技推广和应用服务业	6505	5524	382	583	6	1	9
技术推广服务	5163	4409	334	405	6		9
科技中介服务	505	412	23	70			
其他科技推广和应用服务业	837	703	25	108		1	
水利、环境和公共设施管理业	**15696**	**13388**	**692**	**1374**	**75**		**167**
水利管理业	1525	1306	56	108	6		49
防洪除涝设施管理	106	106					
水资源管理	824	746	10	36	3		29
天然水收集与分配	121	95		25	1		
水文服务	55	55					
其他水利管理业	419	304	46	47	2		20
生态保护和环境治理业	1476	1304	56	76			40
生态保护	362	343	4	15			
环境治理业	1114	961	52	61			40
公共设施管理业	12695	10778	580	1190	69		78
市政设施管理	530	461	8		61		
环境卫生管理	1530	1300	20	152			58
城乡市容管理	148	131	3	14			
绿化管理	5787	5189	279	298	7		14
公园和游览景区管理	4700	3697	270	726	1		6
居民服务、修理和其他服务业	**27464**	**25622**	**1087**	**495**	**54**	**98**	**108**
居民服务业	9570	9011	392	99	17		51
家庭服务	2021	1858	123	38	2		
托儿所服务	1		1				

1-2-12 续表 8

行 业	从业人员数(人)	营业	停业(歇业)	筹建	当年关闭	当年破产	其他
洗染服务	298	263	35				
理发及美容服务	1110	1093	8	8	1		
洗浴服务	2768	2676	22	6	13		51
保健服务	1120	1106	10	4			
婚姻服务	598	564	15	19			
殡葬服务	500	466	21	13			
其他居民服务业	1154	985	157	11	1		
机动车、电子产品和日用产品修理业	12876	12200	425	205	34	8	4
汽车、摩托车修理与维护	11537	10976	366	154	32	8	1
计算机和办公设备维修	500	441	39	20			
家用电器修理	446	430	13	3			
其他日用产品修理业	393	353	7	28	2		3
其他服务业	5018	4411	270	191	3	90	53
清洁服务	3159	2807	143	86	1	90	32
其他未列明服务业	1859	1604	127	105	2		21
卫生和社会工作	**217**	**71**	**33**	**113**			
社会工作	217	71	33	113			
提供住宿社会工作	184	46	27	111			
不提供住宿社会工作	33	25	6	2			
文化、体育和娱乐业	**28136**	**26281**	**833**	**819**	**70**	**11**	**122**
新闻和出版业	1763	1730	1	32			
新闻业	96	96					
出版业	1667	1634	1	32			
广播、电视、电影和影视录音制作业	3854	3652	152	49	1		
广播	328	326		2			
电视	435	432	3				
电影和影视节目制作	622	592	22	7	1		
电影和影视节目发行	154	145	9				
电影放映	2277	2119	118	40			
录音制作	38	38					
文化艺术业	7638	6732	366	420	34	4	82
文艺创作与表演	4964	4453	229	198	30		54
艺术表演场馆	202	201				1	
图书馆与档案馆	12	12					
文物及非物质文化遗产保护	516	437	6	56	2		15
博物馆	149	113		33		3	
烈士陵园、纪念馆	54	36	5	13			
群众文化活动	301	261	27	13			
其他文化艺术业	1440	1219	99	107	2		13
体育	1616	1503	38	70			5
体育组织	109	103	2	4			
体育场馆	202	199	3				
休闲健身活动	1215	1111	33	66			5
其他体育	90	90					
娱乐业	13265	12664	276	248	35	7	35
室内娱乐活动	11928	11513	195	162	21	6	31
游乐园	556	554	2				
文化、娱乐、体育经纪代理	309	243	9	40	13		4
其他娱乐业	472	354	70	46	1	1	

1-2-13 按登记注册类型、营业状态分组的小微企业法人单位数

登记注册类型	企业法人单位数(个)	营业	停业(歇业)	筹建	当年关闭	当年破产	其他
总　计	**112721**	**93331**	**11504**	**5679**	**1286**	**301**	**620**
内资企业	112394	93062	11478	5657	1286	300	611
国有企业	3755	2822	676	124	51	24	58
集体企业	3449	2651	647	32	59	20	40
股份合作企业	271	223	32	12	2	1	1
联营企业	181	115	44	6	5	2	9
国有联营企业	73	45	18	2	1	1	6
集体联营企业	77	48	23	1	2	1	2
国有与集体联营企业	10	8	1	1			
其他联营企业	21	14	2	2	2		1
有限责任公司	15119	12314	1400	1149	112	39	105
国有独资公司	369	305	30	26		1	7
其他有限责任公司	14750	12009	1370	1123	112	38	98
股份有限公司	1320	1087	137	72	9	7	8
私营企业	84242	70725	7969	4065	973	177	333
私营独资企业	17298	14504	1916	519	264	50	45
私营合伙企业	1665	1321	217	81	32	4	10
私营有限责任公司	63091	53111	5622	3352	618	118	270
私营股份有限公司	2188	1789	214	113	59	5	8
其他企业	4057	3125	573	197	75	30	57
港澳台商投资企业	129	110	11	6			2
与港澳台商合资经营企业	70	58	5	5			2
与港澳台商合作经营企业	3	2	1				
港澳台商独资企业	50	44	5	1			
港澳台商投资股份有限公司	4	4					
其他港澳台投资企业	2	2					
外商投资企业	198	159	15	16		1	7
中外合资经营企业	109	92	6	10			1
中外合作经营企业	14	13					1
外资企业	53	41	5	3			4
外商投资股份有限公司	8	5	2	1			
其他外商投资企业	14	8	2	2		1	1

1-2-14　按登记注册类型、营业状态分组的小微企业法人单位从业人员数

登记注册类型	从业人员数（人）	营业	停业(歇业)	筹建	当年关闭	当年破产	其他
总　计	**2339849**	**2055157**	**148433**	**105071**	**10453**	**6256**	**14479**
内资企业	2314866	2031719	147621	104529	10453	6251	14293
国有企业	190633	147083	24919	12501	1532	1415	3183
集体企业	110200	94986	12320	938	523	640	793
股份合作企业	6672	5672	554	383	50	5	8
联营企业	7517	4887	2132	290	49	69	90
国有联营企业	4454	2913	1260	100	45	53	83
集体联营企业	2504	1617	854	10	2	16	5
国有与集体联营企业	105	75	2	28			
其他联营企业	454	282	16	152	2		2
有限责任公司	444082	363832	34621	37976	1621	996	5036
国有独资公司	20101	17127	1534	1350		1	89
其他有限责任公司	423981	346705	33087	36626	1621	995	4947
股份有限公司	41872	36500	1722	2901	267	108	374
私营企业	1456628	1329281	67464	46982	6179	2646	4076
私营独资企业	239316	216556	14815	5426	1700	311	508
私营合伙企业	26199	22152	2452	1180	257	71	87
私营有限责任公司	1141164	1044692	47981	38963	4042	2147	3339
私营股份有限公司	49949	45881	2216	1413	180	117	142
其他企业	57262	49478	3889	2558	232	372	733
港澳台商投资企业	8276	7967	151	154			4
与港澳台商合资经营企业	5348	5106	93	145			4
与港澳台商合作经营企业	245	243	2				
港澳台商独资企业	2569	2504	56	9			
港澳台商投资股份有限公司	107	107					
其他港澳台投资企业	7	7					
外商投资企业	16707	15471	661	388		5	182
中外合资经营企业	8994	8488	170	332			4
中外合作经营企业	1046	886					160
外资企业	2919	2539	319	47			14
外商投资股份有限公司	555	537	15	3			
其他外商投资企业	3193	3021	157	6		5	4

第3篇

文化及相关产业情况

资料整理校对：　史美荣

1-3-1 文化及相关产业法人单位及从业人员情况

项 目	法人单位	
	单位数（个）	从业人员（人）
总 计	**14227**	**210788**
（一）按单位性质分		
经营性文化产业	9620	133659
公益性文化事业	4607	77129
（二）按行业类别分		
文化制造业	1075	35714
文化批零业	1843	20036
文化服务业	11309	155038
（三）按活动性质分		
文化产品的生产	11951	179868
文化相关产品的生产	2276	30920

1-3-2 分地区文化及相关产业法人单位及从业人员情况

地 区	法人单位	
	单位数（个）	从业人员（人）
全 省	**14227**	**210788**
太原市	3550	54539
大同市	974	14731
阳泉市	597	8375
长治市	1605	20498
晋城市	1050	14461
朔州市	701	14947
晋中市	1216	16281
运城市	1447	24801
忻州市	973	10646
临汾市	1314	17471
吕梁市	800	14038

1-3-3　分地区文化及相关产业法人单位分布

单位：个

地　区	法人单位数	#三上单位	文化制造业	#规模以上	文化批零业	#限额以上	文化服务业	#规模以上
全　省	**14227**	**325**	**1075**	**60**	**1843**	**145**	**11309**	**120**
太原市	3550	79	226	15	675	26	2649	38
大同市	974	11	70	1	138	7	766	3
阳泉市	597	9	45	1	64	2	488	6
长治市	1605	24	128		156	13	1321	11
晋城市	1050	23	79	5	123	6	848	12
朔州市	701	39	47	17	94	19	560	3
晋中市	1216	23	95	1	176	12	945	10
运城市	1447	57	192	17	110	16	1145	24
忻州市	973	20	55		120	15	798	5
临汾市	1314	17	85		133	14	1091	3
吕梁市	800	23	53	3	49	15	698	5

1-3-4 按类别分文化产业企业基本情况

单位：万元

行业	企业单位数（个）	年末从业人员（人）	营业收入	#主营业务收入	营业税金及附加	#主营业务税金及附加	资产总计
总计	**9719**	**134579**	**3060506**	**3015525**	**72497**	**56623**	**7183930**
工艺美术品的制造	274	8949	68233	67876	980	819	216531
园林、陈设艺术及其他陶瓷制品制造	35	6996	145868	145868	1537	1537	98128
印刷复制服务	691	16753	343862	331210	5121	4836	892233
办公用品的制造	3	7	3	3			16
乐器的制造	6	73	1168	1166	8	8	897
玩具的制造	3	11	149	149			134
游艺器材及娱乐用品的制造	1	8	2	2			10
视听设备的制造	3	115	26024	26024	133	133	23119
焰火、鞭炮产品制造	10	163	760	760	116	116	1356
文化用纸的制造	11	795	17120	17112	55	55	20523
文化用油墨颜料的制造	22	1028	66864	66794	291	291	91498
照明灯具制造*	4	35	51	51			85
印刷专用设备的制造	6	542	8722	8443	68	68	14018
广播电视电影专用设备的制造	5	114	1241	1241	26	26	11595
制造其他文化专用设备的	1	125	260	260			600
图书批发	105	2040	324841	323743	912	900	394434
报刊批发	2	13					690
音像制品及电子出版物批发	5	29	116	116	3	3	355
图书、报刊零售	216	4531	221731	218149	1151	1129	232399
音像制品及电子出版物零售	12	42	444	410	27	26	1429
贸易代理*	3	25	7332	7332			1447
拍卖*	11	93	769	769	47	47	4023
通讯及广播电视设备批发*	14	108	5338	5338	61	61	4836
首饰、工艺品及收藏品批发	127	701	162156	161957	574	573	54531
珠宝首饰零售	250	3768	265593	264984	8633	8610	859382
工艺美术品及收藏品零售	203	2348	31173	31018	749	724	66364
文具用品批发	136	809	202197	202091	696	691	100072
文具用品零售	357	2128	30951	30788	463	453	52985
乐器零售	34	181	6429	6402	48	46	7130
照相器材零售	26	165	11990	11988	69	69	4757
家用电器批发*	16	361	65724	65713	31	31	27107
家用视听设备零售	115	999	43020	42742	592	577	34819
其他文化用品批发	84	921	22672	22617	126	126	59100
其他文化用品零售	127	774	17579	17505	905	905	16203
新闻服务	2	96	274	274	35	35	169
出版服务	95	5741	161401	152932	2300	2269	378918
广播电视服务	38	894	5283	5236	341	174	17726
电影和影视录音服务	203	5101	57790	54907	17052	2987	247331
文艺创作与表演服务	245	7749	24903	23710	1048	1037	122340
图书馆与档案馆服务	3	12	20	20	1	1	83
文化遗产保护服务	56	1509	20589	20502	712	712	324700
群众文化服务	40	305	1946	1781	33	33	6142
文化研究和社团服务	20	222	95	86	3	3	2861
文化艺术培训服务	65	497	1586	1560	49	49	3552
其他文化艺术业服务	188	1373	9206	9024	335	320	51970
互联网信息服务	57	588	9800	9596	220	219	18543
增值电信服务(文化部分)	4	277	4905	4901	216	216	5596
广播电视传输服务	68	4171	94878	93873	2922	2580	291962
广告服务	2036	13452	187889	184603	7387	7188	381863
文化软件服务	58	857	9098	8902	256	248	36265
建筑设计服务	146	4736	89783	89617	4178	4162	107640
专业设计服务	380	4344	101562	101434	4228	4203	171156
景区游览服务	294	9216	52848	50365	1658	1570	1280017
娱乐休闲服务	2124	12316	60413	59383	3679	3542	201679
摄影扩印服务	137	1371	14233	14091	318	315	24786
文化经纪代理服务	53	309	2186	2158	67	65	5931
文化出租服务	7	28	291	291	7	7	441
会展服务	322	2731	32154	28837	1366	1179	167573
其他文化辅助服务	160	934	16995	16824	662	654	41879

1-3-5　分地区文化产业企业基本情况

单位：万元

地　区	企　业 单位数 (个)	年　末 从业人员 (人)	营业收入	#主营业 务收入	营业税金 及附加	#主营业务 税金及附加	资产总计
全　省	**9719**	**134579**	**3060506**	**3015525**	**72497**	**56623**	**7183930**
太原市	2787	40616	1486584	1464968	41211	26396	2531357
大同市	669	8377	175686	175067	6208	5927	903614
阳泉市	374	5659	66568	64586	1772	1738	190325
长治市	984	10890	86993	86239	2659	2524	454218
晋城市	778	10346	117292	114457	3301	3186	361485
朔州市	436	10000	302165	301539	3223	3196	174803
晋中市	784	11353	192592	190542	4527	4461	994845
运城市	987	16338	367231	363260	3716	3429	820837
忻州市	572	5190	66387	64723	1152	1112	197346
临汾市	953	9875	99675	98341	3282	3243	361491
吕梁市	395	5935	99333	91803	1446	1411	193609

1-3-6 按类别分文化事业(其他)单位基本情况

单位：万元

类别	事业(其他)单位数(个)	年末从业人员(人)	支出(费用)(万元)	年末资产
总计	**4508**	**76209**	**615828**	**999789**
新闻业	133	1612	23195	9481
图书出版	6	40	215	147
报纸出版	62	3375	54267	47338
期刊出版	30	362	6089	1250
音像制品出版				
电子出版物出版				
其他出版业	10	156	1245	2061
广播	35	2206	16128	21803
电视	95	7194	140622	113130
电影和影视节目制作	6	74	499	2671
电影和影视节目发行				
电影放映	44	671	2531	10294
录音制作				
文艺创作与表演	173	5601	21099	22188
艺术表演场馆	40	588	13640	17121
图书馆	118	1512	16594	39211
档案馆	115	1602	14025	16832
文物及非物质文化遗产保护	234	3495	38935	56502
博物馆	102	2182	19249	51869
烈士陵园、纪念馆	59	607	6377	34421
群众文化活动	239	3439	25054	37230
社会人文科学研究	129	1950	19800	21249
专业性团体(的服务)*	1391	17774	36788	52912
文化艺术培训	320	4650	19762	39761
其他未列明教育*	49	546	1420	1815
其他文化艺术业	117	2312	9646	7871
互联网信息服务	26	149	475	1222
其他电信服务*	2	9	77	4
有线广播电视传输服务	43	2774	20183	25979
无线广播电视传输服务	10	592	6429	17690
卫星传输服务*				
广告业	51	236	81	69
软件开发*	1	2		
数字内容服务*	1	10	59	36
工程勘察设计*	24	392	5626	5597
专业化设计服务	47	1045	27464	32814
公园管理	86	3362	31680	225900
游览景区管理	106	2649	29756	36236
野生动物保护*				
野生植物保护*	1	30	237	187
歌舞厅娱乐活动	15	295	15	4
电子游艺厅娱乐活动				
网吧活动	475	1694	581	1655
其他室内娱乐活动	45	245	1013	7657
游乐园	2	23	64	115
其他娱乐业	10	110	260	421
摄影扩印服务	11	59	16	27
知识产权服务*	2	7	25	24
文化娱乐经纪人	1	3		
其他文化艺术经纪代理	1	2	7	2
娱乐及体育设备出租*				
图书出租	1	1		
音像制品出租				
会议及展览服务	29	499	3839	33048
其他未列明商务服务业*	11	73	761	3945

1-3-7　分市文化事业(其他)单位基本情况

单位：万元

类　别	事业(其他)单位数(个)	年　末从业人员(人)	支出(费用)	年末资产
全　省	**4508**	**76209**	**615828**	**999789**
太原市	763	13923	280991	469414
大同市	305	6354	41004	54263
阳泉市	223	2716	18532	40624
长治市	621	9608	60932	95453
晋城市	272	4115	23548	57791
朔州市	265	4947	26830	22088
晋中市	432	4928	33909	64737
运城市	460	8463	35827	59075
忻州市	401	5456	39018	44321
临汾市	361	7596	24141	45136
吕梁市	405	8103	31096	46886

1-3-8 按类别分文化制造业主要指标

单位：万元

行业	企业单位数(个)	年末从业人员(人)	营业收入	#主营业务收入	营业税金及附加	#主营业务税金及附加	资产总计
总计	**1075**	**35714**	**680327**	**666959**	**8335**	**7888**	**1370743**
雕塑工艺品制造	65	1110	14980	14907	215	214	34148
金属工艺品制造	14	526	5387	5387	175	17	20405
漆器工艺品制造	15	494	6816	6611	94	94	23836
花画工艺品制造	14	248	1685	1677	16	16	2395
天然植物纤维编织工艺品制造	14	193	826	826	1	1	2811
抽纱刺绣工艺品制造	75	2915	8979	8956	189	188	24855
地毯、挂毯制造	7	264	835	835	27	27	5338
珠宝首饰及有关物品制造	6	383	10376	10372	18	18	81315
其他工艺美术品制造	64	2816	18349	18305	245	244	21428
园林、陈设艺术及其他陶瓷制品制造*	35	6996	145868	145868	1537	1537	98128
书、报刊印刷	173	6389	122249	111302	2140	2133	267932
本册印制	98	1292	20344	20329	419	412	26476
包装装潢及其他印刷	320	8000	188747	187085	1786	1750	574319
装订及印刷相关服务	99	1047	12522	12494	776	541	23006
记录媒介复制	1	25					500
文具制造	1	1					
笔的制造	2	6	3	3			16
中乐器制造	5	72	1168	1166	8	8	877
其他乐器及零件制造	1	1					20
玩具制造	3	11	149	149			134
其他娱乐用品制造	1	8	2	2			10
音响设备制造	2	29	44	44			36
影视录放设备制造	1	86	25980	25980	133	133	23083
焰火、鞭炮产品制造	10	163	760	760	116	116	1356
机制纸及纸板制造*	2	565	14642	14642	18	18	17906
手工纸制造	9	230	2478	2470	37	37	2617
油墨及类似产品制造	22	1028	66864	66794	291	291	91498
照明灯具制造*	4	35	51	51			85
印刷专用设备制造	6	542	8722	8443	68	68	14018
广播电视节目制作及发射设备制造	3	72	899	899	21	21	6415
广播电视接收设备及器材制造	2	42	342	342	5	5	5180
复印和胶印设备制造	1	125	260	260			600

1-3-9　分地区文化制造业主要指标

单位：万元

地　区	企　业 单位数 （个）	年　末 从业人员 （人）	营业收入	#主营业 务收入	营业税金 及附加	#主营业务 税金及附加	资产总计
全　省	**1075**	**35714**	**680327**	**666959**	**8335**	**7888**	**1370743**
太原市	226	6734	169964	165283	2771	2518	355565
大同市	70	1009	18296	18278	207	207	86376
阳泉市	45	1336	11839	11825	341	339	22382
长治市	128	2501	12736	12706	476	473	34100
晋城市	79	2527	26516	26009	351	344	60755
朔州市	47	5889	135332	135326	1517	1515	75489
晋中市	95	2321	16750	16705	281	280	42453
运城市	192	8592	223479	222406	1602	1428	589523
忻州市	55	996	9825	9771	185	184	15020
临汾市	85	1749	7581	7152	288	285	23119
吕梁市	53	2060	48010	41497	316	314	65962

1-3-10 规模以上文化

项　目	企业单位数（个）	年末从业人员（人）	资产总计	营业收入	#主营业务收入
总　计	**60**	**16063**	**622641**	**481968**	**470472**
按单位规模分组					
大型					
中型	22	10200	230343	219707	209869
小型	38	5863	392298	262261	260603
微型					
按登记注册类型分组					
内资企业	58	15641	595956	457108	445644
国有企业	1	110	15164	6064	6064
集体企业	1	315	4126	5526	3618
有限责任公司	16	5767	263058	176142	166874
国有独资公司	1	221	5240	9045	8965
其他有限责任公司	15	5546	257818	167096	157908
股份有限公司					
私营企业	40	9449	313609	269376	269088
私营独资企业	1	650	2014	2081	2081
私营有限责任公司	36	8077	247549	239835	239603
私营股份有限公司	3	722	64047	27460	27404
外商投资企业	2	422	26685	24860	24829
中外合资经营企业	2	422	26685	24860	24829
按控股情况分组					
国有控股	7	2243	162676	67280	58561
集体控股	2	585	9889	9250	7062
私人控股	46	11287	384114	347916	347358
外商控股	2	422	26685	24860	24829
其他	3	1526	39277	32663	32663

制造业企业基本情况

单位：万元

营业税金及附加	#主营业务	营业利润	应交增值税	工业总产值（当年价格）	工业销售产值（当年价格）	#出口交货值
3280	**3111**	**22716**	**12832**	**543022**	**453427**	**6339**
2084	1927	5208	5532	243089	205604	4808
1195	1185	17507	7300	299932	247823	1532
3133	2965	21748	11623	514670	428385	6339
109	109	846	796	6064	6064	
73	73	61	289	5402	5402	
1661	1495	6257	3961	230044	161505	3225
15	15	-37	-53	3307	8732	
1645	1479	6294	4014	226737	152773	3225
1291	1288	14584	6577	273160	255414	3114
1	1	83		3968	4090	
1187	1184	15799	5651	241738	224325	3114
103	103	-1297	926	27454	26998	
147	147	968	1208	28352	25042	
147	147	968	1208	28352	25042	
243	243	-761	2651	103890	58886	
109	109	4	428	8670	8980	
2113	1945	20597	7279	374408	333952	4646
147	147	968	1208	28352	25042	
667	667	1908	1266	27701	26566	1693

1-3-11 按类别分规模以上文化制造业企业基本情况

单位：万元

行业	企业单位数(个)	#亏损企业	年末从业人员(人)	#女性	资产总计	营业收入	营业成本	营业税金及附加	利润总额
总计	**60**	**13**	**16063**	**6732**	**622641**	**481968**	**405488**	**3282**	**30047**
金属工艺品制造	1		372	138	17844	4751	3523	160	17
漆器工艺品制造	1		198	52	21640	4852	3998	22	267
抽纱刺绣工艺品制造	1		361	260	14923	3835	1554	72	34
珠宝首饰及有关物品制造	2	1	358	196	80975	9996	9554	3	-225
其他工艺美术品制造	2		863	646	3730	8424	7914	54	112
园林、陈设艺术及其他陶瓷制品制造*	20	4	6633	3300	83679	144747	123365	1481	10356
书、报刊印刷	10	4	3368	925	118059	85120	70106	625	4174
本册印制	1		25	15	6883	3274	2161	2	714
包装装潢及其他印刷	12	2	2005	735	143842	107888	89395	411	7644
影视录放设备制造	1		86	46	23083	25980	20040	133	4788
机制纸及纸板制造*	2		565	155	17906	14642	14017	18	190
油墨及类似产品制造	5	1	793	204	80512	61871	54979	261	2188
印刷专用设备制造	2	1	436	60	9565	6588	4882	40	-212

1-3-12　分地区规模以上文化制造业企业基本情况

单位：万元

地　区	企　业单位数(个)	#亏损企业	年　末从业人员(人)	#女性	资产总计	营业收入	营业成本	营业税金及附加	利润总额
全　省	**60**	**13**	**16063**	**6732**	**622641**	**481968**	**405488**	**3282**	**30047**
太原市	15	4	3717	1170	183526	125733	105513	940	7936
大同市	1	1	258	131	72992	7732	7660	1	-227
阳泉市	1	1	652	420	8046	5755	3984	23	-91
长治市									
晋城市	5	2	1297	824	33520	17839	13614	113	-260
朔州市	17	2	5338	2362	68810	132494	113842	1427	10434
晋中市	1	1	90	46	5747	2415	2292	14	-150
运城市	17	1	3794	1543	194475	147230	121278	678	12390
忻州市									
临汾市									
吕梁市	3	1	917	236	55526	42770	37304	83	14

1-3-13 按类别分规模以上文化

行　业	企业单位数（个）	固定资产原　价	本年折旧	主营业务收　入	主营业务成　本	主营业务税金及附加
总　计	**60**	**292297**	**13904**	**470472**	**389540**	**3113**
金属工艺品制造	1	10024	199	4751	3523	2
漆器工艺品制造	1	1554	178	4852	3998	22
抽纱刺绣工艺品制造	1	578	61	3835	1554	72
珠宝首饰及有关物品制造	2	26793	41	9992	9551	3
其他工艺美术品制造	2	1421	17	8424	7914	54
园林、陈设艺术及其他陶瓷制品制造*	20	50592	1873	144747	123365	1481
书、报刊印刷	10	71532	4210	74437	59945	624
本册印制	1	2628		3274	2161	
包装装潢及其他印刷	12	78410	3311	107418	87012	403
影视录放设备制造	1	2280	224	25980	20040	133
机制纸及纸板制造*	2	12763	1325	14642	14017	18
油墨及类似产品制造	5	32130	2358	61812	51767	261
印刷专用设备制造	2	1592	107	6309	4693	40

1-3-14 分地区规模以上文化

地　区	企业单位数（个）	固定资产原　价	本年折旧	主营业务收　入	主营业务成　本	主营业务税金及附加	营业利润
全　省	**60**	**292297**	**13904**	**470472**	**389540**	**3113**	**22715**
太原市	15	86856	5363	121341	95804	937	3185
大同市	1	25636	41	7728	7657	1	-222
阳泉市	1	5766	188	5755	3984	23	-91
长治市							
晋城市	5	12055	859	17513	13402	113	-1118
朔州市	17	40962	1219	132494	113842	1427	10643
晋中市	1	5293	275	2385	2272	14	-146
运城市	17	87126	3906	146836	121274	512	10654
忻州市							
临汾市							
吕梁市	3	28602	2054	36420	31303	83	-189

制造业企业主要财务指标

单位：万元

营业利润	营业外收入	#补贴收入	营业外支出	应付职工薪酬	应交增值税	工业总产值（当年价格）	工业销售产值（当年价格）	#出口交货值
22715	**8354**	**3936**	**1023**	**50415**	**12832**	**543023**	**453427**	**6339**
-171	196		8	1306	275	16090	4751	
267				483	291	6818	5934	
-891	925	894		1085	534	5770	3835	
-220			5	472	1251	57268	10310	
114			2	1859		10311	8883	
10391	81	10	116	18472	4859	162536	145309	3114
-505	5123	2200	444	14301	1102	67897	69122	
719			5					
7499	237		93	5890	2053	102448	98607	1693
3447	1343	720	2	503	34	25980	24136	
88	102	102		931	179	14959	14642	
1959	272		43	3233	2086	66814	61456	
18	75	10	305	1880	168	6132	6442	1532

制造业企业主要财务指标

单位：万元

营业外收入	#补贴收入	营业外支出	应付职工薪酬	应交增值税	工业总产值（当年价格）	工业销售产值（当年价格）	#出口交货值
8354	**3936**	**1023**	**50415**	**12832**	**543023**	**453427**	**6339**
5216	2200	465	15047	3324	113562	109077	
		5	271	1251	55237	8503	
			1362	211	5170	5755	1527
1158	904	300	3384	710	18624	17017	
-94		115	15657	4373	150969	133061	1587
2		6	363	117	2334	2596	
1840	831	104	9977	2020	161075	140949	3225
232		28	4354	826	36053	36471	

1-3-15 规模以下文化制造业企业主要财务指标

单位：万元

项目	企业单位数(个)	年末从业人员(人)	#女性	营业收入	#主营业务收入	营业税金及附加	#主营业务税金及附加	资产总计	实收资本
总计	**1015**	**19651**	**10932**	**198360**	**196486**	**5054**	**4776**	**748102**	**220855**
按登记注册类型分组									
内资企业	1013	19560	10884	196385	194511	5019	4741	745734	220429
国有企业	55	1599	799	12767	12558	276	262	26941	10470
集体企业	90	1556	1043	10981	10673	567	556	17071	7009
股份合作企业	2	20	9	60	60	1	1	105	56
联营企业	3	114	70	631	631	53	53	657	270
国有联营企业	2	46	30	631	631	53	53	656	270
集体联营企业	1	68	40					1	
有限责任公司	84	1555	761	15720	15596	1315	1080	134524	14554
国有独资公司	2	11	6	109	109	2	2	758	50
其他有限责任公司	82	1544	755	15610	15487	1313	1078	133765	14504
股份有限公司	16	387	213	4140	4121	116	115	306571	52085
私营企业	674	12474	6424	148683	147472	2666	2651	255056	133231
私营独资企业	223	3581	1648	33552	33465	875	873	45389	31016
私营合伙企业	12	133	76	3156	3156	49	49	3053	1622
私营有限责任公司	416	8539	4609	104894	103778	1569	1556	195576	96169
私营股份有限公司	23	221	91	7081	7072	173	173	11037	4425
其他企业	89	1855	1565	3403	3400	26	24	4809	2754
外商投资企业	2	91	48	1975	1975	35	35	2368	426
中外合资经营企业	2	91	48	1975	1975	35	35	2368	426
按控股情况分组									
国有控股	66	1927	965	16251	15983	409	395	38109	11924
集体控股	102	2140	1485	14230	13856	589	576	21859	7914
私人控股	796	14474	7581	162535	161324	3745	3726	678731	192423
港澳台商控股									
外商控股									
其他	51	1110	901	5343	5323	311	79	9403	8594

1-3-16　按类别分规模以下文化制造业企业主要财务指标

单位：万元

行　业	企　业单位数（个）	年　末从业人员（人）	#女性	营业收入	#主营业务收入	营业税金及附加	#主营业务税金及附加	资产总计	实收资本
总　计	**1015**	**19651**	**10932**	**198360**	**196486**	**5054**	**4776**	**748102**	**220855**
雕塑工艺品制造	65	1110	361	14980	14907	215	214	34148	11419
金属工艺品制造	13	154	54	636	636	15	15	2561	948
漆器工艺品制造	14	296	142	1964	1759	72	72	2196	1672
花画工艺品制造	14	248	172	1685	1677	16	16	2395	1726
天然植物纤维编织工艺品制造	14	193	126	826	826	1	1	2811	1750
抽纱刺绣工艺品制造	74	2554	2305	5144	5121	117	116	9932	6168
地毯、挂毯制造	7	264	211	835	835	27	27	5338	11462
珠宝首饰及有关物品制造	4	25	5	380	380	15	15	340	259
其他工艺美术品制造	62	1953	958	9925	9881	191	190	17698	6166
园林、陈设艺术及其他陶瓷制品制造*	15	363	175	1121	1121	56	56	14449	3852
书、报刊印刷	163	3021	1637	37129	36865	1515	1509	149873	19713
本册印制	97	1267	711	17070	17055	417	412	19593	9540
包装装潢及其他印刷	308	5995	3117	80859	79667	1375	1347	430477	113280
装订及印刷相关服务	99	1047	559	12522	12494	776	541	23006	16677
记录媒介复制	1	25	12					500	490
文具制造	1	1							
笔的制造	2	6	5	3	3			16	15
中乐器制造	5	72	11	1168	1166	8	8	877	168
其他乐器及零件制造	1	1	1					20	10
玩具制造	3	11	5	149	149			134	70
其他娱乐用品制造	1	8	3	2	2			10	2
音响设备制造	2	29	8	44	44			36	20
焰火、鞭炮产品制造	10	163	19	760	760	116	116	1356	941
手工纸制造	9	230	108	2478	2470	37	37	2617	1141
油墨及类似产品制造	17	235	81	4993	4982	30	30	10986	6073
照明灯具制造*	4	35	10	51	51			85	23
印刷专用设备制造	4	106	28	2134	2134	28	28	4453	1890
广播电视节目制作及发射设备制造	3	72	38	899	899	21	21	6415	250
广播电视接收设备及器材制造	2	42	20	342	342	5	5	5180	5100
复印和胶印设备制造	1	125	50	260	260			600	30

1-3-17 分地区规模以下文化制造业企业主要财务指标

单位：万元

地区	企业单位数（个）	年末从业人员（人）	#女性	营业收入	#主营业务收入	营业税金及附加	#主营业务税金及附加	资产总计	实收资本
全 省	**1015**	**19651**	**10932**	**198360**	**196486**	**5054**	**4776**	**748102**	**220855**
太原市	211	3017	1391	44231	43942	1831	1581	172039	47685
大同市	69	751	436	10564	10550	206	206	13384	7254
阳泉市	44	684	425	6084	6070	318	316	14336	5152
长治市	128	2501	1652	12736	12706	476	473	34100	20214
晋城市	74	1230	803	8677	8496	238	231	27235	15999
朔州市	30	551	340	2838	2832	90	88	6679	2677
晋中市	94	2231	1415	14335	14320	267	266	36706	11454
运城市	175	4798	2072	76249	75570	924	916	395048	89867
忻州市	55	996	672	9825	9771	185	184	15020	6055
临汾市	85	1749	1005	7581	7152	288	285	23119	8629
吕梁市	50	1143	721	5240	5077	233	231	10436	5868

1-3-18　按类别分文化批发和零售业主要指标

单位：万元

行　　业	企　业单位数（个）	年　　末从业人员（人）	营业收入	#主营业务收入	营业税金及附加	#主营业务税金及附加	资产总计
总　计	**1843**	**20036**	**1420055**	**1413662**	**15088**	**14971**	**1922063**
图书批发	105	2040	324841	323743	912	900	394434
报刊批发	2	13					690
音像制品及电子出版物批发	5	29	116	116	3	3	355
图书、报刊零售	216	4531	221731	218149	1151	1129	232399
音像制品及电子出版物零售	12	42	444	410	27	26	1429
贸易代理*	3	25	7332	7332			1447
拍卖*	11	93	769	769	47	47	4023
通讯及广播电视设备批发*	14	108	5338	5338	61	61	4836
首饰、工艺品及收藏品批发	127	701	162156	161957	574	573	54531
珠宝首饰零售	250	3768	265593	264984	8633	8610	859382
工艺美术品及收藏品零售	203	2348	31173	31018	749	724	66364
文具用品批发	136	809	202197	202091	696	691	100072
文具用品零售	357	2128	30951	30788	463	453	52985
乐器零售	34	181	6429	6402	48	46	7130
照相器材零售	26	165	11990	11988	69	69	4757
家用电器批发*	16	361	65724	65713	31	31	27107
家用视听设备零售	115	999	43020	42742	592	577	34819
其他文化用品批发	84	921	22672	22617	126	126	59100
其他文化用品零售	127	774	17579	17505	905	905	16203

1-3-19 分地区文化批发和零售业主要指标

单位：万元

地 区	企 业 单位数 (个)	年 末 从业人员 (人)	营业收入	#主营业 务收入	营业税金 及附加	#主营业务 税金及附加	资产总计
全 省	**1843**	**20036**	**1420055**	**1413662**	**15088**	**14971**	**1922063**
太原市	675	7581	773547	770725	5676	5644	735348
大同市	138	1836	105255	105208	4026	4023	708409
阳泉市	64	660	19695	19411	370	369	22395
长治市	156	1207	35768	35576	447	432	36789
晋城市	123	985	29173	28874	376	371	34229
朔州市	94	1345	136582	136323	597	593	54779
晋中市	176	1866	109641	108900	1482	1480	93881
运城市	110	1170	94364	94162	448	422	40403
忻州市	120	1257	34866	33728	190	190	94990
临汾市	138	1408	50162	50061	1265	1261	51678
吕梁市	49	721	31001	30693	212	185	49162

1-3-20　限额以上文化批发和零售业企业基本情况

单位：万元

项　　目	企　业单位数（个）	年末从业人员（人）	资产总计	营业收入	#主营业务收入	营业税金及附加	#主营业务税金及附加	营业利润	应　交增值税
总　计	**145**	**7610**	**866470**	**1147215**	**1142596**	**6528**	**6478**	**17285**	**22321**
按登记注册类型分组									
内资企业	142	7052	802581	1066025	1061489	6326	6276	20040	13223
国有企业	73	2766	244270	369513	366683	649	616	8682	3257
集体企业	2	26	1475	2379	2379	6	6	91	
有限责任公司	24	1410	354855	237565	235999	842	842	6123	3291
国有独资公司	2	616	288315	136639	135624	251	251	3537	1800
其他有限责任公司	22	794	66540	100926	100375	591	591	2586	1491
股份有限公司	2	80	8223	8393	8336	181	181	290	63
私营企业	40	2614	168865	434381	434298	4248	4231	6139	6612
私营独资企业	1	30	93	1769	1769	10	10	25	
私营有限责任公司	38	2168	150012	348126	348115	2290	2273	5568	5005
私营股份有限公司	1	416	18761	84486	84414	1949	1949	546	1607
其他企业	1	156	24893	13795	13795	400	400	-1285	
港、澳、台商投资企业	3	558	63889	81190	81107	202	202	-2755	9098
合资经营企业(港或澳、台资)	2	544	63459	77041	76964	202	202	-2825	9097
港、澳、台商投资股份有限公司	1	14	430	4149	4143			70	1
按控股情况分组									
国有控股	94	3994	592809	590743	586355	1088	1054	14860	6232
集体控股	4	130	8042	16816	16816	318	318	493	159
私人控股	43	2878	198624	454678	454529	4885	4868	4712	6832
港澳台商控股	3	558	63889	81190	81107	202	202	-2755	9098
其他	1	50	3106	3789	3789	37	37	-24	

1-3-21 按类别分限额以上文化批发和零售业企业基本情况

单位：万元

行业	企业单位数(个)	#亏损企业	年末从业人员(人)	#女性	资产总计	营业收入	营业成本	营业税金及附加	利润总额
总计	**145**	**14**	**7610**	**3994**	**866470**	**1147215**	**1036767**	**6530**	**14276**
图书批发	6		1179	653	362257	285041	261210	638	5525
音像制品及电子出版物批发									
图书、报刊零售	90	4	3235	1375	196365	195383	151675	509	5553
首饰、工艺品及收藏品批发	3	1	120	83	31888	152053	147885	105	1812
珠宝首饰零售	20	8	1718	1321	150811	229433	203703	5034	-1594
工艺美术品及收藏品零售	2		243	158	1005	2133	1418	6	47
文具用品批发	1		91	33	78002	177622	173043	81	1558
文具用品零售	5	1	321	84	8953	6698	5661	13	69
乐器零售	1		35	24	2395	2869	2485	3	9
照相器材零售	2		35	11	988	5563	5214	9	62
家用电器批发*	2		303	103	26142	64625	61849		706
家用视听设备零售	12		323	147	7221	24844	21711	130	529
其他文化用品批发									
其他文化用品零售	1		7	2	444	952	913	2	

1-3-22　分地区限额以上文化批发和零售业企业基本情况

单位：万元

地　区	企　业单位数（个）	#亏损企业	年　末从业人员（人）	#女性	资产总计	营业收入	营业成本	营业税金及附加	利润总额
全　省	**145**	**14**	**7610**	**3994**	**866470**	**1147215**	**1036767**	**6530**	**14276**
太原市	26	5	2672	1563	517678	647589	606782	2952	4292
大同市	7	3	934	427	79082	84440	72271	2011	1664
阳泉市	2	1	178	111	9156	9942	9066	246	-167
长治市	13	2	349	153	17013	24078	19538	126	10
晋城市	6		261	87	12491	16621	12698	47	760
朔州市	19	1	571	361	47049	129400	118957	403	3327
晋中市	12		821	388	60277	84319	73152	199	950
运城市	16		536	272	23637	70444	61953	252	1392
忻州市	15		534	282	55877	23841	17773	63	645
临汾市	14		402	214	22302	28699	22690	74	816
吕梁市	15	2	352	136	21909	27843	21890	156	588

1-3-23 按类别分限额以上文化批发和

行业	企业单位数(个)	固定资产原价	本年折旧	主营业务收入
总计	**145**	**117832**	**5890**	**1142596**
图书批发	6	24846	1166	284026
图书、报刊零售	90	57289	2209	192010
首饰、工艺品及收藏品批发	3	478	124	152053
珠宝首饰零售	20	28756	1978	229218
工艺美术品及收藏品零售	2	328	10	2133
文具用品批发	1	2247	136	177622
文具用品零售	5	1604	118	6695
乐器零售	1	23	3	2869
照相器材零售	2	174	14	5563
家用电器批发*	2	174	97	64619
家用视听设备零售	12	1912	35	24836
其他文化用品零售	1			952

1-3-24 分地区限额以上文化批发和

地区	企业单位数(个)	固定资产原价	本年折旧	主营业务收入	主营业务成本
全省	**145**	**117832**	**5890**	**1142596**	**1033329**
太原市	26	51149	2543	645724	606079
大同市	7	8022	508	84422	72269
阳泉市	2	1799	72	9789	8127
长治市	13	8995	537	23991	19071
晋城市	6	4971	169	16388	12635
朔州市	19	7100	215	129236	118803
晋中市	12	10505	929	83809	72784
运城市	16	7613	348	70330	61313
忻州市	15	4686	224	22718	17697
临汾市	14	6843	274	28632	22678
吕梁市	15	6150	71	27558	21874

零售业企业主要财务指标

单位：万元

主营业务成本	主营业务税金及附加	营业利润	营业外收入	#补贴收入	应付职工薪酬	应交增值税
1033329	**6479**	**17286**	**433**	**95**	**25289**	**22320**
260709	626	6826	1		4286	2264
149671	488	6631	238	95	11567	3512
147885	105	1831			354	117
202772	5017	-1450	87		5265	4009
1418	6	608	30		265	3
173043	81	1560	3		984	489
5659	13	99			660	1944
2485	3	9			123	25
5214	9	62			102	64
61849		681	25		1082	9098
21711	130	429	50		591	794
913	2				10	1

零售业企业主要财务指标

单位：万元

主营业务税金及附加	营业利润	营业外收入	#补贴收入	应付职工薪酬	应交增值税
6479	**17286**	**433**	**95**	**25289**	**22320**
2952	4201	110	10	6987	16543
2011	1802	27	2	3284	1589
246	-178	11	11	741	294
126	45	31	4	2254	517
47	782	3		1347	462
403	3232	73		1217	877
199	787	62	38	2819	472
227	2707	29		2059	233
63	2243	61	22	1838	339
73	849	25	9	1163	369
131	815			1580	626

1-3-25 限额以下文化批发和零售业企业主要财务指标

单位：万元

项目	企业单位数（个）	年末从业人员（人）	#女性	营业收入	#主营业务收入	营业税金及附加	#主营业务税金及附加	资产总计	实收资本
总计	**1698**	**12426**	**6782**	**272839**	**271064**	**8558**	**8491**	**1055592**	**260586**
按登记注册类型分组									
内资企业	1696	12412	6778	272047	270273	8555	8488	1055283	260232
国有企业	44	813	365	24924	24750	182	182	65173	16439
集体企业	24	274	144	4656	4656	296	296	3576	577
股份合作企业	1	3	1					300	100
有限责任公司	173	1603	850	44946	44867	526	524	65491	37079
国有独资公司	1	6	4	24	24	3	3	80	10
其他有限责任公司	172	1597	846	44921	44843	524	521	65411	37069
股份有限公司	16	129	66	1681	1681	54	53	4667	2700
私营企业	1408	9384	5232	194094	192592	7455	7393	908865	198975
私营独资企业	183	973	530	13243	12974	261	258	17996	8408
私营合伙企业	24	136	64	2070	2015	56	56	3028	1525
私营有限责任公司	1165	8077	4519	174722	173640	7076	7017	882772	185655
私营股份有限公司	36	198	119	4059	3963	62	62	5068	3386
其他企业	30	206	120	1747	1727	42	41	7211	4362
港、澳、台商投资企业	1	10	2	727	727	1	1	252	304
港、澳、台商投资股份有限公司	1	10	2	727	727	1	1	252	304
外商投资企业	1	4	2	65	65	2	2	57	50
按控股情况分组									
国有控股	65	1258	599	44609	44411	419	419	82248	19959
集体控股	30	306	162	11455	11453	301	301	8862	2264
私人控股	1560	10579	5867	212660	211111	7788	7722	956698	234234
港澳台商控股	1	10	2	727	727	1	1	252	304
其他	42	273	152	3387	3362	49	49	7532	3825

1-3-26 按类别分限额以下文化批发和零售业企业主要财务指标

单位：万元

行业	企业单位数（个）	年末从业人员（人）	#女性	营业收入	#主营业务收入	营业税金及附加	#主营业务税金及附加	资产总计	实收资本
总计	**1698**	**12426**	**6782**	**272839**	**271064**	**8558**	**8491**	**1055592**	**260586**
图书批发	99	861	489	39800	39717	274	274	32177	14973
报刊批发	2	13	4					690	510
音像制品及电子出版物批发	5	29	15	116	116	3	3	355	295
图书、报刊零售	126	1296	745	26348	26139	642	641	36034	11743
音像制品及电子出版物零售	12	42	15	444	410	27	26	1429	1276
贸易代理*	3	25	14	7332	7332			1447	500
拍卖*	11	93	32	769	769	47	47	4023	2620
通讯及广播电视设备批发*	14	108	46	5338	5338	61	61	4836	1982
首饰、工艺品及收藏品批发	124	581	287	10103	9904	469	468	22643	11297
珠宝首饰零售	230	2050	1522	36160	35766	3599	3593	708571	82100
工艺美术品及收藏品零售	201	2105	1209	29040	28885	743	718	65359	44552
文具用品批发	135	718	329	24575	24469	615	610	22070	12381
文具用品零售	352	1807	887	24253	24093	450	440	44032	25633
乐器零售	33	146	67	3560	3533	45	43	4735	3806
照相器材零售	24	130	59	6427	6425	60	60	3769	3541
家用电器批发*	14	58	26	1099	1094	31	31	965	885
家用视听设备零售	103	676	307	18176	17906	462	447	27598	15088
其他文化用品批发	84	921	369	22672	22617	126	126	59100	16687
其他文化用品零售	126	767	360	16627	16553	903	903	15759	10718

1-3-27 按类别分文化

行业	单位数(个)	规上企业	规下企业	事业单位
总　计	**11309**	**120**	**6681**	**1991**
新闻业	135		2	125
图书出版	21	4	11	5
报纸出版	89	6	21	57
期刊出版	65		35	26
音像制品出版	4		4	
电子出版物出版				
其他出版业	24	2	12	9
广播	46		11	34
电视	122	2	25	91
电影和影视节目制作	68	2	60	5
电影和影视节目发行	10		10	
电影放映	171	6	121	33
录音制作	4		4	
文艺创作与表演	400	6	221	106
艺术表演场馆	58	3	15	37
图书馆	118			115
档案馆	118		3	111
文物及非物质文化遗产保护	273	2	37	172
博物馆	112	2	8	70
烈士陵园、纪念馆	66	1	6	50
群众文化活动	279	1	39	192
社会人文科学研究	133		4	99
专业性团体(的服务)*	1407		16	245
文化艺术培训	376		56	39
其他未列明教育*	58		9	3
其他文化艺术业	305	1	187	65
互联网信息服务	83	1	56	12
其他电信服务*	6	2	2	1
有线广播电视传输服务	102	17	42	38
无线广播电视传输服务	17	2	5	10
卫星传输服务*	2		2	
广告业	2087	10	2026	2
软件开发*	48		47	
数字内容服务*	12		11	1
工程勘察设计*	170	9	137	19
专业化设计服务	427	1	379	24
公园管理	98		12	83
游览景区管理	387	24	257	70
野生动物保护*				
野生植物保护*	2		1	1
歌舞厅娱乐活动	172	5	152	
电子游艺厅娱乐活动	5		5	
网吧活动	2317		1842	
其他室内娱乐活动	112	2	65	12
游乐园	24	1	21	1
其他娱乐业	41	3	28	1
摄影扩印服务	148	2	135	
知识产权服务*	2			2
文化娱乐经纪人	35		34	
其他文化艺术经纪代理	20		19	1
娱乐及体育设备出租*	4		4	
图书出租	1			
音像制品出租	3		3	
会议及展览服务	351	2	320	20
其他未列明商务服务业*	171	1	159	4

服务业主要指标

其他单位	年末从业人员（人）	规上企业	规下企业	事业单位	其他单位
2517	**155038**	**15394**	**63435**	**47388**	**28821**
8	1708		96	1537	75
1	754	284	430	39	1
5	7533	2354	1804	2776	599
4	1015		653	330	32
	70		70		
1	302	36	110	148	8
1	2514		308	2205	1
4	7780	84	502	7078	116
1	1673	26	1573	70	4
	194		194		
11	3941	359	2911	525	146
	38		38		
67	11892	386	5905	4149	1452
3	2046	923	535	545	43
3	1512			1490	22
4	1614		12	1533	69
62	4137	191	451	2914	581
32	2641	279	180	1928	254
9	1015	329	79	565	42
47	3744	20	285	2768	671
30	1962		12	1482	468
1146	17984		210	2160	15614
281	5069		419	1516	3134
46	624		78	33	513
52	3685	10	1363	981	1331
14	737	73	515	91	58
1	286	263	14	7	2
5	6635	2021	1840	2659	115
	857	160	105	592	
	45		45		
49	13688	556	12896	29	207
1	677		675		2
	192		182	10	
5	5128	1505	3231	373	19
23	5389	65	4279	908	137
3	3874		512	3297	65
36	11338	4659	4030	2013	636
	45		15	30	
15	3388	156	2937		295
	19		19		
475	8653		6959		1694
33	928	172	511	81	164
1	859	75	761	18	5
9	836	182	544	10	100
11	1430	106	1265		59
				7	
1	209		206		3
	105		103	2	
	16		16		
1	1				1
	12		12		
9	3230	120	2611	442	57
7	1007		934	47	26

1-3-28 分地区限额以下文化批发和零售业企业主要财务指标

单位：万元

地　区	企　业单位数（个）	年　末从业人员（人）	#女性	营业收入	#主营业务收入	营业税金及附加	#主营业务税金及附加	资产总计	实收资本
全　省	**1698**	**12426**	**6782**	**272839**	**271064**	**8558**	**8491**	**1055592**	**260586**
太原市	649	4909	2702	125958	125001	2724	2692	217670	121300
大同市	131	902	452	20815	20786	2015	2012	629327	25214
阳泉市	62	482	289	9753	9622	124	123	13239	5866
长治市	143	858	479	11690	11585	321	306	19776	12178
晋城市	117	724	411	12552	12486	329	324	21738	11081
朔州市	75	774	399	7182	7087	194	190	7730	4892
晋中市	164	1045	554	25322	25091	1283	1281	33604	13787
运城市	94	634	327	23920	23832	196	195	16766	10170
忻州市	105	723	384	11025	11010	127	127	39113	21080
临汾市	124	1006	589	21463	21429	1191	1188	29376	17647
吕梁市	34	369	196	3158	3135	56	54	27253	17372

1-3-29 分地区文化服务业主要指标

地区	单位数(个)	规上企业	规下企业	事业单位	其他单位	年末从业人员(人)	规上企业	规下企业	事业单位	其他单位
全省	**11309**	**120**	**6681**	**1991**	**2517**	**155038**	**15394**	**63435**	**47388**	**28821**
太原市	2649	38	1848	266	497	40224	4871	21430	9191	4732
大同市	766	3	458	177	128	11886	528	5004	4784	1570
阳泉市	488	6	259	92	131	6379	654	3009	1820	896
长治市	1321	11	689	288	333	16790	1814	5368	6022	3586
晋城市	848	12	564	96	176	10949	1590	5244	2302	1813
朔州市	560	3	292	122	143	7713	101	2665	2419	2528
晋中市	945	10	503	142	290	12094	2863	4303	2751	2177
运城市	1145	24	661	222	238	15039	1267	5309	5777	2686
忻州市	798	5	392	225	176	8393	306	2631	3657	1799
临汾市	1091	3	727	198	163	14314	1026	5692	5138	2458
吕梁市	698	5	288	163	242	11257	374	2780	3527	4576

1-3-30 分地区文化服务业企业基本情况

地区	企业单位数(个)	规上	年末从业人员(人)	规上	资产总计(万元)	规上
全省	**6801**	**120**	**78829**	**15394**	**3891123**	**1483786**
太原市	1886	38	26301	4871	1440444	223765
大同市	461	3	5532	528	108829	27549
阳泉市	265	6	3663	654	145548	79272
长治市	700	11	7182	1814	383329	171970
晋城市	576	12	6834	1590	266501	99965
朔州市	295	3	2766	101	44535	10767
晋中市	513	10	7166	2863	858511	670663
运城市	685	24	6576	1267	190911	53684
忻州市	397	5	2937	306	87336	47235
临汾市	730	3	6718	1026	286694	82926
吕梁市	293	5	3154	374	78485	15990

1-3-31 按类别分文化服务业企业主要财务指标

单位：万元

行　业	企业单位数(个)	年末从业人员(人)	营业收入	#主营业务收入	营业税金及附加	#主营业务税金及附加	资产总计
总　计	**6801**	**78829**	**960128**	**934907**	**49073**	**33768**	**3891123**
新闻业	2	96	274	274	35	35	169
图书出版	15	714	94076	90653	492	492	255736
报纸出版	27	4158	58929	55288	1635	1613	108355
期刊出版	35	653	4479	3604	103	95	8209
音像制品出版	4	70	2015	1492	6	6	2933
其他出版业	14	146	1902	1895	64	63	3685
广播	11	308	2174	2174	20	20	5430
电视	27	586	3109	3062	321	154	12296
电影和影视节目制作	62	1599	24630	24436	15576	1676	185352
电影和影视节目发行	10	194	1056	711	38	19	4003
电影放映	127	3270	31842	29498	1420	1274	57509
录音制作	4	38	262	262	18	18	467
文艺创作与表演	227	6291	21547	20389	969	958	61894
艺术表演场馆	18	1458	3356	3321	79	79	60446
图书馆							
档案馆	3	12	20	20	1	1	83
文物及非物质文化遗产保护	39	642	9591	9554	228	228	265490
博物馆	10	459	5378	5378	295	295	25901
烈士陵园、纪念馆	7	408	5620	5570	189	189	33309
群众文化活动	40	305	1946	1781	33	33	6142
社会人文科学研究	4	12	20	20			39
专业性团体(的服务)*	16	210	75	66	3	3	2822
文化艺术培训	56	419	1474	1448	45	45	3047
其他未列明教育*	9	78	112	112	4	4	505
其他文化艺术业	188	1373	9206	9024	335	320	51970
互联网信息服务	57	588	9800	9596	220	219	18543
其他电信服务*	4	277	4905	4901	216	216	5596
有线广播电视传输服务	59	3861	92055	91050	2814	2472	286560
无线广播电视传输服务	7	265	2423	2423	98	98	4555
卫星传输服务*	2	45	400	400	10	10	847
广告业	2036	13452	187889	184603	7387	7188	381863
软件开发*	47	675	8825	8629	247	239	22777
数字内容服务*	11	182	273	273	9	9	13488
工程勘察设计*	146	4736	89783	89617	4178	4162	107640
专业化设计服务	380	4344	101562	101434	4228	4203	171156
公园管理	12	512	403	403	17	17	11378
游览景区管理	281	8689	52445	49962	1641	1553	1266639
野生植物保护*	1	15					2000
歌舞厅娱乐活动	157	3093	15241	15081	1918	1832	44144
电子游艺厅娱乐活动	5	19	100	100	20	20	330
网吧活动	1842	6959	33942	33162	1262	1217	68764
其他室内娱乐活动	67	683	2905	2882	106	105	7734
游乐园	22	836	4184	4133	177	176	57358
其他娱乐业	31	726	4041	4025	196	192	23349
摄影扩印服务	137	1371	14233	14091	318	315	24786
知识产权服务*							
文化娱乐经纪人	34	206	1424	1401	39	37	4391
其他文化艺术经纪代理	19	103	762	757	28	28	1540
娱乐及体育设备出租*	4	16	268	268	6	6	307
音像制品出租	3	12	23	23	1	1	134
会议及展览服务	322	2731	32154	28837	1366	1179	167573
其他未列明商务服务业*	160	934	16995	16824	662	654	41879

1-3-32　分地区文化服务业企业主要财务指标

单位：万元

地　区	企　业单位数(个)	年　末从业人员(人)	营业收入	#主营业务收入	营业税金及附加	#主营业务税金及附加	资产总计
全　省	**6801**	**78829**	**960128**	**934907**	**49073**	**33768**	**3891123**
太原市	1886	26301	543073	528960	32764	18234	1440444
大同市	461	5532	52135	51581	1975	1697	108829
阳泉市	265	3663	35034	33350	1061	1030	145548
长治市	700	7182	38489	37957	1736	1619	383329
晋城市	576	6834	61603	59574	2574	2471	266501
朔州市	295	2766	30251	29890	1109	1088	44535
晋中市	513	7166	66201	64937	2764	2701	858511
运城市	685	6576	49388	46692	1666	1579	190911
忻州市	397	2937	21696	21224	777	738	87336
临汾市	730	6718	41932	41128	1729	1697	286694
吕梁市	293	3154	20322	19613	918	912	78485

1-3-33 按类别分规模以上文化服务业企业基本情况

单位：万元

行业	企业单位数(个)	#亏损企业	年末从业人员(人)	#女性	资产总计	营业收入	营业成本	营业税金及附加	利润总额
总计	**120**	**41**	**15394**	**6457**	**1483788**	**271343**	**174516**	**8679**	**-3791**
图书出版	4		284	138	47249	37131	28623	159	4175
报纸出版	6	2	2354	1215	89305	32666	20957	859	3063
其他出版业	2	1	36	16	1407	1011	403	30	-242
电视	2	1	84	30	83	79		5	-15
电影和影视节目制作	2	1	26	9	6646	1029	802	35	43
电影放映	6	2	359	176	10808	12039	4758	661	1077
文艺创作与表演	6	3	386	164	2271	1845	1788	14	-69
艺术表演场馆	3	2	923	577	57630	1316	1042	43	-4200
文物及非物质文化遗产保护	2		191	95	218611	1530	133	52	100
博物馆	2		279	117	3372	4808	2382	288	979
烈士陵园、纪念馆	1		329	241	27427	4939	1066	172	1143
群众文化活动	1		20	5		62	25	2	
其他文化艺术业	1	1	10	2	7861	54			-137
互联网信息服务	1		73	22	816	1002	260	39	12
其他电信服务*	2	1	263	10	5114	4815	3987	212	-94
有线广播电视传输服务	17	5	2021	518	114786	43072	25916	1389	1349
无线广播电视传输服务	2	2	160	72	2329	784	293	19	-398
广告业	10	4	556	261	27638	27793	21413	787	982
工程勘察设计*	9	1	1505	520	43616	43138	30836	1839	1307
专业化设计服务	1		65	34	1176	1356	798	48	80
游览景区管理	24	12	4659	1965	780021	31395	14323	1160	-13525
歌舞厅娱乐活动	5		156	25	3883	1861	802	333	151
其他室内娱乐活动	2	2	172	82	721	1465	380	38	-48
游乐园	1		75	25	4591	2174	1022	76	1083
其他娱乐业	3		182	53	5843	763		10	18
摄影扩印服务	2		106	54	9282	3858	3380	89	470
会议及展览服务	2		120	31	3903	1334	629	59	4
其他未列明商务服务业*	1	1			7399	8024	8498	261	-1099

1-3-34 规模以上文化服务业企业基本情况

单位：万元

项 目	企业单位数(个)	年末从业人员(人)	资产总计	营业收入	#主营业务收入	营业税金及附加	#主营业务税金及附加	营业利润	应交增值税
总 计	**120**	**15394**	**1483788**	**271343**	**263483**	**8679**	**8171**	**-12505**	**4949**
按登记注册类型分组									
内资企业	119	15394	1476386	263317	255600	8417	7916	-11886	4327
国有企业	21	3594	155972	97977	94638	2496	2492	3918	2593
集体企业	3	253	55639	1444	1397	38	38	-2082	
有限责任公司	48	6100	445181	100447	96594	3450	3017	-7639	1094
国有独资公司	1	20		62	62	2	2		
其他有限责任公司	47	6080	445181	100385	96532	3448	3015	-7639	1094
股份有限公司	10	1337	379581	7158	6982	294	250	-4532	
私营企业	36	4095	439694	56055	55754	2121	2102	-1552	640
私营独资企业	2	70	292	190	190	10	10	19	
私营有限责任公司	32	3996	434312	55726	55425	2105	2085	-1528	640
私营股份有限公司	2	29	5090	139	139	6	6	-44	
其他企业	1	15	319	235	235	17	17		
外商投资企业	1		7399	8024	7884	261	254	-619	621
外资企业	1		7399	8024	7884	261	254	-619	621
按控股情况分组									
国有控股	52	8335	740569	170840	164077	5116	4641	-3083	3936
集体控股	8	770	105848	5701	5654	174	174	-5836	12
私人控股	50	5155	546984	75676	74978	2734	2702	-1175	752
其他	10	1134	90384	19123	18774	654	654	-2411	247

1-3-35 分地区规模以上文化服务业企业基本情况

单位：万元

地 区	企业单位数（个）	#亏损企业	年末从业人员（人）	#女性	资产总计	营业收入	营业成本	营业税金及附加	利润总额
全 省	**120**	**41**	**15394**	**6457**	**1483788**	**271343**	**174516**	**8679**	**-3791**
太原市	38	8	4871	2102	223765	139599	99491	3958	10522
大同市	3		528	289	27549	18033	12705	605	804
阳泉市	6	3	654	203	79272	12321	7842	311	-2526
长治市	11	6	1814	839	171970	14775	8751	543	-5832
晋城市	12	8	1590	482	99965	15182	9291	563	-5371
朔州市	3	1	101	2	10767	8583	8832	301	-1053
晋中市	10	4	2863	1333	670663	30895	15633	1272	-2570
运城市	24	8	1267	436	53684	12285	6104	415	432
忻州市	5	1	306	128	47235	7571	1478	255	804
临汾市	3	1	1026	505	82926	7754	2109	296	-79
吕梁市	5	1	374	138	15990	4344	2283	159	1074

1-3-36　按类别分规模以上文化服务业企业主要财务指标

单位：万元

行　　业	企业单位数（个）	固定资产原价	本年折旧	主营业务收入	主营业务成本	主营业务税金及附加	营业利润	应付职工薪酬	应交增值税
总　计	**120**	**687153**	**40932**	**263484**	**165228**	**8172**	**-12503**	**52854**	**4949**
新闻业									
图书出版	4	10412	533	35410	26914	159	2262	2671	952
报纸出版	6	43490	1055	31693	20406	855	-491	6150	1749
期刊出版									
音像制品出版									
其他出版业	2	2156	490	1011	403	30	-242	233	
广播									
电视	2	88	7	79		5	-15	38	
电影和影视节目制作	2	107	19	1029	802	35	43	101	8
电影和影视节目发行									
电影放映	6	6011	1214	11306	4455	543	984	1371	274
录音制作									
文艺创作与表演	6	1403	79	893	1788	14	-69	964	
艺术表演场馆	3	32929	1872	1308	1042	43	-4190	1246	2
图书馆									
档案馆									
文物及非物质文化遗产保护	2	1149	82	1495	133	52	109	343	
博物馆	2	1970		4808	2382	288	979	1235	
烈士陵园、纪念馆	1	23464	3702	4939	1066	172	410	141	
群众文化活动	1	12	1	62	25	2		47	
社会人文科学研究									
专业性团体(的服务)*									
文化艺术培训									
其他未列明教育*									
其他文化艺术业	1	16	7	54			-137	41	
互联网信息服务	1	550	99	1002	260	39	12	310	
其他电信服务*	2	2331	1000	4815	3987	212	-94	800	
有线广播电视传输服务	17	130022	11919	42340	20144	1098	92	6446	4
无线广播电视传输服务	2	1349	262	784	293	19	-398	400	23
卫星传输服务*									
广告业	10	14932	2542	27535	21020	768	1038	2185	458
软件开发*									
数字内容服务*									
工程勘察设计*	9	8357	957	43138	30836	1839	1311	12014	741
专业化设计服务	1	401	30	1356	798	48	70	194	7
公园管理									
游览景区管理	24	375051	13577	29151	13845	1093	-14862	11844	2
野生植物保护*									
歌舞厅娱乐活动	5	3234	247	1859	799	333	151	316	1
电子游艺厅娱乐活动									
网吧活动									
其他室内娱乐活动	2	929	78	1465	380	38	-48	325	
游乐园	1	3670	120	2174	1022	76	968	170	
其他娱乐业	3	2548	5	749		10	8	123	
摄影扩印服务	2	12828	638	3811	3370	88	221	800	101
知识产权服务*									
文化娱乐经纪人									
其他文化艺术经纪代理									
娱乐及体育设备出租*									
音像制品出租									
会议及展览服务	2	3202	107	1334	629	59	4	289	6
其他未列明商务服务业*	1	4542	290	7884	8429	254	-619	2057	621

1-3-37 分地区规模以上文化服务业企业主要财务指标

单位：万元

地区	企业单位数(个)	固定资产原价	本年折旧	主营业务收入	主营业务成本	主营业务税金及附加	营业利润	应付职工薪酬	应交增值税
全省	**120**	**687153**	**40932**	**263484**	**165228**	**8172**	**-12503**	**52854**	**4949**
太原市	38	93234	6343	135432	97032	3837	4698	23116	3773
大同市	3	23243	1565	18033	7399	347	414	1539	341
阳泉市	6	76144	4816	12111	7584	311	-3657	2482	113
长治市	11	75416	4190	14720	8751	543	-6100	4347	24
晋城市	12	78667	6174	13620	8704	505	-5733	4116	50
朔州市	3	7349	515	8440	8759	295	-572	2211	621
晋中市	10	214885	9696	30272	15165	1260	-2629	8744	
运城市	24	43531	2401	11596	5964	395	298	2857	17
忻州市	5	7077	349	7571	1478	224	804	869	
临汾市	3	57898	3845	7735	2109	296	-890	1596	8
吕梁市	5	9709	1036	3953	2283	158	861	977	

1-3-38　规模以下文化服务业企业主要财务指标

单位：万元

项　目	企业单位数(个)	年末从业人员(人)	#女性	营业收入	#主营业务收入	营业税金及附加	#主营业务税金及附加	资产总计	实收资本
总　计	**6681**	**63435**	**28622**	**688783**	**671423**	**40393**	**25595**	**2407336**	**1105113**
按登记注册类型分组									
内资企业	6681	63435	28622	688783	671423	40393	25595	2407336	1105113
国有企业	249	9758	4205	187762	181489	19359	5401	642367	220235
集体企业	79	1614	701	7270	7163	290	287	52977	6971
股份合作企业	14	243	130	1290	1290	53	52	3041	1078
联营企业	14	386	192	2431	2401	119	119	3655	1698
国有联营企业	7	259	131	1120	1090	54	54	2139	531
集体联营企业	3	90	43	620	620	29	29	401	240
国有与集体联营企业	2	26	12	151	151	3	3	657	600
其他联营企业	2	11	6	540	540	33	33	457	327
有限责任公司	761	10501	4938	117480	112696	4483	4249	441048	244926
国有独资公司	31	995	419	15102	14786	236	236	56900	30970
其他有限责任公司	730	9506	4519	102378	97910	4247	4013	384147	213955
股份有限公司	51	747	253	11933	11912	367	326	37307	29679
私营企业	5316	38664	17545	347768	341808	15038	14481	1200521	584815
私营独资企业	2008	10778	5155	60388	58944	2292	2180	133597	78368
私营合伙企业	116	827	371	5585	5510	195	188	21041	10375
私营有限责任公司	3096	26008	11548	273890	269498	12147	11784	1011768	483029
私营股份有限公司	96	1051	471	7906	7856	405	329	34114	13043
其他企业	197	1522	658	12849	12665	685	679	26420	15712
按控股情况分组									
国有控股	344	13300	5985	238452	229834	20899	6712	893200	368557
集体控股	106	2202	986	11243	11137	479	476	70395	14918
私人控股	5981	44786	20189	399415	393016	17022	16430	1378139	695629
其他	250	3147	1462	39673	37436	1993	1978	65602	26010

1-3-39 按类别分规模以下文化服务业企业主要财务指标

单位：万元

行业	企业单位数(个)	年末从业人员(人)	#女性	营业收入	#主营业务收入	营业税金及附加	#主营业务税金及附加	资产总计	实收资本
总计	**6681**	**63435**	**28622**	**688783**	**671423**	**40393**	**25595**	**2407336**	**1105113**
新闻业	2	96	58	274	274	35	35	169	60
图书出版	11	430	198	56945	55243	333	333	208487	31520
报纸出版	21	1804	970	26263	23595	776	758	19050	4056
期刊出版	35	653	378	4479	3604	103	95	8209	3668
音像制品出版	4	70	29	2015	1492	6	6	2933	675
其他出版业	12	110	58	891	884	34	33	2278	1709
广播	11	308	136	2174	2174	20	20	5430	3188
电视	25	502	203	3030	2983	316	149	12213	6382
电影和影视节目制作	60	1573	603	23601	23407	15541	1641	178706	84926
电影和影视节目发行	10	194	68	1056	711	38	19	4003	1460
电影放映	121	2911	1341	19803	18192	759	731	46701	16036
录音制作	4	38	22	262	262	18	18	467	468
文艺创作与表演	221	5905	2903	19702	19496	955	944	59623	19398
艺术表演场馆	15	535	283	2040	2013	36	36	2816	968
图书馆									
档案馆	3	12	8	20	20	1	1	83	88
文物及非物质文化遗产保护	37	451	192	8061	8059	176	176	46879	9951
博物馆	8	180	80	570	570	7	7	22529	3217
烈士陵园、纪念馆	6	79	23	681	631	17	17	5882	335
群众文化活动	39	285	111	1884	1719	31	31	6142	6261
社会人文科学研究	4	12	5	20	20			39	36
专业性团体(的服务)*	16	210	47	75	66	3	3	2822	3050
文化艺术培训	56	419	274	1474	1448	45	45	3047	2525
其他未列明教育*	9	78	52	112	112	4	4	505	437
其他文化艺术业	187	1363	651	9152	8970	335	320	44109	55205
互联网信息服务	56	515	223	8798	8594	181	180	17727	60916
其他电信服务*	2	14	6	90	86	4	4	482	236
有线广播电视传输服务	42	1840	689	48983	48710	1425	1374	171774	68375
无线广播电视传输服务	5	105	56	1639	1639	79	79	2226	1098
卫星传输服务*	2	45	11	400	400	10	10	847	510
广告业	2026	12896	5769	160096	157068	6600	6420	354225	186665
软件开发*	47	675	254	8825	8629	247	239	22777	10643
数字内容服务*	11	182	94	273	273	9	9	13488	4709
工程勘察设计*	137	3231	1437	46645	46479	2339	2323	64024	22850
专业化设计服务	379	4279	1565	100206	100078	4180	4155	169980	68897
公园管理	12	512	118	403	403	17	17	11378	7921
游览景区管理	257	4030	1600	21050	20811	481	460	486618	143683
野生植物保护*	1	15	2					2000	
歌舞厅娱乐活动	152	2937	1386	13380	13222	1585	1499	40261	26983
电子游艺厅娱乐活动	5	19	12	100	100	20	20	330	325
网吧活动	1842	6959	3004	33942	33162	1262	1217	68764	46088
其他室内娱乐活动	65	511	270	1440	1417	68	67	7013	5621
游乐园	21	761	407	2010	1959	101	100	52767	7675
其他娱乐业	28	544	357	3278	3276	186	182	17506	10662
摄影扩印服务	135	1265	760	10375	10280	229	227	15504	7490
知识产权服务*									
文化娱乐经纪人	34	206	96	1424	1401	39	37	4391	2934
其他文化艺术经纪代理	19	103	49	762	757	28	28	1540	1136
娱乐及体育设备出租*	4	16	7	268	268	6	6	307	211
音像制品出租	3	12	3	23	23	1	1	134	130
会议及展览服务	320	2611	1316	30820	27503	1307	1120	163670	133780
其他未列明商务服务业*	159	934	438	8971	8940	401	400	34480	29957

1-3-40　分地区规模以下文化服务业企业主要财务指标

单位：万元

地　区	企　业单位数(个)	年　末从业人员(人)	#女性	营业收入	#主营业务收入	营业税金及附加	#主营业务税金及附加	资产总计	实收资本
全　省	**6681**	**63435**	**28622**	**688783**	**671423**	**40393**	**25595**	**2407336**	**1105113**
太原市	1848	21430	9567	403474	393528	28806	14397	1216679	583867
大同市	458	5004	2345	34102	33548	1370	1350	81280	68746
阳泉市	259	3009	1461	22713	21239	750	719	66276	39413
长治市	689	5368	2367	23714	23237	1193	1076	211359	92878
晋城市	564	5244	2407	46421	45954	2011	1966	166536	49738
朔州市	292	2665	1263	21668	21450	808	793	33768	24694
晋中市	503	4303	1984	35306	34665	1492	1441	187848	76185
运城市	661	5309	2376	37103	35096	1251	1184	137227	57408
忻州市	392	2631	1066	14125	13653	522	514	40101	17213
临汾市	727	5692	2688	34178	33393	1433	1401	203768	56826
吕梁市	288	2780	1098	15978	15660	759	754	62495	38145

1-3-41 文化创意和设计服务企业经营情况

项 目	法人单位数(个)	年末从业人员(人)	企业平均年末从业人员(人)	主营业务收入(万元)	企业平均主营业务收入(万元)
总 计	**2620**	**23389**	**9**	**384556**	**147**
按企业规模分					
规上企业	10	2126	213	72029	7203
规上企业	2610	21263	8	312527	120
按行业类别分					
广告服务	2036	13452	7	184603	91
文化软件服务	58	857	15	8902	153
建筑设计服务	146	4736	32	89617	614
专业设计服务	380	4344	11	101434	267

1-3-42　按类别分文化服务业事业单位主要财务指标

单位：万元

行　　业	单位数（个）	年末从业人员（人）	#女性	非企业单位支出（费用）	年末资产
总　计	**1991**	**47388**	**21916**	**575258**	**895803**
新闻业	125	1537	585	18266	9230
图书出版	5	39	22	215	147
报纸出版	57	2776	1296	53594	46392
期刊出版	26	330	169	6004	1169
其他出版业	9	148	75	1244	2051
广播	34	2205	1017	16125	21795
电视	91	7078	3000	139299	104359
电影和影视节目制作	5	70	21	499	2671
电影放映	33	525	168	2392	10152
文艺创作与表演	106	4149	1867	20082	19983
艺术表演场馆	37	545	214	13576	17106
图书馆	115	1490	1026	16441	39128
档案馆	111	1533	991	13406	16551
文物及非物质文化遗产保护	172	2914	1304	38182	48221
博物馆	70	1928	898	18540	44142
烈士陵园、纪念馆	50	565	265	6226	33430
群众文化活动	192	2768	1500	23154	34147
社会人文科学研究	99	1482	651	19131	20527
专业性团体(的服务)*	245	2160	892	21400	16715
文化艺术培训	39	1516	781	12398	17954
其他未列明教育*	3	33	20	142	141
其他文化艺术业	65	981	584	9040	6826
互联网信息服务	12	91	40	437	1187
其他电信服务*	1	7	4	77	4
有线广播电视传输服务	38	2659	1132	19639	25705
无线广播电视传输服务	10	592	137	6429	17690
广告业	2	29	12	39	10
数字内容服务*	1	10	8	59	36
工程勘察设计*	19	373	153	5626	5597
专业化设计服务	24	908	336	27313	32570
公园管理	83	3297	1673	31590	225832
游览景区管理	70	2013	770	29070	29693
野生植物保护*	1	30	13	237	187
其他室内娱乐活动	12	81	54	778	7354
游乐园	1	18	12	45	35
其他娱乐业	1	10	3	15	81
知识产权服务*	2	7	3	25	24
其他文化艺术经纪代理	1	2	1	7	2
会议及展览服务	20	442	193	3786	33037
其他未列明商务服务业*	4	47	26	730	3912

1-3-43 分市文化服务业事业单位主要财务指标

单位：万元

地 区	单位数(个)	年末从业人员(人)		非企业单位支出(费用)	年末资产
			#女性		
全 省	**1991**	**47388**	**21916**	**575258**	**895803**
太原市	266	9191	4055	270736	448752
大同市	177	4784	2068	39595	44683
阳泉市	92	1820	952	17719	39399
长治市	288	6022	2835	57563	76127
晋城市	96	2302	1058	21391	42800
朔州市	122	2419	1142	24879	20415
晋中市	142	2751	1305	28556	45887
运城市	222	5777	2762	31809	53944
忻州市	225	3657	1595	32304	37147
临汾市	198	5138	2459	21959	42320
吕梁市	163	3527	1685	28745	44327

1-3-44　按类别分文化服务业其他单位主要财务指标

单位：万元

行　业	单位数(个)	年末从业人员(人)	#女性	非企业单位支出(费用)	年末资产
总　计	**2517**	**28821**	**12906**	**40570**	**103986**
新闻业	8	75	28	4929	251
图书出版	1	1			
报纸出版	5	599	385	673	946
期刊出版	4	32	14	85	81
其他出版业	1	8	2	1	
广播	1	1	1	3	8
电视	4	116	57	1323	8771
电影和影视节目制作	1	4	1		
电影放映	11	146	52	139	142
文艺创作与表演	67	1452	622	1017	2205
艺术表演场馆	3	43	22	64	15
图书馆	3	22	13	153	83
档案馆	4	69	48	619	281
文物及非物质文化遗产保护	62	581	128	753	8281
博物馆	32	254	111	709	7727
烈士陵园、纪念馆	9	42	14	151	991
群众文化活动	47	671	372	1900	3083
社会人文科学研究	30	468	193	669	722
专业性团体(的服务)*	1146	15614	5682	15388	36197
文化艺术培训	281	3134	2284	7364	21807
其他未列明教育*	46	513	332	1278	1674
其他文化艺术业	52	1331	1028	606	1045
互联网信息服务	14	58	24	38	35
其他电信服务*	1	2			
有线广播电视传输服务	5	115	60	544	274
广告业	49	207	104	42	59
软件开发*	1	2	1		
工程勘察设计*	5	19	6		
专业化设计服务	23	137	49	151	244
公园管理	3	65	29	90	68
游览景区管理	36	636	261	686	6543
歌舞厅娱乐活动	15	295	132	15	4
网吧活动	475	1694	649	581	1655
其他室内娱乐活动	33	164	72	235	303
游乐园	1	5	2	19	80
其他娱乐业	9	100	65	245	340
摄影扩印服务	11	59	34	16	27
文化娱乐经纪人	1	3	1		
图书出租	1	1	1		
会议及展览服务	9	57	17	53	11
其他未列明商务服务业*	7	26	10	31	33

1-3-45 分地区文化服务业其他单位主要财务指标

单位：万元

地区	单位数(个)	年末从业人员(人)	#女性	非企业单位支出(费用)	年末资产
全省	**2517**	**28821**	**12906**	**40570**	**103986**
太原市	497	4732	2460	10255	20662
大同市	128	1570	609	1409	9580
阳泉市	131	896	365	813	1225
长治市	333	3586	1509	3369	19326
晋城市	176	1813	631	2157	14991
朔州市	143	2528	1546	1951	1673
晋中市	290	2177	1000	5353	18850
运城市	238	2686	1122	4018	5131
忻州市	176	1799	678	6714	7174
临汾市	163	2458	1049	2182	2816
吕梁市	242	4576	1937	2351	2559

汇总口径、主要指标解释

一、汇总口径

金融和铁路运输业分别由金融和铁路管理部门负责普查，本年鉴不包含这部分数据。

二、主要指标解释

法人单位 是指有权拥有资产、承担负债，并独立从事社会经济活动（或与其他单位进行交易）的组织。法人单位应同时具备以下条件：

1. 依法成立，有自己的名称、组织机构和场所，能够独立承担民事责任；

2. 独立拥有（或授权使用）资产或者经费，承担负债，有权与其他单位签订合同；

3. 具有包括资产负债表在内的账户，或者能够根据需要编制账户。

法人单位包括五种类型：企业法人、事业单位法人、机关法人、社会团体法人和其他法人。

企业法人 是指依据《中华人民共和国公司登记管理条例》、《中华人民共和国企业法人登记管理条例》等国家法律和法规，经各级工商行政管理机关登记注册，领取《企业法人营业执照》的企业。包括：

1. 公司制企业法人；

2. 非公司制企业法人；

3. 依据《中华人民共和国个人独资企业法》、《中华人民共和国合伙企业法》，经各级工商行政管理机关登记注册，领取《营业执照》的个人独资企业、合伙企业。

事业单位法人 是指经国务院或地方县级以上机构编制管理部门批准，经国家或地方县级以上事业单位登记管理部门登记或备案，领取《事业单位法人证书》，取得法人资格的事业单位。包括：

1. 各级党委、政府直属事业单位；

2. 中共中央、国务院直属事业单位举办的事业单位；

3. 各级人大、政协机关，人民法院、人民检察院和各民主党派机关举办的事业单位；

4. 各级党委部门和政府部门举办的事业单位；

5. 使用财政性经费的群众团体举办的事业单位；

6. 国有企业及其他组织利用国有资产举办的事业单位；

7. 依照法律或有关规定，应当由各级登记管理机关登记的其他事业单位。

机关法人 是指各级政党机关和国家机关。包括：

1. 县级以上各级中国共产党委员会及其所属各工作部门；

2. 县级以上各级人民代表大会机关；

3. 县级以上各级人民政府及其所属各工作部门，以及地区行政行署；

4. 县级以上各级政治协商会议机关；

5. 县级以上各级人民法院、检察院机关；

6. 县级以上各民主党派机关；

7. 乡、镇中国共产党委员会和人民政府。

社会团体法人 是指依据《社会团体登记管理条例》，经国家或县级以上民政部门登记注册或备案、领取《社会团体法人登记证书》的各类社会团体，以及由机构编制管理部门管理其编制的群众团体。包括：

1. 社会团体法人；

2. 群众团体法人。

其他法人 是指除上述类型以外的法人，是依据《中华人民共和国居民委员会组织法》、《中华人民共和国村民委员会组织法》、《民办非企业单位登记管理暂行条例》、《基金会管理条例》、《农民专业合作社登记管理条例》及其他法律、法规，依法成立，具备法人条件的单位。包括：

1. 居民委员会和村民委员会；

2. 基金会；

3. 领取《民办非企业单位（法人）登记证书》的民办非企业单位；

4. 宗教组织和活动场所；

5. 农民专业合作社；

6. 其他未列明法人单位。

单产业法人 是指仅包含一个产业活动单位的法人单位，称为单产业法人单位，该法人单位同时也是一个产业活动单位；

多产业法人 是指由两个及以上产业活动单位组成的法人单位，称为多产业法人单位，这些产业活动单位接受法人单位的管理和控制。

从业人员期末人数 指报告期末最后一日 24 时在本单位工作，并取得工资或其他形式劳动报酬的人员数。该指标为时点指标，不包括最后一日当天及以前已经与单位解除劳动合同关系的人员，是在岗职工、劳务派遣人员及其他从业人员之和。从业人员不包括：

1. 离开本单位仍保留劳动关系，并定期领取生活费的人员；

2. 利用课余时间打工的学生及在本单位实习的各类在校学生；

3. 本单位因劳务外包而使用的人员，如：建筑业整建制使用的人员。

文化及相关产业 指为社会公众提供文化产品和文化相关产品的生产活动的集合。《文化及相关产业分类（2012）》规定文化及相关产业包括文化产品的生产、文化产品生产的辅助生产、文化用品的生产和专用设备的生产等。按业态不同，可分为文化制造业、文化批零业和文化服务业。

带*的行业指含有部分文化活动的行业。

规模以上文化制造业企业 指《文化及相关产业分类（2012）》所规定行业范围内，年主营业务收入在2000万及以上的工业企业法人。

限额以上文化批零业企业 指《文化及相关产业分类（2012）》所规定行业范围内，年主营业务收入在2000万及以上的批发业企业法人和年主营业务收入在500万元及以上的零售业企业法人。

规模以上文化服务业企业 指《文化及相关产业分类（2012）》所规定行业范围内，从业人员在50人及以上或年主营业务收入在500万及以上的服务业企业法人。

文化服务业事业单位 指《文化及相关产业分类（2012）》所规定行业范围内，执行事业单位会计制度的法人，不包括实行企业化管理的事业单位。

文化服务业其他单位 指《文化及相关产业分类（2012）》所规定行业范围内，执行民间非营利组织和其他会计制度的法人。

分类规定

登记注册类型：指企业或企业产业活动单位的登记注册类型，工商行政管理部门对企业（单位）登记注册的类型分为以下几种：

1. 国有企业：指企业全部资产归国家所有，并按《中华人民共和国企业法人登记管理条例》规定登记注册的非公司制的经济组织。不包括有限责任公司中的国有独资公司。

2. 集体企业：指企业资产归集体所有，并按《中华人民共和国企业法人登记管理条例》规定登记注册的经济组织。

3. 股份合作企业：指以合作制为基础，由企业职工共同出资入股，吸收一定比例的社会资产投资组建，实行自主经营，自负盈亏，共同劳动，民主管理，按劳分配与按股分红相结合的一种集体经济组织。

4. 联营企业：指两个及两个以上相同或不同所有制性质的企业法人或事业单位法人，按自愿、平等、互利的原则，共同投资组成的经济组织。联营企业包括国有联营企业、集体联营企业、国有与集体联营企业和其他联营企业。

国有联营企业：指所有联营单位均为国有。

集体联营企业：指所有联营单位均为集体。

国有与集体联营企业：指联营单位既有国有也有集体。

其他联营企业：指上述三种联营企业之外的其他联营形式的企业。

5. 有限责任公司：指根据《中华人民共和国公司登记管理条例》规定登记注册，由两个以上，五十个以下的股东共同出资，每个股东以其所认缴的出资额对公司承担有限责任，公司以其全部资产对其债务承担责任的经济组织。有限责任公司包括国有独资公司以及其他有限责任公司。

国有独资公司：指国家授权的投资机构或者国家授权的部门单独投资设立的有限责任公司。

其他有限责任公司：指国有独资公司以外的其他有限责任公司。

6. 股份有限公司：指根据《中华人民共和国公司登记管理条例》规定登记注册，其全部注册资本由等额股份构成并通过发行股票筹集资本，股东以其认购的股份对公司承担有限责任，公司以其全部资产对其债务承担责任的经济组织。

7. 私营企业：指由自然人投资设立或由自然人控股，以雇佣劳动为基础的营利性经济组织。包括按照《公司法》、《合伙企业法》、《私营企业暂行条例》以及《个人独资企业法》规定登记注册的私营独资企业、私营合伙企业、私营有限责任公司、私营股份有限公司和个人独资企业。

私营独资企业：指按《私营企业暂行条例》的规定，由一名自然人投资经营，以雇佣劳动为基础，投资者对企业债务承担无限责任的企业。

私营合伙企业：指按《合伙企业法》或《私营企业暂行条例》的规定，由两个以上自然人按照协议共同投资、共同经营、共负盈亏，以雇佣劳动为基础，对债务承担无限责任的企业。

私营有限责任公司：指按《公司法》、《私营企业暂行条例》的规定，由两个以上自然人投资或由单个自然人控股的有限责任公司。

私营股份有限公司：指按《公司法》的规定，由五个以上自然人投资，或由单个自然人控股的股份有限公司。

个人独资企业：指按《个人独资企业法》、《个人独资企业登记管理办法》的规定，由一个自然人投资，财产为投资人个人所有，投资人以其个人财产对企业债务承担无限责任的经营实体。个人独资企业填表时归入私营独资企业。

8. 其他内资企业：指上述第 1 条至第 7 条之外的其他内资经济组织。

9. 与港澳台商合资经营企业：指港澳台地区投资者与内地的企业依照《中华人民共和国中外合资经营企业法》及有关法律的规定，按合同规定的比例投资设立，分享利润和分担风险的企业。

10. 与港澳台商合作经营企业：指港澳台地区投资者与内地企业依照《中华人民共和国中外合作经营企业法》及有关法律的规定，依照合作合同的约定进行投资或提供条件设立，分配利润、分担风险和亏损的企业。

11. 港澳台商独资经营企业：指依照《中华人民共和国外资企业法》及有关法律的规定，在内地由港澳台地区投资者全额投资设立的企业。

12. 港澳台商投资股份有限公司：指根据国家有关规定，经商务部（原外经贸部）批准设立，并且其中港、澳、台商的股本占公司注册资本的比例达 25%以上的股份有限公司。凡其中港、澳、台商的股本占公司注册资本的比例小于 25%的，属于内资中的股份有限公司。

13. 其他港、澳、台商投资企业：指在中国境内参照《外国企业或个人在中国境内设立合伙企业管理办法》和《外商投资合伙企业登记管理规定》，依法设立的港、澳、台商投资合伙企业。

14. 中外合资经营企业：指外国企业或外国人与中国内地企业依照《中华人民共和国中外合资经营企业法》及有关法律的规定，按合同规定的比例投资设立，分享利润和分担风险的企业。

15. 中外合作经营企业：指外国企业或外国人与中国内地企业依照《中华人民共和国中外合作经营企业法》及有关法律的规定，依照合作合同的约定进行投资或提供条件设立，分配利润、分担风险和亏损的企业。

16. 外资企业：指依照《中华人民共和国外资企业法》及有关法律的规定，在中国内地由外国投资者全额投资设立的企业。

17. 外商投资股份有限公司：指根据国家有关规定，经商务部（原外经贸部）批准设立，并且其中外资的股本占公司注册资本的比例达 25%以上的股份有限公司。凡其中外资股本占公司注册资本的比例小于 25%的，属于内资中的股份有限公司。

18. 其他外商投资企业：指在中国境内依照《外国企业或个人在中国境内设立合伙企业管理办法》和《外商投资合伙企业登记管理规定》，依法设立的外商投资合伙企业。

统计上大中小微型企业划分办法

一、根据工业和信息化部、国家统计局、国家发展改革委、财政部《关于印发中小企业划型标准规定的通知》（工信部联企业〔2011〕300 号），结合统计工作的实际情况，特制定本办法。

二、本办法适用对象为在中华人民共和国境内依法设立的各种组织形式的法人企业或单位。个体工商户参照本办法进行划分。

三、本办法适用范围包括：农、林、牧、渔业，采矿业，制造业，电力、热力、燃气及水生产和供应业，建筑业，批发和零售业，交通运输、仓储和邮政业，住宿和餐饮业，信息传输、软件和信息技术服务业，房地产业，租赁和商务服务业，科学研究和技术服务业，水利、环境和公共设施管理业，居民服务、修理和其他服务业，文化、体育和娱乐业等 15 个行业门类以及社会工作行业大类。

四、本办法按照行业门类、大类、中类和组合类别，依据从业人员、营业收入、资产总额等指标或替代指标，将我国的企业划分为大型、中型、小型、微型等四种类型。具体划分标准见附表。

五、企业划分由政府综合统计部门根据统计年报每年确定一次，定报统计原则上不进行调整。

六、本办法自印发之日起执行，国家统计局 2003 年印发的《统计上大中小型企业划分办法（暂行）》（国统字〔2003〕17 号）同时废止。

附表：

统计上大中小微型企业划分标准

行业名称	指标名称	计量单位	大型	中型	小型	微型
农、林、牧、渔业	营业收入(Y)	万元	Y≥20000	500≤Y<20000	50≤Y<500	Y<50
工业 *	从业人员(X)	人	X≥1000	300≤X<1000	20≤X<300	X<20
	营业收入(Y)	万元	Y≥40000	2000≤Y<40000	300≤Y<2000	Y<300
建筑业	营业收入(Y)	万元	Y≥80000	6000≤Y<80000	300≤Y<6000	Y<300
	资产总额(Z)	万元	Z≥80000	5000≤Z<80000	300≤Z<5000	Z<300
批发业	从业人员(X)	人	X≥200	20≤X<200	5≤X<20	X<5
	营业收入(Y)	万元	Y≥40000	5000≤Y<40000	1000≤Y<5000	Y<1000
零售业	从业人员(X)	人	X≥300	50≤X<300	10≤X<50	X<10
	营业收入(Y)	万元	Y≥20000	500≤Y<20000	100≤Y<500	Y<100
交通运输业 *	从业人员(X)	人	X≥1000	300≤X<1000	20≤X<300	X<20
	营业收入(Y)	万元	Y≥30000	3000≤Y<30000	200≤Y<3000	Y<200
仓储业	从业人员(X)	人	X≥200	100≤X<200	20≤X<100	X<20
	营业收入(Y)	万元	Y≥30000	1000≤Y<30000	100≤Y<1000	Y<100
邮政业	从业人员(X)	人	X≥1000	300≤X<1000	20≤X<300	X<20
	营业收入(Y)	万元	Y≥30000	2000≤Y<30000	100≤Y<2000	Y<100
住宿业	从业人员(X)	人	X≥300	100≤X<300	10≤X<100	X<10
	营业收入(Y)	万元	Y≥10000	2000≤Y<10000	100≤Y<2000	Y<100
餐饮业	从业人员(X)	人	X≥300	100≤X<300	10≤X<100	X<10
	营业收入(Y)	万元	Y≥10000	2000≤Y<10000	100≤Y<2000	Y<100
信息传输业 *	从业人员(X)	人	X≥2000	100≤X<2000	10≤X<100	X<10
	营业收入(Y)	万元	Y≥100000	1000≤Y<100000	100≤Y<1000	Y<100
软件和信息技术服务业	从业人员(X)	人	X≥300	100≤X<300	10≤X<100	X<10
	营业收入(Y)	万元	Y≥10000	1000≤Y<10000	50≤Y<1000	Y<50
房地产开发经营	营业收入(Y)	万元	Y≥200000	1000≤Y<200000	100≤Y<1000	Y<100
	资产总额(Z)	万元	Z≥10000	5000≤Z<10000	2000≤Z<5000	Z<2000
物业管理	从业人员(X)	人	X≥1000	300≤X<1000	100≤X<300	X<100
	营业收入(Y)	万元	Y≥5000	1000≤Y<5000	500≤Y<1000	Y<500
租赁和商务服务业	从业人员(X)	人	X≥300	100≤X<300	10≤X<100	X<10
	资产总额(Z)	万元	Z≥120000	8000≤Z<120000	100≤Z<8000	Z<100
其他未列明行业 *	从业人员(X)	人	X≥300	100≤X<300	10≤X<100	X<10

说明：

1. 大型、中型和小型企业须同时满足所列指标的下限，否则下划一档；微型企业只须满足所列指标中的一项即可。

2. 附表中各行业的范围以《国民经济行业分类》（GB/T4754-2011）为准。带*的项为行业组合类别，其中，工业包括采矿业，制造业，电力、热力、燃气及水生产和供应业；交通运输业包括道路运输业，水上运输业，航空运输业，管道运输业，装卸搬运和运输代理业，不包括铁路运输业；信息传输业包括电信、广播电视和卫星传输服务，互联网和相关服务；其他未列明行业包括科学研究和技术服务业，水利、环境和公共设施管理业，居民服务、修理和其他服务业，社会工作，文化、体育和娱乐业，以及房地产中介服务，其他房地产业等，不包括自有房地产经营活动。

3. 企业划分指标以现行统计制度为准。（1）从业人员，是指期末从业人员数，没有期末从业人员数的，采用全年平均人员数代替。（2）营业收入：工业、建筑业、限额以上批发和零售业、限额以上住宿和餐饮业以及其他设置主营业务收入指标的行业，采用主营业务收入；限额以下批发与零售业企业采用商品销售额代替；限额以下住宿与餐饮业企业采用营业额代替；农、林、牧、渔业企业采用营业总收入代替；其他未设置主营业务收入的行业，采用营业收入指标。（3）资产总额，采用资产总计代替。